胜利之后

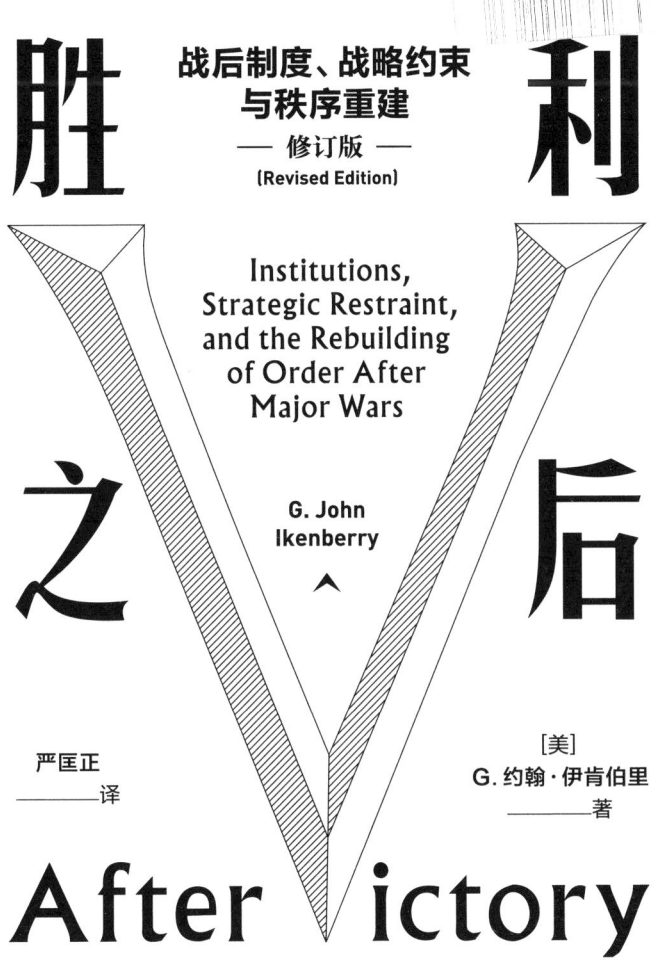

战后制度、战略约束与秩序重建

— 修订版 —
(Revised Edition)

Institutions, Strategic Restraint, and the Rebuilding of Order After Major Wars

G. John Ikenberry

严匡正 译

[美] G. 约翰·伊肯伯里 著

After Victory

上海社会科学院出版社
SHANGHAI ACADEMY OF SOCIAL SCIENCES PRESS

献给

莉迪亚、杰克逊，以及逝去的特莎

假使我走过一片荒野,踏上一块顽石。若有人问,这块石头为何会在那里?我可能会说,它一直就在。纵然我对此一无所知,但其他人恐怕也很难证实其荒谬。但如果我在地上找到一块手表呢……

——牧师威廉·佩利,《自然神学》,1802年

目录

新版序言 i
2001 年初版序言 xxvi
致谢 xxx

第一章　秩序问题 001
第二章　秩序的类别：
　　　　均势秩序、霸权秩序与宪法秩序 018
第三章　秩序形成的制度理论 048
第四章　1815 年战后安排 074
第五章　1919 年战后安排 113
第六章　1945 年战后安排 160
第七章　冷战之后 209
第八章　结语 248
附录一　战后安排 268
附录二　大国实力排行 269
附录三　大国高科技指标 274

注释 275

新版序言

引言

《胜利之后》成书于20世纪90年代末，出版于2001年春。如今看来，那仿佛已是另一个时代。撰写本书的想法诞生自冷战结束的次年，这个"战后时刻"与以往数次大战之后的时间节点（包括1815年、1919年和1945年）颇有几分相似。在本书中，我既要回顾过去，也想展望未来，以探寻这些"旧秩序"被一扫而空，强大的新兴国家登场建立"新秩序"的时刻。胜者与败者身处战争的瓦砾之中，讨论如何重构世界政治的基本规则和原则，权力过渡就此完成。就像可以在地球表面撕开巨大裂缝的地震一样，大型战争也会展现出深埋于暗处的权力与利益结构。研究战后时刻，就好比研究地缘政治学的考古学家穿上装备，下到新近暴露的地缘政治层进行探索。

本书旨在介入有关国际秩序的理论与讨论。关于国际秩序的历史与理论研究散布于学界各大领域，在现实主义作品、外交史、英国学派与"系统与结构"理论中都能找到其踪迹。这一领域的作品重点关注秩序"问题"之下的核心。在这个主权国家的世界中,秩序如何建立并维持?谁主导秩序,谁从中获利?构成秩序管理结构的规则和制度是什么?国家权力、无政府主义、缺乏安全——世界政治的这些现实主义特征从未远离舞台中央。不过重点在于,各国如何为持续的竞争与合作制定规则与协议。世界政治并不是各国简单地在无政府状态下运作——它是一种拥有规则、体系,饱含谅解与期待的活跃的政治秩序。[1]

我对有关国际秩序的争论产生兴趣,要追溯到20世纪80年代中期我在普林斯顿大学(Princeton University)任职期间。当时,罗伯特·吉尔平(Robert Gilpin)和保罗·肯尼迪(Paul Kennedy)正在为霸权秩序和美国的衰落争得面红耳赤。我对衰落不太感兴趣,但秩序如何诞生却吸引了我。很多问题在我脑海中萌生。在高度不对称的权力关系之下,如何建立合法而长久的秩序?或者说,在韦伯主义的框架下,强制权力如何转化为合法统治?

吉尔平在《世界政治中的战争与变革》(War and Change in World Politics)中提出了全面的全球权力过渡理论,这给了我莫大的启示。在吉尔平看来,国际秩序的诞生、稳定与消亡与权力的分配及大国的兴衰密不可分。对我而言,这是个不容忽视的结构现实主义理论。[2] 它简单的理论框架和周期性的世界历史叙述令我着迷,但我并不满足于此。的确,我撰写这本《胜利之后》的部分目的,正是解释自己为何不满足于国际秩序诞生与消亡的结构现实主义理论。吉尔平以霸权现实主义来解释秩序,这似乎比它现实主义理论的最大对手——肯尼斯·华尔兹(Kenneth Waltz)的权力均势现实主义要更具说服力。对吉尔平而言,国际秩序并非权力分配的平衡状况，也并非其具象化体现。大国建立秩序。它存在于各国相互打交道时的组织原则、权力关系、功能角色、共同期望和处置方式中。不过，吉尔平并未提出理论来解释权力如何转变为权威，他也没有对权力兴衰循环中存在的逻辑及特征的差异性给出实质性的解释。

我写这本书的另一个参考点是自由国际主义和民主和平理论的多样性。20世纪90年代末，我在宾夕法尼亚大学（University of Pennsylvania）与丹尼尔·杜德尼（Daniel Deudney）共上一门课：西方逻辑（The Logic of the West）。这确实像是一场徜徉于各类文献中的知识之旅。这些文献大体上都可归于自由国际主义理论的名下，其中囊括了机能主义、区域融合理论、工业社会理论、现代化理论、复合相互依存、多边主义、安全共同体、认知共同体、民主和平、内嵌自由主义和新自由制度主义等术语和概念。所有这些概念和理论，都是由于学者们受到西方先进工业化民主国家之间特殊关系的启发而提出。[3] 战后的西方并非一个可以用现实主义和无政府主义的问题来轻易解释的地区。比起无政府主义，国家体制更偏向于阶层式，但彼此的关系却更加注重各方意愿，充满合作性。自由主义理论为这些模式提供了解释，但它们往往存在于相互依存的复杂过程与机制里，秩序理论并未在其中得到直接的阐述。对我而言，霸权现实主义似乎明确了秩序的重大问题，而自由国际主义似乎为现代社会如何回应秩序问题提出了深刻见解。

接下来，我将回顾《胜利之后》的观点，以及它引发的各种话题和争论。本书提供了一种视角，来看待现代社会权力过渡和大型权力战争中国际秩序的长期转移和演化。这种论点是如何立足的？本书也提出了一种理论，来描绘美国构建秩序并随后发展为众人所知的"自由主义霸权"的历程。布什当局发动的伊拉克战争和单边主义,以及特朗普当局对美国战后自由国际主义的明显抵制,似乎在挑战战略克制和自由主义霸权的基本逻辑。而中国的崛起又带来了更多变化。我们可以看看这一观点的多个构成部分——战略克制、制度约束、霸权谈判、民主能力、学习——以及更多的文献和当下的争议。

本书的论点

本书由多项观察展开论述。首先,纵观历史,国际秩序几经更迭。各大强国采取多种途径建立秩序,最终却只能看着它们崩解。实际上,学者们往往以秩序的建立与崩坏作为世界政治各大时代的标志。其次,这些建立秩序的重大时刻往往在大型战争结束之后,1648年、1815年、1919年、1945年和1989年皆是如此。战后召开了和平会议,商讨了处置协议,战后秩序的制度与安排就此确立。再次,国际秩序的实际特征由于年代和确立秩序的时刻不同而大相径庭,在以下多个维度上有着不同的表现:地理范围、组织逻辑、规则与制度、层级与领导、促成秩序建立的胁迫与同意的方式和程度。

由于国际秩序根据年代和地缘的不同差别很大,因此无法加以比较。一些国际秩序的连贯性、延续性和认可度更强。一些国际秩序由权力中心构建并驱动,另一些则没有这么明显。一些国际秩序更加威严,另一些则更加自由。秩序的持续时间也有差异。1815年建立的秩序持续了近一个世纪，而1919年建立的秩序几乎从未真正成型。第二次世界大战之后由美国建立的秩序拥有一系列特征，与经济、政治、国家安全息息相关。它与过去的国际秩序不同，围绕着多层制度与联盟关系构建，具有全球扩张性，经历了双极格局和多极格局而延续至今。

  本书的理论焦点在于战后安排时领导国展现出的构建秩序的逻辑。大型的权力战争打破了旧秩序，决出了胜者。权力的分配发生了转移，这种转移往往相当剧烈。大战中获胜的国家如何构建秩序？想象某些国家忽然获得了一大笔"权力资产"。这种情况下，它们会如何花费和投资这些资产？它们要如何修复混乱和权力失衡的情况，重新建立秩序？我的答案是，诞生的秩序类型取决于能够将权力制度化并约束权力的机制。如果制度无法巩固和约束权力，建立路径相关的制度关系，权力则会走向两种方向：权力平衡或帝国主导。在这样的情况下，权力不受约束，秩序则由平衡或不平衡的权力——即无政府主义或帝国主义——来制定。不过如果能在制度化的关系中实现约束和承诺，就可以打开"新世界"的大门，实现更加复杂、更具合作性的秩序。战略约束就是通往这个"新世界"的"护照"。

  对于这一论点，经验主义的观点聚焦于第二次世界大战之后美国秩序的构建。我认为，至少在北美人、欧洲人和日本人之间，在已有的民主国家中形成制度协议会带来拥有"制度特征"的秩序，并由一系列国际和地区联盟以及多边协议来推动完善。我的理论重点在于，西方自由民主国家找到了使用制度来实现约束和承诺的途径，并在这一过程中创造了超脱于权力平衡和帝国逻辑的秩序。民主国家往往不太能够展现约束与合作，却通过各种制度实现了这一点。实际上，民主和制度的出现让这些西方国家抑制了无政府主义和帝国主义这两种经常塑造国际秩序的力量。当然，无政府主义和帝国主义绝不会彻底消失，《胜利之后》提出的一大争论的核心就在于此：无政府主义和帝国主义究竟被抑制到了何种程度？我的回答是，这根据地区和领域而有所不同，但却足以让整个战后西方秩序呈现出"自由主义霸权"的特点。这是一种带有自由主义特征的层级制秩序。

本书采用这一论点，回顾了1815年、1919年和1945年三次协定的情况，寻找了制度逻辑下的亮点（尤其是在1945年之后），之后把目光投向1989年，并再一次看到了制度限制和权力约束的证据。长远来看，我的主张是，过去两个世纪里，制度的复杂性和凝聚力可能有所提升，强大的国家（尤其是民主国家）开始更多地将它们作为约束和管理权力、塑造国际秩序的工具。

制度协商和约束的主张究竟是什么？强大的国家并没有明显表现出通过制度协议来限制和约束自己的意愿。有两种可能的反对意见。其一，制度没有"约束能力"，一个理性的国家为什么要努力制定这些制度呢？其二，正因为制度确实有一定的约束能力，所以国家应该避免束缚自己，限制自己政策上的自主。我的观点认为，制度确实有一些特征，能够让各国尤其是自由民主国家利用，作为体现约束和承诺的工具。我进一步认为，如果制度确实有这些特征，那么占据主导地位的国家就有利用制度来"扩张"和"限制"自身权力的动机。这听起来有些自相矛盾，不过制度可以同时在这两方面起到作用。首先，占据主导地位的国家可以利用制度来巩固自身的权力,并"锁定"其他国家,让它们的政策走向自身所乐见的方向,从而将权力延续下去。例如,国际货币基金组织(IMF)就扩大了美国的经济影响力,并将这种影响力延续到了未来。其次,制度可以约束霸权国武断任性、胡作非为的情况。也就是说,制度可以帮助一个国家为其权力提供可靠的约束和承诺,这促进了合作,也提高了该国建立的秩序的合法性。如此一来,如果你能保证自己会遵守共同议定的规则和标准,其他国家更可能选择顺应,而不是寻求制衡。

因此,这些都是战后制度协商时需要考虑的要素。占据主导地位的国家同意遵守制度,按照规矩行事,这限制了它武断随意地利用权力的行为——至少在某种程度上如此。这一牺牲换取的是实力较弱的次要国家的默许与合作。每个国家都能在协议中获益,并与其他国家在一系列制度下维持稳固的关系,虽然这对于自身的自主权和未来的行动会产生一定限制。这些制度扮演了某些"软"宪法功能。占据主导地位的国家答应在制度秩序下行事有两大理由。其一,制度能够让次要国家更加支持他们建立的秩序,这降低了霸权国家的"执行成本"。正如我在《胜利之后》中所说:"美国通过将权力制度化,从而让其他国家更容易接受它。"[4] 其二,制度可以创造"一系列优势",这种优势甚至可以在创造制度的霸权力量衰弱之后依旧延续。制度可以让占据主导地位的国家为了自身未来的福祉进行投资。

实力较弱的次要国家也能通过制度协商得到一些好处。首先,有了制度,占据主导地位的国家至少在某种程度上会表现得更加温和与合作。制度或许无法完全阻止霸权国家,但却有助于规定与限制这些国家彰显霸权力量的方式。其次,制度可以让较弱的国家在秩序内获得"发言机会",为它们与强国进行协商提供了空间与渠道。

在战后安排的背景下,这一逻辑对强国与弱小国家似乎都言之有理。强国实力超然,这种情况至少会持续到其他国家下一次通过战争颠覆现状为止,所以它们愿意投入一定的实力确保未来能够获益。而制度正好提供了这一便利。它们希望在未来继续获取"权力的回报"。实力较弱的次要国家也愿意接受这种条件,因为它们同样希望自己能够尽快获取"权力的回报"。弱小国家需要重建,再次站稳脚跟,所以它们可以做一些让步。毕竟,被"锁定"在制度中,它们至少可以获得一定的保护和权利。将来,它们或许还可以通过协商来调整制度,以反映届时权力变动的情况。

回顾这一论点,另外两项观察让我震惊。首先,各国实力的差异似乎就是进行制度协商的动力,而非阻力。正因为参与战后安排的国家彼此间并不平等,所以它们才有更强的动机来达成协议。占据主导地位的国家因为实力强大,希望凭借秩序锁定其他国家,降低执行成本。实力较弱的次要国家需要规则与制度的保护,以免强国蜕变成专横的霸权国家。其次,对于强国而言,有趣的一点在于:对权力的限制也是权力的来源之一。这一方面往往被人忽视,但这是行使权力的明智之法。当占据主导地位的国家试图建立合法的战后秩序时尤其如此。在约束下行使权力可以降低伤害——也就是说,比起胁迫性地直接运用权力,这样引发的愤怒与怨恨会更少。

战略约束与美国霸权

《胜利之后》的讨论，以及本书大部分篇幅的主题，都集中于制度与战略约束的核心理论与经验主义观点。制度和其他约束机制真的能够获得足够的自主权，影响霸权力量的运用吗？美国战后的经历是否为这一现象提供了令人信服的证据？[5] 本书通过术语"宪法特征"，传达了一个"强势版本"的论点。我用这个词来形容战后制度协定中的基本特点，这是出于两种考虑。其一，协议在确定的那一刻就带有宪法特征。这是新的政治秩序诞生的一刻，是"比赛规则"确定的一刻。其二，基本规则与制度以复杂的方式运转，影响与限制了权力的行使，从更强的意义上说它也具有宪法特征。这是我研究战略约束的立足点。

所以问题在于：各国是否可以真正创造第二种考虑下的带有宪法特征的制度并遵守它？在本书第三章，我与这个问题进行了一番艰苦的斗争。我认为这是可以实现的。这种观点将"收益递增"的理论用于制度上，认为各国会越来越"遵守"构建战后秩序的制度。理由是各国——也就是自由民主国家——会发现自己与其他国家的联系越来越紧密，打破这种规则的难度和代价也越来越大。有两种强化的力量在其中施加作用。一种是理性主义的功利力量，"分手"的成本会随着时间的推移、联系的紧密、互相依赖的程度加深而提高。另一种是社会力量，随着国内外"既得利益"团体和选民的增加，各种联盟逐渐诞生，国家领导人摆脱秩序的能力也会受到限制。这两股力量引发了"路径依赖"效应。[6]

我用这些论点，目的是解释冷战结束后美国主导的秩序为何如此持久。[7]冷战期间，美国在西方战后秩序下的制度合作与战略约束起到了何种作用，存在着一定争议。[8]现实主义者可以用冷战制衡进行解释，而自由主义者则有各种各样的说法。然而，到了20世纪90年代，预测开始出现分歧。现实主义者认为外部威胁的消失会让美国主导的秩序遭遇困境。不过事实正好相反，冷战的结束导致这种西方秩序进一步扩展和深化。权力的不对等在美国及其冷战盟友之间越来越明显，但它们的关系依旧稳固。此外，西方秩序之外的国家，尤其是中国与俄罗斯，并未有明显想要平衡权力的举动。

然而，接下来十年里，布什政府采取的外交政策似乎与本书所述的制度理论背道而驰。2001年9月之后，布什和切尼（Cheney）任命了许多新保守派和多边主义怀疑论者的官员，例如约翰·博尔顿（John Bolton）。他们公开质疑制度和协商的价值，这本是战后秩序构建的核心点。"新单边主义"蓬勃发展，布什也组建了"自愿同盟"，在伊拉克发动了战争。与以往的总统不同，布什似乎更多地把美国主导的战后制度与承诺体系看作累赘，而不认为它在帮助美国行使权力并将之合法化。这些制度被视为"弱者的武器"，而非"强者的工具"。[9]布什政府在"9·11"恐怖袭击之后决定不接受欧洲盟友动用北约宪章第五条的提议，似乎象征着美国已经从战后制度协商体系中脱离出来。

布什执政这些年告诉我的，至少在一开始，是制度约束对美国外交政策的影响之弱。美国似乎可以随心所欲地走出战后规则与制度体系——在我看来，伊拉克战争传达的正是这一信息。[10] 所以我开始在自己对"强势"版本和"弱势"版本的观点加以区分。强势版本的观点认为美国身处一个真正限制了它的行为，阻止或严重约束了它肆意单方面退出的战后体系。弱势版本的观点似乎更加合理：美国可以打破长期存在的制度和规范，但是它要付出代价。这些代价可能包括"合法性代价"与"不合作代价"。实际上，布什的第二任期可以被解读为美国当局试图减轻单边主义的时期，这正是代价过高所致。[11]

还有很多种解读和归纳布什当局行为的方式。一些观察家指出，美国一直有着强烈的单边主义倾向，这是由于美国历来就有例外主义的传统。美国倾向于加入自己可以主导的多边主义制度并在其框架内行事。按照这一观点，布什与伊拉克战争还称不上改弦更张。[12] 另有人指出，单极化世界让美国对未来丧失权力变得不太敏感。实际上，一些布什政府的官员认为美国的主导权是可以自生自存的。若事实果真如此，合作与国际合法性就没有太高价值了。[13]

特朗普意外当选，使得有关战后自由霸权秩序的有效性和可行性问题变得更大更复杂。贸易、联盟、联合国、多边合作、民主与人权——特朗普威胁要在这些领域改变美国一直以来的立场。他是战后美国第一位对自由国际主义不断表示敌意的总统。在某种程度上，他质疑了构建美国战后伙伴与盟友关系基础的"交易"，质疑了贸易领域区域协议和多边协议是否真的"非零和"，还质疑了美国与欧洲和东亚的重要盟友之间订立的条约合理与否。不过在更深程度上，特朗普拷问的似乎是美国主导的当今秩序的整个理念。这种"修正主义"可能缘于以下两种对未来的展望。一种可能性在于他认为目前是时候消灭或严重削弱战后合作与协商体系了。这种思路可以让他跻身于那些支持"离岸制衡"和"紧缩"的大战略家之列。还有一种可能是特朗普只是单纯不认为或不承认这种秩序(无论它有多大缺陷)存在。特朗普也许知道"交易""协商""买卖",但他没有看到战后秩序更深层次的体系结构。无论是哪种情况,特朗普的修正主义都表明:一个霸权国家积极妨害自身建立的国际秩序的戏剧性场面正在上演。

矛盾的是,关于美国战后制度和战略约束体系,特朗普当局可能会告诉我们两件截然不同的事。一方面,我们从特朗普的"对策"中可以得知,自由主义霸权比强势版本的理论所认为的要弱势且根据情况不同而不同。"提高制度的收益"和"嵌入秩序"这样看起来显得有点像是空想。此外,这个理论没有考虑国内政治。它假定大部分体系内的强国都有国际主义的冲动,这类国家都会寻求改变战略环境。当时特朗普的当选告诉我们这个假设可能站不住脚。而且,该理论似乎对自由民主国家的运转方式过度乐观,它强调这些国家有着取长补短、建立复杂合作关系的特殊能力。另一方面,特朗普的"对策"表明战后秩序中的国家和领导人确实认为自己正在自由霸权秩序下行事。他们认为美国打破的协议正是现有国际秩序中的一部分。角色、责任、期待、协议——正因为如今特朗普似乎正在忽视它们、破坏它们,它们作为战后秩序的方方面面却反而凸显了出来。

从特朗普的经验中我们还可以总结出其他结论。其中之一是自由主义霸权的旧秩序可能存在缺陷、不够完整……但它确实有可取之处，随着我们迈向后自由主义霸权的深渊，这些可取之处更显得弥足珍贵。美国霸权秩序，以及其制度和约束机制，确实让美国这个体系中最强大的元素扮演了稳定局面的角色。我们如今看到的境况是：当美国"走出"霸权角色时，导致的是局势不稳定、公共产品减少、合作降低、国际秩序的自由民主基础削弱。[14]另一方面，特朗普的"对策"可能也表明战后秩序具有复原能力。北约尚未解散，北美自由贸易协定（NAFTA）也没有废除。大部分战后制度仍在发挥作用，并有着美国的参与。特朗普让美国退出了跨太平洋伙伴关系协定（TPP），但东亚的贸易伙伴依旧在商讨协定，希望美国最终能重新加入。我们可以看到，国际体系里面依旧有大量成员希望能够维持现有秩序的某些形态。[15]

捆绑、协议与发言机会

《胜利之后》的核心观点之一是利用"捆绑"作为安全和构建秩序的策略。这一观点认为国家，至少是自由民主国家，可以找到维持平衡的替代品，以应对权力的不对等。与其对抗一个更加强大、可能具有威胁的国家，不如把它与自己捆绑在一起。"爱你的敌对国家至死。"你与强国之间过于紧密，以至于它很难与你"分手"并利用权力威胁你。[16]"制度捆绑"或"安全捆绑"的最佳案例可能是欧洲煤钢联营（European Coal and Steel Community）。法国希望将煤炭和钢铁这两项战争产业进行共同持有和经营,从而避免崛起的德国威胁到自己。德国需要与更大的行业安全共同体打交道,重拾军国主义、恢复侵略性的可能性就会被抑制。问题在于:在无政府主义的强权政治环境下,将捆绑作为安全策略具有多大可行性,又将如何发挥作用?

以现实主义传统来看,捆绑并非制衡的战略选项之一。不过现实主义者对这一潮流已有暗示。例如,约瑟夫·格里科(Joseph Grieco)就试图从现实主义的角度解释欧洲一体化,这引发了我的兴趣。这一观点认为欧洲各国支持经济和货币一体化,部分原因在于希望借此监视和限制德国,后者在冷战之后成为实力最强的欧洲国家。[17]保罗·施罗德(Paul Schroeder)对于盟友的经典论述"安全的武器、管理的工具"也对我影响很大。在施罗德对欧洲联盟的研究中,他发现联盟往往被更多地用于管理安全条约内部各国的权力关系,而非用于应对外在威胁。联盟因为共同的限制效果而受到各国欢迎,它可以"约束联盟内合作伙伴的行为"。从拿破仑战争时的四国同盟(Quadruple Alliance)到20世纪的安全条约,大国同盟一般有两大功能:在共同防卫上进行合作;让盟友们互相保持密切关注,偶尔影响或限制彼此。[18]过去十年里,有大量文献对同盟的捆绑和限制逻辑进行了论述。[19]

在本书中,制度捆绑,尤其是战后安全联盟中的制度捆绑,是美国主导的秩序拥有自由主义霸权特征的关键。尽管经济和政治制度也很重要，但安全联盟给美国及其欧洲和东亚盟友提供了明确协议和承诺的条件。法国和其他欧洲国家要求与联邦德国进行捆绑，这在美国对欧洲安全有承诺的情况下是可行的。正如一句老话所说，北约的诞生就是为了排挤俄罗斯、打压德国、维持美国的影响力。大西洋和太平洋沿岸的制度捆绑都是在冷战的阴影下进行的，这提高了自由民主国家的风险，促使它们做出承诺。但捆绑战略不单是平衡两极世界的工具。它还是构建秩序的工具，让西方资本主义民主国家得以重新调整和改变相互之间的关系。我的观点因此呼之欲出：捆绑——制度捆绑和安全捆绑——是现代国际关系中并未得到足够认识和重视的组织逻辑之一。

随后就有两个层面的评论。其一是在解释美国主导的秩序的稳定性时，捆绑制度所扮演的角色。如前文所说，在冷战期间这个效果可能被过分夸大了。不过冷战之后，世界单极性的凸显引发了有趣的理论争议。世界上不再有能制衡美国的力量，两极化体系逐渐走向单极化，是我论点中的重要证据之一。苏联解体后，权力极度不对称的时期拉开了序幕。美国的军费支出高达全球的一半，经济实力遥遥领先，势力和影响几乎遍及世界每个角落。然而能够对抗美国的势力已经不在了。问题在于：这种不平衡在多大程度上是由于美国及其主导的秩序的政治和制度特征所带来的？各国没有受到威胁的感觉，是制度和协议的复杂体系所致。换句话说，关键在于美国主导的秩序是一个"自由主义"霸权政治形态。如果美国不是一个自由民主国家，如果美国没有通过复杂的手段与其他重要国家捆绑在一起，就会出现更多的制衡现象。某些现实主义者的另一个观点是世界上的其他历史因素也在巩固现状上起到了作用：核武器、民族主义、复杂的形式多样的相互依存。[20] 还有些人则认为让制衡变得既不可能、也不明智的，是单极世界本身所展现出的权力极度不均，这并非缘于美国主导的政治形态拥有自由主义特征。[21]

另一种评论牵扯的问题更多地关注于霸权秩序的内部机制。具体来说，一系列捆绑制度背后的是政治交易——有关角色和义务的协议与谅解。本书将这一理念纳入了制度协定的理论之中。霸权国家同意建立制度并遵守它们，为约束和承诺营造了条件。其他国家也依次选择了默许，支持占据主导地位的国家——以此类推。不过霸权秩序的架构和基础是如何发挥作用的？我认为有些协定是秩序的核心，那就是霸权国与其他强国之间达成的约定。《胜利之后》中没有明确的是这些协定的性质。这些特殊的协定是霸权体系中让特殊国家（例如德国和日本）或特殊行业（例如经济和国防）相安无事地运转的关键吗？最重要的协议似乎是双重的：既是安全协议也是政治协议。对于前一半，美国对于同盟体系中的成员提供安全保障，这对于通过各种途径满足美国利益和安排，包括接受贸易和经济领域"调整成本"的合作伙伴也同样适用。对于后一半，美国答应与合作伙伴捆绑在一起，让自身变得更易预测、更好接近、更加"人性化"。而合作伙伴的回报则是团结与支持这个霸权体系。不过这些都是暂时的，本书中我们有机会深入探寻那些支撑霸权秩序的核心和基础协定。[22]

在此之外，战略约束和制度捆绑如何在特定条件下落地？如前文所说，"强势"版本的理论是制度会把国家锁定在规则与承诺之中，就如同我们看到的民主国家那样运转。在我看来，当一系列国家同意在彼此的关系上遵守一套多边规定和准则，并在制度中体现它，它们就在创造"政治进程"。这个观点不太准确也不太正式，不过可以大概解释捆绑和约束的运作方式。

关键在于各国同意建立它们准备共同遵守的制度——以及规范与原则。在此之后，政治进程中的"捆绑"与"约束"随即发生，并可能存在多种形式。一种机制可能是单纯的"拖拉"式政治进程。占据主导地位的国家和次要国家同意占据同样的制度空间，为互动和互相影响搭建平台。在这种情况下，霸权秩序的制度特色会创造出"发言机会"。[23] 在霸权国家与弱小的次要国家捆绑时，会给这些国家提供参与前者事务并施加潜在影响的渠道。[24] 第二种机制情况类似，不过却是通过秩序中各国的内部体系运作的。这就是斯坦利·霍夫曼（Stanley Hoffman）声称国际法律在国际体系中创造了一个"权利与义务的网络"时所思考的问题。[25] 制度——例如北约——孕育了中间人和资源，通过同盟国家的外交政策改变政治平衡。制度催生了选民阵营和"既得利益"团体，他们会反过来巩固制度所体现的承诺与期望。[26] 第三种机制是社会化。参加合作性质的制度活动会对参与者产生影响。他们目睹了整个过程——互相影响、互惠互利，认为这才是正当的。历史遗产和宏大叙事开始讲述合作的意义与价值。[27] 这些机制都不会自发启动，也并不总是能压倒抵抗的力量。但它们展示了捆绑和约束可能的实现方式。

最后，合法性作为政治现象，潜藏在捆绑和约束机制的背景下。制度把各国绑在了一起，但并非所有的制度都是平等的。而"多边"制度尤其展现出一系列组织原则，传达了公平与正义的感觉。无论强大还是弱小，无论迅猛崛起还是日薄西山，这些国家在多边制度下都得到了一定的保护和公平的对待。正如约翰·鲁杰（John Ruggie）所言，多边主义制度是一种"在某些普遍行为准则的基础上协调两到三个国家之间关系的制度模式,这些准则明确规定了一系列行为的适当与否"。[28]多边主义让各国之间的关系呈现出一定的基于规则的特征。这种秩序越基于规则,屈从于强国直接统治的程度就越低。各国不会为了遵守法则而去互相捆绑并约束自己,如果它们这么做了,那必然是利益使然。这就是伊恩·赫德(Ian Hurd)对国际法则在世界政治中"发挥作用"的本质给出的一针见血的概括。我们最好把国际法则看作国家权力的工具,它更像是政府用以将自身行为权威化、合法化的资源,而非权力行使的外在约束。[29]类似的,在多边规则中行事有着强大的合法性效益,即使是各大强国——尤其是强大的自由主义国家——也无法轻易忽视它。

美国是帝国吗?

现实主义是本书的基调,而由约翰·米尔斯海默(John Mearsheimer)和巴里·珀森(Barry Posen)为代表的现实主义理论家对美国的自由主义霸权和自由国际主义有过许多颇具分量的论述。[30]不过也有理论家持有另一种观点,认为美国奉行的是帝国主义。这种观点认为:尽管按照本书的论述,由美国主导的政治形态摆出了大量共同捆绑、制度协议、自由主义霸权的姿态,但它本质上仍然是个帝国。关于美国是个帝国的说法由来已久,它最早由查尔斯·比尔德(Charles Beard)等早期的修正主义历史学家提出,后来的威廉·阿普尔曼·威廉斯(William Appleman Williams)、加布里埃尔·科尔克(Gabriel Kolko)和沃尔特·拉费伯尔(Walter

Lafeber）也持此观点。随着世界单极化凸显和布什政府入侵伊拉克，新一批历史理论著作也分析了美国主导的世界秩序的帝国主义逻辑。迈克尔·曼（Michael Mann）、大卫·亨德里克森（David Hendrickson）、大卫·卡莱欧（David Calleo）、安德鲁·巴切维奇（Andrew Bacevich）、珍妮·莫菲尔德（Jeanne Morefield）、查莫斯·约翰逊（Chalmers Johnson）和其他人都沿着这一思路阐述了自身观点。[31] 杰克·斯奈德（Jack Snyder）、查尔斯·梅尔（Charles Maier）等学者则对这个话题进行了深刻的研究，将美国与过去的帝国"归为一类"，指出了其传承之处和不同之处。[32]

佩里·安德森（Perry Anderson）、塞缪尔·莫恩（Samuel Moyn）和潘卡吉·米什拉（Pankaj Mishra）等学者对自由国际主义和自由主义霸权有着在哲学上更加左倾的论调。他们的说法本质上是一种控诉，认为美国战后秩序的"自由主义思想者"不承认自身就是社会不公平和帝国统治持久存续的共谋犯。[33]

在这场盛大的辩论中，我们可以抛出这样一个问题：美国究竟如同迈克尔·曼所言，是"最后的帝国"，还是后帝国时代第一个超级强国？[34] 在我看来，美国更像是后帝国时代的世界强国。的确，自由主义霸权在全球存在着局限性，因为捆绑和约束关系可以在发达的工业民主国家得到充分的体现，但美国在拉丁美洲和中东施加的长期影响力更具有原始和老派的帝国主义风格。不过我坚持认为，自由主义霸权比起帝国化程度更高的层级制与统治制度更有效，也是区分于后者的一个特质。所以，我的部分回答是：仔细审视美国与西欧及日本的自由主义霸权关系，我们会发现更多两相情愿和互惠互利的元素。在本书中，我试图捕捉到这一点。在此之外，与传统帝国不同，美国主导的秩序奠基并局限于 20 世纪的两大秩序构建趋势：威斯特伐利亚体系的全球化和自由国际主义的兴起。单一民族国家体系的蔓延和制度化合作新形式的兴起从根本上改变了美国主导全球的条件。而蔓延和兴起的程度之深，已经让"帝国"这个词本身失去了意义，无从表达国际秩序中宏大的逻辑、特性和轨迹。

所以，美国可能确实不宜被视作"最后的帝国"，而应是后帝国时代第一个世界强国。诚然，美国主导了 20 世纪的全球体系，向全世界推销了自身及自身的理念。它介入并支持推翻了南美、中东和亚洲的许多政权。不过美国努力建立主导权的做法，总体上对帝国主义的秩序形态起到了破坏作用。美国凭借其强大实力打败了 20 世纪中期的帝国主义国家日本、德国和苏联，也利用其在金融和贸易上的影响力削弱了大英帝国。实际上，由于美国的理念、利益、地缘政治环境和历史，它倾向于依托反帝国的思路和行为打造国际秩序。这一秩序建立的合法性制度与规范致力于限制老派的帝国主义专制与任意、独断的权力滥用。它无法阻止美国干涉非核心的弱小国家，但美国这样做却也要付出代价，正如布什政府在伊拉克发动战争后意识到的那样。该秩序具有层级制特征，但民主、人权和法治却也蕴藏其中。主权、自由主义、多边合作与权力、不平等、统治，在这个国际秩序里交织共存。

中国和全球权力转移

《胜利之后》的观点在国际关系的另一场大型辩论"权力转移与

中国的崛起"中也有立足之地。世界正在经历由中国崛起引发的权力转移,这一点已经得到了广泛共识。但这种权力转移将如何展开,目前却众说纷纭。吉尔平、A. F. K. 奥根斯基(A. F. K. Organski)、E. H. 卡尔(E. H. Carr)和其他霸权现实主义者持经典论点。在他们看来,秩序由强国缔造,当强国衰弱、权力消散,国际秩序就会土崩瓦解。而在这种情况中,会有一个新的国家崛起成为主导者,并寻求重构国际体系以符合自身目的。该论点总结自西方经验,而且在不列颠强权下的和平时期与美利坚强权下的和平时期体现得十分明显。本书以这种循环式的观点为出发点,认为强国会兴盛与衰亡,并努力构建这个世界的秩序。但它的视角更具发展性,强调了现代国际秩序的传承与延续。它对美国主导的自由主义霸权秩序的描绘尤其表明,当今权力转移的模式恐怕会与现实主义者的理论大相径庭。

国际秩序的权力转移真的能够解释当今国际秩序下的斗争吗?一些人可能认为答案是否定的,尽管有些艰辛,但美国仍旧体现出霸权的领导态势。有人可能会指出,某种持续的基础结构,即苏珊·斯特兰奇(Susan Strange)所谓的"结构性权力",支撑着现有的美国主导的秩序。[35] 广泛的安全同盟、市场关系、自由民主的团结、根深蒂固的地缘政治阵营……保持美国霸权屹立不倒的因素很多。不过现有体系的延续或许还有更深层次的原因。如果以自由主义为导向的国际秩序的存在,实际上并不依赖于活跃的霸权统治,这一推论就言之有理了。权力转移理论可能存在谬误:已有战后国际秩序的稳定与持续并不依赖于权力的集中,以当下为例,也就是并不依赖于美国权力的集中。

在撰写本书时,我对这两种立场都进行了探讨。我的出发点是国际秩序并不单纯是权力集中的产物。构成国际秩序的规则与制度与国家权力的兴衰有着更为复杂与偶然的联系。以下两方面都是如此。首先，国际秩序本身就很复杂，它有着多个层次、多个方面，不单纯是占据主导地位的国家强行施加的政治结构。国际秩序不是一个各国要么加入、要么抵制的"事物"。它是各种规则与制度的聚合体。这个世界上存在着主权的深层规则与标准，存在着联合国的管理制度，存在着一系列国际体系、政权、条约、协议、准则等等。这些管理上的安排会划分出各种各样的领域——安全与军备控制、世界经济、环境和全球公共资源、人权，以及政治关系。其中一些领域可能拥有体现霸权国利益的规则与制度，但大多情况下体现的是更多利益权衡下的协商结果。

在中国和其他国家崛起的过程中，它们并不是单纯地直面美国主导的秩序，而是要面对一系列规则、制度和安排，其中许多是它们长期以来所信奉的。通过区分"美国霸权"与"现存国际秩序"，我们可以发现一套更加复杂的关系。美国并不是国际秩序的体现，它与国际秩序之间有联系，而崛起的国家也是一样。美国遵守许多核心的全球规则与制度——联合国（UN）、国际货币基金组织（IMF）、世界银行（World Bank）、世界贸易组织（WTO）等等。不过它也拒绝承认《联合国海洋法公约》（Law of the Seas Treaty）和许多军备控制及裁军协议。中国和美国一样，接受许多制度，同时拒绝另一些。通常来说，规则和制度越基础，越从威斯特伐利亚的主权和联合国的体系出发，中美之间就有越多共识。

这些观察结果削弱了现实主义霸权的视角和权力转移的循环理论。中国面临的国际秩序与过去那些崛起的国家所面临的有所不同，区别有三。首先，国际秩序提供了多种多样的选择。这些国家可以选择其中一些接受。20世纪初德国面对的由英国主导的秩序则并非如此。当今的国际秩序较之过去更加复杂而无所不在。第二，中国面对的不仅是美国，而是一个更加纵深的体系。正如前文所说，美国不但建立了在世界上的主导权，它还"构建"了秩序。中美之争，并非是对这个体系主导权的争夺。中国面对着已经与之融为一体的秩序，这一秩序也远非美国所能控制。第三，这一秩序的自由主义霸权特征让它在面对权力转移和变化时展现出了前所未有的稳定性。它有着包容的倾向，多个制度平台有机会在其中共享领导权。参与秩序获得的经济利益被广泛共享，即使是在国家内部不平等加剧的情况下。它能够适应不同的意识形态和发展模式。这不是单纯的英美体系。正如我所说，中国和其他崛起的国家面对的不是一个"帝国"，而是一种更广泛、更深入的秩序。这一秩序由美国主导，源头却可以追溯到威斯特伐利亚和自由主义大行其道的时期，是漫长的秩序构建过程中孕育出的产物。

因此，这个国际秩序有朝一日遭遇危机，崛起的国家——中国或这些国家组成的集团——走上前台重新塑造和制定规则和制度，这种情况实在是很难想象。美国主导的秩序十分稳定，因为它并不单纯是个"美国秩序"。这个秩序"很容易加入，却很难被颠覆"。

结论

对现实主义者而言，对于权力及其行使的标志性看法出自公元前 416 年一位雅典将军之口。按照修昔底德（Thucyidides）的记载，这位将军对米洛斯的被困者说："正义，以双方实力的对等为基础。实际上，强者能够做他们有权力做的一切，弱者只能接受他们必须承受的一切。"米洛斯人在雅典与斯巴达的战争中一直保持中立，但雅典人迫切希望断绝斯巴达人与米洛斯岛的联系，避免让它成为斯巴达人的前哨站。他们包围了米洛斯岛，要求对方臣服并朝贡，否则将遭遇灭顶之灾。雅典将军表示，他本可以说"我们有义务效忠帝国"或"你们滥伤我国臣民，如今将有刀兵之灾"，但他认为这将会是"无人相信的长篇大论"。所以他直指本质：臣服，或者覆灭。最后，米洛斯人拒绝臣服，而雅典人兑现了恐吓，残忍地倾泻了自己的怒火。强国与弱小国家之间的关系很少如此野蛮，毕竟，这实际上是灭绝种族的大屠杀，但现实主义者认为这次古老的事件揭示了一个必然的真理。对权力的限制并非来源于理性交涉或道德准则，而是来自能与之对抗的权力。

然而有趣的是，国际关系学者对于那些恐惧的米洛斯人说了什么，并未表现出足够的关注。抛开正义的话题，米洛斯人也向雅典人点出了攸关利益。兑现雅典人的恐吓，会"破坏一项对所有人都有利的规则——在有人陷入危险的情况下，应该有这样一项规则来保证公平行事"。不过米洛斯人的观点不止于此。他们认为雅典人维护这项规则也有利于自身，因为有朝一日雅典也会衰弱，如果没有这项规则，将招致"最可怕的复仇"。米洛斯人表示，即使考虑当下的情况，攻击米洛斯也会引发其他城邦的反抗，因为他们害怕自己成为下一个目标。雅典人担心的是如果不惩罚反抗的米洛斯人，自己会显得软弱可欺。米洛斯人正好相反，认为雅典人如果展现出克制与宽容，帝国会更加稳定，合法性会有所增强，支持者也会增加。

米洛斯人并未反驳现实主义者关于权力与利益的论述，他们只是单纯表示雅典人忽略了一个强大势力稳固和提升自身地位的关键要素。两千五百年过去了，如今人们普遍认为雅典将军那番有关权力现实的言论体现了超越时间的智慧。但在我看来，米洛斯人的观点比雅典人的更令人叹服，它不仅适用于濒临灾难的弱小国家，同样也适用于强国。我将在《胜利之后》中尝试对此做出解释。

G. 约翰·伊肯伯里
2018 年 5 月 16 日

2001 年初版序言

本书要讨论的核心问题是：赢得大战的国家将如何运用新获得的权力？我的回答是：在这种情况下，战胜国会寻求掌控权力，并将其延续下去。矛盾之处在于，这也会导致战胜国设法限制自身权力，以获得其他国家的认可。纵观各次重大的战后安排，占据主导地位的国家越来越倾向于利用制度"锁定"有利的战后地位，对自身权力建立充分的"战略约束"，从而获得实力较弱的次要国家的默许。在理想状况下，战后的领导国可能希望把其他国家约束在确定而可以预测的政策倾向上，只有自己不受任何制度约束。但要获得弱小国家的制度性承诺，将它们锁定在战后秩序之中，领导国也需要投桃报李：对自身权力的行使进行一些可信的制度化约束。大战后诞生的秩序类型取决于各国通过制度约束权力并长期恪守承诺的能力。

1815 年的卡斯尔雷子爵（Viscount Castlereagh）、1919 年的伍德罗·威尔逊（Woodrow Wilson）、1945 年的哈里·杜鲁门（Harry Truman）都寻求利用新获得的压倒性权力构建战后秩序，将其他国家与本国捆绑在一起。1989 年以后，美国官员发现自己又一次面临这样的局势。不过，为了将其他国家锁定在想要的秩序中，这些领导国并非简单地运用权力，而是通过同意限制自身的权力，以获取其他国家的默许。这些领导国建立秩序的权力，部分来源于它们通过制度限制自身权力的能力。领导国限制能力的不同，对战后诞生的国际秩序的类型有着深远的影响。

我对战后重要关头与和平协定的兴趣始于20世纪80年代。当时，对于美国霸权的特征及意义的探讨如火如荼。我对于霸权的衰落不太感兴趣，但霸权秩序最初如何诞生，更普遍的政治秩序又如何建立，却深深吸引了我。

冷战的结束让我的问题更加凸显。我最初提出的有关秩序形成的问题也因此在两个方面变得更加重要：首先，随着冷战的结束，权威学者开始认为美国又一次处在了大战之后的重要关头，它与1919年与1945年别无二致。随后这一问题立刻演变为：在建立稳定而令人满意的战后秩序上，我们可以从之前的战后安排中学到什么？其次，冷战的结束加剧了某些理论的争论。如今我们可以判定外在威胁是工业民主国家之间凝聚与合作的必要因素。冷战期间，关于这些国家之间的稳定合作关系的解释被夸大了。新现实主义和自由主义的解释似乎都言之有理，但我们没法判定哪些变量最为重要。冷战结束后，这两大传统理论传统预测的结果大相径庭，并都提出了对各自观点进行更加细致的探讨的可能性。

1991年秋，我前往华盛顿特区，在国务院（State Department）政策设计司（Policy Planning Staff）工作了一年。事实证明，我在这里度过了一段有趣的时光。当年8月，苏联部长会议主席米哈伊尔·戈尔巴乔夫（Mikhail Gorbachev）到俄罗斯南部度假，期间莫斯科发生政变。这场闹剧通过电视直播展现在了全世界眼前。议会大厦前，崭露头角的俄罗斯改革派政治家鲍里斯·叶利钦（Boris Yeltsin）站在坦克上，挑衅地挥舞着拳头。军队集结起来，民主的力量夺回了政府，而与此同时，苏联帝国迅速分崩离析。冷战就此结束了。

在美国国务院目睹这一闹剧，令我思考良多。美国外交官担心叶利钦领导的平民政府难以存续。1991—1992年的那个冬天尤为难熬，人们担心食物不足引发的暴乱和苦难会将俄罗斯那苦苦挣扎的民主扼杀在摇篮之中。1992年1月，规模最大的各国外交部长聚集会议在国务院召开，以协调对俄罗斯提供食品、医药、能源和住房援助。

不过，在解决这迫在眉睫的危机之外，美国官员私下也在担忧未来。冷战结束了，之后是什么？苏联和西方的相互遏制和战略敌对，主导了很长一段时间的国际关系。对冷战"胜利"的庆祝，夹杂着对冷战结束后美国外交政策组织战略和意图的担忧。当时最大的担忧之一在于工业化民主国家——即赢得冷战的所谓"自由世界"——未来的凝聚力如何。促使各国通力协作的外在威胁忽然消失。怎样才能确保先进的工业化强国之后继续同心协力？我在政策设计司的一位同事不断提出这样的问题：维持体系稳固的"粘合剂"是什么？这在当时是一个大问题，如今也仍然是冷战后有关国际秩序的理论争论的一个关键议题。

这个问题还有另一种提问方式：工业化民主国家之间的秩序之源是什么？在本书中，我认为寻找答案的最佳途径是研究战后局势，那时各国都在努力解决秩序的基本问题。秩序何时形成？我的答案建立在现实主义和自由主义理论传统之上。关于权力，现实主义提出的许多问题切中要害：谁拥有权力，权力如何行使，其他国家会对权力高度集中的情况做出何种反应？或者，就如我在本书中提出的那样：权力如何转化为秩序？不过现实主义者，至少是现代的新现实主义者，并未完全回答自己提出的这些问题，或是回答出最关键的部分。某种国家——成熟的自由民主国家——有能力建立制度，再加上民主国家本身的开放与可接触性，导致战后各国可以克服这些历史转折点处对于权力的抵抗与怀疑。几个世纪以来，各国都面临着建立战后秩序的类似问题，但"解决方案"却已经出现变化。如今，至少在西方民主国家，解决方案很像解决它们国内秩序问题的方式。

为什么强国同意加入国际制度或受其约束，这是新现实主义者依旧无法解释的困惑。为什么新统一的德国在20世纪90年代作为欧洲最强经济体，却同意遵守约束性的欧洲货币秩序？这个问题也可以换成本书中探讨的历史性问题：为什么美国从二战中崛起成为实力空前的世界强国，却同意编织一张密密麻麻的国际制度网络，并毫不犹豫地置身其中？新现实主义者往往不太重视制度，因此无法很好地解答这些问题。而本书给出的答案是：这些国家参与的权力游戏之复杂，超出了新现实主义者的理解范畴。本书还认为，要理解这些情况下制度所扮演的角色，我们有必要超越自由主义所持有的理性主义与契约制度理论。如此一来，我们方能理解工业化的民主国家如何建立稳定合法的秩序，即使是在权力关系高度不对等的情况下。

发达工业化国家之间的"黏合剂"之多，出乎了许多学者的预料。本书将对这一事实背后的机制及原因展开探讨。

致谢

感谢各位友人与同事的热心协助，让我尽量弥补了本书存在的诸多不足。十年前，我就这一主题撰写了第一篇论文，而如今在这部作品中几乎已经看不到那篇处女作的影子，足可见我这趟研学之旅的收获之丰盛。乔·巴恩斯（Joe Barnes）、罗伯特·吉尔平、彼得·卡赞斯坦（Peter Katzenstein）、安德鲁·莫拉夫西克（Andrew Moravcsik）、尼古拉斯·奥努弗（Nicholas Onuf）和杰克·斯奈德阅读了本书的倒数第二稿，并提出了宝贵的意见。大卫·莱克（David Lake）和迈克尔·马斯坦多诺（Michael Mastanduno）对书稿的多次修改给出了明确的指导，令我尤为感激。我还要感谢汤姆·卡拉吉（Tom Callaghy）、约瑟夫·格里科、查尔斯·库普坎（Charles Kupchan）、约翰·霍尔（John Hall）、约瑟夫·雷普戈德（Joseph Lepgold）、丹尼尔·林赛（Daniel Lindsay）、查尔斯·利普森（Charles Lipson）、迈克尔·欧汉伦（Michael O'Hanlon）、约翰·罗尔（John Rohr）、邓肯·斯奈德尔（Duncan Snidal）和罗伯·斯普林克尔（Rob Sprinkle）对本书早期章节与文稿的有益建议。丹尼尔·杜德尼与我合作撰文，并在宾夕法尼亚大学共上研讨课"西方逻辑"的经历令我灵感迸发，在此同样致以谢意。另外，托马斯·西斯克（Thomas Sisk）和彼得·芬克（Peter Funke）等才华横溢的研究助手也给了我莫大的帮助。

本书也得到了一些机构适时的支持。1998—1999年间,我在华盛顿特区的伍德罗·威尔逊国际学者中心(Woodrow Wilson International Center for Scholars)担任研究员,那里为我提供了修改书稿所需的研究支持和适宜环境。我还有幸获得了大学研究所(University Research Institute)和宾夕法尼亚大学克里斯托弗·H.布朗国际政治中心(Christopher H. Browne Center of International Politics)的资助。另外,我也要感谢外交关系委员会(Council of International Politics)和日立基金会(Hitachi Foundation)为我提供了1997—1998年的国际事务研究基金,感谢布鲁金斯学会(Brookings Institution)及其外交政策研究部主任理查德·哈斯(Richard Haass)邀请我在1997年春季担任访问学者,感谢普林斯顿大学出版社(Princeton University Press)的马尔科姆·林奇菲尔德(Malcolm Litchfield)和查克·迈尔斯(Chuck Myers)对我的项目的关注以及在我完成书稿期间的指导,感谢玛格丽特·卡斯(Margaret Case)出色的文字编辑工作。

最诚挚的感谢,则要送给我的亲人。我要将此书献给妻子莉迪亚和我们的两个孩子。1995年本书撰写之初,恰逢爱女特莎诞生。1999年本书完稿之时,爱子杰克逊呱呱坠地,而特莎却在不到一周后夭折。这些生命旅途中的快乐与痛苦,融入了撰写本书的挣扎与愉悦之中。为此,我要向莉迪亚致以最深沉的谢意。正是她不渝的支持与明智的忠告,才让这本书的面世成为现实。

第一章

秩序问题

各国会在一些少有的重要历史节点努力解决国际关系的根本问题：如何在一个主权国家组成的世界中建立并维持秩序？这些历史节点正是国际秩序遭遇混乱与变革的戏剧时刻。旧秩序在战争中被摧毁殆尽，而新的强国试图重新建立基本的组织规则与安排。1989年冷战的结束被许多当代的观察家视作最近的一次重要历史时刻。随着两极世界秩序的急剧崩塌，20世纪40年代以来从未被提到的一个问题再次被摆上台面：各国如何建立并维持国际秩序？

建立国际秩序的重要时刻往往出现于大战之后，战胜国着手开始重建战后世界。1648年、1713年、1815年、1919年和1945年就是这样的关键转折点。在这些历史关头，新晋强国得到了塑造世界政治的超凡机遇。在战后的混乱余波中，这些国家的领袖发现自己处于非常有利的位置，可以提出新的规则与原则，从而重塑国际秩序。[1]

本书提出了三个关于在这些重要历史关头建立秩序的基本问题。首先，在这些国际秩序的基本组织形式尚未成型的战后时刻，各国做出抉择的重要逻辑是什么？也就是说，这些建立秩序的时刻在战略环境上有何共性，占据主导地位的国家面对战后秩序重建的局势又会做出怎样的选择？其次，在各次重大的战后安排之中，为什么秩序问题的特定"解决方案"会发生变化或不断进化？尤其是，我们如何解释从1815年的战后安排以来，各国越来越倾向于通过秩序构建的制度战略，并在1945年后构建了最为系统的制度？再次，为什么1945年先进工业化国家之间构建的战后秩序如此稳固，在冷战结束权力剧烈变动之后依旧存续至今？

这些重大的战后历史关头有一系列共同特征，它们给占据主导地位的国家提供了塑造国际秩序的非凡机遇。大战之后各国之间关系最重要的特征在于突然出现了新的实力分布，强国与弱小国家之间出现了新的不平衡。在建立秩序的新原则与规则上，各国都有机会与意愿与其他国家进行对抗。当占据主导地位的国家或霸权国家面临着如何利用新获得的权力来最终塑造战后国际秩序的特征时，这些大战之后的历史关头就成了少有的战略时刻。

赢得战争的国家获得了可以被视为某种"横财"的权力资产。战胜国是新晋强国——实际上，它们在某些情况下是新晋霸权国，掌握了强大的物质权力。问题在于，该国要如何利用这些新获得的权力？大体来看，它有三种选择。首先是支配——利用其强大的物质权力，在围绕收益分配的无尽争执中占得上风。其次是放任——脱身于战后争端之外，回国置之不理。或者，它也可以试图把这种战后的有利地位转化为持久的秩序，并在秩序内获取其他国家的顺从。为了实现这种结果，它必须打消实力较弱的战败国对其选择支配或放任的恐惧。

历史上看，在重大战后关头，占据主导地位的国家都倾向于采用第三种选择,但在不同时期它们采取的方式和选择的能力却有所不同。

本书有三大中心论点。首先,由于各国约束权力的能力与机制不同,战后秩序的特征也各不相同。这些国家参与所谓"战略约束"的能力在几个世纪以来逐渐改变,占据主导地位的国家建立和维持国际秩序的方式也因而有所调整。最早的战后权力约束战略基本只涉及孤立与分权,随后又包括了权力制衡。而近来,战后国家则开始利用制度战略,将各国在不同程度上捆绑在一起,限制国家权力行使的方式和时机,以此应对国家权力的不确定性与差异性。

我们可以从中发现一个历史规律。从1815年的协定,再到1919年和1945年的协定,占据主导地位的国家越来越倾向于利用制度战略来限制随意、武断地行使国家权力,建立有利而持久的战后秩序。拿破仑战争之后的英国和两次世界大战之后的美国所采用的战后秩序构建议程中,包含了越来越广泛的提议,以在战后建立政府间制度,把各大强国捆绑在一起并将它们的关系制度化。这些战后制度并不是单纯地解决功能问题或促进合作,它们还作为政治控制的机制,让占据主导地位的国家(至少在一定程度上)将其他国家锁定在一系列有利于自身的战后关系之中。领导国还可以根据这些机制确立某些限制自身权力行使的举措,从而缓解其他国家对于被支配或被放任的恐惧。

第二,占据主导地位的国家利用制度作为政治控制机制的动机和能力,由两大变量所决定:战后各国实力不平衡的程度,以及商讨战后协议的国家类型。战后实力差距越悬殊,领导国利用制度锁定有利秩序的能力就越大;它在利用权力约束交换制度协议,用短期利益交换长期利益方面，也会处于更有利的位置。另外，实力悬殊越大，较弱的次要国家通过达成制度协议，以降低被支配或放任的风险的意愿就越强。同样，比起非民主国家，民主国家更有能力在战后安排中加入约束性制度，并打消其他国家的疑虑。也就是说，民主国家之间相互锁定制度的"黏性"强于非民主国家，这也使得这些制度更有可能减少权力不平衡带来的影响。

第三，这一制度逻辑有助于解释1945年后工业化民主国家之间秩序的非凡稳定性。尽管冷战已经结束，各国实力存在着巨大的不平衡，但这一秩序依然延续着。较之于1815年和1919年，1945年的情况为领导国提供了推动制度协定的机遇。一旦时机成熟，各国的民主特性会促进政府间制度和承诺的进一步发展，从而在这些国家之间建立更深的联系，并导致其他秩序越来越难取代现有的秩序。

确实，1945年后秩序的制度逻辑有助于解释冷战结束的方式，以及冷战结束该秩序得以延续的原因。它告诉我们为什么苏联几乎没有抵抗就默许了一个统一而更加强大的德国加入北约。苏联领导人意识到西方政治秩序的制度性让这些国家不太可能在寻求改革与结合时占苏联的便宜。西方国家的制度结构缓和了权力不平衡的逆转和统一的德国崛起带来的安全后果。这让苏联有动机尽快做出与其命运相关的决定，而这些决定却对西方更为有利。制度逻辑也有利于解释为什么两极格局已经崩溃，西方制度却得以延续，即使它（例如北约）在表面上看已经没有了要履行的职能。这些制度之所以继续存在，是因为它们是共同承诺和保证体系的一部分，这些逻辑早在之前就已存在，而且至少部分独立于冷战。

在战后秩序特征变化的论点之后隐藏着另一个议题，也就是民主国家会如何利用相互锁定的制度创立秩序,以降低在国际关系中权力不平衡的重要性。某种意义上说,制度扮演了这个角色,它们构筑的政治秩序越来越体现出"宪法"性质。宪法政治秩序从根本上降低了政治"获胜"的意义。一个政党或国家如果在特定时刻获取优势——例如赢得大选或从经济交换中获得了过多回报,就会受到制度的限制。换句话说,宪法秩序"限制了权力的回报"。行为体的暂时优势将受到限制。失败者会意识到他们的损失是有限的、暂时的,接受这些损失并不致命,也不会让赢家获得永久的优势。

从这个角度来看,无论是在国内还是国际上——政治秩序的宪法特征是多样化的。秩序中的制度对权力回报的限制程度存在差异,因此秩序整体的宪法特征也存在不同。从历史上看,国际秩序对权力回报几乎没有制度性限制。秩序单纯建立在军事秩序或霸权国的强制性支配之下,没有任何宪法特征。不过如果像本书假设的那样,由民主国家主导的制度发挥出约束作用,那么在特定情况下,国际秩序确实能够展现出宪法特征。

这一论点具有相当重要的理论意义。人们普遍认为国内和国际政治扎根于迥异的秩序类型之上。国内政治由法制和公认的制度所支配,而国际政治由国家权力的行使所支配。在国内政治中,权力被制度与规则框架所"驯服",而国际政治依旧是一个不受约束的权力政治世界。最有影响力的一种说法认为,两大领域在结构上有着根本的不同:一种是基于层级制度的原则,另一种则是基于无政府状态。[2] 不过更准确地说,国内秩序与国际秩序有多种不同形式。在一些国家,政治可能极度无情、充满强制性,而国际政治的某些领域却充满了共识,具有相当程度的制度化。国内和国际并不是泾渭分明的。[3]

当战争或政治动乱导致了新兴强国或国家集团的崛起——也就是国际环境中存在着高度不平衡的权力关系，秩序的基本特征正在发生变化——占据主导地位的国家就有了支配、放任或推动战后秩序制度化的选择。当领导国有动机与机会通过制度化协定将各国捆绑在一起，限制与约束包括领导国和霸权国在内的国家权力时，战后秩序就开始呈现出宪法特征。

本章接下来的部分将密切关注尚未得到解释的战后秩序难题、本书提出的假设和制度观点，以及在各国建立并维持秩序的争论上意义重大的理论启示。

秩序之惑

国际关系中秩序往往成形于充满戏剧性的时刻，典型的就是在大战之后。这些体系的变化被罗伯特·吉尔平称之为"体系性变革"。在这些时刻，为了符合新晋强国或霸权国的利益，治理的规则与制度将会得到改造。[4]国际秩序形成的不规则的戏剧性模式，是研究变革性质的重要观察点。各国之间的战争、关系的破裂与重构，展现出了国际变革的核心层面：正如彼得·卡赞斯坦所说，历史是"一系列不规则的巨大冲突引发的结果"。[5]不常出现的间断点重新塑造各国之间的关系，这是世界政治的标志之一。

尽管国际关系上影响最大的秩序重构的时刻往往发生在大战之后，但这些协议产生的秩序的特征在几个世纪以来已经发生了改变。

在影响范围上，这些协议越来越具有全球性。1648年的威斯特伐利亚协议主要涉及欧洲。1712年的乌勒特支协议标志着英国开始介入欧洲国家体系的塑造。1815年的维也纳协议把更为广阔的殖民地和欧洲以外的世界带到了谈判桌上。到了20世纪，协议真正变得全球化。和平协议在深度和广度上都有所增长。它们涉及安全、领土、经济和功能问题，变得越来越具有侵入性，深入到了战败国的内部结构和行政机构之中。这种情况在1945年占领和重建日本和德国时达到了顶峰。[6]

最重要的是，在1815年、1919年和1945年的协议中，占据主导地位的国家越来越煞费苦心地推动各大强国间安全关系的制度化。它们没有单纯依靠均势战略或压倒性权力，而是设法限制权力，安抚实力较弱的潜在对手，并通过各种约束性制度提供承诺。这一战略的目的是将潜在的对手和相互威胁的国家全部纳入联盟和其他制度之中。罗伯特·杰维斯（Robert Jervis）在维也纳协议中对这种逻辑做出了这样的描述："利己主义的概念在扩散，政治家开始相信与有威胁的国家建立密切联系，是遏制它们的最佳手段。"[7]

1919年和1945年的战后安排中，建立战后秩序的战略在利用制度来捆绑和安抚潜在对手上更进一步。为什么这种利用制度把各国捆绑在一起的做法在1815年后取代了简单的均势秩序并在两次世界大战之后呈现出更加广泛的形式，这种演变又是如何产生的，是重要的历史和理论难题。[8]

1945年之后，美国推行战后秩序建设战略，其中涉及了新的政府间制度的建立，这可谓史无前例。第二次世界大战之后，战前秩序支离破碎，欧洲列强遭遇重创，美国做好了主导世界政治的准备。

处于这个有利位置上的美国在1944—1951年间领导建立了布雷顿森林体系、联合国、北约，签署了《美日安全保障条约》，还在亚洲建立了其他同盟。战后制度呈现出百花齐放的态势，区域制度、全球制度、经济制度、安全制度、多边制度、双边制度不一而足。

新晋强国在建立战后秩序之前，往往经历过许多大战和许多重要时刻。但之前从来没有哪个国家能够在战争结束后占据如此支配性的地位，也没有哪个强国试图如此彻底地将战后秩序制度化。将美国霸权和英国霸权时期的情况进行对比便一目了然，美国在广泛运用制度方面远远超出了19世纪的英国。[9]

为什么在第二次世界大战之后霸权达到巅峰的美国愿意将其权力"制度化"？美国确实试图将其他国家锁定在这些制度中，并尽可能地让自己不受约束。但战后制度不可避免地会对美国行使霸权产生限制。为什么它答应接受这些制度约束？实力较弱的次要国家为什么同意与这样一个强大的霸权国家拥有更多交集，而不是尽量撇清联系，这也是一大谜题。如此一来势必有被主导的风险。此外，如果这些弱小国家相信霸权会最终衰亡，它们可能会认为最好不要让自己被锁定在制度之中，而是静待未来得到更好的待遇。

1945年的秩序如此持久，同样令人疑惑。后冷战时期最令人惊讶的一点在于美国与其他先进的工业化强国之间依旧维持了相当稳定的关系。尽管苏联解体，两极格局崩溃，美国、欧洲和日本的关系却继续保持着相对的开放、互惠、合法和制度化。许多观察家预测冷战的结束会引发这些国家之间关系的剧变，例如多边制度瓦解、区域集团兴起、日本和德国重新开始战略制衡。

冷战的结束不仅让工业化民主国家失去了一个团结的理由，还导致了权力的单极化。在经济和军事领域，美国与实力最强大的竞争对手之间的差距之大，是过去三个世纪以来未曾有过的。然而，尽管美国有着如此集中的权力，却几乎没有什么证据表明其他国家正在积极寻求制衡美国或组建抗衡霸权的联盟。面对亘古未有的局面，如今的困惑在于：在权力分配出现急剧变化的年代，为什么工业化民主国家之间的秩序依旧稳定持久？

秩序之辩

国际秩序的来源之争往往在两方之间摇摆，一方强调实力的重要性，另一方强调制度与理念的重要性。[10] 这是一种错误的二分法。国家实力及其差距决定了各国在建立和维持秩序时要面对的基本困境，但针对这些困境，各国"解决方案"的差异性却需要进一步的理论解释。战后秩序的特征和稳定性取决于各国建立制度机制约束权力和确立捆绑承诺的能力——这些能力来源于各国的政治特征和对于国际秩序来源的战略思考。然而，盛行的制度理论却忽视了制度作为政治控制机制在秩序构建中扮演的角色。

各国之间如何构建秩序？现实主义传统在这个基本问题上给出了定义最为清晰的回答。[11] 现实主义者的基本观点是秩序由国家权力构建并维持，随着国家实力分配的转移而变化。根据这一观点，现实主义以及修正的新现实主义提出了两种几乎截然不同的世界政治的秩序形成模式：均势和霸权。

按照权力均势理论的解释，秩序以及伴随出现的规则与制度，是无政府状态下各国应对实力集中或威胁的制衡和调整过程的产物。[12] 制衡既可以是内部的，也可以是外部的：通过国内动员，以及组成各国之间临时联盟，可以抵抗和制衡带来威胁的实力集中。在无政府状态下，联盟只是暂时的权宜之计，各国会捍卫自己的自主权，拒绝卷入制度之中。均势现实主义者在制衡规则如何倾向于明确和自觉的问题上，有着很大的分歧。由此而产生的秩序可能是平衡压力之下无心插柳，也可能是均势或平衡导致的正式化规则的体现。

另一种新现实主义理论认为，秩序由霸权国所构建并维持。霸权国会利用权力能力梳理国家之间的关系。[13] 其权力优势让它能够给其他国家带来积极或消极的诱因，从而使得这些国家同意参与其霸权秩序。罗伯特·吉尔平表示，任何特定历史时刻的国际秩序都是对体系内各国权力分配的体现。随着时间的推移，权力分配会发生变化，引发体系内的冲突与决裂、霸权战争乃至最终的秩序重构，以体现权力能力的重新分配。新晋霸权国或国家集团通过战争获取权力地位，战后安排的条款和新秩序的特征将由它们来重新定义。

这些新现实主义理论有助于发现战后重要历史关头出现的战略困境：在高度不平衡的权力关系中如何构建秩序。然而，领导国秩序构建的制度战略以及一系列随之而来的战后秩序正在扮演越来越重要的角色，这种现象却没有一种新现实主义理论能够完全解释。这些理论中没有任何一种认为国际制度在各国关系的组织梳理上发挥了重要作用。[14] 一种简单的新现实主义观点认为：处于优势的战后国家会依靠军事实力，对原材料、市场、资本的控制，经济和技术上的竞争优势等物质能力，不断采取引诱和威胁的方式来建立和维持霸权秩序。[15] 我将在后面指出，霸权国——19世纪的英国和20

世纪的美国——对权力和秩序的理解更加复杂并依此行事,这是有据可依的。它们寻求建立得到共识的秩序规则与原则,而且意识到如此行事不仅需要运用物质能力,还需要限制自身权力的行使。[16]

同样,西方战后秩序的持续稳定,对关于平衡和霸权的大部分新现实主义理论提出了挑战。在苏联的威胁消失,均势理论认为西方——尤其是北约等安全组织——会渐渐衰弱,并最终回到战略敌对模式。[17]霸权的新现实主义认为美国权力的极度优势会引发亚洲和欧洲盟友的制衡举措,或至少会减少冷战时期标志性的政治与安全联系。[18]而面对美国的全新霸权,欧洲和亚洲并未进行制衡,一些新现实主义者对此也做出了进一步解释。其中一种解释着眼于美国冷战之后的宏观战略,以及它利用物质资源笼络和安抚盟友的能力,认为这些阻止了制衡与抵抗的出现。[19]现实主义的另一种解释是美国当前的实力已经远超其他国家,以至于制衡无法起到作用。[20]

无论如何,这些新现实主义理论的基本要旨在于,先进的工业化国家将在冷战后再一次应对无政府状态的难题:经济对立、安全困境、制度衰退、制衡联盟。冷战的外在威胁已经消失,即使美国依旧强大,却失去了让盟友保持凝聚力的重要因素。然而,西方工业化国家在冷战后依旧保持了稳定和开放的关系,某些领域的制度化合作实际上还有所延伸,我们只有超越新现实主义理论的视界,才有可能解释这一疑惑。[21]

自由主义理论对大战之后的秩序建构政治有着一定的理解,但却同样不够全面。[22]这些理论在解释1945年战后秩序的各个方面提供了非常有用的指引,但却没有对秩序稳定的特征或来源做出全面的解释。[23]自由主义理论不太关心各国之间权力的不平衡,以及由此引发的对合作的制约。它们没有意识到，盛行的制度捆绑是传统制衡之外的另一种选择，也是开放、民主的美国政体与国际制度相结合，以减轻战后权力不平衡所带来的影响的手段。

　　自由主义理论认为制度拥有各种国际功能与影响，通过多种方式促进合作，塑造国家权力，改变国家确定和追求利益的方式。[24]自由主义理论也认识到并且强调了作为基础协议或宪法契约的国家间制度的重要性。奥兰·杨（Oran Young）把这些制度称作"管理各国日后相互关系的一系列权利与规则"。[25]然而，自由主义对于制度作为战略将各国捆绑在一起，从而缓解安全困境，削弱制衡动机的方式，却没有给予足够的关注。自由主义理论认识到了制度引导和约束国家行为的方式，却没有对影响更深远的另一个观点做进一步研究，即领导国会利用政府间制度约束自身，从而缓解次要国家对于支配或放任的恐惧。

　　我提出的制度理论与另外两种理论，即新自由主义理论（松散理论）和建构主义理论（空洞理论），可以形成对比。新自由主义理论认为制度是行为体之间的协议或契约，用以降低不确定性、减少交易成本、解决集体行动问题。它们提供信息、实施机制和其他手段，让各国实现多赢。[26]在无政府的局势下，制度是一种缓解各国机会主义动机的策略。[27]因此，自由主义从问题解决的角度得到了解释，它们是利己的个人或群体行为促成的产物。[28]

　　建构主义理论将制度看作约束和塑造个人或国家战略行为的分散的、社会建构的世界观。制度被视为定义与重现个人或群体利益与行为的支配性关系模式。它们提供了解释和行为的规范认知图景，并最终影响到行为体的身份认同与社会目标。[29]国家身份认同是国家利益与权力背后的影子，它是国家作为实体和更广泛的国际体系行为体的意图与倾向的普遍规范与理念。由此观之，在任何历史情况下，战后秩序的组织所体现的都是协议参与方对于国际秩序应该秉持的原则与意图的看法。反过来看，这种普遍看法都扎根于塑造国家基本身份认同的原则与意图之中。[30]

第三种观点认为制度既是构建手段，也是制约手段。制度是正式与非正式的组织、规则、惯例与行为，内嵌于更宽泛的政治秩序之中，定义了行为体所在的"环境"。[31] 正因如此，制度结构影响了政治体系中个人与群体的权力分配方式，向某些个人与群体提供了优势及资源，并限制了另一部分个人与群体的选择。这种观点关注制度改变或固定政治秩序中权力分配的方式。相对于理性主义的解释，它提供了更具黏性的制度理论。但与建构主义不同，它将制度黏性置于行为体与正式和非正式的组织、规则和惯例的实质性互动之中。由于行为体与制度之间存在着复杂的因果互动，在评估机构与结构如何发挥作用时，关注历史时机与历史顺序十分必要。

新自由制度主义理论的核心关注点是制度向各国提供信息并降低欺骗动机的途径。[32] 不过它忽略了先进工业化国家之间的普遍秩序的基本特征：关系结构如今已经十分深入、无所不在，以至于这些理论中担忧的那种欺骗不可能发生，或无足轻重，因为合作与制度并非不堪一击，它们相当稳固。此外，这不仅仅是制度如何重要的问题，也是制度何时重要的问题。新自由制度主义认为，制度在霸权出现之后最为重要。霸权衰弱之后，制度可以维系秩序或合作。不过霸权诞生之初——或"胜利之后"——制度在不平等国家之间建构秩序、确保合作上也同样起到了关键作用。[33] 本书中提出的制度理论结合了路径依赖和制度报酬递增的假设，以解释制度在克服或减少无政府状态、制衡或战略对立上的潜在意义。

秩序之论

本书认为，秩序形成的基本出发点，就是如何应对新出现的权力失衡的问题。这是有关政治秩序的经典问题：强国与弱小国家之间如何建立稳定而又能达成共识的关系体系？马克斯·韦伯将它视为政治的核心困境：将原始实力转化为合法权力。战争造就了赢家和输家，放大了强国与弱小国家的差距，摧毁了秩序的旧规则和旧制度。这种情况下，正如前文所说，占据主导地位的国家或霸权国可以强化自身地位，各国可以寻求权力均势下的安全，或是建立更加制度化的政治秩序。1648年、1713年、1815年、1919年和1945年，领导国面对的战后战略局势别无二致，但它们采取的策略却各不相同。最初的协议通过大国的孤立与制衡来解决问题。[34] 但1815年、1919年和1945年的协议越来越倾向于通过制度战略来建立战略约束，克服弱小国家被支配或放任的恐惧。本书的重点在于理解这些战后战略的逻辑与变化，总结1945年战后秩序保持稳定给我们的启示。[35]

本书提出的观点是，由于各国约束权力、建立承诺的能力各不相同，战后秩序的特征也会随之改变。民主国家和新制度战略的兴起，让各国有能力对沿袭下来并反复出现的秩序问题做出新的回应。

第二章详细阐述了本书中的因变量：占据主导地位的战后国家

的秩序构建战略和战后秩序特征的变化。经验主义关注的首要重点是战后新晋强国的选择与政策，尤其是这些国家利用制度作为承诺和约束机制的程度有何变化。[36] 经验主义关注的第二重点则是战后秩序的实际特征，学者们据此对均势秩序、霸权秩序和宪法秩序这三种秩序类型进行了大致的区分。这些秩序在国家权力分配的组织与约束上有所不同。本书不打算系统地解释这三种秩序的差异，而是试图寻找秩序特征的不同，并据此判断战后领导国在推进构建秩序的制度战略上取得了多大成功。

第三章进一步论述了秩序构建的制度逻辑及其表现形式的差异。本章一开始就对大战之后领导国在重建秩序时面对的基本"难题"做出假设：旧秩序的崩溃、新的权力不平衡的诞生，以及它们面对的基本选择。我们如此简化问题，是为了明确基本的战略情况和选择。解释秩序建构战略的选择差异——以及制度战略的日益流行——是秩序建构领域的难题。

随着时间的推移，战后安排逐渐倾向于制度化秩序，并开始呈现出宪法特征。至少在某种程度上，权力的行使要通过达成共识的制度规则和惯例。因此，各国任意独断地行使权力，或凭借实力优势永久压制弱小国家的情况受到了限制。这是一种理想的战后制度建构模式。没有哪次战后安排完全符合这一理想逻辑。然而，这一模式有助于我们确定1815年、1919年和1945年协定中或多或少体现出来的秩序构建逻辑，而这种逻辑在1945年工业化民主国家的协定中体现得最为明显。本书的四、五、六章研究了这些近现代的战后实例。1815年的历史时刻让英国成了战后领导国，但由于协定参与国的非民主特征，约束性制度的建立受到了限制。会议上提出的全面安全保证无法兑现，其主要原因在于参与国无法做出捆绑性承诺。俄国沙皇亚历山大高度个性化的反常外交政策充分展现了这一局限性。1815年的案例表明领导国试图利用制度作为权力约束机制，并留下了宪法秩序的些许痕迹。但这一幕也揭示了非民主国家在建立约束性制度上的局限性。1919年，战后西方强国已经普遍成为民主国家，这为达成制度协议创造了机遇。伍德罗·威尔逊（Woodrow Wilson）提出了雄心勃勃的制度建议。欧洲领导人并不担心美国的支配或放任，它们试图把美国拖进安全承诺之中。制度协议几乎就要达成，但失败的主要原因并非模式中提出的战后环境，而是更加另类。威尔逊对于法律和制度来源的顽固信念，美国权力运用的糟糕表现以及错失的机遇足以葬送这次协定，尤其是盟国之间还存在着激烈的利益冲突。

1945年的历史时刻为领导国和次要国达成制度协定提供了最为明显的动机与能力。这一次，美国的权力优势比1919年的美国或1815年的英国更为显著。它在与其他国家进行制度协商上具有更强的能力，而权力的极度失衡也让欧洲各国的政府迫切希望达成协议，实现承诺与约束。各国的民主特性让这次达成的制度协议在缓解权力失衡的严重后果上更加可信和有效，尽管它们本来并不愿意参与其中。美国国内体系提供了透明度和"发言机会"，这种特征和约束性制度的广泛使用限制了权力的回报，并向秩序中的国家提供了不被支配或放任的保障。由此诞生的秩序特色鲜明，具有多边、互惠、合法和高度制度化的特征。1945年后以美国为中心的秩序找到了一种新颖的有效途径，克服了战后权力高度失衡引发的秩序难题。

由于冷战加深了工业化民主国家之间的合作，我们很难全面评判这一时期秩序的制度来源的重要性。因此，冷战之后这些国家的关系模式具有额外的理论价值。正如第七章所述，促进合作的苏联威胁已经消失，但先进工业化国家之间关系却依然持续，这与制度秩序的逻辑是相统一的。它对当代有关国际秩序的其他理论提出了难题。

本书在结论部分探讨了当代美国政策制定者给我们的启示。美国作为全球唯一的超级大国迈入了新世纪。这一超凡权力能否在建立长久合法的国际秩序上产生良好作用，很大程度上取决于美国官员在国际制度内如何运作。看起来，美国似乎可以单边地任意行使权力而几乎不受限制和惩罚。不过本书各章节中探讨的理论和历史经验却得出了相反的观点。最为持久的强国，实际上是那些与制度合作并通过制度行使权力的国家。

第二章

秩序的类别：均势秩序、霸权秩序与宪法秩序

人们普遍认为，国内和国际政治建立于完全不同的秩序类型之上。国内政治是有着共享认同、稳定制度与合法权威的领域，而国际政治则如同一位现实主义学者最近所说：是一个"各国寻找机会彼此利用的残酷斗场，几乎不存在相互信任的理由"。[1] 按照最具影响力的表述，两个领域的结构有着本质的差异：一个基于层级制原则，另一个则基于无政府状态。[2]

不过它们真的截然不同吗？国内和国际政治都可以呈现出不同的形式。在一些国家，政治可能极其无情和铁腕，而国际政治却有一些方面体现出明显的两相情愿和制度化特征。看起来稳定与合法的政体，如19世纪中期的美国，也可能卷入血腥的内战中，而西欧和北大西洋一带的国家却建立了非常稳定而完整的政治秩序。这一秩序历经大半个世纪而不垮，其间发生武装冲突几乎不可想象。最有意义的观点可能是：国内和国际这两大政治领域在构建和维持秩序上会面临类似问题，产生的解决方案往往不同，有时却具有共性。

在过去那些重要的历史节点，占据主导地位的国家为应对战后权力的不确定性和差异性，采取了各种各样的策略，并因此构建

出不同类型的战后秩序。这些国家对约束性制度的依赖程度各不相同，因而最终成形的秩序也有差异，这在1815年英国构建的秩序与1919年和1945年美国构建的秩序中均有体现。因此，本书对历史案例进行经验主义研究的核心在于：这些国家如何在战后利用政策与行动与其他大国重构关系。领导国会以什么方式、在多大程度上推进制度战略来建立约束和承诺？推进这些制度战略的机遇与限制是由哪些因素决定的？

通过最终成形的战后秩序的类型，我们可以推测领导国采用的战略。如果领导国和次要国家愿意并能够围绕约束性制度构建秩序，那么秩序将呈现出宪法特征。因此，第二个因变量是战后秩序的特征。由此将引发更多疑问。宪法秩序与传统的均势秩序或霸权秩序有何差别？宪法秩序本身又有哪些不同？

本章试图对战后秩序的策略与特征的差异进行详细阐述。我将首先回顾几种主要的政治秩序——均势秩序、霸权秩序和宪法秩序，之后分析各国用以构建秩序、组织权力行使与约束方式的不同战略，并在最后探讨战后秩序的政治稳定性的来源与差别。

政治秩序的类别

国际关系的核心问题就是秩序问题——秩序如何设计、如何打破、如何重构。[3] 不过在国际关系中，秩序的定义并不明确，因此"秩序的打破"和"秩序的构建"也同样模糊。[4] 政治秩序是什么，会如何演变，又何从比较呢？

赫德利·布尔在他关于秩序的经典论述中区分了世界秩序与国际秩序。他认为前者由所有民族和彼此之间的关系所构成，后者则由各国间的规则与固定预期所构成。国际秩序被定义成"一种维持国家社会或国际社会的基本或主要目标的行为模式"[5]。这一区分有助于定位秩序的不同领域，阐明国际社会的深层结构与构成各国间关系的制度与惯例的演化。不过在探寻改变秩序规则与制度的历史转折和争议节点上，它并未提供有用的概念工具。

在本书中，政治秩序指的是国家集团的"治理性"安排，包括基本规则、原则和制度。当一个政治体系中的基本组织安排得以确立，政治秩序就随之形成；当它们遭到颠覆、质疑或陷入混乱，秩序就被打破；当它们重新得到确立，秩序则被重构。其关键在于要有详尽的规则、原则和制度来定义秩序参与国之间的核心关系。这也将秩序的概念限定在各国之间的固定性安排上，这些安排定义了彼此的关系，以及对于未来彼此互动的共同预期。

这一秩序概念类似于罗伯特·吉尔平的"体系"秩序与变革。后者指的是"国际体系治理的变革"。治理变革是"国际权力分配、威望层级，以及体系中规则和权利的变化"[6]。体系秩序指的不是国际合作或协议中的全部方面，而是体系中国家间秩序的基本规则和原则。它是一种博弈规则，即使这些规则仅仅规定了由权力均衡或霸权统治来实现治理。

根据这一定义，国际秩序可以有多种形式。稳定的政治秩序并不一定要求成员国之间达成规范协议。秩序可以单纯凭借交换关系、胁迫或制衡而存在，其稳定性也未必建立在各国间的详尽协议之上。秩序可以是自发性的，是各国各自行动引发的附加后果。实际上，新现实主义者认为均势秩序的优势之一正在于它几乎不需要协议、规范共识或各国之间的共同特征。秩序还可以单纯建立在各国特定的共同利益上，或完全依赖霸权的强制胁迫。

均势秩序和霸权秩序

各国之间的政治秩序多种多样，其中最重要的三种分别是均势秩序、霸权秩序和宪法秩序。每一种秩序都代表着各国间权力分配和权力行使的不同方式，其差异性既体现在权力和权威的基本组织关系上，也体现在国家权力行使的限制与促使各国凝聚并合作的原因上，还体现在导致国际秩序稳定与否的根本条件上。

均势秩序、霸权秩序和宪法秩序只是理想的秩序类型。实际上，历史上出现过的秩序往往会呈现出多种类型的特性。均势秩序和霸权秩序在新现实主义者的国际关系理论中多有提及，它们为人所熟知，且有着丰富的理论基础。宪法秩序——至少在各国间关系中呈现的形式——则需要进一步的阐述。这些秩序的基本特征请参见表2-1。

表2-1 国际秩序的类型

	均势秩序	霸权秩序	宪法秩序
组织原则	无政府状态	层级制	法治
对权力集中的限制	制衡同盟	无	约束性制度
秩序稳定性的来源	权力平衡	权力优势	限制权力回报

均势秩序围绕着无政府状态的原则而组织,其中没有支配性的政治权威。按照肯尼斯·华尔兹的说法,这是国际体系的实质。体系的"部件"由基本特征类似、基本功能相近的国家("相似单位")所构成。[7]在无政府状态下,国家之间没有任何固定、正式或层级制的关系。政治权威的关键是明确反对层级制的国家主权。

在无政府状态的世界里,各国有着制衡的动机。[8]安全——实际上是生存——是各国的基本目标。由于各国无法最终依靠其他国家的承诺或保证来确保自身安全,因此它们对自身的相对实力十分敏感。当强国崛起时,次要国家会组成弱小国家的对抗性联盟来寻求保护。这种选择的目的是避免被主导的危险。正如华尔兹所言:"次要国家如果可以自由选择,它们会聚集到弱小的一方,因为威胁它们的是强大的那一方。在弱小的一方,它们不仅更有地位,也更加安全,当然,前提是它们加入的这个联盟拥有足够的防御和威慑力量来阻止对手攻击。"[9]这种情况下,联盟成为各国为了阻止权力集中的临时联合体。随着权力分配发生变化,联盟也会随之改变。秩序建立在各国制衡的基础上,这是各国在无政府状态下寻求安全的必然结果,无法避免。[10]

华尔兹将制衡与"追随"进行了对比。他认为后者是国内政治体系中的竞争者常用的一种策略。[11]例如,当想要成为领导者的人为担任政党领袖而竞争时,他们往往会组成联盟,阻止其他竞争者取胜,因为国内往往有着无政府主义的行事风格。不过一旦领导者最终当选,失败方倾向于选择追随,向胜者表示支持。"一旦有人似乎即将获胜,几乎所有人都会转而追随,而不是继续构建联盟,阻止任何人赢得权力的果实。"[12]失败的候选者愿意支持赢家。"在追逐领导者地位的竞争中，如果失败者也可能有所收获，且失败不会让他们陷入危险境地，那么追随是一种合理的行为。"[13] 华尔兹认为，这种对比十分关键，直指新现实主义者的观点核心——国内和国际秩序有着本质不同：国内政治中，胜负的赌注较小，即使与强大的新领袖合作，也存在着获益的可能性。

在国际政治中选择追随，意味着允许"世界霸权"的诞生，这会让弱小国家任由强国摆布。在无政府状态下，抑制其他国家崛起的唯一有效途径是与其他弱小国家联合起来抵抗支配，这种不变的制衡逻辑塑造了国际秩序。[14] 其他逻辑都行不通，因为各国承担不起失败的风险，且这些逻辑也无法长久适用。

霸权秩序也建立在各国权力分配的基础之上，不过它的运作逻辑大不相同：权力与权威由层级制的组织原则来确定。在层级制的国际秩序中，上下级层次分明，各国依此垂直排序。尽管各国之间可能存在大量相互依存和职能分工的情况，但政治权威是高度集中的。按照华尔兹的说法，这种权威原则主要存在于国内政治的结构中，因为国内政治具有"集权和层级制"的特征。这一情况下，"国内政治体系的部分特性存在于国际秩序的上下级关系中。一些国家拥有发号施令的权力，另一些国家则需要服从。"[15]

不过，建立和维持层级制的途径很多。当层级制的权力关系和政治权威由法制和达成共识的正式制度流程来建立——例如，通过代议制政府选举统治者——这种情况更适合被视为宪法政治秩序。政治和法律制度在运转时会将权威授予特定的高层机构，而官员通过这些机构来执政，层级制的意义仅在这一方面有所体现。相比之下，胁迫性地运用权力来建立并维持层级制，是霸权秩序的显著特征。这种层级制统治建立在权力能力的差异之上。

国际秩序中最极端的层级秩序是帝国秩序，弱小的单位在其中没有完整的主权，整个帝国最终要依靠胁迫性统治来实现控制。实际情况下，帝国秩序由于层级统治和控制程度的不同有着巨大差异。[16]霸权秩序也是层级制的，尽管在秩序中弱小和次要国家拥有正式的主权，统治的程度和机制可能较为宽松，没有那么正式。不过归根结底，霸权秩序是由领导国的权力优势所建立并维持的，当权力衰退或移交到其他国家，秩序就会崩溃或衰亡。[17]

罗伯特·吉尔平的战争与变革模型精妙地总结了霸权秩序的逻辑，其中指出，国际政治就是领导国强行施加给世界的一系列秩序。正如吉尔平所说："主导体系的强大国家相继崛起，决定了国际互动模式，建立了体系规则，这就是体系演变的特征。"[18] 各国间的权力分配会出现稳定而不可避免的转移，新的挑战国随之涌现，并最终与领导国展开霸权战争。随后诞生的新霸权国会利用主导地位建立有利于自身利益的新秩序。霸权国凭借自身的权力能力确立并维持规则和权利。而这一系列权力能力——军事实力、金融资本、市场准入、技术……又能够确保秩序中其他国家的顺从与合作。直接胁迫历来是确保秩序推行的手段之一，但不那么直接的"胡萝卜加大棒"也是一种维持霸权控制的机制。吉尔平还认为，诸如意识形态和地位带来的影响力等更广义上的资源，也是维持霸权秩序长久运转所不可或缺的部分。[19] 不过霸权国的权威和霸权秩序的凝聚力最终还是立足于这些国家的权力优势之上，一旦国力衰退，霸权秩序就注定土崩瓦解。[20]

强大的霸权秩序建立在霸权国对实力较弱的次要国家直接的胁

迫性统治之上。不过霸权秩序也可能较为仁慈,强制性较弱,并且有着更加互惠、两相情愿和制度化的关系。这种秩序依旧存在不对等的权力关系,不过那些主导的恶性特征较为缓和。[21]当霸权秩序的形式较为缓和,对权力行使有着真正的约束时,这种秩序会向宪法主义的方向倾斜。这种国际秩序导致了实力较弱的次要国家没有尝试在霸权秩序中制约领导国。而在高度胁迫性的霸权秩序中,实力较弱的次要国家只是没有制衡的能力。而主导本身也在阻止体系向均势秩序发展。在更加良心、两相情愿的霸权秩序中,对霸权权力的约束十分完备,另一方面,制衡的预期价值有所降低,制衡的动机也因此有所减弱。在这样的良性霸权秩序中,制度会呈现出"微弱"的宪法主义特征。

均势秩序和霸权秩序都是国际权力分配的产物。均势秩序体现的是对普遍的权力分配可预期的模式化反应。其动机是各国必须维护自身地位,避免被不受制约的霸权国家主导。随着权力分配出现变化,制衡的同盟也会随之改变。霸权秩序则是由权力集中所建立并维系的,尽管对实力较弱的次要国家的直接胁迫和操纵程度各有不同。霸权国的意识形态感召力和威望也会对建立稳定秩序的能力有所影响。均势秩序的基础是对权力集中的制约或制衡,而霸权秩序本质上建立于不受制约的权力之上。这两种秩序类型都与宪法秩序形成了鲜明对比,后者对权力的限制更加确定和完备,且扎根于相对复杂难明的制度框架之中。

宪法秩序

在达成共识的前提下，围绕着分配权利、限制权力行使的法律和政治制度而构建的政治秩序就是宪法秩序。在宪法秩序中，权力遭到"驯服"，对后果的影响有限。通过建立制度化的参与和决策流程，对规则、权利和权力持有者的限制进行详尽规定，政治斗争的利害关系因而有所降低。宪法秩序不由宪法文件或宪章来确定或保证——尽管宪法秩序确实会有配套的书面章程——而是在秩序内通过达成共识的制度化规则、权利、保护、承诺等来塑造并限制权力的行使。[22]

宪法秩序在国内政体，尤其是西方的民主国家中有着最为明显的体现。而各国之间的关系可以在宪法秩序中井井有条，但这样的想法存在着更大的不确定性。在国家间关系中，对于权力的限制既不明确、也不绝对，得不到彻底的保证。正如斯蒂芬·克拉斯纳（Stephen Krasner）所说："在国际秩序中，制度的约束性更小、流动性更大。比起更加稳定的局势，它更容易遭到挑战、发生变化。比起根深蒂固的国内政体，在国际层面上，锁定在特定制度形式中的机制（例如社会化、结构和结构参与者之间的正强化或路径依赖的过程）会更加羸弱。"[23] 即使是相当复杂和完整的国际秩序，其底层的结构依旧处于无政府状态。不过，如果建立的制度可以对各国进行某些捆绑性约束，如果国内政体愿意遵守国际承诺，就能为国际政治秩序采取某些宪法主义举措提供环境。[24]

乔瓦尼·萨托利（Giovanni Sartori）认为："宪法最首要的特质在于它是政府限制、约束和允许政治权力行使的工具。"[25] 不过即使在国内的宪法体系中，限制和约束也不是绝对的，政府宪法控制的程度和范围可能迥异。宪法主义逐步增强的特征可以从英国早期的现代化崛起中窥见一二。当时，宪法的限制与约束体现在一系列约定、文书、协议和基本法律之中。第一部成文的宪法诞生在美国，于1776年正式颁布，即弗吉尼亚、马里兰和宾夕法尼亚州宪法。[26] 一般来说，宪法型的权力约束在国家间关系中体现得更不明显，不过如果国家间的政治秩序确实体现出（至少在一定程度上）塑造并限制国家权力行使方式的制度约束，我们就可以提出下一个问题：为什么一些国际秩序会体现出更加明显的宪法特征？[27]

宪法主义的三大要素

宪法政治秩序有三大本质特征。第一，对于秩序的原则和规则能够达成共识。参与和赞成都建立在对于基本原则和规则的共识之上。对于政治秩序中的"博弈规则"，秩序参与者能够达成一致，而这些规则将有助于稳定的非胁迫性秩序的运转。在这个基本层面上达成的一致，意味着政治秩序的规则和制度具有基本的合法性。秩序参与者愿意接受博弈规则，认为它合理且正当。不过，政治秩序合法并不能保证它就是宪法秩序。均势秩序也可以合法，但它不是宪法秩序。

第二，规则和制度的建立，对权力的行使制定了约束性和权威性限制。制度是一种政治层面的合法约束形式，体现为对权利、保护和基本规则的详尽声明。[28] 权力划分、权力抑制和权力制衡等制度手段和程序也确保了对于权力的约束。最后的结果便是权力的掌控者必须在制度化的政治进程中行使权力。

在宪法政治秩序中，政体内的基本政治制度拥有足够的自主权来塑造和限制深层社会力量的作用。塞缪尔·亨廷顿（Samuel Huntington）认为，在这样的秩序下，"各个团体的权力都要通过政治制度来行使，这些制度会缓和、抑制乃至重新引导权力，从而让各股社会力量得以与其他众多力量融合共处。"[29] 历史上看，宪法政治秩序出现于地中海沿岸，当时宗族本位的社会土崩瓦解，更加分化和不平等的社会团体有着摧毁政治共同体的风险。面对日益加剧的分化和不平等现象，政治制度作为解决方案酝酿而出：它们提供了凝聚团体的途径、解决争端的机制，以及限制财富转化为政治权力的政府结构。[30] 在宪法政治秩序中，政治制度实现了高度自治，它们不仅反映了特定的社会力量或阶级利益，还缓和了社会内部不平等现象引发的政治影响。

第三，在宪法秩序中，这些规则和制度都深深扎根于更广阔的政治体系之中，不会轻易改变。宪法秩序很少会陷入挣扎，它们一旦确立，政治活动就会遵照这些法律与制度的限制。换句话说，宪法和宪法变革存在着政治"路径依赖"的概念。这种宪法逻辑由布鲁斯·阿克曼（Bruce Ackerman）提出，他支持宪法发展的"二元论"，并对美国政治发展中的"高级"立法和"标准"立法进行了区分。大部分被视为政治和政府决策的都是"标准立法"，它们产生于既定的宪法限制内。若当选的领袖希望调整基本框架的某些方面，就必须涉及"宪法政治"，"他们必须跨越二元宪法设置的极为繁杂的障碍来实现高级立法。"要改变国家的高层法律，需要动员

"人民",这是宪法规则要求的程序,也是通过形成足够的"民主合法性"来进行根本宪法变革的需要。因此,只有在美国政治的基本问题上爆发群众斗争和政治动员的罕见时刻,宪法政治才会发挥作用,这种情况有时会以宪法修订而告终。[31]

降低获胜的影响

实际上,宪法协议降低了国际关系中"获胜"的影响。或者更直白地说,它们的目的就是降低权力的回报。这也是宪法在国内秩序中的作用。它们限制了秩序中获益过多的行为体对于这些收益的使用,从而降低了收益不平衡带来的风险。亚当·普沃斯基(Adam Przeworski)认为:"除非在制度上限制权力回报的日益增长,否则失败者会在第一时间加以反抗,因为等待只会让他们更加难以成功。"[32] 通过这种方式,宪法限制了权力所有者拥有的暂时性优势。失败者意识到他们的损失有限,而且只是暂时的,接受失败并不意味着全盘皆输,也不会让胜者占据永久优势。

宪法秩序在限制权力上扮演的角色,在成熟的西方民主国家中可以得到最为清楚的展现。一旦某个党派或领导人赢得大选并控制政府,他们可以行使的权力就会从根本上得到明确限制。新当选的领导人无法动用军队压迫或惩罚竞争对手,也无法利用政府的税收、执法权危害或摧毁反对党。最后的结果就是两党都同意在体系内按照规则行事。[33]

在那些社会或民族群体分化严重,没有多数西方国家典型的自然社会同质性和横切分裂特征的国家，宪法秩序和制度的作用也有着明显体现。阿伦·利普哈特（Arend Lijphart）对荷兰政治秩序的研究就是一个典型案例。荷兰有着严重的宗教和阶级矛盾，该国的社会群体泾渭分明、彼此孤立，却遵从政治秩序行事，实现了"稳定、高效和合法的议会民主"。[34]这些独立分裂的集团如何能在不诉诸内战和分裂威胁的情况下维护和增进自身利益？利普哈特认为，一定程度的国家认同感在其中起到了作用。不过重要的是荷兰的政治进行了适应性调整，并逐渐实现制度化，该国成了一个拥有"类似国际政治层面"的政体。荷兰形成了邦联政体结构，这个永久的制度框架确保了每个集团都不会在政治体系中永久失败。决策和资源分配的均衡原则对于适应性政治至关重要。每个集团都可以确保至少在一定程度上获得胜利。这种均衡原则也在荷兰政府的内阁架构中得到了采用。利普哈特指出："当然，不是所有的主要政党都能在内阁中永久占据一席之位。不过成为反对党并不意味着会被排除在决策过程之外。政府和反对党之间没有明显的界线。"[35]政府的宪法结构将各集团捆绑在一起，并建立了正式的制度机制确保每个团体参与到流程当中。没有哪个集团可以取得彻底或长久的胜利，也没有哪个集团会彻底或长久地失败。

　　这类宪法结构的缺乏有助于解释其他民族或宗教分化严重的国家为何会出现暴力行为。在这些国家，胜利可能是永久的，失败也是如此。如果某个宗教或民族派系控制了国家机器，其他派系则无法得到不被主导或暴力摧毁的保障。这些政治斗争的风险极大：一旦失败，连生命都可能失去。因此，派系之间的争斗有着不死不休的动机。只有当每个集团都能确保放下武器并允许其他集团运用权力不会导致不可控的永久后果，它们之间才能达成协议。

詹姆斯·费伦（James Fearon）将这种由于民族和宗教暴力引发的社会分裂问题称为"承诺问题"[36]。之前由帝国霸权掌控的社会，如前南斯拉夫，民族和宗教上对立的多数派和少数派彼此敌视。少数派必须选择融入新国家并接受社会中的一份"利益"，或是发动分裂战争。它可能更倾向于争取一些达成共识的利益，而不是展开内战，但前提是多数派必须保证按照达成的协议进行利益分配。但多数派无法做出承诺并满足这些适当的要求，一旦新的国家建成，就会通过控制警察和军队来巩固权力，于是对其权力就没有了有效制约。与其生活在"自身的政治地位、经济地位甚至人身安全都没有可靠保证"的后帝国主义国家，还不如发动分裂战争。[37]在这一模式下，民族战争是一种少数派因为多数派不能对特定政治交易做出承诺而发动的"预防战争"。

宪法制度可以缓解这一问题。如果能够起到作用，它们就能降低或限制暂时获得权力优势的集团或国家通过权力获得的回报。宪法秩序通过降低权力回报，不仅可以削弱权力持有者在任何时候利用权力的能力，还可以确保其权力优势不会长久不变。

宪法约束如何体现

理论家在宪法权威的来源问题上看法迥异，尤其是在对于工具性观点和以目标与价值为中心的深层观点上分歧很大。宪法秩序搭建了难以改变的政治框架，但究竟是什么让它们得以搭建这样的框架？一些理论家认为，保护权利、限制权力的具体法律和司法机制至关重要。按照这一观点，宪法是对政治进行法律约束的一种形式，体现为对权利、保护和基本规则的原则性声明。如此一来，尽管政治秩序的原则和规则可以得到应用、解读和拓展，但宪法可以对它们实现某种形式的"一锤定音"。某些人认为欧盟越来越倾向于宪法秩序，这种论点强调了欧洲司法原则和实践的传播，并认为它们塑造了一个由"宪章和宪法原则定义的特殊的国家间政府结构"管理的欧洲。[38]另一些人则强调宪法秩序的制度架构，认为它们通过多种制度工具和程序限制权力。制度平衡、分离、监督和司法评估理论是一套可以追溯到亚里士多德（Aristotle）、洛克（Locke）和孟德斯鸠（Montesquieu）的知识谱系。按照这一观点，宪法通过制度设计建立限制。最后，还有一些人认为宪法权威实际上反映的是（因此也依赖于）政体内对于政治秩序的广泛共识。只有在基本原则和规则上达成共识，一部宪法才能稳定发挥作用。共有价值观和政治目标造就的权威渗透到方方面面，导致了对权力的限制。[39]

我将在本书中重点阐述约束性制度限制权力的方式。它们将各国捆绑在一起，从而减轻了弱小和次要国家被主导或抛弃的忧虑。从这个意义上说，宪法主义在很大程度上有赖于国际制度在塑造、约束和联系各国间机制上起到的作用。因为制度可以通过多种途径将各国（尤其是民主国家）捆绑在一起，并通过复杂和高要求的政治程序，让参与国打消对滥用权力的担心。

强宪法秩序与弱宪法秩序

宪法秩序是通过达成共识的规则、制度和正式法律职权所构成的框架来限制或约束权力行使的政治秩序。但无论在国内秩序还是国际秩序中，对权力行使的制度约束都不可能是绝对的。由于宪法对于权力回报的限制方式与程度不同，政治秩序可能出现很大差异。或者换句话说，政治秩序呈现出的宪法特征可能或多或少存在差异。

在强宪法秩序中，规则、权利和保护得到了广泛共识，它们高度制度化并能普遍得到遵守。权威的制度和程序详尽规定了权力行使的原则和规则。基本政治制度的稳固程度——它们对强大集团的利益操控的抵御能力——决定了它作为宪法秩序的强度。如果强大的政治或阶级利益可以轻易推翻或规避基本的法律和政治程序，那这种宪法秩序的强度就会羸弱许多。塞缪尔·亨廷顿认为，一个高度发达的政治体系，"其程序即使无法杜绝暴力，也能将体系中暴力作用最小化，还能通过明确规定来限制体系中凭借财富施加的影响力。"[40] 这正是定义宪法秩序强度的要素，即基本政治制度在面对社会力量或权力玩家的操纵时呈现出的自主性和韧性。

在拥有强宪法特征的国际秩序中，相关国家的权力能力受到了环环相扣的制度和捆绑性协议的高度约束。[41] 实际情况下，国际秩序中的国际制度将强国与弱小国家捆绑在一起，建立稳固的国际关系制度框架，它对武断任意的权力行使加以限制的程度，决定了这一国际秩序中宪法特征的明显与否。此外，秩序中宪法特征的强度有赖于各国间关系在捆绑性协议和机制上的制度化程度。

以此观之，宪法秩序可以与均势秩序和霸权秩序作为对比。[42]

均势秩序对于国家权力的限制完全通过对抗性的国家联盟所维系。这种联盟会聚集反对力量，阻止权力的过度集中。霸权实际上是并未受到约束的权力。弱小和次要国家会在威逼利诱之下与霸权国展开合作。不过一旦引入了对权力行使的制度性约束，就有可能诞生更加复杂多变的政治秩序。按照肯尼斯·华尔兹的说法，强均势秩序建立在一种观点之上：弱小和次要国家"追随"强国是一种危险的选择。不过如果有可靠的承诺和约束性制度来潜在地缓解强国对弱小国家的极端剥削，追随或制衡与合作的吸引力则会降低。类似的，在霸权秩序中，如果制度可以禁止或约束领导国任意独断地使用权力，则权力失衡和权力回报的意义也会有所丧失。

权力制约战略

在直接研究战后诞生的政治秩序的整体特征之外，我们还可以着眼于试图构建战后秩序的强国与弱小国家所采用的战略。本书的论点是，战后秩序的特征会随着各国采取的秩序构建战略不同而发生变化。这些战略概述如下。

1648年、1713年、1815年、1919年和1945年的战后安排都在努力解决如何约束和限制权力的难题。不过，协定孕育出的制度在解决这些问题的方式上却各有不同，并出现了演变。为了鉴别这些差异，我们不妨以更大的视角，将这些制度约束机制看作各国在国际体系中约束和分散权力的手段与安排的一部分。这些战略包括加强国家自主权、划分领土以分散权力、建立制衡联盟、出台约束性制度等。在表 2-2 中，笔者对这一系列权力制约战略进行了归纳。

表 2-2　权力制约战略

手段	逻辑
加强国家自主权	政治单元的碎片化会削弱宗教和帝国团体
划分领土/分散权力	将权力能力分散到各个单元，限制权力扩张
建立制衡联盟	通过阻止国家联盟抑制权力扩张
出台约束性制度	将具有潜在威胁的国家捆绑在联盟和相互约束的制度之中
超国家一体化	通过超然的政治制度和权威共享主权

最基本的战略是加强国家自主权。通过政治单元的碎片化，主权国家得以控制权力。如果各国能在秩序中获得法律上的独立和政治上的主导地位，就会削弱帝国和宗教团体的权力扩张。这种将权力分散又通过国际公法对国家主权的规定使国家自主权得到了强化。这是威斯特伐利亚协定最重要的目标：授予领土国家最终的主权自治，这些国家不从属于任何普遍君主国（universal monarchy）及其他形式的权威。国家的自主权从特定宗教中分离出来，并通过将共和制国家与君主制国家置于同等地位，从而扩大了国际法的范畴。[43] 在这些对于宗教和领土主权所起到的作用的共同预期背后，是对欧洲作为政治秩序的认识：它是一个统一、完整、有序的政治区域，其中的统治者在特定问题上可以达成共识。在奥斯纳布吕克（Osnabruck）和明斯特（Munster）签订的条约以书面形式确定了各国的政治地位，以及宗教和政治问题上的领土主权原则。这些表述清晰的规则背后，是共同的法律观念：国家自主权属于法律或法律原则问题，仅靠军事力量无法挑战这一立场。[44]

威斯特伐利亚协定的理念凸显了战胜国（尤其是法国和瑞典）在压制或削弱神圣罗马帝国的宗教普世主义和层级制控制上的努力。卡列维·霍尔斯蒂（Halevi Holsti）认为，威斯特伐利亚"代表着一种新的外交安排——由各国建立秩序，秩序为各国服务——并取代了以教皇和神圣罗马帝国为典型代表的层级制的法律残余。"[45]领土的统治者得到了选择新教还是天主教的权利，领土单元得到了与皇帝同等的法律地位，罗马人关于排他性领土所有权的概念重新得到重视。[46]由此，协定强化了新兴领土国家的政治与法律自主权。斯蒂芬·克拉斯纳认为，和约本身并不意味着与过去一刀两断，它们建立在之前的实践与信条之上，体现了战胜国明确的领土和政治利益。威斯特伐利亚协定签署之后，欧洲依旧混杂存在着各种类型的政治和制度。[47]不过协定确实反映了通过加强领土统治者的法律和政治自主权来应对盛行于欧洲的宗教—帝国统治的努力。

权力制约的第二种方式是分割领土单元以分散权力能力。此举的目的是确保没有哪个国家可以拥有足够的领土资产，从而在秩序中主导其他国家。在战后和平会议中，政治秩序的地图已经被摆上了台面。战败国几乎无法抵抗格局的重构，失败的霸权国就像1713年和1815年后的法国以及两次世界大战后的德国那样分崩离析，为谈判提供了广阔的领土空间。在一些情况下，例如西班牙王位继承战争之后，关于领土的磋商明确涉及了借助分割和分配来分散权力潜力的手段。另一些情况下，分割领土大国往往会借着自决权的幌子，例如第一次世界大战之后。1945年后主权民族国家的扩张同样体现出主要国家通过加强国家自治来限制权力的做法。通过对帝国进行分割，发达国家的权力潜力遭到了严重限制。[48]这些战后时期的政策大同小异：借助分割和分配领土单元来限制权力扩张。

权力制约的第三种方式最为人熟知：权力制衡。各国会通过约定，从而在临时联盟中积聚权力，以此抵消或反制国际体系中的威胁力量。这种制衡行为有利于国际的稳定。[49] 权力制衡的具体机制和流程可能存在巨大差异，它们在权力制衡理论中有所体现。[50] 制衡的做法可能多少体现了权力规则，结盟则多少具有正式的制度化特征。不过它们的基本逻辑是一致的：利用对抗力量阻止权力扩张。

1713 年在乌特勒支签署的和约，其核心要义便是将制衡作为权力约束之源，这点尤其值得一提。不过它也采用了加强国家自主权和权力分配的战略。[51] 该协定明确表述了一个共识：各国从根本上是平等而自主的。也就是说，欧洲各国都是拥有自决权的实体，不受他国支配或摆布。正如安德里亚斯·奥西安德（Andreas Osiander）所言："在乌特勒支，行为体之间存在层级制的理念遭到摒弃，平等的胜利显而易见。"[52] 不过协定的中心原则是权力制衡的思想。法国承认法国君主国和西班牙君主国的联盟并不稳定，是对欧洲秩序条款的实际侵犯。在乌特勒支的协定中，制衡和均衡思想是解决领土和王朝争端的核心。

维也纳的协定同样涉及了制衡和均衡思想。卡斯尔雷、塔列朗（Talleyrand）和亚历山大（Alexander）都在推进达成协定目标时诉诸这些思想。英国外交大臣卡斯尔雷秉持制衡和均衡原则，认为其他所有原则和安排都是次要的。[53] 我们稍后将看到，实际上的战后安排涉及更多经过提炼的制衡理念，它阐述的制衡，更多体现于各国在维持欧洲政治均衡上所达成的共识，而非物质权力能力的多少。此外，在维也纳会议上地位超然的各大强国也认为彼此应该展开合作，维持共同接受的秩序。这需要各国联合管理，出台规则和制度，调整领土并解决争端。

权力制约的第四种方式是制度捆绑。这种情况下，各国会通过彼此约束的制度捆绑起来，以应对潜在的威胁和战略对手。由于制度有着捆绑和锁定的潜在效果，因此它们具有这样的影响力。各国往往倾向于保留自身的选择余地，在与其他国家合作的同时存着脱身而去的念头。在制度捆绑下，各国的做法完全相反：它们要在安全、政治和经济方面做出难以撤销的长期承诺。它们被锁定于承诺与关系之中，直至主权国家力所能及的范围。捆绑机制包括条约、紧密联系的组织、联合管理责任、关于相互关系的共识性标准和原则等。这些机制增加了"退出成本"，提供了"发言机会"，从而为缓和或解决争端提供了途径。[54]

制度捆绑因为其延伸程度的不同有所差别。安全联盟是其中最重要，可能也是影响最深远的一种形式。保罗·施罗德认为，构成欧洲协调（Concert of Europe）的联盟就是这种捆绑逻辑的早期体现。在这一案例及其后的一些案例中，联盟以限制公约（pacta de controhendo）的形式建立。[55] 它们成了各国管理和约束联盟内其他成员的机制。施罗德认为："对盟友的政策施加此类控制，往往是某方势力或双方决定结盟的主要原因。"[56] 通过结盟而诞生的捆绑性条约让各国得以干预盟友的安全政策。

不过，对于捆绑关系的需求不同，也会导致联盟之间存在差异。1815 年后确立的会议制度对欧洲列强的约束较为松散，只要求它们定期展开磋商，延续反拿破仑的同盟。而 1949 年美国和西欧的安全公约捆绑性则强得多，尤其是在它建立了政府间规划机制、多国部队和一体化军事指挥体系之后。相比其他安全公约，北约联盟的义务范围更加宽泛，确保承诺履行的制度机制也更加优秀。

在让各国进行联合决策的其他类型的制度中，制度捆绑同样有所体现，它让各国参与到各种稳定的制度化合作中。不过，只有在国际制度或体系能对国家的行为施加独立的指示性影响，制度捆绑才有意义。[57] 这里的假定是制度具有黏性，拥有自己的生命和逻辑，即使对于创造它们的国家也具有塑造力和约束力。当各国采用制度捆绑战略时，本质上也同意了互相约束自身。实际上，制度详细规定了国家需要做什么，不这样做的难度很高，而且需要付出高昂代价。

最后一种战略是正式的超国家一体化，联盟中各国间正式的法律和制度义务，与这些国家内部的法律和政治制度在本质上已经无法区别。这种战略类似于制度捆绑，却超越了政府间主义，涵盖了主权权威上更进一步的正式融合或共享。欧洲煤钢联营是这种战略的最早典型之一：法国政府和其他西欧国家政府希望把战后的德国工业生产力捆绑在更宏大的欧洲制度结构上。这些工业部门都是发动战争的核心生产部门，却被重建纳入了法德合营的企业中。法国和其他西欧国家没有制衡德国或摧毁其工业基础，而是选择将其约束在宽泛的区域秩序之中。[58]

更普遍地来说，许多观察家认为欧盟正逐渐发展成为超国家的政治秩序，欧洲的律师和法官已经开始将欧盟称为"宪法"政体。[59] 在超国家秩序中，主权和政治权威的"结合"在国内和国际层面广泛存在，因此很难完全或明确地单方面主张国家权威。

制度捆绑和超国家主义拥有类似的权力约束机制的特征。北约和世界贸易组织等捆绑性组织，经由明确规定承诺和义务的多边条约建立。这些条约实际上"设计了一系列制约和平衡的体系，其主要功能在于控制基于这些体系建立起来的组织的权力"。[60] 构建了欧洲共同体的《罗马条约》也是通过传统多边条约来保障的。因此，严格来说，这些制度并非宪法协议。建立国际组织的条约往往并不像国内法律一样享有"高级法的地位"。在政府间条约中达成的捆绑性法律和制度承诺并不承认有更高级别的司法权威具备至高无上的法律地位。《罗马条约》也不同于宪法，它不保障个人作为欧洲公民的基本权利，成员国保留了公民身份的赋予权。然而，近几十年来，通过增强欧洲法院的权威，扩大其管辖范围，以及初步建立欧洲公民权，条约"宪法化"的步伐已然迈开。[61] 随着欧盟在这一方向加快脚步，超国家主义呈现出更加浓厚的正式法律和联邦性质，由此形成的政治秩序也超越了传统的基于条约的制度捆绑。

回忆过往，权力约束的宽泛程度，是由制度性合作和正式法律权威对权力运用的塑造和限制程度所决定。某种意义上说，这些策略都是权力制衡的手段。正如卡尔·弗里德里希（Carl Friedrich）所言："某种程度上，用国际组织来代替国际上的制衡者，只不过是所有宪法存在的普遍特征之一；宪法寻求在共同体内平衡政府权力，达成利益的均衡。"[62] 即使在欧盟中，推动进一步融合与共享制度的举措，至少也有部分源于制衡逻辑的推动，尤其是最近欧洲国家还在努力抑制取得统一并在经济上占据主导地位的德国的崛起。[63] 尽管如此，当制度围绕制度捆绑和超国家主义建立起来时，互相锁定的制度约束就取代了权力制衡的控制，成为应对权力集中的基本限制手段。权力制衡的逻辑是利用权力来限制权力；制度捆绑和超国家主义的逻辑则是建立正式法律权威，监督制度化的政治程序，从而限制权力。

正如前文所言，战后国家的权力约束机制逐渐发展，而正式的政府间制度也逐渐增强，这是战后政治秩序的两大核心组织元素。威斯特伐利亚协定主要寻求实现欧洲国家的宗教和政治独立，它对国家主权原则的规定意在解析和分散权力。乌勒特支协议也支持国家主权，但随着更多具备实力的领土国崛起，协议也试图通过自发的领土分配和权力制衡来约束欧洲大陆上的霸权力量。维也纳条约和1919年及1945年两次世界大战之后的协定则因采用了新的约束性制度来限制和约束权力运用而值得注意。维也纳条约主要依靠协商机制和列强的约束准则。20世纪的协定则涉及全球和区域多边制度和联盟，不过权力制衡和其他约束机制也在这些制度中有所体现。总而言之，这些协定体现了权力管理和约束方式的演变：这些机制逐渐多样化、复杂化，制度捆绑的特性也不断增强。

战后秩序的稳定性

1945年后西方工业国家建立的秩序稳定而持久，如何解释这一现象？在解释战后秩序特征的变化之外，本书也抛出了这一问题。我们能否在解释战后秩序特征演变的同时，确定当代秩序之所以异常持久的特征？

稳定性这个概念比初看起来更加棘手。[64]一些学者认为国际秩序的稳定等同于不发生战争，也就是说，稳定与和平是可以相互切换的状态。约翰·赫茨（John Herz）认为按照这种观点，"一个系统（相对）稳定，即表示在其中改变的发生相对缓慢、平和；不稳定，即表示这些改变突然、剧烈，且具有深远影响。"[65] 不过某些权力制衡理论认为，战争有时是维持稳定的必要机制。另一方面，正如罗伯特·杰维斯所言："纵使改变并不缓慢平和，它也可能是和平的，就如1989年的东欧剧变那样，而和平的改变也可能'具有深远影响'。"[66] 缓慢平和的改变可能最终会导致秩序的剧烈变革，这可不是稳定的标志。

在本书中，政治秩序指的是国家集团的治理安排，包括其基本规则、原则和制度。这些基本的治理安排开始实施之时，政治秩序就此形成，而当这些安排遭到推翻、质疑或陷入混乱时，政治秩序也会支离破碎。从这个观点出发，政治秩序的必需元素之一，在于秩序的参与者必须多少意识到并承认这个秩序，也就是它的参与者、规则和运转模式；仅仅确认参与者之间的模式化行为或彼此联系是不够的。因此，在某些历史时期或世界政治的某些区域可能并不存在政治秩序，至少按照本书的定义是这样。

因此，判定稳定性的有用标准之一，就是政治秩序控制和克服秩序混乱的能力。秩序在处理威胁稳定的内部和外部力量时，能力有所不同。某些管理规则、原则和制度可能会比另一些更好地解决权力分配调整、新兴国家崛起、各国目标和企图出现变化等混乱因素。但秩序的持久度，或者说寿命，并不是衡量其稳定性的唯一考量。某秩序可能持续了很长时间，但并未遭受过混乱的考验，而有些秩序确实拥有相当程度的混乱克服能力，却在极端条件下遭到颠覆。[67]

因此，评估一个政治秩序的稳定性，需要看看它面对混乱时的韧性。首先，我们有必要观察秩序在面对内部与外部威胁力量时的持久度。另外，观察秩序内部在面对混乱时的调整和稳固机制同样很有必要。秩序的稳定性是否取决于国家领导人不断施加的高难度调整？还是它说扎根于一个涉及面更广、持久度更强、韧性更足的政治结构中？

本章中提到的三种政治秩序模式，稳定性的来源各有不同。当竞争国全心全意地参与到制衡中并由此达成权力均衡时，均势秩序就可以保持稳定。按照沃尔兹的表述，无政府状态下各国持续不断的竞争性调整实现了秩序的稳定。这种实现稳定的过程是自然发生的，整个系统倾向于均衡。所以即使系统中出现战争或剧变，人们也认为这是为了惩罚那些没有更加直接地回应制衡规则的国家，其目的最终是恢复均势和系统的平衡。[68]

然而，进一步研究具体的国际安排，会发现被定义为均势系统中有序而和平运转的"稳定"，需要各国有能力意识到权力分配的变化，并随之做出反应。基辛格（Kissinger）对1815年的战后秩序持此观点，并强调了合作和自觉管理对于维持稳定平衡的重要性："它们的目标是稳定，而非完美，权力制衡是历史教训的经典表述：如果没有针对侵略的物质防护，没有一种秩序能免遭打破。"于是，"新的国际秩序由此诞生，它对权力和道德、安全与合法性的关系有着足够的认识。"[69]国家精英无法领会权力转移，并以制衡行为做出应对，是不稳定的来源之一。以此观之，战争是制衡行为失败的结果。此外，特定形式的权力分配可能会比其他形式带来更为稳定的权力平衡。而究竟是双边平衡更加稳定，还是多边平衡更加稳定，也仍旧莫衷一是。[70]

而霸权秩序的稳定则依托于领导国在权力上的优势地位。当然，问题在于，霸权国不可避免会经历相对的衰弱，权力巅峰期建立的秩序在权力衰弱后也就难以为继。新崛起的国家在类似国际秩序的建立上，有自身利益的考虑，而利益之间多半存在冲突，于是它们最终会挑战实力下滑的霸权国。导致的结果通常是强国之间的战略敌对，以及霸权战争。正如吉尔平所言："稳定的系统可以发生改变，前提是改变没有威胁到领导国的关键利益并引发彼此的战争。"[71] 他在另一本专著中表示："如果没有国家认为改变系统有利可图，那么这个国际系统就是稳定的（也就是处于均衡）。"[72] 霸权的稳定性理论假定，长期来看，强国的崛起与衰弱是霸权秩序不稳定的最终源头。不过，该理论也承认，崛起的国家可能会适应现有的霸权秩序，直到挑战现有领导国带来的利益大于付出的代价。霸权秩序容纳崛起新兴势力的能力可能存在差异，因此纵观历史，霸权秩序的稳定性也就各不相同。[73]

在宪法秩序中，稳定性与政治制度的持久性息息相关，尤其是那些定义了政体基本规则的宪法制度。如果某种社会力量或阶级利益能够颠覆法律和政府规则，政体就会丧失宪法特征，整个系统则会落入强势方的简单统治或主导。如果一个政体借由确保权力共享、收益分配能够使各方满意的宪法秩序来维持，那么一旦这些秩序崩溃，就会陷入剧烈冲突和政治动荡之中。如前文所述，成功或有效的宪法秩序详尽阐述了权力行使的原则和规则，以此限制权力的回报。这表明，宪法秩序的稳定性取决于这些宪法安排限制掌权者利用权力的能力。稳定性要求制度相对独立自主地运转和发挥作用，确保没有永远的失败者。[74]

在国际层面，宪法秩序的稳定性还取决于制度有效限制权力回报的能力。当然，正式的宪法秩序并不存在于国家之间。[75] 不过，制度对国家权力行使的塑造和限制程度不同，确实导致了国际秩序的差异。第三章将会具体分析和解释这些差异蕴含的逻辑。这些秩序的稳定与否，有赖于政府间制度在面临不对称且不断变化的权力关系时的强度。如果约束性制度和可信的承诺失去效力，制度就丧失了向受到威胁或处于不安全状态的国家提供保障的能力。如此一来，宪法逻辑不复存在，稳定性丧失，宪法秩序也会回退到更加传统的均势秩序或霸权秩序。

结论

本书试图解释 1815 年、1919 年和 1945 年后领导国建立秩序时采用的不同制度战略。本章通过两种途径阐述了因变量。最直接且在实证上可观察的变量是构建秩序的战略本身，即领导国的政策和行为。领导国可能会采用制度战略，也可能不会；采用制度战略的程度可能高，也可能低；可能会配合其他不同的权力约束机制，也可能不会。领导国在围绕约束性制度构建秩序时取得的成功也有大有小。1815 年英国采用的制度捆绑提议，影响范围低于 1919 年和 1945 年美国的方案，两国理解的制度安排与传统的权力制衡一同发挥作用，却也改变了后者。1919 年后美国提出的战后秩序建构方案雄心勃勃，涉及了制度的广泛使用，但这些提议仅有部分付诸实施，最终美国也没有参与其中。相比1815年和1919年的秩序，1945年的秩序中广泛采用了约束性制度，这一点在美国及其战后盟友间建立的安全承诺与限制上得到了最充分的体现。此外，1945年的秩序在制度构建的广度上也值得一提：全球制度、区域制度、经济制度、安全制度、政治制度不一而足。

从最终形成的战后秩序的特征本身来看，我们也可以间接推测出秩序扮演的角色和影响的范围差异。如我们所见，均势秩序、霸权秩序和宪法秩序这三种基本的秩序模式概括了最普遍的变化。这些都是理想模式，每种模式都特征鲜明。但现实中的秩序却多种多样。均势秩序可能不存在意识，并严格按照物质实力的制衡要求行事，也可能得到有意识的规则和准则的妥善管理。霸权秩序中可能包含领导国对弱小和次要国家的直接及胁迫性统治，也可能围绕着更加互惠互利、两相情愿的制度化关系建立。这样的秩序依旧建立在不平衡的权力基础上，但却缓解权力失衡导致的极端结果。宪法秩序的差别，则源于将各国捆绑在一起并限制权力回报的规则和制度强度。制度化政治过程的体现和功能，定义了宪法秩序。但这些宪法特征也有差别：制度捆绑各国的力度不一，保证相互认可的利益分配的能力也不同。宪法秩序就像均势秩序和霸权秩序一样，存在由强到弱的过渡。

特征不那么鲜明的均势秩序和霸权秩序，其中存在着规则和制度流程，冲淡了制衡和霸权胁迫的单一色彩。在这两种情况下，制度是改变权力分配根本关系的介入机制。由此，这些特征较弱的，也就是制度化的均势秩序和霸权秩序具备了类似宪法秩序的特征。利普哈特在分析荷兰时所述的宪法结构具有制度安排，确保了实力较弱的少数派不会在国内政治系统中成为永远的失败者。权力共享和邦联结构确保了最低限度的利益分配。在那些拥有不平等的宗教或民族团体的分化社会中，这种秩序问题的宪法"解决方案"，与高度制度化的均势秩序或霸权秩序的方案相比，差别更多在于程度，而非类型。

第三章

秩序形成的制度理论

　　大战之后，战胜国拥有多种选择。战争带来的破坏和旧秩序的崩溃让它们有机会建立新的基本规则和组织安排，并将其延续到很久以后。这是利益攸关的大事。

　　在这样的重要关头，领导国的主要选择有三。第一种选择是利用实力优势主导弱小国和战败国。它赢得了战争，得到了这样做的权力。这种主导可以通过协定本身向战败国施加严厉惩罚、索取高额赔偿来实现。[1] 战胜国也可以利用超然的实力，在一切经济关系和政治关系中恃强凌弱，将这种主导延续到将来。这类策略的运用如果达到塑造战后秩序的程度，诞生的就是霸权秩序或帝国秩序。

　　战胜国的第二种选择是抛弃其他国家，只是返回本土。这种情况下，领导国既不试图用有利的权力地位攫取战后利益，也不试图用实力与其他国家缔结协议，确立新的战后秩序和安排。其他国家被放置不管。领导国的这种选择可能不会导致任何形式的战后秩序产生。不过弱小和次要国家被放置不管后，面对的是不确定、难以预料和不受约束的强国，它们可能会寻求某种制衡作为回应。

　　领导国的第三种选择是利用强大的实力地位，在互相可以接受的战后秩序中获得其他国家的顺从和参与。其目标是建立一系列持久且合法的规则和安排，但这些规则和安排也服务于领导国的长期利益。在战后秩序上寻求一致，也让这些国家可以在究竟做什么上有了讨价还价的余地。最终达成的协议可能是建立均势秩序。但至少从一开始，寻求合法与彼此接受的战后秩序，就与施加约束性制度实现彼此接受的秩序有所不同。[2]

然而，即使领导国寻求建立各方均可接受的秩序，协议也具有不确定性。弱小国家有理由担心领导国转而选择主导或抛弃。所以，领导国必须让其他国家相信自身不会利用优势地位并会遵守承诺。没有这些保证，弱小国家就有动机抵抗领导国，在可能的情况下构建其他秩序，甚至在极端情况下制衡领导国。反过来说，领导国必须确信，次要国家在同意参与战后秩序并遵守规则之后，也能将这种状态延续到将来。否则，如果其他国家可以自由利用局势，领导国为何要自我约束和限制选择权呢？

一般而言，领导国希望将实力较弱的次要国家捆绑在战后秩序的一系列规则和制度上，约束这些国家采取可预期的行为模式，但自己却不受控制，免受制度约束和义务的束缚。不过为了让其他国家心甘情愿地配合与顺从，领导国必须主动限制自身的自主权和独断行使权力的能力。各国加入这些自我约束的谈判的意愿的能力，取决于参与国的类型和战后实力分化的特征。民主国家在这方面做得更好，但它们往往也并不情愿。战后各国的实力差距越大，领导国就越有机会锁定有利秩序，就会有更多弱小和次要国家受到制度性协议的吸引，以此降低被主导或抛弃的风险。

这正是战后秩序形成的政治运转态势。领导国和次要国家在

第三章　秩序形成的制度理论

这一关键时刻的选择和筹划决定了战后秩序的性质。接下来，我们将探讨关键时刻的选择逻辑，随后再研究各国及其制度战略的特征，以了解它们会对构建秩序的制度战略的吸引力和可行性带来何种影响。

宪法逻辑

赢得战争胜利的国家有动机构建合法持久的战后秩序。[3]战争让该国占据主导地位，但如果战后秩序不具备合法性，其主导地位就难以稳固。合法的政治秩序意味着成员国愿意参与其中，并在整个体系的倾向上达成一致。[4]各国遵照秩序的规则和原则，因为它们对此欣然接受，认为自己也是其中的一部分。卢梭（Rousseau）曾有名言："即便是最强者也决不会强大到能永远做主人，除非他将自己的实力转化为权利，将服从转化为义务。"

战后领导国可能不寻求构建合法秩序，但它们也希望将其短期的主导地位转化为长期的持久优势。实际上，在寻求合法战后秩序的过程中，领导国必然涉及权力管理。构建得到共同承认的秩序，意味着需要让所有利益相关的国家在政治秩序的基本原则和规则上达成共识。也就是说，战后创立合法秩序的动机，使得宪法安排颇具吸引力。[5]秩序的制度化程度越高，秩序的参与者越会按照确立的、可预期的规则来行事。然而，要使各国心甘情愿按照约定进行合作，领导国必须克服弱小和次要国家对于遭到主导或抛弃的恐惧。也就是说，它需要确保其压迫性的实力地位变得更易预测、更受约束。

战略约束和保存实力

为什么新兴强国愿意约束自己，同意对自己的权力行使施加限制？因为保存实力符合其利益。领导国放弃了某些权力行使的自由，换取其他国家对规则和制度进程的同意，从而确保了战后秩序的持久性和可预期性。[6]

宪法安排以两种方式保存了领导国的实力。其一是降低维持秩序的执行成本。持续运用权力带来的胁迫和引诱以保护特定利益、不断解决冲突，这样的成本很高。[7]长远来看，构建秩序让次要国家主动接受规则和原则，成本就能降低不少。相比直接通过胁迫和引诱的手段来塑造其他国家的行为，塑造其利益和倾向更能产生长期效益。[8]

在宪法秩序中，领导国给予弱小国分一杯羹的权利，并借此来获得它们的支持，以降低自己的实施成本。正如莉萨·马丁（Lisa Martin）所说："霸权国可以预期的是，相比于单边的强制性安排，小国在共同决定上拥有发言权的制度遭遇的挑战更少。"[9]实际上，在制度协定中，领导国同意向次要国家扩展其决策通道和权利，以换取它们对秩序规则和制度的认可。如此导致的秩序合法性降低了次要国家寻求推翻和持续挑战总体秩序的可能。玛格丽特·利瓦伊（Margaret Levi）认为，类似动机也存在于国内体系的权力所有者身上：对主导的行为体而言，相较于通过持续的资源支出，利用制度化谈判来消弭阻力的风险更小。"胁迫的代价不菲，运用胁迫手段也常常导致怨恨，引燃反对的怒火。因此，统治者转而寻求营造类似于自愿的遵从。"[10]宪法安排降低了领导国在讨价还价、监督和强制实施上花费昂贵资源的必要性。

其次，如果领导国认识到自己强大的战后实力优势只是暂时的，制度化的秩序可以带来有利的安排，从而将其优势延续到权力巅峰不再之时。实际上，建立基本的秩序性制度是霸权国投资未来的一种方式。如果保证了合适的规则和制度，即使领导国的物质能力相对下滑，它们也能继续发挥作用，为领导国谋求在非制度化秩序中难以获得的利益。[11] 如此一来，国家就能维护其实力地位，一时的实力优势也锁定了有利的未来回报。[12]

建立约束性制度秩序的投资动机基于几个假定。首先，战胜国意识到其相对有利的权力地位不会无限持续。它不必对其未来的权力地位感到悲观，只需承认战争仅是暂时削弱了其他大国的权力能力，它们最终会重构并增强其相对权力地位。凭借这种看待自身实力地位的动态眼光，领导国就有理由权衡如何运用权力影响其未来的实力地位。

其次，战后领导国可以进行选择：运用权力能力在特定的分配斗争中获得一时优势，还是运用权力能力投资将优势延续到未来的制度。[13] 言下之意，领导国的权衡从短期和长远角度看会带来不同的回报率。实际上，进入战后阶段，领导国就坐上了实力下降的滑梯。约束性制度安排促成了将利益与优势延续到未来的规则和制度，从而让领导国保存了实力，摆脱了注定下滑的命运。

最后，制度建设是一种投资形式，这是因为规则和制度具有黏性，至少某种程度上如此。除非国家实力和利益发生实质性转移，战后制度将持续下去，继续塑造和限制国家行为，即使创立该制度的强国已经衰落。[14] 如果制度仅仅是追随权力分配，就会因国家实力及利益变化而发生变化，投资动机将丧失吸引力。制度的约束性效应越大,它在重要关头对领导国的吸引力越大。[15] 原因在于制度可扎根于更为宽泛的政治秩序中,通过反馈程序和制度回报的增加,各国会发现随着时间的推移,改变制度的成本也在增加,制度的塑造和约束作用也在增强。[16] 总体而言,领导国权衡利益的时间跨度延展了。它向弱小和次要国家提供了诸多利益,以换取其未来的顺从和参与。[17]

宪法博弈

如果制度能够对各国施加独立的命令式影响,如果战后领导国有动机利用路径依赖,确立有利秩序,将其既有的权力能力延续到未来,为什么弱小国家会接受这一交易?为什么不在战后反对任何制度安排,等待自身强大起来,直至有能力为更有利的安排进行谈判?几大因素使得这一选择不那么具有吸引力。首先,若没有制度性安排,协商则仅仅基于权力能力,霸权国家拥有明显优势。这种情况下,弱小国家损失更大,不如接受霸权国家同意放弃某些当前利益的安排,主动配合。对一个努力争取战后重建的弱小国家而言,当下损失更大、未来获益更多的选择吸引力不足。另一方面,霸权国或领导国则更愿意以今天的收益换取明天的利益。宪法安排为何得以实现?想要理解这一问题,弄清这两个投资回报期的差异至关重要。

弱小国家倾向于制度安排的第二个原因在于,如果领导国能够以令人信任的方式展现战略性约束,则其他国家可由此得到保证,避免了被主导或被抛弃的危险。现实主义理论认为,弱小和次要国家关注的核心问题之一在于它们是否会被更强大的国家所主导。在一个具有可靠权力约束机制的国际秩序中，不太容易出现武断而冷酷的统治。同样重要的是，被抛弃的可能性也降低了。如果霸权国家的行为更容易得到预测，次要国家就无须为"风险溢价"花费过多资源，那是为了防止遭到主导或被抛弃而准备的。这样的情况下，弱小国家更能够忍受权力失衡。

总而言之，宪法安排涉及的是一系列博弈：领导国获得的是基于达成共识的规则和制度之上的可预测的合法秩序。它获得了参与该秩序的弱小国家的理解，并允许这些国家保存实力。反过来，领导国同意限制自身行为，包容秩序中的政治程序，允许弱小国家积极追求自身利益。战后初期，霸权国或领导国同意放弃某些利益来换取对原则和制度的支持，以此在后期获得稳定的权力回报，同时弱小国家一开始就被赋予了回报，并被限制了权力的行使。制度在此发挥了双向作用：它们一方面要限制最初实力强大的领导国，另一方面要限制随后崛起的从属国。

制度性协议与实质性协议

要理解宪法秩序的逻辑，我们有必要区分实体性协议和制度性协议。博弈可能争取的是分配结果。这种情况下，国家会为特定关系中的利益分配而争斗。[18]另一方面，它也反映了奥兰·扬的观点："部分自主行为体为了达成协议而努力，确立宪法协议、锁定一系列权利和规则，以控制随后的互动。"[19]第一种协议是实质性协议，最终将决定国家间物质收益的分配。第二种协议是制度性协议，其中详细阐述了根据结果展开的特定谈判所达成的原则、规则和范畴。[20]

对领导国而言，向其他国家提供宪法安排，并不意味着它在具体问题上寻求认同或做出让步。宪法性协议具体指明了游戏规则，也就是各国在具体问题上竞争和解决争端的范畴。各国在不同的分配争端上可能有着不同的预期。宪法性协议详细阐述了解决这些冲突的原则和机制。

如果领导国寻求宪法安排，它考虑的是即使在新制度的正式安排或制度安排上有所妥协，也依然能够保有自身优势。而作为回报，制度性协议也能将弱小和次要国家锁定在特定的政策范畴内。这些制度让领导国和次要国家难以大幅调整政策倾向，并为权力的行使和争端的解决提供了规则和预期。

因此，当战后领导国在权力资产的分配方式（制度性协议和实质性协议）上进行选择时，会面临着不同的诱惑和限制。运用权力获得短期实质性收益的吸引力在于其收益相对确定且即刻生效。另一方面，如果可以确保达成制度性协议，则可以大大节约实力。协议可以延续到遥远的未来，即使该国实力地位有所下滑，依然能够为其提供持续收益。如前所述，它们的存在也使得领导国不再那么需要持续运用权力资源来确保他国遵从和获得有利结果。

制度安排的可能性，源于即使根本性的实质性利益存在巨大分歧乃至对抗性，但仍有在制度安排上达成协议的能力。对强国而言，制度具有吸引力，因为它们能够有效排除某些损害其根本利益的后果，并在未来持续限制其他国家。[21] 情况合适时，这些制度带来的吸引力超过了某些自主权的损失和对随意行使权力的限制。对弱小国家而言，制度上的妥协消除或至少降低了它们所担心的某些后果（如被强国主导或抛弃）及其带来的危险。制度并非在各国利益上保持中立，它们不可能确保所有结果的均衡。各国同意遵循新的制度规则，源于以下思路：在这一框架内，协定允许各国捍卫自身利益，比起其他风险更高的选择，它至少显得更有吸引力。

制度安排确实塑造和限制了各国的政策选择，并在利益分配上划分了一定的范畴，这就是秩序性制度对领导国和弱小国家都具有吸引力的原因所在。但这会带来如下问题：为什么政策（和收益分配）上的斗争没有简单地反映在关于制度的谈判之中？在"多个事件范畴"（例如大战）中，制度"诱导"了特定的结果或解决特定博弈的方式。[22] 如果制度在这些方面具有重要作用，关于具体事件的斗争就会转移到制度上。正如威廉·H. 赖克（William H. Riker）所言，制度领域和政策领域的区别"至多是寿命长短的问题"。[23] 在确定宪法规则之时，各国也至少是间接地塑造和限制了未来的实质性政策结果。如果真是如此，为何关于程序的制度性协议比关于利益分配的实质性协议更易驾驭？

这一问题得以解决，部分原因在于战后制度安排中关于未来分配斗争的具体后果存在不确定性。制度性协议明确了可以接受的国家行为的范围，但它们本身并未事先确定具体的收益分配。制度性协议在具体分配上存在的不确定性和模糊性，使得相互竞争的国家得以达成协议。

不过，尽管在未来分配斗争的特定结果上存在一定模糊性有助于促成制度性协议，但过多的不确定性则会降低这些制度性协议的吸引力。战后的秩序性制度必须对未来的国家行为具有足够的决定性作用，才能对领导国和弱小国家均有吸引力。领导国要保证，对其他国家的一般政策倾向需要有连续性，至少要愿意自行限制其政策制定的自主性和权力的滥用。弱小和次要国家需要相信领导国确实可靠地自我约束了，至少它们愿意锁定在宪法安排之中。宪法协议一定的确定性，让制度限制或化解了各国将实力差距转化为单方面永久优势的能力。

制度博弈尘埃落定后，制度的黏性将增强战后协议的稳定性。如果制度不具黏性，如果制度只是特定实质性结果的具体化，则赖克指出的问题将继续存在，而且或许难以克服。然而，一旦制度得以确立，各国就很难从根本上改变政策方向。各国在宪法博弈达成协议的能力，取决于它们对制度性协议和实质性协议进行区分而不是完全割裂的程度。如果所有的分配斗争都取决于宪法规则，而各方都提前了解规则的全部实质含义，协议恐怕难以达成，至少取得共识会更加困难。但是制度的含义必须足够清晰，尤其是各方必须明白权力能力并不能完全决定实质性结果，各国可以确保相对稳定的政策倾向。

这些思考凸显了那些引发秩序构建的重大历史关头的重要性，尤其在战争和体系崩溃的特征和范围上。体系的崩溃越彻底，关于制度安排的讨论也就越触及根本。如此一来，关于秩序基本原则和标准的谈判变得更有必要，因为默认的不达成协议的选择不太可行。关于制度的基本讨论会因此增加，而关于制度如何为利益分配服务的考虑则会随之减少。另外，更多的议题也会被涉及。这种情势将会增加不确定性，各国也更加难以估算由规则和制度所塑造的具体利益分配。

领导国投身制度化秩序的倾向性，也受到自身对于如何才能在秩序中有效运作的判断影响。在制度化秩序内运作，需要足够的组织技巧和能力，以应对包含结盟、博弈和妥协等一系列问题在内的政治进程。某些领导国在这些方面表现更加优异。[24] 因此，它们对基本宪法动机的应对略有不同。这一变量至关重要，它影响了军事独裁的意愿，使之转向宪法民主：那些拥有政党，可以在选举体系中为利益发声的国家，相比没有此类运作能力的国家而言，更倾向于民主宪法。[25] 类似的，某些领导国更有能力在制度化政治程序中运作，这也会改变宪法逻辑的吸引力。[26]

约束的制度战略

领导国在对于建立战后承诺的信心上发挥着重要作用。因为它们实力超然，最有能力违背承诺，利用实力地位主导或抛弃弱小和次要国家。正如皮特·考伊（Peter Cowhey）所言，其他国家"不会完全承诺在多边秩序内运作，除非它们相信领导国打算留在秩序当中"[27]。次要国家相比领导国选择不多，但它们参与秩序（也就是自愿顺从）的意愿取决于领导国在表明自身放弃滥用权力时的可靠程度、承诺力度和意愿强度。因此，领导国有强烈的动机寻找证明权力的途径，以表明它至少将在某种可接受、可约束的程度上，以负责任、可预期的方式行使权力。为实现这一目标，领导国可诉诸某些约束策略：开放自身，约束自身，让自身对弱小和次要国家变得更好预期，更易接近。

开放自身意味着领导国制定政策时对其他国家更加透明，让这些国家安心，并向它们提供影响本国政策的渠道。乔恩·艾尔斯特

(Jon Elster)将该战略的某一层面称之为"关系建立"(bonding)。艾尔斯特认为,"关系建立"类似于公司试图吸引外部股东的努力,"为吸引资本,它必须承受'建立关系的代价',例如会计上的保守主义。"[28] 潜在股东更可能将资本借给按照既定的合理方式登记和承担责任的公司。类似的,强大的精英或阶级采取措施确保自身的可预期性和责任感,就会吸引其他的公民,为其政治优势买账。当一个国家对其他国家保持开放和透明,就降低了出现意外的可能性,其他国家也得以监督其权力行使的国内决策。一旦其开放程度达到允许其他国家参与决策,其他国家对于该国在权力行使上的责任感和可预期性就会更加安心。

这一观点其实暗示着民主国家在关系建立上存在优势。它们已经拥有了去中心化的、具有渗透性的制度,能够向次要国家提供信息、接触渠道及最终保证。然而,无论领导国的国内特征如何,都可以采取各种措施向次要国家承诺,在达成共识的规则和制度约束内行事。这可能包括在裁定特定冲突时明确正规方式和程序;在与次要国家有所关联时规范领导国的决策程序;在执行外交政策时传达可预期性和透明度。最重要的是,关系建立可能还包括向次要国家提供具体的正式机制,让它们在领导国的决策以及战后秩序的制度和运转上"发声"。[29] 民主国家在这一点上再次具备优势,不过非民主国家也可在关系建立的过程中确立协商和参与的机制和程序。

领导国不仅可以在制度捆绑中向弱小国家和次要国家开放自己,还可以与其他国家建立制度联系,从而限制自身自主权,允许其他国家在其决策过程中拥有制度化的"发声机会"。事实上,约束性制度约束了体系内的权力行使,使得权力关系失衡不再具备过强的剥削性，也使得承诺更具有确定性。权力的回报降低了。[30]

约瑟夫·格里科（Joseph Grieco）和丹尼尔·德德尼（Daniel Deudney）对这些捆绑性战略进行过探究。格里科认为，欧盟的弱国有与强国建立制度化联系的动机，以此获得在强国如何行使权力上的发言权，从而阻止强国对弱小国家的主导。格里科的分析建立于阿尔伯特·赫希曼关于退出、发声和忠诚的经典著作之上，他认为，如果制度向弱国提供了影响强国政策的机制，则弱国或许会发现：与强国的制度化合作存在吸引力。"在合作安排上，各国……可能会更享受这样有效的发声机会，因为这或许能够决定在强国不信守承诺，或是共同努力获得的收益分配出现失衡时，各国能否争取调整的空间。"[31]换句话说，如果能够为弱小国家创造发声机会，弱国和强国之间关系的制度化，可以为那些希望与强国合作，却不希望被强国主导的弱小国家提供一项解决方案。

德德尼还分析了约束的动态变化，不过也强调了它的另一个特征：约束是一种在各单元之间建立制度化联系的实践活动，降低了一方对于另一方的自主性。[32]各国同意建立制度化联系，相互约束，从而缓解了导致安全困境和权力制衡的无政府状态问题。德德尼指出，民主政体尤其渴望并能够采取捆绑性约束，抵御均势秩序内国家实力增强及集中的后果。捆绑性约束限制了强国和弱国的自由范围——当各国相互捆绑时，就会共同削弱彼此关系中权力的作用及其带来的后果。

在安全联盟之中，捆绑的逻辑最为清晰可见。安全联盟创立的初衷，至少部分是为了允许盟友们相互制约，管理共同关系。传统上，联盟被视为将各国联系在一起，以保证在面对共同威胁时互相协助的权宜之计。这种承诺在协议的涉及事项（ casus foederis ）中均会明确阐明。但保罗·施罗德和其他学者指出，联盟是以缔约承诺（ pacta de controhendo ），也就是约束公约的形式建立的，[33] 作为各国管理和约束盟友的机制。施罗德指出："对盟友的政策施加这类控制的愿望，是强国或双方加入联盟的主要原因。"[34] 联盟创造了捆绑性协议，允许各国插手盟友的安全政策。一旦联盟条约属于缔约承诺，潜在的竞争队友也就彼此捆绑，从而缓解了猜疑，降低了不确定性，并建立了制度化机制来干涉对方的政策。[35]

制度约束的要素

什么因素使得制度具有黏性？能否确定一系列将各国捆绑在一起并锁定其政策倾向和承诺的特定机制？[36] 这些机制联系和反馈效应或单独、或共同地发挥潜在作用，约束或网罗各国，以服务于领导国和附属国的战略利益。条约承诺、政府间惯例和国际化的政治程序，以及其他国与国之间的制度联系，提高了政策剧变的成本，催生了政治既得利益集团和组织惯性，从而有助于巩固稳定、连续的关系。

大型流程大致有三。第一，制度性协议可以体现正式的法律或组织程序和谅解，从而强化对未来国家行为倾向的预期。制度性协议确立了解决问题的路线图，打通了决策和磋商的沟通渠道。在协议中，标准得以确立，预期随之形成。尽管各国当然有能力打破制度性协议，但正式协议本身也带来了政治成本，一旦打破，恐怕就要蒙受损失。

制度规则和程序在实施时也具有某些自主性和权威性。它们提供了指导方针和其他谅解性认识,阐述如何进行关系管理。例如,如果某协议规定要召开年度峰会或定期部长会议,则要建立一个"生效"框架。如果在确定如何解决争端的规则和原则上达成一致,也会加强对未来国家行为的预期。换句话说,制度性协议创立了"程序理性"。制度框架得以建立,以阐明成员国应对彼此关系时应当采用何种可预期的恰当方式。[37]

此外,制度性协议被批准为正式的条约,将会加强协议作为法律契约的重要性,使之拥有其他法律协议在各政体内的权威和强制力。基于条约的协议不一定拥有国内法的地位,但确实拥有法律地位,再次提高了违约成本。条约将协议嵌入了更为宽泛的法律和政治框架,提高了它们作为国家政策具有持续强制力的可能性。格哈特·冯·格拉恩(Gerhard von Glahn)认为:"作为一种约束义务,世界各国承认的规则由这些国家的法院实施,或为这些国家的政府所正式批准,这些规则必将被视为真正的法制规则。"[38] 至少,签约国倾向于认为一般条约和公约规定的行为准则属于法律上的约束性义务。正如某位学者所言:"按照惯例,外交部门承认这些契约具有法律效力。"[39] 且不论这些协议作为法律的具体地位如何,条约和其他形式的制度性协议造就了约束义务,它们成了政策制定背景的一部分,为确定与条约承诺一致的政策提供了决定依据,也带来了违背条约的政治成本。[40]

第二,制度性协议常常导致跨政府的联络、惯例和联盟,它们反过来也会推动并延续具体的国家政策和承诺。制度不仅是协议,也是需要政府官员与他国官员保持互动的国家间进程。这就需要国家官僚根据其命令、任务和惯例以特定方式组织起来。国家领导人或许很容易迅速决策,但政府官僚的动作没有那么快。一旦那些制度性协议扎根于复杂官僚组织的地方,国家政策就会受到强烈约束。当这些官僚网络和惯例延展至政府间组织和国际组织之时,国家领导人就更难以超越既定模式。[41]

政府间规划和决策程序的建立,也促成了组织的相互锁定和相互依赖。由此可能带来以下影响:它拓展了政策制定流程,囊括其他国家的参与者,从而让作为制度组成部分的参与国更难以单独思考和计划政策的剧烈转变,这降低了出现意外的可能性,加强了承诺的连续性。另外,在某种程度上,联合决策涉及某些专业分工和规划能力,打破这一联系的成本增加了。制度性协议创设的政治流程也让各国有机会借助积极参与来影响其他国家官员的思路。因此,国际制度为各国成为其他国家决策过程的一部分提供了影响其他国家思路和行为的"发声机会"和机制。[42] 由此,各国更加确信政策上的机会主义或具有威胁的政策剧变难以发生。

这些政府团体利用特定知识和专业运转开来,又会进一步巩固它们的地位,并加强政策的连续性。它们可以采取"知识群体"的形式,构成跨国专家团队,进入政府决策通道。[43] 更普遍的情况下,制度性协议会促进支持或强化特定政策承诺的官僚和技术专家的跨政府团体的发展,这些跨政府团体越要求管辖能力和专业知识,就越能在广泛的国内和国际环境中掌握权威性和自主性。[44]

第三,制度性协议可以作为组织工具,进一步加强政治行为和制度。这是一种制度性的"溢出"过程。这种过程会出现在下述情况中,例如制度性协议要求各国遵守特定的政策标准和承诺,或是人权协议在广泛的国际社会促进了压力集团的组织化,它们对各国

第三章 秩序形成的制度理论　　063

政府施加压力,要求它们遵循其标准。[45] 类似的跨国过程在安全制度领域也屡见不鲜。[46] 制度性协议为监督和游说政府的国内和国际团体提供了组织和规范框架。

制度性协议也会影响国家政策的持续性,乃至引发制定政策的国内机构的性质出现变化。通过推动国内政府机构的变化,制度性协议可以间接锁定国家的政策倾向及承诺,以此反过来塑造和驱使政策向期望的方向倾斜。举个例子,由制度性协议推动的国内机构变化可能会帮助巩固支持自由贸易的联盟,打击贸易保护主义团体。国内结构在诸多社会团体和利益之间斡旋,塑造和限制各组织在政策制定上的能力和渠道。[47] 制度性协议能够通过多种形式对国家的政策制定结构施加影响,从而强化各国的特定政策模式,或将它们锁定其中。[48]

普遍情况下,各国同意加入宪法秩序,相当于做出了在一系列既定制度和规则内运作的共同承诺,它们创造了政治程序,确保了秩序内各国的相互接触和联系。这为未来创造了更大的确定性,从而反过来为各国开辟了深化关系、长远规划和投资的空间。如果各国知道彼此联系不会断裂,则投资该关系的动机必然增强。更尖锐地说,如果两个国家知道彼此的竞争将会限制在制度化的政治过程中,不会导致战争或带来战争威胁,那么它们会更倾向于合作与密切联系。安全度较低的国家会担心自身的自主性和相对地位,并因此倾向于减少合作投资和维护关系。[49] 从这个意义上说,宪法性协议的约束特征促成了各国间稳定而持续的关系,这种关系催生了合作动机,又反过来巩固了宪法性协议。[50]

路径依赖和增加制度回报

　　某一制度与相近的制度和团体相互联系，后者依赖该制度发挥自身功能，这也是制度体现约束特征的一大重要途径。制度可以嵌入政体之内，这反过来导致制度变革变得更加困难。也就是说，更多人及其行为与制度及其运转被绑定，更多的个人和团体在更多国家和活动领域中与制度的延续利益攸关，颠覆或变革制度的代价会随着时间推移而提高。这意味着"与之竞争的秩序"和"替代性的制度"都处于劣势，该体系会变得越来越难以取代。

　　政治秩序拥有路径依赖特征的重要原因在于制度的"收益递增"现象。[51] 收益递增体现在以下几方面：第一，创立新制度时需要付出巨大的启动成本。即使替代性的制度更加高效或更符合强国的利益，新制度的收益也必须远超已有制度的沉没成本才行。[52] 第二，已有制度的运行拥有学习效应，相较新制度具备优势。第三，制度会与其他行为体和制度之间建立联系和承诺，这会进一步巩固制度，提高变革成本。综上所述，以道格拉斯·诺思（Douglas North）的话总结："制度矩阵构成的相互依赖网络造就了巨大的收益递增。"[53] 当制度的收益递增效应开始凸显时，潜在的替代性制度就很难竞争成功。在技术竞争上，这一逻辑体现得最为明显。录像机的发展史就是一个经典案例。VHS 制式和 Beta 制式几乎同时面世，起初拥有的市场份额也大致相等。不过很快 VHS 制式凭借与效率无关的运气和情况扩大了市场份额。早期获益带来的收益递增使得天平倒向了 VHS 制式，让它积累了足够优势，获得了市场主导地位。[54] 即使 Beta 制式最终才是更加优秀的那一款，但 VHS 制式在最初的关键时刻获取的微小优势让它降低了生产成本，要求兼容性的关联技术和产品的积累使得失利的技术越来越难取得竞争的胜利。随着生产成本的降低，转向其他技术的成本提高了，学习效应开始积聚，这项技术还开始被整合到兼容的、相互依赖的大型技术体系中。[55] 最重要的是，一旦消费者在 VHS 制式上开始投资，就不再愿意为了抛弃它来换取其他制式付出代价，即使更换其他技术不需要成本，情况也是如此。

放到制度领域，收益递增的概念意味着一旦选定制度，大规模制度变革的成本就会急剧增加，即使潜在的制度与既有制度相比更高效、更能满足需求。[56] 从战后安排的角度看，这意味着如果没有发生大战或全球经济崩溃，很难产生取代既有秩序的历史断点。在战后的重要关头，领导国倡议的制度不是在与既有的一系列旧制度进行比较。战争至少在相当程度上摧毁了旧秩序。因此，新提出的战后制度，其对手不再有深厚根基。不过一旦战后制度已经确立，成本逻辑就有所改变。随后，作为对手的制度性秩序就必须与此前存在的秩序竞争，而后者已经裹挟了所有的沉没成本和既得利益。[57]

按照这一路径依赖逻辑，这些战后制度建设的重要关头具备吸引力，正是因为它们过于罕见。如果运用得当，构建的制度就能保证长远的收益。领导国清楚，制度争论的解决会带来长期的影响。为此，在权力资产的分配中，它甚至不惜在短期矛盾里做出更多牺牲。

实力差距与民主国家

各国寻求制度性秩序构建战略的意愿和能力取决于两大主要变

量：战后实力差距的大小，以及协议涉及国的性质。下文中将依次探讨这两个变量。

实力差距与制度性协议

实力失衡越为明显，则战后制度的重构就越取决于主导、抛弃、合法性和战略约束等相关问题的解决。换句话说，权力越集中于一个国家之手，则秩序问题越涉及不平等国家之间的顺从和主导，克服附属国战略恐惧的问题就越尖锐。战后的实力差距越小，战胜国联盟越大、构成越均衡，则越需要广泛的磋商才能确定协议。一个国家很难将其秩序理念强加于其他国家，而某个制度协议可能在缓解权力失衡上具有特定优势，但这样的优势却不那么容易为人所察觉。

领导国的实力越强，就越有动机和能力围绕约束性制度构建秩序。它会获取更多权力"横财"，这就又加强了它通过构建弱小和次要国家能接受的秩序来锁定长期利益、降低实施成本的动机。[58] 而且，领导国的实力越强，就越有机会根据其长远利益构建战后秩序，也越有更多的资源用于制度性协议的谈判。这主要体现在以下两方面：第一，领导国在放弃某些短期利益以换取制度性协议方面，占据有利地位。它可以向弱小国家提供战时补贴、重建援助、市场准入等优惠，以巩固合作关系。第二，领导国在限制自身权力行使以换取制度性协议方面，优势更加明显。领导国实力越强，越有能力向弱小国提供后者所需的制度合作，并降低这样做的机会成本。类似的，战后实力差距越大，弱小和次要国家必然越担心被主导或被抛弃，因而越有动机同意将自身锁定在确保领导国遵守约束和承诺的战后秩序中。

以军事能力和经济能力作为度量，1945年的美国，其地位明显强于1919年的美国，或1815年的英国。表3-1中列出了实力差距相关的变量，比较了三次大战和冷战之后各大国的国民生产总值和相对军事开支。1945年后各国的实力差距远超从前。如果将权力视为军事能力和经济能力的结合，那么它这次更加集中地被单一国家所掌握。美国在第二次世界大战中崛起成为主导的军事力量，此外还拥有全球近一半的经济产出。[59] 的确，从第一次世界大战开始，美国就已成为全球领先的经济体，按照国内经济产值计算，其经济规模几乎是英国的三倍，但其军事能力并未远超英国。回看1815年之后，英国作为世界经济的领导国，军事开支虽然多于其他大国，但它也只是一个世界海军强国，并未在大陆上直接部署军事力量。[60]

表3-1　战后领导国与其他强国的实力对比*

年份	第一强国		第二强国		第三强国		第四强国	
国民生产总值							
1820	俄国	109	法国	106	英国	100	德意志	47
1920	美国	100	英国	34	法国	21	德国	19
1945	美国	100	英国	20	苏联	20	德国	12
1996	美国	100	日本	60	德国	31	法国	20
军事开支							
1816	英国	100	德意志	80	俄国	62	法国	62
1920	美国	100	英国	89	俄国	71	日本	27
1945	美国	100	英国	19	苏联	10	日本	4
1996	美国	100	俄罗斯	27	法国	17	日本	14

* 表中数据为强国与领导国在对应项上的数据比值（%），领导国以下划线强调
** 资料来源：参见附录二

这三次大战之后各国实力的差距存在差异，也是因为战争结束后情况各不相同。影响因素包括：旧秩序在战争中受到破坏的程度，胜利的决定性意义，以及战争胜利在多大程度上取决于领导国。旧秩序的崩溃越严重，就越有机会重构新的秩序原则和规则。旧秩序的崩溃越广泛，则战后重要关头的路径依赖就体现得越明显。这种情况下，领导国就有更大的动机在战后秩序重构上寻求达成深远的原则性协议。实际上，旧秩序的崩溃越严重，领导国锁定有利战后秩序的可能性就越大。旧秩序的崩溃越广泛，各国就越不可能接受无法达成协议的默认选择。

　　如果战争以决定性胜利告终，和平条款就可以更为全面和宏大。战败国的失败宣告者旧秩序的失败，引入秩序新规则、新原则的机会变大了。如果战争以停火或休战告终，战胜国要达成全面协定的难度就会大很多。领导国在战争胜利中发挥的作用也会影响其战后的权力。战后秩序的博弈甚至在战斗结束前就已展开，如果领导国在确保胜利上发挥了决定性作用，它在战后的议程中也将具有更为强势的地位。

　　这些涉及实力差距的背景因素强化了上文中提到的变量。虽然美国不是第二次世界大战的早期参与国，但到了1945年，它的军事力量已经占据主导地位，在终结欧洲和亚洲的战争上都发挥了关键性的作用。就像拿破仑战争时期的英国一样，美国在战争期间广泛运用资源，确保了盟军取得决定性胜利。寻求无条件投降的方式结束战争，并对战败国进行占领，这些也加强了美国的实力地位。1918年之后的美国还没有这样的统治地位。第一次世界大战并不是以决定性的休战方式画上了休止符，而美国也没有在战争终结上发挥决定性作用。在拿破仑战争期间，英国至关重要，不仅在于它确保了战争的胜利，还在于它利用战时资源，尤其是财政补贴，维系了联盟的团结，并在战后与盟国达成了继续合作的协议。这些战后实力差距和地位的不同，在解释战后国家走向制度化协议的能力和动机方面起着关键作用。

民主与制度性协议

民主国家相比非民主国家更能构建具有约束力的秩序，确立可靠的制约和承诺。[61] 许多具体特征决定了民主国家更容易缔结协议，以降低主导或抛弃的危险。[62] 这些特征包括政治透明性、可接触性和政策黏性等，表 3-2 对此进行了总结。

表 3-2　民主与制度性协议

特征	意义
透明	减少意外的发生；信息可信度更高
分权的政策流程	政策黏性；执法机会
开放的分权体制	准入机会和发声机会；进行跨国和跨政府联系的桥梁

民主国家相比非民主国家拥有更高的政治透明度，其他国家更可能下定决心，相信它对规则和协议的承诺。政治透明度指的是政体的开放性和可见性，民主国家拥有推动透明化的多种特征，其中最关键的是权力和决策的去中心化。决策被分散开来，就会涉及更多人和更精细的程序，因此更多政治事务必须公开进行。加强这一态势也是民主政治的规范和预期。选举产生的官员最终为投票者负责，因此按照预期，公众即使不能直接参与政策制定，也有监督的

权利。保密被视为特殊情况，而非常态。最后，竞争性的政党体制也会带来有关国家政策意图和承诺的信息。国家选举的审查程序增加了领导人为人熟知并坚守政治倾向的机会。政治竞争是一种奖惩体制，让领导人更乐意变得开放和负责。选举系统让各政党争相申明异于其他政党的政策承诺。[63]由于民主国家具有这些充满竞争的政党互动和透明的决策流程，较之非民主国家，其他国家遭遇意外而处于被动的可能性更低，这又增加了其他国家对民主国家承诺的信任。[64]

民主国家的开放性和分权性也为其他国家直接咨询和陈述提供了机会，从而增强了它们做出约束性承诺的意愿。[65]多个接触渠道使得其他国家可以直接评估该国的承诺，并为自身利益进行游说。一系列负责政策制定的官员和部门都是潜在的接触渠道。某些情况下会建立详尽的磋商机制，以便咨询和陈述；其他情况下则不那么直接和正式，需要通过私人代表、代理人与政府沟通。[66]民主政体为其他国家的参与提供了机会，提高了关于该国政策倾向与承诺的信息级别，也为外国政府在政策制定进程中坚守自身利益提供了机会。[67]承诺的可信度由此提升了。

最后，相比非民主国家而言，民主国家在政策的急剧扭转方面受到了更大的制度制约，这种"政策黏性"有助于减少政策意外。[68]一种简单的制约在于，分权化的多元民主国家在确立政策时往往需要通过一系列投票。政策制定的本质是建立联盟的过程，这使得个人不太可能单独掌握政策的制定，或突然行动而威胁他人。同样，竞争性的选举过程也会对整体的政策方向持续施压。成功的领导者必须建立投票者的多数联盟。这也催生了反映"中间选民"

立场的动机。[69]这种选举政治的结构确保了政策的变动幅度至少从长期来看处于政治频谱的中心区域。

因此,相比非民主国家,民主国家在承诺方面传达出更高的可信度。它们的开放性和透明性也让各国更有机会决定政策的性质和持久度。民主国家的可接触性允许其他政府收集信息并直接传递信息,积极参与政策制定(至少可以处于政策边缘)。竞争性的政党制度也提供了机制,便于各方在政策制定上施加影响,也让各方乐于将政策制定保持在政治频谱的中心区域。这些因素虽然无法保证民主政体始终恪守承诺,但可以降低政策急剧逆转的不确定性。

如果民主国家具备建立约束性制度协议的特殊能力,秩序建设的参与方都是民主国家,那么战后重要关头的情景将大为不同。20世纪的战后安排就与之前的战后安排存在巨大差异,因为前者的参与方主要是民主国家,而后者基本属于非民主国家之间的约定。19世纪初的英国确实是正在崛起的民主国家,但其他欧洲国家大多仍是君主政体或独裁体制。在解释战后各国在实现制度化安排的能力上为何存在差异时,抓住这些不同点非常重要。

秩序构建的宪法模型是一种理想模式。面对严重失衡的权力关系,战后的民主国家最可能寻求制度博弈:也就是说,此时此刻,新兴强国最关心的是构建一个不必再保持权力斗争的秩序,弱小国家最担心的是被主导和被抛弃;参与战后安排的各方是最有能力建立可信且具有约束力的国家类型。这样的情况多少出现于1815年、1919年和1945年,但在这些重大历史关头建立的秩序,都不完全符合宪法模型的理想模式特征。1815年和1919年的协定中可以找到制度性秩序建设逻辑的痕迹,也凸显了其局限性。我们将在后文中详细检视这些案例，以剖析制度性秩序建设的源泉和制约因素：战后实力差距的具体特征和民主国家的存在与否，究竟如何影响了最终结果。[70] 与 1815 年和 1919 年不同，1945 年的战后安排为建立制度性安排创造了动机和机会。战后，美国和其他工业化民主国家展开了一轮又一轮制度性谈判，最终建立了迄今为止制度化水平最高的秩序。1947 年后，冷战的爆发对第二次世界大战后西方民主国家创立约束性制度并在其中运作的意愿和能力造成了明显的重要影响。因此，探究冷战后这些制度的命运是评估宪法模型意义的重要一步，它有助于解释 1945 年之后主要的工业化民主国家之间建立的秩序。

第四章

1815年战后安排

拿破仑战争之后的1815年和平协定赋予了欧洲当时组织最为严密的政治秩序。在大英帝国的引领下，欧洲国家付出了持续努力，寻求各国均认可的、全面而稳定的秩序，这些努力最终导致了著名的维也纳和会的召开。从任何角度衡量，这一秩序都是相当成功的。大国之间休战达40年之久。再次等到一场欧洲全面战争导致该国际秩序的全面崩溃，一个世纪已经过去了。[1]

与此前战后安排方式不同的是，在维也纳和会上，领导国力图运用制度管控大国之间的关系。[2]在战争后期及和平谈判期间，英国推行制度性战略，其目标是建立大国之间正式的战后协商和调节程序。这些制度性倡议——尤其是同盟和协调体系——是具有创新意义的，因为它们力图将潜在的竞争对手捆绑在一起。1818年亚琛会议召开，这是和平时期调节大国间关系的第一次会议，开启了协调体系的时代。早先的安排加强了国家自主权，对各国的领土范围和权力能力进行了重新分配，构成了权力制衡，从而对权力构成了限制和约束。维也纳和会承接了这些机制，但也设计了一些新制度，其中某些措施对大国随意运用权力构成了约束。[3]

当然，这些制度的约束性质严重受限，英国关于确立明确安全保证的提议遭到了失败。与1919年、1945年的制度安排相比，总体而言，这些制度安排的深度和广度都非常不够。但是，这些安排的宪法特性却是明确的，尽管强度不大，并且相当大程度上只是昙花一现。权力失衡既提供了机会，也带来了困境，从而塑造了大国通过谈判确立战后秩序的方式。此外，英国和其他大国确实寻求共同约束的战略，力图通过松散的条约和同盟联系在一起，从而缓和战略敌对，避免大国战争。战后同盟展示了约束公约的性质。这些同盟关系相互交织在一起，互为补充，从某种意义上取代了均势秩序，成为欧洲国家体系内大国间秩序的核心逻辑。

英国制度战略背后的动机和机会是什么？哪些因素决定了这一战略的成功？从几个方面看，宪法模式有助于分析英国决意运用制度的背后动机和它所确立秩序的特征及其局限性。第一，英国确实试图运用战争期间和战后的暂时实力优势建立有利的秩序，它采取的方式是确立制度性的约束机制。英国在战时和战后看到了利用其优势地位向其他国家（尤其是对荷兰和殖民世界）建立约束的机会，促使各国就战后秩序达成协议，做出更为宽泛的、共同确定的制度安排。英国的政策也反映了这样的动机，领导国必须采取合法手段来稳定秩序，为达此目标它愿意对自身权力进行适当的约束。[4]

第二，在确定制度性安排可能或预期的限制上，战后实力差距和战后安排参与国的性质至关重要。战争期间，英国的实力优势是最为明显的，尤以其军事力量和财政资源最为突出，它运用其实力组织同盟，并使之维持到战争结束之后。没有英国的力量，则战争的结果会大不相同，这对战后秩序产生了深远的影响。到1814年2

月，沙皇亚历山大还威胁不再重视同盟，要进军巴黎推翻拿破仑，扶植一个新政府。[5]另一个极端的例子是，奥地利亲王冯·梅特涅（Von Metternich）威胁与拿破仑提前单独讲和。二者均可导致同盟的破裂。战后法国的重新统一将成为问题，正如英国外交大臣卡斯尔雷在致沙皇亚历山大的一封信中警告的，它将宣告"无休无止的权力争夺"[6]。英国经济最为发达，是全球性的海军霸权，但它在欧洲没有领土野心，也没有统治欧洲大陆的军事能力。作为战后最强大的国家，英国对其他大国的威胁是抛弃，而不是主导。这些情势限制了英国向其他欧洲国家提供支持以换取制度化安排的意愿和能力。

同样重要的是，战后安排参与国的专制性质限制了制度战略的适用范围。英国首相威廉·皮特（William Pitt）最早提议建立普遍的安全保证。但从安全保证赖以建立的基础上讲，欧洲领导人却没有能力做出这种承诺。沙皇亚历山大反复无常的个人化外交政策集中反映了这一普遍问题的困境。英国是唯一的议会民主制国家，因而积极支持这样的观点：代议制政府更难以做出条约承诺，但一旦做出则更具有可信性。沙皇亚历山大随后倡议建立神圣同盟，也反映了并不基于均势的承诺及制约之源的寻求，但这并非是基于约束性制度的机制。

这一模式有助于判定1815年这个重大历史关头所体现或缺乏的某些要素，同时也促进和限制了制度化谈判。要将制度化机制作为秩序建构的工具，英国需要确定某些特定的智慧创新。就此而言，这一模式帮助甚微。创新体现在评估协商机制上，即作为制度性工具维持秩序、管控潜在对手。这些新思维有助于拓展英国和其他欧洲国家的秩序建设选择。正如一位历史学家指出的："无论是从情感还是务实的角度看，建立新型国际体系的愿望是不可遏制的。但是，除非某些人满怀预期的目标得以实现，某些机制才能够真正建立起来。"[7]这些理念可以追溯到1805年皮特颁布的享誉一时的《政府文件》(State Paper)，它所设想的战后秩序是通过同盟和条约保证将潜在的敌人捆绑在一起。

这些制度可能性的重新思考反映在稳定和管理大国关系上的思路演变，同时也表明各国寻求务实安排以促进欧洲秩序的共同管理，实际上也就是建立某种寡头式的管理体系。实际举措从由英国主导的试探起步，1814年3月《肖蒙条约》(Treaty of Chaumont)建立的战时联盟——四国同盟得以恢复。英国坚持战时同盟及其机制和保证应延续至战后，以确保和平安排的顺利进行。制度创新以非常务实的方式展开。

战略背景

打败拿破仑的同盟因抵抗法国霸权而团结在一起。但是战争并没有解决欧洲大陆的"权力难题"。英国在抗击法国中最为重要，作用也最为显著，而俄国崛起为欧洲东部的领导国。战后安排的目标之一是如何围绕领导国以及它们所导致权力失衡的大陆新关系组织欧洲秩序，这与挫败法国的野心同等重要。

1789—1812年间，法国逐步通过兼并和征服主导了欧洲大陆。到1812年，拿破仑的帝国野心已经显露无遗，进一步的兼并浪潮席卷了包括意大利北部的大部分地区、莱茵河西岸所有领土以及低地国家的大部分领土。在其全盛之际,法国统治着一个从大西洋到波兰、从波罗的海到地中海的庞大欧洲帝国。[8]在法国扩张领土的背后,法国军队成为欧洲最令人畏惧的军事力量,1812年法军超过60万人。围绕大陆体系,法国建立起了广袤的经济控制地带。这个体系起源于1806年,既是对英国发动的经济战,也是控制欧洲国家的一种手段。

1812年6月,拿破仑入侵俄国,这标志着法国实力瓦解的开始。俄罗斯、瑞典与英国签署了条约。随着俄国在欧洲大陆不断追逐并击破拿破仑的军队,普鲁士和奥地利也相继加入反拿破仑同盟,在1813年和1814年年初,它们和俄国一起与法国军队展开了血腥厮杀。当英国最终携手东部强国,"最后的同盟"得以形成。1813年秋季,英国在同盟中发挥积极领导作用,向其他国家政府提供补贴和指导,并主导了同盟内部关于和平条款的谈判。英国倡议最为辉煌的成果就是1814年签署的《肖蒙条约》,该条约为战争胜利、和平条款和战后欧洲的安全结构奠定了基础。[9]1814年年初,战争形势逆转,倒向了同盟军。同年4月,各国签署了停战协定,5月各国召开了第一次巴黎和会。

仅在两年之间,欧洲经历了历史上最为剧烈的权力转移。拿破仑帝国突然之间全面瓦解,欧洲的权力分配为之一变,英国和俄国的地位随之凸显出来。在战后的一段时间里,英国的财政和海军实力、沙皇俄国所拥有的军事力量是决定欧洲外交的关键因素。[10]战争并没有导致任何一个国家获得霸权式的胜利,也没有确立一个国家间的多元体系,而后者是秉持均势观点的人士对战后安排的想象。实际情况却是,处于欧洲大陆两端的两个领导国成了战后安排的主要仲裁者。

到了1815年,英国成为全球性的领导国,在其历史上第一次对欧洲的重建施加决定性影响。[11]正如保罗·肯尼迪(Paul Kennedy)指出的,英国的领导地位是各种成就综合而成的:制海权、财政信誉、商业技能、同盟外交和处于扩张中的殖民帝国。[12]构成英国支配地位基础的,是英国拥有欧洲最发达的经济。按照国内生产总值计算,英国的实际经济规模几乎与1815年之后的俄法两国之和相当。[13]而且英国技术更为先进,劳动生产率更高,它将其他欧洲地区引领到工业化的新阶段。1760年至1820年,英国工业生产增长额占欧洲总量的三分之二。[14]英国优势的扩大反映在它所占世界制造业产出的比重变化上(见表4-1)。拿破仑战争期间,英国的比重翻了一番。

表4-1 英国制造业产出占世界的比重(1800—1860年)(%)

	1800年	1820年	1860年
欧洲整体	28.1	34.2	53.2
英国	4.3	9.5	19.9
哈布斯堡帝国	3.2	3.2	4.2
法国	4.2	5.2	7.9
德意志邦国	3.5	3.5	4.9
俄国	5.6	5.6	7.0
美国	0.8	2.4	7.2

来源:P. Bairoch, "International Indutralization Levels form 1750 to 1980," *Journal of European Economic History*, Vol. 11, No.2, (Fall 1982), p. 296.

英国的突出地位及其为战争胜利所付出的努力，包括它提供的资助和补贴，并未为其他欧洲国家所忘记。梅特涅的顾问弗里德里希·冯·根茨（Friedrich von Gentz）写道："在维也纳和会，英国光芒四射，充满魅力。这归功于它巨大的成功，它在同盟中所发挥的卓越作用，它无穷的影响力，它坚固的兴盛基础，我们时代的其他国家难以望其项背，实际上英国引起的尊重和恐惧，影响着英国与所有其他政府的关系。基于此，英国足以在欧洲遂其所愿。"[15]

英国远离欧洲大陆的领土争端，这既增强也削弱了英国的地位。它在欧洲大陆并没有具体的目标，除建立一个安全而独立的荷兰政府，英国仅仅要求一个和平而稳定的欧洲，它需要进行一系列安排，英国外交家常常称之为"平衡"。一方面，英国相对超脱于欧洲大陆之外，加上处于主导地位的海军力量和经济地位，因此它愿意从全面而长远的角度思考战后秩序问题，有能力塑造一个支撑其秩序设计的联盟。另一方面，这也限制了英国以权力约束方式换取其他欧洲国家合作的能力和意愿。

俄国在欧洲东部拥有令人望而生畏的地位。沙皇宣称俄国在打败拿破仑中发挥了决定性作用，他急切地提出了关于欧洲未来的蓝图性议程。维也纳和会开始之际，俄国是欧洲大陆上最强大的国家。如表4-2所示，战后十年间，俄国常备军是其他欧洲大国的三倍。然而，俄国比英国所受制约更多。正如一位分析家指出的，亚历山大害怕俄国"被推至欧洲体系的边缘"[16]。他的目标是让俄国成为欧洲政治中受尊重的一员并发挥关键性作用。俄国的选择所受的更大制约是，它的战争努力也仰赖英国的财政支持。

表 4-2　大国的军队人数（1816—1830 年）

	1816 年	1830 年
英国	255,000	140,000
法国	132,000	259,000
俄国	800,000	826,000
普鲁士 / 德意志	130,000	130,000
哈布斯堡帝国	220,000	273,000
美国	16,000	11,000

来源：Paul Kennedy, *The Rise and Fall of the Great Powers*：*Economic Change and Military Conflict from 1500 to 2000* (New York：Random House, 1987), p. 154.

战时及战后，欧洲世界陷入新的争夺之中，各国为在欧洲大陆的地位而竞争不休。在拿破仑的领导下，法国霸权扩张过度，从而引发了制衡、抵抗与帝国的解体。正如保罗·施罗德一再强调指出的，这个时代的争斗"并不是法国大革命和旧政权的斗争，也不是法国扩张主义与其他欧洲的斗争，甚至不是英法宿怨导致的老虎、鲨鱼之战，而是三大霸权国之间的争斗，乃至三者结合控制和剥削其他欧洲国家的问题"[17]。拿破仑战败并非欧洲大陆霸权或主导的失败，它不过是改变了那些国家有可能成为领导国以及它们行使权力的条件。

普鲁士和奥地利实力更加羸弱。普鲁士人口 1500 万，资源匮乏，它不过是名义上的大国，仅仅在拿破仑战争中幸存了下来。奥地利的地位稍好于普鲁士，但与俄国和英国相形见绌。俄国拥有最庞大的人口、最广袤的领土和数量最多的常备军。英国在工业、商业、金融和海外殖民地方面居于世界领先地位。[18] 如果考虑到各国的相对脆弱性，这些实力差距更引人注目。与其他欧洲国家相比，英国和俄国的军事扩充更不容易遭受攻击。地理上的遥远加强了它们的地位。拿破仑在俄国的失败本身就证明了这样的事实。正如施罗德指出的:"英国和俄国如此强大,与其他三个盟国相比,其脆弱性如此之小,后者不可能威胁英俄的基本安全,如此同盟不可能赋予法国、奥地利和普鲁士安全(即使存在这样同盟的可能性很低),相比而言,英俄两国更享有自己的安全。"[19]

1805年,英国和俄国的政府也意识到了本国的主导地位,沙皇亚历山大派代表到伦敦,提议建立具有特定(也是模糊的)全欧洲目标的英俄同盟。英国政府对此做出的回应是,提出拿破仑战争之后大国协调的方案,并强调两个大国所拥有的特殊地位:"大英帝国拥有海岛地理优势和丰富的资源,辅之以军事投射能力和制海权;俄国拥有欧洲大陆支配地位且地理位置遥远,两个主权国家可因此拥有许多空间来抗击法国的进攻,维护安全,即使法国运用其全部的影响力、权力和主导地位,这些空间也不应为他国所占有。因此,它们对战后安排并不存在另外的单独目标,除欧洲普遍利益和安全之外,它们在欧洲协调上没有自我利益,它们愿意与诸国相存相依。"[20] 其他欧洲大陆大国也拥有权力和责任,但英国认为,一旦这种安排得以通过,则必须将其置于英国和俄国的特殊保证之下,二者没有"自己单独的目标"[21]。实际上,英国和俄国政府认为,在法国恢复其历史地位之后,它们两国实力强大、无懈可击又处于欧洲前锋线,在维护和平上具有特殊的义务和机遇。

可能成为欧洲领导国的三个国家各有其不同的优势、资源和负担,对欧洲局势而言,三国带有不同的威胁,也各有其吸引力。俄国威胁着波兰和奥斯曼帝国。英国的商业优势和制海权对欧洲沿海国家的威胁不弱于拿破仑的大陆体系。[22]为打败法国霸权，欧洲小国可能团结在英国和俄国周围，但作为胜利者的英国和俄国面临着与当年法国霸权同样的困境与危险：它们必须使本国的超强实力为其他欧洲国家所接受，或愿意运用其实力强行维系对欧洲体系的控制权。拿破仑霸权残酷而随意的特征使得欧洲权力失衡极为明显，且难以防卫。但是，英国和俄国强大的实力也是战争期间和战后情势的一个决定性特征。欧洲小国在与英俄强权协调的同时，还要与两国合作结束战争、缔造和平。

在两大强国各处欧洲一端的情势之下，中欧诸国的行动目标是保护自己，确保任何一个大国不会主导欧洲大陆。对梅特涅和奥地利而言，这意味着在一场制衡博弈中扮演复杂的角色。普鲁士也被迫关注战后权力分配和同盟，以保护其在中欧的弱小地位。梅特涅欢迎俄国的军事介入，就像之前削弱拿破仑一样，但他同样希望法国足够强大，在维系"公正的平衡"上发挥传统作用。在战后欧洲内部安全关系的稳定上，制衡权力分配最为关键。这是一个存在巨大实力差距、为地区霸权所笼罩的过程。

如果战后欧洲各国幅员更为平等，则战后安排不过是简单地重建基于均势的秩序。但是英国的卓越地位和稍弱于英国的俄国的强大意味着，这一秩序将要以其他约束领导国的机制为转移。法国外交家塔列朗在维也纳观察到："在欧洲各组成国中，如果最弱的抵御者与最强的侵略者实力相当，则会出现真正的均势。然而欧洲情势并非如此，也永远不会如此。真实的情势只能是，承认均势是人为的，存在诸多不确定性。唯有某些大国本着克制和公正的精神予以推动，才能确保均势长盛不衰。"[23]拿破仑战争之后秩序建构问题的解决途径是在高度失衡的权力关系中鼓励行为克制。

战后秩序的英国思路

英国的动机是将战争及其后续发展锁定在全欧洲的协定中。在多个重大历史关头，英国均以超出必要的全面而长远的方式界定其利益。诚然，英国在这一历史关头的首要考虑是摧毁法国霸权。但是，寻求这一目标的实现存在诸多可能性。英国可以在战争期间仅仅关注眼前目标的实现，如恢复尼德兰的独立，捍卫海洋权益，确保制海权。但英国寻求的是更为深远、精致的安排，即使为此放弃眼前目标或做出妥协。

英国战后秩序建构政策的脉络符合制度模式。英国领导人确实寻求利用暂时的实力优势确立有利而持久的秩序，他们认为，维系一个持久的秩序，最好的途径是确立相互满意的原则，建立制度。他们提供了某些适度的自我约束保证，以获得其他国家对制度和程序的认可，从而将大国捆绑在一起，限制战略性敌对。但是，就英国通过安全保证将自己约束在欧洲秩序内的意愿而言，也存在明确的局限性，就其他欧洲国家做出约束性的承诺而言，其制约无疑也是严重的。

在所有对抗拿破仑的国家中，英国最急于确立全面协定，以确立一个持久而得到广泛接受的欧洲秩序。卡斯尔雷常常强调，建立在"基本原则"和"系列原则"基础上的安排至关重要，具体的争论应该让位于普遍性协议。维也纳和会期间，卡斯尔雷致信威灵顿

（Wellington）公爵指出："我希望将主要努力放在确保欧洲均势上。为达此目标，我愿意在原则许可的范围内将任何地方利益点放在第二位。"[24] 卡斯尔雷还指出，这一支持建立全面性体系秩序的看法仅是英国一家的信念。他在一封写给伦敦的信中表示："对我们而言，不幸的是，所有列强只关心具体要点，而不是普遍性的欧洲体系。"[25] 卡斯尔雷经常表示，建立"体系"、基于"符合最普遍的利益"做出妥协有其必要性，这表达了英国对于达成全面协定的兴趣。[26]

战争期间，英国寻求全面和平的目标意味着就战争本身而言，盟国必须团结一致取得决定性的胜利，尽管这并不必然导致拿破仑退位。战争之初，这意味着同意梅特涅加入同盟，将奥地利拖入战争中，防止奥地利与拿破仑单独议和。随着盟军走向胜利，英国必须确保其盟友不会中途退出战争，从而达成将英国排除在外的大陆和平。正如施罗德指出的："卡斯尔雷尤其意识到，英国不能迫使其盟友超越自身利益和能力继续参战，而必须说服它们，英国战败（他承认这是可能的）对它们而言比本国战败后果更糟糕。"[27] 这一点，使得英国在和平条款方面倾向于慷慨解囊且富有弹性。对英国而言，普遍而稳健的和平是一个最高目标，与总体安排的协议相比，细节并不那么重要。

确保全面和平

英国的全面设想体现在卡斯尔雷离开伦敦赴欧洲大陆参会之前的一份内阁备忘录中。[28] 查尔斯·韦伯斯特（Charles Webster）写道，英国的和平条款"从本质上绝对符合英国的利益要求，但也将欧洲重建的普遍方案纳入其中，它明确承认一方有赖于其他"[29]。这一备忘录表明,卡斯尔雷寻求与盟国在"共同利益"的问题上达成"明晰而具有确定性的谅解",以确保联合阵线,同时也要在盟国与法国谈判的内容上达成一致。英国的看法是,假如英国的核心利益(尤其是制海权和荷兰的安全)得以确保,它同意为争取全面协议谈判出让某些殖民地宗主权。随着战争结束的曙光临近,英国的利益更清晰地体现为就更广泛的争端解决达成协议,而不是建立欧洲秩序。

重要的是,英国内阁备忘录的结论是,同盟不能随着战争的结束而结束,而应在将来继续存在,从而作为监督法国复兴的"共同义务同盟"发挥作用。根据卡斯尔雷的指示:"《同盟条约》不会随着战争终止而终止,而是包含着防御性介入,在支持遭受法国入侵的列强方面负有共同义务,还具有一些约定性的援助内容。"[30] 正如韦伯斯特指出的,卡斯尔雷"自己的想法是,扩大'同盟'和'保证'的含义",但这些将战后同盟视为约束性公约的观点此时还不为其他国家所考虑,它们还从属于维系反法同盟的目标。[31]

英国关于全面和平、维系同盟的设想可以追溯到1805年,当时英俄两国正在谈判建立同盟。1813年秋季,当奥地利最终加入同盟之时,卡斯尔雷提出了更为具体的构想。其间,卡斯尔雷寻求同盟与英国战争目标的一致,从而给英国代表提出了一系列指示。韦伯斯特注意到:"当时,他第一次提出反法同盟的方案,他认为这一方案应从战时延续到和平时期,并为解决欧洲未来的危险而有所筹划。"[32] 英国寻求将本国直接置于和平谈判的核心,力图"将构建各国之间的条约体系作为综合手段,将同盟置于拿破仑外交的破坏所及之外"[33]。这是1813年下半年卡斯尔雷准备与欧洲大陆的盟国直接进行协商时推广的一些理念。

战争期间,英国寻求建立全面战后安排的最重要途径是努力保持同盟团结,将战时同盟作为实现和平的机制。欧洲各国希望联合将法国推回到其传统边界内,因此必须就和平条款进行合作。难以确定的是,它们能否同意建立一系列全面安排来管理战后秩序。战时同盟在抵制法国霸权上有共同利益,超越这一点就会走向瓦解或发生变化。正如查尔斯·韦伯斯特指出的:"虽然将拿破仑赶出中欧,但在如何处理打败拿破仑之后出现的问题上,各国难以达成任何协议。"[34]

实际上,在战争期间,拿破仑有机会利用一时的军事优势同意停火,寻求与邻国(如奥地利)达成单独的或有限的和平协议,以打破同盟。1814年2月,拿破仑授予外交部长科兰古(Caulaincourt)进行和平谈判的自由量裁权,以确定法国的"自然"边界。但在法国取得一系列难以置信的军事胜利之后,拿破仑取消了这一授权,坚持攫取更多领土,包括意大利的大部分领土。在这件事情及其后事务的处理上,拿破仑未能抓住机会,尤其是利用梅特涅对英俄取得全面胜利的担忧,以分化同盟。梅特涅愿意通过谈判达成和平,允许拿破仑继续当政,而卡斯尔雷认为欧洲和平的稳定有赖于拿破仑统治的终结。

维系同盟

在许多战时的关键时刻,英国通过外交倡议和慷慨补贴维系同盟,发挥了决定性的作用。通过各种方式,英国的利益考虑昭然若揭。首先,英国寻求用钱财和外交来最低限度地维持同盟的团结。

1813年底，同盟实际上已经解体。[35]梅特涅说服沙皇和英国对拿破仑提出的谈判倡议做出回应。然而，拿破仑随后自食其言，重启战端。同盟伙伴有着不同的利益，尤其在领土和野心方面各怀鬼胎。拿破仑与各国签署一系列单独的和平协议非常可能。确实，各国难以就如何结束战争达成任何协议，其可能性包括彻底打败法国军队、推翻拿破仑政权或某种形式的停火。

英国通过提供补贴和贷款（拿破仑的支持者通常称之为"皮特的金条"）来维系同盟的团结，确保战争的进行。1813年，英国与奥地利缔结条约，其中的一项条款是向奥地利提供100万英镑的补贴，以支持其一年的军事行动。英国甚至向俄国、普鲁士和瑞典提供了更为慷慨的支持。英国还向西班牙、葡萄牙和西西里提供了金钱和军队。[36]韦伯斯特指出："财政武器确实是卡斯尔雷赖以实现目标的关键。他极其明确地指出，未来的补贴有赖于盟国是否同意其条款。"[37]联盟国在战争终结条款上争端的解决，与英国提供补贴的数额密切相关。卡斯尔雷在欧洲全面安排上有卓越的见解，但对英国财政资助的期望才真正使得这些解决对欧洲特别具有吸引力。[38]

我们可以换一个角度分析英国补贴与战争目标的关系。因为英国议会需要批准财政预算，因此在要求议会为来年的战争提供财政补贴之前，卡斯尔雷面对的压力是，获得欧洲大陆国家对自身意图的明确保证。[39]议会需要的保证是，盟国将支持英国的战争目标，不寻求实现将英国排除在大陆之外的单独和平。因此，议会控制着英国的战争补贴，这对和平进程有如下两个影响：促使盟国早日就战后安排进行谈判，即使战争仍在进行；赋予英国进行讨价还价的额外权力。并非仅仅英国才具有通过资助和贷款对战争进程提供支持的财政能力,但英国的援助条件更为明确可信。[40]

其次,卡斯尔雷积极尝试解决盟国之间的争端,以防止联合阵线土崩瓦解。当时,大多数争端都集中于领土问题。1814年1月,卡斯尔雷大胆提议进行同盟谈判,四大国部长们就一系列协议达成共识[即《朗格勒协定》(Langres Protocol)],承认每一个盟国的具体利益,同时也约定法国退回到其自然边界内。[41]正是在这次会议上,部长们同意在维也纳召开战后会议。尽管具体的领土争端未能解决,但确立了均衡原则和补偿原则,表明了达成协议安排的态度。

1814年春,战争如何结束的问题依旧存疑,这再次对同盟构成了威胁。法国军队连战连胜,奥地利准备与法国休战,俄国也开始考虑这一选择。3月,卡斯尔雷在一封发往利物浦的信中指出:"这两个国家唯一坚信的是,没有英国就不可能达成和平。他们都对我低声下气,但是我明确告诉他们,如果欧洲大陆可以,也愿意与波拿巴依据主权原则达成和平协议,为了这样的和平,英国愿意做出最大程度的牺牲。如果他们不能,也不愿意这么做,那么不管是为了我们还是为他们自己,都必须坚守反对法国的立场。"[42]卡斯尔雷试图巩固盟国对英国的信任,英国也努力加强本国的军事地位。他还试图平息它们之间的相互猜忌。

卡斯尔雷采取了极为巧妙的制衡行动,战后和平的性质有赖于他的成功。如果梅特涅急于结束战争的做法为他国所效仿,如果战争结束太早,或各国与法国达成一系列单独的和平协议,拿破仑将退回到法国的"自然"边界内继续当政。这样的结果将使同盟分裂。同盟分裂与复兴的法国结合在一起,势必导致更多的大国冲突和战争。然而，如果战争太过残酷，沙皇亚历山大率军进驻巴黎，则会强迫各国接受他的和平条款，同盟依旧会瓦解，战后的安排将演变为对战利品和优势的惨烈争夺。卡斯尔雷必须寻求折中方案，避免这两种后果的发生。为此，英国凭借向盟国提供战争补贴的努力和超脱于欧洲大陆领土争端的特殊地位，最终确保以各方都满意的方式终结了战争，实现了和平。

锁定战后安排

　　重要的一点在于，英国希望与其他盟国签署条约，将彼此约束在和平安排的条款上。在卡斯尔雷的主持下，谈判导致了四国同盟的建立，就英国和其他盟友的利益，尤其是对荷兰的处置问题，达成了一致。这一条约也确保了更为广泛的制度建设目标：它要求盟国为实现战后安排的目标而战，要求盟国在战后建立防御性同盟，以应对复兴的法国。

　　1814年春《肖蒙条约》的签署，预示着决定性时刻的到来。[43] 梅特涅颇不情愿地再一次参加同盟，并同意了和平条款。法国被限制在"古老的"而不是"自然的"边界内，意大利和普鲁士将成为独立的中等国家，比利时将从法国获得独立。早先，拿破仑顽固坚持要获取更大的疆域才肯休战，使得梅特涅迅速结束战争的愿望难以实现。但是，卡斯尔雷也成功地阻止了俄国和普鲁士实现愿望，它们试图以军事胜利、在法国另建政权来换取一致和平。卡斯尔雷确保同盟团结的目标再次被摆在第一位。《肖蒙条约》将盟国约束在达成一致的战争目标上，这包括德意志邦联和意大利成为独立国家、瑞士获得独立、波旁王朝统治的西班牙获得自由、荷兰领土扩大等。但更重要的是，这一条约要求其他国家在战争结束后 20 年内维系同盟的存在，同意彼此保护以应对复兴的法国。[44] 这是四国同盟的开始，各国就维系战后同盟、监管欧洲大陆政治秩序达成了一致。

卡斯尔雷承认这一条约构成了建设和维系战后欧洲秩序的必要部分。他告诉本国政府签署该条约的本意是："不仅作为保持领导国间协调的系统性承诺，也是其他小国——尤其是莱茵河沿岸各邦——的避难所，它们不必寻求与法国的妥协，而是从和平的恢复中找到安全。"[45] 正如该条约第十六款所揭示的，它将确立一个"确保均势"的秩序，这明确意味着进行公正的、获得参与国同意的领土分配、权利分配和义务分配。

英国为达成该条约煞费苦心，其关键性作用无论如何强调都不过分。其他欧洲列强各有其立场，且偏离同盟团结的方向。对达成协议来说，英国灵活的立场以及卡斯尔雷寻求与盟国的妥协十分重要。但是具有决定性的是英国在战争中不可或缺的地位。正如施罗德指出的："英国向盟国做出保证，不会取消补贴或从欧洲大陆撤出，不会坚持殖民征服，（卡斯尔雷）巧妙地提醒它们英国将会做什么，如果没有英国的参与，它们既不能发动进攻也难以达成和平。"[46] 补贴在促成协议上也很关键。补贴早就被作为荷兰从法国独立的附加条件使用过。在该条约中，各国达成了新的补贴安排，如果必要，足可以保证它们一年的战争开支。[47] 按照英国的条款签署协议，必然需要英国付出代价。英国在财力、人力上的贡献是所有欧洲大陆国家的两倍。[48]

从各种不同的角度看，卡斯尔雷和英国政府均以长远眼光看待大英帝国的利益。他们之所以寻求同盟的团结，是因为这是达成普遍性安排的唯一方法。要这样做，英国就必须向各伙伴国提供补贴，帮助它们解决领土争端和战后目标的争议，构想出大家均可接受的终战条款。为了维持同盟的团结，英国政府愿意在具体事务上做出让步，这表明它已经认识到战争结束是塑造欧洲国家间政治难得且稍纵即逝的机会。卡斯尔雷及其政府明确期望妥当安排，为将来提供一个持久而稳定的秩序。

战略约束

英国期望达成大家都接受的安排，这也反映在它对权力行使的约束上，这一约束的目的是，鼓励发展一系列关于如何解决战后争端的共同期望。以此，英国和其他国家的领导人似乎发出了这样的信号：他们寻求以类似的方式彼此相待，而不寻求增强自己的地位。这些约束进而成为战时盟国关系中更具普遍性的妥协和约束模式，而英国在酝酿约束模式上发挥了最为重要的作用。

卡斯尔雷在与其他欧洲领导人的交往中，明确将约束、克制与稳定而达成共识的秩序紧密联系在一起。卡斯尔雷认为，欧洲的"体系"秩序最为必要的是，要建立在原则、克制以及某些合法的、制度化权威措施的基础上。1814年10月，卡斯尔雷在致沙皇亚历山大的一封信中，探讨了波兰争端的解决之道，他指出，"自制、克制和慷慨"的精神本身就会确保沙皇和其他领导人所期望的"欧洲和谐"。[49] 在致其他欧洲领导人的信中，这位英国外交大臣重复提出这样的看法，只有欧洲各领导国自我克制、避免自我扩张，才有可能达成公正而持久的安排。[50]

英国的约束体现在它与荷兰的关系上。战争期间，英国的主要战略目标之一就是建立一个独立的荷兰，这符合英国的利益。在与盟国的谈判中，英国明确指出这是不容置疑的。但是，英国在推动本国在荷兰的利益时，并没有以牺牲欧洲的整体安排为代价。正如施罗德指出的，重要的是，它们"并没有使荷兰联合王国仅仅成为英国的卫星国"，尽管这种可能是"真实而具有潜在危险的"[51]。荷兰从拿破仑战争中独立，完全得益于英国。"然而，英国允许并鼓励荷兰成为独立的中型国家，尽管知道自己面临的危险是荷兰会制定与英国利益相背离的政治、商业和殖民政策，而这一点很快也就得到了验证。"[52] 英国愿意放弃对荷兰的直接控制，其代价并不大，但这是它向其他欧洲大国发出战略约束信号的一种方式。

战后制度约束

英国和其他大国在力争维持欧洲战后稳定的过程中，同时使用了几种类型的相互约束机制，为欧洲政治秩序创立了一系列相互促进的制度安排，从而偏离了单纯的均势体系。其中，三个机制是最为重要的。第一，处于安排的核心的是同盟本身，各盟国同意将之延续到和平时期。第二，采用会议体系，将之作为大国间制度化协商的程序。它为共同处理冲突、裁决领土争端提供了一个机制。第三，欧洲公法的规范、规则的应用范围扩展了。以上三个机制结合在一起，促使欧洲的制度、领土和大国安排具有某种基于法律的合法性和权威性。

同盟约束

欧洲战后秩序最重要的制度就是同盟本身。从一开始，英国就不仅仅把同盟看作与拿破仑作战的工具。同盟将在战争中延续下来，成为管理和平安排的工具。英国政府坦率地指出，它支持建立一个超越旧均势体系的欧洲政治秩序。"均衡""平衡"等概念依旧被使用，但与固有的均势理念相比，它们在欧洲秩序的特征及其运作中包含了更多的"法律－制度"理念。

早在1805年，英国就表现出了对于达成广泛的欧洲安全协议的兴趣。俄国提议建立英俄同盟，英国在回应中提出了更广泛（也更加模糊）的欧洲整体目标。[53]皮特的回应体现在他1805年1月所提出的著名备忘录中，他提议建立大国协调，其中有三个目标：援救被法国占领的各国，恢复其传统疆域；那些国土被纳入法兰西帝国的国家获得独立之后，为它们提供安全；形成"普遍性的协议和保证，向不同国家提供共同保护和安全，重建欧洲普遍性的公法体系"[54]。在备忘录中，详尽阐述了建立共同保护与安全体系的倡议：

> 假设盟国的努力取得了完全成功，先前讨论的两大目标得以实现，但如果新建体系所采取的最有效的措施无法实现团结和永久的目标，如果重建和平不能与之相辅相成，则国王陛下依旧会认为这一有益的工作并非尽善尽美。欧洲未来的和谐显然要受到领土安排的影响，相比原先存在的法国野心而言，这会带来更为现实的障碍。但是，要使得安全尽可能地全面，则有必要在普遍和平时期签署条约，确保欧洲所有主要国家均成为参与方，它们已经拥有的权利和财富得到确认，它们会彼

此捆绑在一起，相互提供保护和支持，反对任何可能的侵犯行为。应该重建一个普遍的、全面的欧洲公法体系，尽可能压制打破欧洲普遍安宁的未来企图。法国大革命带来了一个灾难的年代，那些扩张和野心勃勃的构想给欧洲带来了巨大的灾难，我们要限制类似的扩张方案和野心。[55]

大国要确保在法国败退之后欧洲领土将重获"古老的权利"。但是，领土权利不是绝对的，在与欧洲整体和平与安全发生冲突时，可以做出妥协。大国可以自行决定何时让主权和领土权发挥主导作用。皮特期望欧洲盟国间达成基于"权利和所有权"的协议，如此则这些国家可以捆绑在一起，保障和支持基本协定。[56]

英国的基本看法是，同盟必须持续到战后。1813年秋，卡斯尔雷重申了这一观点，而英国当时正准备发挥更加积极的作用。正是卡斯尔雷的同盟计划推进了皮特的最初倡议：战后继续确保同盟的存在，以应对法国的复兴和管理欧洲的政治冲突。防御性同盟将成为整个协定的核心内容，所有谈判均围绕盟国的一致同意展开。[57]

为确保同盟在战后继续存在，英国将制度创新引入到欧洲秩序的组织之中。英国并不寻求对潜在的侵略者进行制衡，而是寻求通过同盟将这些国家纳入到共同接受约束的伙伴关系中。本书第二章、第三章探讨了同盟的潜在约束作用，罗伯特·奥斯古德（Robert Osgood）曾指出："除致力于共存共荣之外，同盟最重要的功能是约束和控制盟国，尤其是防止一个盟国对另一盟国采取的行动危害同盟的安全及其利益。"[58]保罗·施罗德也指出，安全同盟对国家的吸引力往往来自其共同约束的功能，"约束或控制伙伴国在同盟内的行动。"[59] 其预期是，将潜在的敌手捆绑在一个制度化的安全契约内，从而降低威胁和安全困境。

四国同盟发挥了相互约束的作用，这一理念由卡斯尔雷提出，体现在条约的第六款上。施罗德认为："不仅是过去四分之一个世纪的剧变，还有1812-1814年间抗击拿破仑同盟内的紧张关系和内在问题，在和会上大国间爆发的冲突，以及拿破仑从厄尔巴岛潜回法国，所有这些都使得大国确信，它们非常有必要建立包含相互合作和共同约束的持久同盟。"[60] 同盟为大国提供了合作机制，同时也提供了相互监督、相互影响和相互制约的路径。正如安德烈亚斯·奥斯安德指出的："它们不得不合作，其原因恰在于它们不能相互信任。"[61]

四国同盟是一系列更宽泛的约束公约的核心。1818年，对大国合作、同盟约束的担心导致了同盟的扩大，法国加入其中，从而建立了五国同盟。[62] 1815年9月由沙皇提议创立的神圣同盟是某种基督教君主和人民的同盟，对大国合作、相互约束有着更为抽象和发散性的承诺。尽管它并不包含任何具体的安全保证或义务（卡斯尔雷认为它"极端神秘主义且废话连篇"，梅特涅认为它是"雷声大雨点小"），在十多年间，俄国和奥地利把神圣同盟作为彼此影响、彼此约束的工具。最后，1815年成立的德意志邦联是一个提供相互安全保障的防御性的同盟，针对复兴的法国。但正如施罗德指出的，它也是"将德意志问题控制在内部的约束公约"[63]。尤其是，"通过联盟纽带统一"的德意志提供了缓和并消除奥地利和普鲁士争夺领导权的手段，也为中小邦国提供了稳定和独立的保障。[64] 尽管这些同盟的形式和基本理论多种多样，它们都发挥了相互约束制度的作用——创立对未来同盟伙伴关系的共同预期以及相互影响的机制。

"大国原则"的加强——也就是欧洲的领导国构成既有权利也有责任的特殊团体——巩固了拿破仑战争之后克制与约束公约的运行。战争期间，同盟国的领导人越来越认识到，它们需要在监督和管理战后体系方面发挥更重要的作用。韦伯斯特指出："欧洲政体原则几乎在不经意间造就了巨大的转变。盟国宣称不仅代表它们自己，还代表整个欧洲，它们决心在所有重要事务上做出决定。"[65]盟国政府对安全安排深思熟虑，它们同意采取务实的态度，有必要加强合作、确保顺从。它们毕竟是最有能力取消协议并对欧洲秩序及彼此造成最大损害的国家。[66]在第一次巴黎和会上，四个主要同盟国家的特殊作用有所体现。八个国家（奥地利、英国、法国、葡萄牙、普鲁士、俄国、西班牙和瑞典）签署了条约，但根据秘密条款的约定，四个"同盟强国"决定自行处置法国割让的领土，尽管这些协议要最终提交和会批准。[67]四个领导国的地位和欧洲小国并不相同，这使得它们在管理秩序并互相管理时强化彼此的同盟承诺。

制度化协商与约束

1815年战后安排的重点是有关持续同盟磋商的协议，它诞生于战争最后阶段的各项会谈中。1814年1月至1815年11月间，盟国代表召开会议，他们认为拿破仑会寻求和平，关于协定的谈判即将展开。但拿破仑对此予以回绝，盟国代表开始了长期的磋商，以处理战争期间发生的各种事务。"他们实际上在进行一场冗长的国际会议。会议进行得有些笨拙，但总体而言他们发现常规会议对保持同盟团结、处理拿破仑战争后期的事务非常有效。"[68]经过三个月的磋商，卡斯尔雷宣布，除非召开四国部长会议，他不会参与任何关于战后安排的讨论。[69]

1814年1月18日，卡斯尔雷抵达同盟司令部巴塞尔，全新的协商进程开始了。正如一位历史学家指出的，卡斯尔雷和梅特涅发现："保持团结的唯一成功途径是坐在一起当面交流，要更依赖经常不断的见面，而非常规外交举措。"[70] 卡斯尔雷确信，为消弭分歧，维系同盟的团结，直接讨论是非常必要的。他早就强调了"产生于战争中的新式外交的重要性，政治家应该借此就最为棘手的问题展开坦率、正式而秘密的讨论。他认为，只有通过这些方式，才能解决已经开始引起疑虑的困难的重建问题"[71]。在巴塞尔逗留期间，他还指出，持续的审慎考虑确实有助于克服分歧。他认为，"由于缺乏核心的审议委员会授权各国部长面对面地讨论可采取的措施，对各自君主的考虑拿出最终方案"，同盟国（他称之为"盟邦"，confederacy）"面临着陷入不和乃至形成偏见的危险"。卡斯尔雷认为，通过这一进程，"在决定每一个问题之前都可以详细展开讨论，我们不仅要达成一致协议，而且要实现精诚合作。"[72]

正是这些战时协商程序促成了《肖蒙条约》这一标志性的转折点。同盟国协商赋予欧洲大国结成团体的理念以更强有力的形式和特性，这一团体在模糊意义上"代表着"或"在行为上代表着"欧洲。《肖蒙条约》正式认可了这样的想法，即同盟在战争结束之后继续存在，以执行安排和保障和平。这一条约反映了英国的观点，皮特最早在1805年提出了这些看法，即盟国必须承诺"维持协调……作为向欧洲提供保证互惠并继续维系和平的最佳途径"[73]。数周之后，第一次巴黎和会呼吁在维也纳召开"全体会议"，以

"协调"和平条约中达成的一些协议。[74]

大国会议的惯例再次出现在四国同盟中,它成为1815年11月20日签订的第二次《巴黎条约》的组成部分。[75] 这份同盟文件的第六条指出,通过同盟国君主或其委派的部长举行定期会议来维系和平协议。这实际意味着继续由大国来管理欧洲秩序。[76] 这一条款意味着,大国做出正式承诺,确保会议外交会从战争的第一阶段开始持续下去。永久性会议外交的原则是维系战后秩序的途径,正如一位历史学家指出的,"欧洲协调近似于宪法,它使得国际关系的一些新部件正式发展为复杂而有效的工厂。"[77]

确立通过召开会议来处理共同关心问题的方式,是维也纳和会安排的一个崭新特征。在维也纳和会之前,国际会议只在战争终结之际召开,其目的也主要是创立和平。维也纳安排之后的数十年间,欧洲确立了在和平时期定期举行会议的惯例,以考虑关乎欧洲各国政府普遍利益的事务。起初,这些会议主要是讨论政治而不是法律事务,签署了一系列普遍条约。这些具体的协议不像经过深思熟虑的普遍框架那么有价值。一位学者注意到,1815年开始召开的维也纳和会"带有某种立法会议的特征,会议的最后法令在欧洲公法发展史上具有重大意义"。[78]

这些联合管理机制的功能体现在举行会议这一方式上,得到了会议参与者的认可。1818年10月,卡斯尔雷从亚琛写回伦敦的信中谈到,正在进行的协商具有创新意义,"我们满意地看到,尴尬如此之少,这些聚会产生了多么稳固的利益,其影响如此广泛。在我看来,欧洲政府确实有了新发现,一旦去除陈腐,则外交所掩盖的眼界变得开阔起来,并将对体系的整体认识带入到一个全新的境界，使得大国协商成效卓著，简单得就像一个国家一般行事。"[79]

会议体系最重要的特征是，确立对如何处理领土争端的共同理解。这些理解赋予大国权利和责任去解决领土争端，一个大国的领土扩张需要得到其他大国的默许，这种协商程序可以以非战争形式解决冲突。大国通过协调来做出评估，就国际秩序的改变做出判断，共同决定什么是达成共识的适宜变革形式，而后抑制那些危险而具有修正意义的国家行为。[80]

这一协商程序可采取多种方式来行使权力约束机制的职能。一种简单的方式是，作为大国的正式机构，它可以联系各方，在如何组织欧洲政治秩序上确立某些共享的期望和合法性标准。所有国家行为的合法性并不相同，获得广泛认可的国家行为或领土变动更容易达到目标，也更容易进行防卫。另外，协商机制为大国相互观察、将大国外交政策纳入集体监督的范畴提供了机会。总体而言，作为一种机制，协调外交主要通过颁布约束规范和直接施加压力来调节和约束大国权力的行使。根据卡斯尔雷的说法，协商程序的目的是，将有攻击能力的国家"组成团体"。或如梅特涅所言，它是"一个道德联系点"。正如一位分析家指出的："与直接的军事对抗不同的是，其主要方式是道义劝导，呼吁大国为欧洲和平与稳定发挥集体责任，呼吁大国遵循其他国家认为是适当的和合法行为的规范。从某种意义上讲，协调理念成为欧洲大国的共同良知，彼此提醒对方在国际政治中的责任与义务。"[81]

波兰和萨克森问题是战后最难处置的领土争端，也在考验这一机制的效用。俄国寻求控制波兰，并占领该国，从而构成了真实的威胁。如果俄国的意愿得逞，普鲁士则需要在德意志西部得到领土补偿，如此则导致在法国边境建立独立国家的安排难以实现。沙皇亚历山大看起来决意扩张领土，但他同时设想建立一个在他统治之下、拥有本国宪法的波兰，事态的发展在大国内尤其是奥地利引起了骚乱。[82] 同时，奥地利和普鲁士在德意志的未来，尤其是萨克森的归属问题上发生冲突。普鲁士寻求获得俄国的支持兼并萨克森。由于这些复杂情势的存在，大国很难组成反对阵线，抵制俄国在波兰的行为。

亚历山大寻求在1814年下半年解决波兰问题，并要求召开盟国正式会议，以达其所愿。会议同时也讨论萨克森问题。奥地利和英国坚持法国与会，而普鲁士对此坚决反对。所有人都知道，塔列朗与会将意味着普鲁士兼并萨克森的目的不可能达到。普鲁士也知道亚历山大实力日益下滑，因此寻求尽早强行通过方案。韦伯斯特写道："哈登伯格（Hardenberg）宣称，普鲁士不可能任由临时占领萨克森的状态持续下去，如果拒绝承认它的权利，它将考虑宣战等行动。"韦伯斯特指出，这导致了卡斯尔雷的强烈反应。后者在写信回复伦敦时表示："我借此抗议，以最强烈的语言反对这一规则，这实在是最令人震惊的、闻所未闻的恐吓：如果一个政权有能力入侵另一个政权，它可以在没有任何条约的基础上强迫其他国家承认。"[83]

战争的威胁很快就烟消云散了。卡斯尔雷确实提出了一项带有防御性质的秘密条约，以确保针对普鲁士的攻击采取行动。梅特涅和塔列朗接受了以对抗法国的《肖蒙条约》为蓝本的条约草案。这一条约表明，普鲁士不放弃其目标就意味着战争。韦伯斯特指出，短短几天，战争的威胁就不复存在了。[84]

这一幕表明，盟国致力于在哪些是可以接受、哪些是不可接受的国家行为上达成共同的理解。卡斯尔雷尤其迫切希望确立这样的共识，即领土争端可以在公正和合法的基本理念之下，通过妥协和互惠的程序进行解决。随着战争的结束，使用武力解决盟国之间的争端被排除到同盟范畴之外，即使被战事拖得精疲力竭的各国有能力或意愿诉诸武力，它们也不会铤而走险。因此，以一种更具约束和互惠的方式解决争端的预期确立了。

承诺与约束的局限性

维也纳安排围绕约束公约展开，但这是严重受限的。条约详细阐明了诸多共同的承诺，包括秉持秩序原则、按照某些共享的预期行动等。战后，欧洲所有的领土边界都需要重新划定，大国同意在它们之间解决这些问题。它们也同意继续进行协商，以维系全面和平。但是，相关的制度性安排缺乏对相互预期和执行的具体承诺。

在盟国讨论如何落实并兑现条约保证的过程中，这些局限展露无遗。皮特在1805年第一次提出"保证"的理念。他认为"在一个所有欧洲列强都参加的条约中，各国所拥有的权利和财富应予以稳固和确认，它们应相互联系，彼此保护和支持，以防任何违约的发生"，从而造就战后和平的"稳固和持久"[85]。此时，按照皮特的设想，英国和俄国将在协定执行上发挥特殊作用，这可以体现两国在欧洲所拥有的强大而相对公正的地位。[86]

随着战争的结束，卡斯尔雷和沙皇再次思考普遍保证的条款。

1814年冬至1815年春，卡斯尔雷推行同盟外交，为普遍保证奠定了基础。1815年2月13日，时任维也纳和会秘书长的根茨起草了包含该理念的宣言，卡斯尔雷同一天向英国驻奥地利大使发出了一封通函，指示"会议的任何前景均应符合普遍协议和保证"[87]。盟国至少在起初接受了这一理念。卡斯尔雷、梅特涅和塔列朗甚至建议这一保证应延伸到奥斯曼帝国（这被视为抑制俄国侵犯的途径）。沙皇同意了，其条件是盟国帮助缓和并解决土耳其与俄国的长期争端。[88]然而，四个主要盟国达成共识的看法是战后条约的执行应具有相互保护的保证。正如一位历史学家指出的："随着协商的进行，似乎出现了一种假定，即沙皇最经常提及的，军事同盟往往与普遍保证的条约相辅相成。它应与这些协定相联系，由所有参与方签署，表明它们对维护最新定义的公法的承诺。"[89]

拿破仑从厄尔巴岛潜回法国引起了混乱，在此期间保证的理念不复存在了。为什么出现这种境况依旧是一个谜，但俄国和英国的重新考虑显然是做出解释的关键。[90]起初提出这一想法的沙皇亚历山大皈依了基督教，在战争后期将注意力转向了神圣同盟的创建。[91]沙皇依旧为1814年2月卡斯尔雷富有创意的保证提议所欢欣鼓舞，但这位俄国君主现在从寻求基于公法的协议转向了基于誓言的协议，即各国统治者基于共同的基督教信仰达成协议。实际上，俄国统治者在改变立场，寻求不同类型的保证——不再是传统的防卫、保证和用特定法律义务将各国捆绑在一起的同盟，而是更为松散的道义承诺，即基督教国家的领导人运用共享的宗教原则来指导彼此之间及他们与臣民的关系。[92]很少有欧洲外交家接受这样的观点，但它却有效地将俄国从更正式的条约保证的支持者阵营拉走了。

英国政府也在重新思考保证的理念。其中的一个原因是可能面临议会下院的抵制，后者一般而言奉行孤立主义，对卷入欧洲事务充满疑虑。[93] 帕麦斯顿勋爵（Lord Palmerston）1841 年撰写文章，论述过英国外交政策的一般倾向，他指出，议会并不倾向于"批准未来可能会给英国施加约束的介入"[94]。另外，俄国的退却也是英国重新思考的原因之一。如果英国内阁愿意接受普遍性的条约保证，英国领导人有充足的理由对其他盟国政府（尤其是俄国）遵守保证承诺的真实性表示怀疑。

最后，英国看起来并不要求国内对做出普遍安全保证提供支持，沙皇开始相信其他制约和实施机制。如果愿意，英国显然是最有能力推动这一保证的国家。它是全面的约束性战后安排的主要支持者。英国政府的宪法结构也意味着，条约承诺更基于国内政治体制和法制。因此，它们的国际承诺更有权威性，更值得信赖。[95] 但是，至少按照 19 世纪早期的标准来看，英国政府的民主性质尚处于萌芽状态，这也限制了其外交代表能够承诺或同意的权限。

战争期间，卡斯尔雷在与瑞典就保证条约进行谈判时暗示了这样的理念：民主国家可以做出更可信的条约承诺和保证，不过，民主政府更难做出承诺（这正是其承诺更为可信的原因）。卡斯尔雷在给同事的信中写道：

> 几乎难以让外国人理解我们议会体系的精微之处和困难所在。我们在支持外国政府方面可以做很多（我不相信其他国家可以做到），但我们必须以自己的方式行事。没有确立议会体制的欧洲大陆政府可以自己做出承诺来保护其财富，在收缴其

他国家武器之前绝不放下武器,我们知道它们的谨慎介入无须任何权力机关批准,而当介入变得不现实之际,它们或因环境所限,或通过相互同意而放弃。为方便起见,它们也可以秘密介入。然而按照我们的体制,任何时段的遮掩都是不现实的,在条款接受检查之时,他们会援引极端案例进行指控,任何投机取巧都有可能败露无遗。[96]

卡斯尔雷进一步指出,并非英国不能提供保证,他承认已经向葡萄牙和西西里提供了这样的保证,但做出保证必须经过复杂而必要的政府决策程序。

另一方面,俄国沙皇是一个自以为是的君主,可能因其个人言辞或信念而决定协议的存亡与否。既然沙皇亚历山大皈依了神秘的基督教,其政府做出法律性、制度性承诺的意愿降低了,相关安排的基础也随之变化了。在卡斯尔雷看来,垂涎领土、野心勃勃的俄国不是战后安排的威胁,而是如施罗德指出的,"因为缺乏谨慎和坚持",而且"无法确定他们(实际上是沙皇亚历山大本人)想要什么"[97]。在维也纳和会上,沙皇描述的欧洲前景是俄国与欧洲大陆其他所有国家一样强大。卡斯尔雷拒绝了,如施罗德指出的,他坚持"无论亚历山大的品格如何高尚,都不足以保证俄国不滥用权力"[98]。

沙皇的独裁统治造就了随意而怪异的外交政策,也限制了其他国家与沙俄签署制度化协议的意愿。甚至其他欧洲独裁国家也认为,俄国不能以充分负责任的、可预期的方式行事。奥地利政府顾问弗里德里希·冯·根茨这样描述沙皇:"对其他君主形成限制或阻挠的障碍：分权、宪法形式、民意等等，对俄国皇帝而言统统不存在。他可以将晚上的梦想在早上醒来就付诸实施。"[99]

结果是，卡斯尔雷放弃了这一想法，协商程序回到恢复《肖蒙条约》(即《四国同盟条约》)上。1815年11月20日，盟国签署第二次《巴黎条约》，同时再次确认了这一点。《四国同盟条约》第六条确立了大国协商的永久程序，从而成为战后政治秩序的基础。

皮特的保证理念的失败，使得卡斯尔雷退回到制度化协商的方向上，将之作为管理秩序的机制。大国协商程序的成功运用，给卡斯尔雷留下的印象颇为深刻。韦伯斯特指出，在确定第二次《巴黎条约》的过程中，"卡斯尔雷看到他第一次访问欧洲大陆带去的会议外交理念的正确性在最后两年再次得到证实。同盟条约也许是建立永久体系的途径，这已为历史经验所检验，从而通过讨论和协议，而非诉诸武力的威胁来维护和平。现在在他心里，这些工具远比皮特的保证理念好，因而在维也纳和会上予以支持"[100]。

永久性会议外交的程序是确保欧洲秩序的核心机制。沙皇亚历山大本人从激进的宪法主义者到神秘虔诚派的怪异变化，加上法国政府因两度重建而失信，普遍保证的安排不可能实现。鉴于权威性、约束性安排存在局限，各国难以做出条约承诺，只能通过诉诸武力来强制和平。现有国家尤其是俄国必然是协议参与方，这使得创立制度性安排没有了可能性。俄国统治者所体现出来的政权独裁和变化无常的性格，使创立更强有力的制度性安排的前景暗淡。

界限、一揽子方案与机遇之窗

尽管相关安排不能提供正式的保证，但它确实创立了一个制度化的程序，各国对如何管理欧洲内的冲突也达成了较为充分的理解和预期。另外两个因素在确定安排上也起了重要作用，并增强了承诺的意义。其一是围绕安排存在的界限：它将某些导致安排不可能实现的问题"隔开在外"。另一个是安排的各个部分联系起来的方式，通过"纳入进来"的相互联系加强整体安排的协议。

维也纳和平谈判的成功，部分源于谈判桌之外的磋商。英国一开始就拒绝讨论在美国的战争或其海洋统治问题。英国确实同意将其殖民地问题纳入谈判，以决定如何补偿，但它们主要是英国用于在其他问题上达成协议的谈判筹码而已。俄国也将和平安排与本国在波斯（即伊朗）、奥斯曼帝国的介入区隔开来，它继续宣称在后二者有领土要求。如果普遍条约保证的倡议得以推进，如果该倡议延续到（如卡斯尔雷、梅特涅、塔列朗建议的）奥斯曼帝国，必然会将无法达成决议的议题带入维也纳协定。[101]

作为世界的领导国，英国和俄国在非欧洲事务的介入基本上未遇到约束。这一情势导致了许多后果。英国和俄国并不要求将其更为广泛的全球利益纳入到欧洲大陆国家的惯例和协议之中，这使得维也纳协议更为有限，也更易为其他参与方接受。但同样重要的是，将非欧洲事务隔离出来，使得参与维也纳和会的外交家们考虑有可能导致协议失败的、更为广泛的全球冲突问题。正如施罗德指出的："维也纳协定解决了欧洲问题，忽略了欧洲之外的问题，保护了欧洲，将外部争吵隔离在欧洲之外。欧洲国家和其他国家可以继续进行贸易、扩张、竞争乃至进行战争，如此而已。"[102] 将欧洲政治与更广泛的全球发展分割开来，盟国之间协议的内容就会更为明确，也更容易保持稳定。

就欧洲协定本身而言，所有事物都是相互交织在一起的，这加强了协定总体的权威性。单一条约的设计在加强总体协定上具有重要意义，它为整个欧洲创立了整体性的谅解和协定。尽管不存在正式的保证，"将所有协定纳入单一的宏大条约之中，表明所有国家在承担部分责任的同时承担总体责任"，从而提高了违约的成本。[103]违反一项条约将威胁所有参与方。

这其中存在一个逻辑。单个国家要获得条约赋予的权利，就必须同意更宏大的条约文件。韦伯斯特指出："在程序中，每个国家为了从《维也纳和约》中获得对其特殊利益的保护和保证，就必须同意其他方面，且不管它对这些内容如何反对。几乎每一个国家都会受到该条约的影响，其结果是将《维也纳和约》置于特殊地位，这是其他手段难以企及的。"[104] 正是因为这些安排基于许多具体的协议和妥协的结合，它必须考虑将个体收益与更大的一揽子方案联系起来的影响。其结果是，固有的执行机制赋予了战后安排的稳定和权威性。

最后，巩固了整体安排的一揽子协议反映了战后安排的关键特征。各国领导人意识到，现在有了将其具体利益纳入到更大安排中的难得机遇，这样做有可能将其利益锁定在未来前景中。大批领导人来到维也纳参加会议，会议机制的吸引力由此可见一班。尽管同盟领导人早就决定为自己保留协定中所有重要内容的决定权，但会议机制对于其他可能的统治者和希望提出权利与领土等政治要求的人士而言，仍然是一种公开邀请。

当同盟国宣布它们有意召开会议解决欧洲事务时，更多的欧洲民众对此寄予厚望。韦伯斯特指出："被剥夺权力的王子和君主们在革命和帝国的洪流中沉沦了，他们把维也纳和会视为恢复其被窃取的'权利'的会议；而小国政府希望欧洲归还它们的财富，给它们长期渴求的城市和国家。"[105] 这些希望部分基于误解。大国不会考虑让一个难以驾驭的全体性会议来重新划分欧洲地图、筹划和平条款。最后的安排只能看起来像很多官员齐聚维也纳，但又像根本没有来。大国认为，大会实质上是为它们之间确定的协议和秘密条约盖章，使之具有合法性而已。但是广大欧洲民众认为重要的历史节点已经出现，而他们的看法没有错，无论这些决定最终发挥了怎样的作用，但它们的影响将是长期而广为人知的。

结论

维也纳协定造就了新的政治秩序，将欧洲旧的均势逻辑因素与新的"法律—制度"性的新因素相结合，这意味着对权力的管理和制约。与此前和平协议最大的不同在于，它寻求通过条约和共同管理的安全协商程序将各国连接在一起，从而应对威胁各国和战略敌对问题。这是1919年、1945年协定的预演，尽管不如后者成效辉煌。这一协定着手处理更为宽泛的安全、政治和功能问题领域，确立了半永久的多边制度，创立了更具侵略性的协议，从而将其效力延伸至各参与国的国内政治问题上。

我们可用制度性秩序建构模型来解释战时和战后英国对制度战略的运用以及创新秩序的混合特征。趋于制度协定的行动回应了战后权力失衡情势产生的动机。新兴强国，当然还有新兴霸权国，显然有意寻求基于规则和制度的协议，以锁定有利的战后秩序，运用制度安排建立合法性、积蓄力量。英国寻求总体和平，愿意参与约束权力的战后同盟，以实现这样的协定，俄国也是如此，只是程度稍轻。我们从英国领导人皮特、威灵顿和卡斯尔雷的考虑中看到了这样的构想。英国需要稳定的和平，但不希望太多直接的介入。这意味着，相关协定需要让欧洲所有大国都感到满意，也需要新的制度安排使之正常运作。

战争期间及战后英国的考虑和行动表明，英国确实对战争带来的机会和激励做出了回应，从长远视角确定其利益，将制度协定视为达此目标的途径。确立包含整个欧洲安排的协议势在难免。盟国在战争目标上难以团结一致，与拿破仑单独议和的可能性在战争后期一直存在。英国自视为促进全欧洲协议达成的关键，它愿意运用权力优势确保普遍协议的达成。英国及其盟友寻求各种形式的战略约束，力争在相互同意的秩序上达成一致。[106]

就战争本身而言，实力差距显然有利于英国。作为世界上的主要商业和金融大国，在反法同盟中，英国处于向其他国家提供资助的地位。这一地位有着诸多意义。第一，它赋予英国保持同盟团结的能力，使之赢得战争并运用同盟追求长远目标。我们很难想象，如果没有英国实质性的补贴和持续不断的盟国外交，战争如何能够以联盟的团结与平和的胜利而告终。第二，英国通过财政维持战争进行的核心地位意味着它可以将贷款、资助与战后安排的协议联系起来。[107]通过在议会制政府内运作，卡斯尔雷有动机说服盟国接受英国的战争目标，以确保补贴支持。问题的关键并不是英国可以向盟国提供资金，而在于资金必须得到议会批准的条件性。这赋予了英国领导人动机和杠杆来获得盟国对英国战后规划的早日认可，从而确立有利于英国的协议。第三，英国的财政和军事能力使之可以领导同盟，运用同盟锁定战后承诺。《肖蒙条约》直接与英国持续提供战争补贴相关，各国因此在战后安排的主要事项和继续维系同盟的问题上达成了一致。

如果同盟的每个国家实力相当、财力自足，则结果会有巨大的不同，也更难以造就和平的方式展开这场战争。英国处于领导地位，它对同盟的运用不仅打败了拿破仑，还将同盟转化为秩序创立的工具。卡斯尔雷最大限度地发挥了本国的谈判能力，在英国还处于赢得战争必不可少的地位之时，获得了其他国家对战后安排基本框架的赞同。

当然，英国在秩序建构的过程中推进的具体制度性谈判并不完全符合这一模式。没有明确的证据表明，英国放弃了实质性的短期利益，以换取欧洲大陆的制度性协议。英国确实做出了诸多姿态：它同意不利用其地位在殖民世界获得利益；在领土解决过程中，它没有提及任何对荷兰的直接要求。但是，这些并非真正的让步。实际上，英国之所以接受该安排，部分原因在于大多数欧洲之外的利益没有在谈判桌上提及。但这些克制性的姿态确实反映了英国更为普遍性的努力，表明它将在战后实行自我约束政策。它愿意维系同盟，在大国协商程序中行事，这也保证了用约束来换取其他大国的参与和约束。

同样，这次战后所确立的承诺和保证具有严重的局限性，这与制度模式是一脉相承的。这些局限部分是维也纳和会参与国的政府类型所决定的。从普遍保证协议的命运中，我们最能看清这一事实。英国议会不愿意就这样的保证做出承诺。卡斯尔雷提出,代议制政府在做出条约保证时必须坚持更高的标准,这相当于承认了这一事实。但是,英国的不情愿也反映了对他国政府履行这样的保证缺乏信任。确实,俄国没有能力提供超出沙皇承诺的保证,沙皇亚历山大的神圣同盟设想在完全不同的基础上做出国际承诺,它确实与协调体系进一步的制度化格格不入。将各国联系在一起的制度明显体现出对权力的制约,但其关联性机制却是围绕协商外交和大国规范而构建的。

第五章

1919年战后安排

在所有重大的战后安排中，1919年的和平是导致研究、争论和遗憾最多的。凡尔赛协定的"失败"，导致了和平的丧失且影响深远，也成为自由国际主义的局限，国际秩序基于民主、自决和法治的可能性等无休止争论的源头。其他和平协定从未在和平之源和历史教训的问题上如此频繁地引起公众和学者的关注。

第一次世界大战之后的和平协定在如下几个方面非常突出：截至当时，它是关于战后秩序原则和组织形式最为明确的广泛讨论；战后领导人提出了存在竞争性的战后秩序蓝图并相互交锋，其不同寻常之处在于，这些秩序蓝图在基本逻辑上分歧巨大；欧美的公众和政党深深卷入鼓励或制约战争目标和战后倡议的活动中，塑造并限制了美国、欧洲领导人寻求战后秩序建设目标的能力。

美国在战后崛起为世界领导国，它提出了雄心勃勃的制度议程，致力于将民主国家约束在基于规则的普遍联盟中。这些制度倡议比1815年英国带到维也纳的倡议更为全面。它们设想成立一个按照更为严格的规则和义务运行的世界性民主联盟——一个国际联盟。大国依旧构成这一民主共同体的核心，但更为法制化的、基于规则的权力管理和争端解决机制将取代权力制衡。

从几个方面讲，宪法模式可用于解释美国的制度战略及由此创立的备受争议的战后秩序逻辑。第一，美国确实力图运用战争期间和战后盛极一时的实力优势确立战后安排，稳固建立有利的秩序，它试图主动提供权力约束和承诺，以此获得欧洲国家对制度化协议的同意。一个制度性协议将把包括德国在内的大国捆绑在一起，创立原则性的承诺和争端解决机制，这就是伍德罗·威尔逊（Woodrow Wilson）战后联盟倡议的核心。美国愿意放弃获得短期收益的有利机会，促进协议的达成，这是威尔逊政府一贯的政策主题，我们从他最初"没有胜利的和平"的声明中可以看到这一点，但难以确定美国政府牺牲哪些具体的利益。美国的让步更具普遍意义：美国政府表示愿意在一个制度化的战后秩序中限制其权力的任性使用，向其欧洲盟国提供广泛的安全保证。在欧洲人看来，这些让步最终没有完全实现，而美国国会因其过于宽泛而拒绝批准。但是，这一安排的命运确实有赖于制度化谈判。

第二，在战后安排中，实力差距和各参与国的民主性质是塑造制度化安排的动机及其制约的重要变量。战后实力差距确实有利于美国，为它提供了锁定一个制度化安排的资源和机遇。威尔逊非常自信（现在看来太过自信了），他认为美国的财政和商业优势将保证他说服欧洲人接受其立场。同样，英国和法国至少有些担忧美国人的主导或抛弃，英国人愿意就威尔逊的联盟倡议展开谈判，法国人提出签署正式的三国安全条约来换取对该联盟的支持，这些都是明证。两国在完善其战后倡议时，都力图将新强国美国与欧洲捆绑在一起。

尽管总体的实力差距有利于美国，但战争结束时的具体情势、威尔逊的政策行为都削弱了美国的地位。与1815年的英国和1945年的美国不同的是，此次美国参战甚晚，无法在战火仍在燃烧之际运用资源获得盟国对其战后目标的同意，而彼时其影响力最大。战争后期，美国对战后安排条款的影响力并不来源于它向欧洲提供的资源，而在于它尽早单独与德国达成和平的威胁。但是，欧洲害怕被美国抛弃，又担心威尔逊政府介入欧洲政治，由此欧洲各国愿意接受制度化谈判，将美国提供的承诺与约束纳入其中。

在1919年的安排中，主要战胜国都是民主国家，这在人类历史上还是头一遭，尽管威尔逊期待的全球性民主革命并未发生。他认为这一革命可以让中左联盟在欧洲上台执政，并成为国际联盟成功的关键。但联盟各国领导人有一个共同的假定，即战后制度化协议将是民主国家的最佳追求。这或许是威尔逊最为珍视的信仰了。法国提议与英国和美国建立更传统的安全联盟，这可能只是民主国家之间确立的承诺。民主对战后制度性协议可能性的实际影响是更为复杂的。欧洲民众对威尔逊和平蓝图的热情支持，推动盟国在战后联盟上达成某种妥协，但欧洲政党政治的压力和抵制以及美国国会都使得协议更为棘手和复杂。

这一模式不能完全解释美国政府未能批准经过修改的和平条约。从一般性意义上讲，各国的实力差距和民主性质会有利于制度性谈判，如果国际联盟创立的不是牢不可破的安全保证，至少也是更为松散的安全承诺和制度性联系。威尔逊关于世界民主革命到来、制度化承诺之源等高度个人化的顽固看法确实是塑造凡尔赛协定的决定性因素，也注定了国会会拒绝批准条约。威尔逊关于自由战后秩序的设想有赖于进步的中左联盟上台执政，依次促成国家之间合作联盟的建立。某些具体的制度化机制和承诺可以促使战后各国政府达成更为务实和有限度的协议，但这位美国总统对此并不怎么关注。

战略背景

当大战于1914年8月爆发之际，几乎没有人认为它会发展成为世界大战，导致欧洲陷入有史以来伤亡情况最为严重的冲突。这场战争对社会和经济造成了空前的毁灭性后果，远远超出人们的预料。战争伊始，我们无法预见到它会横扫霍亨索伦王朝、罗曼诺夫王朝、哈布斯堡王朝和奥斯曼王朝，导致德意志帝国、沙皇俄国、奥匈帝国和奥斯曼帝国被瓜分和肢解，自决原则被广为接受，并迅速建立了国际联盟。与1815年相比，这次战争几乎导致旧秩序的全面崩溃。它导致欧洲大部分地区陷入政治分裂，使得1919年之后的世界体现出不确定的基本特征。

战后出现新的权力分配，美国成为领先大国。其支配地位基于经济成就，这是英国成功经验的重现。19世纪末，美国的经济规模和劳动生产率超过了英国，但在1919年前后20年间，美国的领先地位继续上升。战前，美国的经济规模已经是英国的两倍，战后则几乎是英国的三倍。[1] 正如保罗·肯尼迪指出的："美国似乎拥有之前其他大国拥有的所有经济优势，却没有它们的任何劣势。"[2] 在人口、农业生产原材料、工业能力和金融资本等所有领域，美国的规模和效率均举世无双。我们可以从美国占世界工业产出的比重看到其经济主导地位的上升，其相对比重直至 20 世纪 30 年代依旧处于上升状态（参见表 5-1）。美国地理位置偏远，远离欧洲大国政治，因而其军事能力战前远远落后于经济实力。美国相对军事能力的变化反映在其战前战后所占大国军费开支的比重上（参见表 5-2）。战争在欧洲大陆爆发，欧洲军事开支十数年间数额庞大，美国的军事能力相对并不明显。但是，一旦投入战争，基本经济活力可以确保其迅速获得与欧洲相匹敌的军事能力。到了 1920 年，美国已经成为军事领先大国，而商业、金融和农业等其他权力能力则是其战后主导地位更重要的来源。

表 5-1　世界工业产出的相对比重（1900—1938 年）(%)

	1900 年	1913 年	1928 年	1938 年
英国	18.5	13.6	9.9	10.7
美国	23.6	32.0	39.3	31.4
德国	13.2	14.8	11.6	12.7
法国	6.8	6.1	6.0	4.4
俄国	8.8	8.2	5.3	9.0
奥匈帝国	4.7	4.4	—	—
意大利	2.5	2.4	2.7	2.8

来源：Paul Bairoch, "International Indusrialization Levels from 1750 to 1980", *Journal of European Economic History*, Vol. 11, No.2, Fall 1982, pp. 292, 299.

表 5-2　大国的军事开支比重（1910—1925 年）（%）

	1910 年	1915 年	1920 年	1925 年
美国	16.9	1.3	31.8	18.0
英国	18.6	23.1	28.3	17.7
法国	15.0	17.5	7.0	9.9
德国	18.2	25.0	1.5	4.5
匈牙利	7.0	10.0	–	–
俄国	18.8	22.5	22.7	44.2
日本	5.6	0.5	8.6	5.5

来源：根据附录二的数据计算。

战争期间，盟国依赖美国提供金融援助和战争供应。"战争期间美国的出口量巨大，导致各国相对金融地位的根本变化。到敌对结束之际，伦敦不再是世界银行业的中心，美国财政部控制了欧洲的金融。1914 年以来，美国黄金储备几乎翻了一番，几乎占世界供应的一半。英国对美国欠债数十亿美元，美国还向欧洲大陆国家贷款数十亿……美利坚合众国上升至欧洲因挥霍而丧失的权力之巅。"[3] 美国经济的卓越地位及其对盟国战争努力的帮助，使其在战后安排上一言九鼎。

但是，战后权力失衡并不完全有利于美国。当战争结束时，美国在欧洲大陆并没有压倒一切的军事能力，德国人并没有被迫无条件投降。当结束战争的停火协议签署时，美国远征军依旧在披荆斩棘，向前线进发。而且，盟国明确地意识到，战争结束方式和作战牺牲的贡献会影响各国在和平进程中的发言权。[4] 美国派往欧洲军队的司令官潘兴（John J. Pershing）将军向国务卿牛顿·贝克尔（Newton Baker）写信指出："当战争结束时，如果我军发挥了明确而显著的作用，我们的地位将会更强大。"[5]这就是潘兴反对停火的原因，他希望战后拥有更高地位。

威尔逊总统显然不那么关心这个问题。正如威廉·沃尔沃斯（William Walworth）指出的："他相信，欧洲被战事拖得筋疲力尽，美国有足够的物质能力来获得欧洲的顺从。"[6]1917年7月，威尔逊告诉豪斯上校："当战争结束时，我们可以迫使它们按照我们的方式思考问题，因为那时它们（盟国）的财政就像其他方面那样，被掌控在我们手里。"[7]但是，许多欧洲人相信，美国在缔造和平上并未付出多少。正如一位历史学家指出的："人道主义代言人的公正无私，与后期参与冲突的入侵者因其对战争的冷静核算而轻易获得谈判席位的傲慢专横，二者之间的界限本不太大。"[8]伍德罗·威尔逊力图领导世界走向战后的自由主义安排，但他实现目标并不依靠战争的力量，而是历史的力量。

欧洲盟国认识到它们对美国的依赖，因而迫切期望战后美国介入欧洲事务，支持欧洲的战后经济复兴，稳定欧洲大陆大国关系。[9]其结果是，尽管许多欧洲外交官质疑威尔逊作为盟国代言人的权威，以及他在战争期间做出的"公正而永恒的安排"声明以及"无人有权从这场战争中获得任何东西"的观点（威尔逊在1918年4月对欧洲记者如此说道），但他们小心翼翼，不予全面抵制。至少某些欧洲人对威尔逊和平蓝图的支持，并非基于对协议的理性认识，而更是基于不想失去美国对结束战争、重建欧洲的援助。阿瑟·沃尔沃斯（Arthur Walworth）认为："他们没有冒险公开在政治上反对这位总统的普遍原则,是因为他们心里明白,美国实力强大,他们必须依赖美国的经济实力。"[10] 在战争结束之际,欧洲领导人也赞赏了威尔逊声明的巨大号召力。

尽管欧洲领导人意识到它们需要与美国共事,但他们也为美国如何就使用其新权力做出选择而惴惴不安。1917年12月,英国报业大亨乔治·里德尔(George Riddell)对英国首相戴维·劳合·乔治(David Lloyd George)说:"我不相信美国人。自然,他们希望美国成为世界第一大国;他们拥有庞大的商业船队,这是它们未曾有过的;他们将在全世界打开新市场,他们一直致力于开发市场,而我们一直为市场而战。"[11] 这一观点把"权力问题"视为战争的目的:新的权力失衡是剧变导致的,美国处于塑造和平安排的特殊地位。但是,为获得其他国家的自愿合作,美国必须克服它们对被主导或被抛弃的恐惧。

美国的战争目标与战后安排的理念

战争初期,威尔逊政府在两条战线上努力确定对欧政策:如何介入并为战争结束助一臂之力,尤其是如何对待德国;如何构建战后秩序以确保和平。威尔逊对以上两个问题的处理方式遵从如下基本观点:是旧有的军事独裁政治和均势引起了欧洲战争。正是这一原因的存在,美国才远离战争——战争之初保持中立,最终成为不情愿的交战方——同时也提出了最为彻底而具有决定性的和平安排思想。

1916年，欧洲陷入堑壕战的僵持状态，美国依旧维持中立，并尝试斡旋解决。同年12月，威尔逊请交战各国政府提出和平条款，但英法同盟在与德国交战中蒙受重大损失，在德国军事力量被摧毁之前无意停战。1916年下半年战场的胜利只会增强它们的决心。[12] 盟军的战争目标有所改变，立场更为强硬。这种不妥协的态度只会增强威尔逊的看法，即盟国寻求征服和主导地位，应负部分战争责任。以特奥巴登·冯·贝特曼·霍尔维格（Theobald von Bethmann-Hollweg）为首相的德国政府表达了对美国斡旋解决方式的兴趣，但并没有详细说明自己的和平条款。

　　正是在1917年年初的重要关头，威尔逊公开表达了美国所能接受的和平安排条款。这位总统相信，如果美国不尽早推动和平协议，则本国最终势必被拖入战争。1917年1月22日，威尔逊向参众两院联席会议致辞，提出"没有胜利的和平、对等和平"的倡议。威尔逊明确指出，美国置身于欧洲之外，决心塑造和平安排。"未来全部和平与世界政策的问题有赖于此：当前战争是一场关于公正与安全的和平之战，抑或仅仅是一场新的均势之战？"[13] 威尔逊呼吁建立一个国际联盟，以确保和平条款的实施，为美国参与新秩序建设提供途径。实际上，威尔逊向欧洲提供了一个解决方案：如果欧洲同意按照美国的条款达成和平，则美国自己承诺战后将参与国际维和联盟。[14]

　　威尔逊认为，美国有权帮助塑造和平安排。基于"势力均衡"，任何所谓的和平都不会长存，应该建立"权力共同体，即不是有组织的敌对，而是有组织的和平"。如果没有新世界的参与，一个有着"普遍性公约保证"的和平协定，是难以确保其长存的。但是美国提议的保证是非常抽象的。威尔逊认为，严格引述《弗吉尼亚权利宣言》（Virginia Bill of Rights），"没有和平会长存或应该长存，除非它认可并接受如下原则：政府所有的正当权利来自被管理者的同意，除此之外没有其他权利可以将民众从一个主权转向另一个主权，仿佛民众只是所有物。"美国的保证基于如下假定：其他国家将展现出美国的民主原则和人民主权。威尔逊认为，美国将与其他国家共同确保世界和平，因为和平与美国的传统相契合。在这样一个民主联盟中，保证的性质与旧世界均势政治的承诺不同，在威尔逊看来，美国人民更会接受它。按照这位美国总统的说法就是："陷入纷争的联盟不存在权力协调"[15]。

当1917年1月威尔逊提出战后安排的理念之时，美国还处于和平之中。两周之前，德国秘密决定实行无限制潜艇战，并于1月31日向世界公布。威尔逊随即与德国断交，并于4月2日要求国会同意宣战。此后数月间，威尔逊陆续发表演说，推销美国的战后安排理念。1917年夏，威尔逊强调，美国参战是向德国军国主义而不是向德国人民开战。他再次以没有胜利的和平为基本观点，强调和平应建立在民主国家的共同体基础之上。敌人不是德国，而是军国主义和独裁。在对德宣战时，威尔逊指出，美国准备"为世界的最终和平而战，为世界民族——包括德国民族——的解放而战"[16]。但是，与威尔逊早期的呼吁不同的是，他提出，如果不能战胜德国，至少要战胜德国军国主义。[17]

威尔逊改变立场，将德国军事政府视为战争的根源，为此后修正美国的立场打开方便之门。当美国站在同盟国一方参战时，德国确实成为敌人。为确保民众的支持，有必要把德国及其"军事首脑"刻画为邪恶之徒。在其后的巴黎和会上，各国同意严厉制裁德国，威尔逊对此表示支持，这一区分也赋予威尔逊以正当性。其含义是，同盟国愤怒的目标是德国反民主的军事政府，而不是德国人民。[18]

随着美国进一步介入战事，威尔逊越来越强调民主政府对战后和平成功的重要性。1917年8月，在回应教皇的和平呼吁之时，威尔逊再次将德国人民和德国政府区分开来，并将这一区分与战后承诺和保证联系起来："我们不能把当前德国统治者的话当作可以确保的承诺，除非有明确的迹象表明，这些话反映了德国人民自己的意愿和目的，并得到他们的一致拥护……没有这样的保证，任何人、任何国家现在都不会相信德国政府参与的安排条约、裁军协议，或就武力、领土调整、小国重建等进行仲裁的公约。"[19]威尔逊也在考虑战后保证和承诺的条件，在他看来，民主政府确实提供了必需的条件。[20]

在1917年最后几个月里，关于战后目标的讨论再次变得利害攸关。这是几个重大转折性事件促成的：布尔什维克革命、《布列斯特—立托夫斯克条约》和俄国退出战争。威尔逊越过欧洲领导人，直接向欧洲人民发出呼吁，列宁（Lenin）和布尔什维克党也加入其行列。俄国新政府上台执政之后，公布了此前沙俄与盟国签订的秘密条约，这些条约载明了它们就如何进行战争分赃达成的协议。这似乎证明了布尔什维克的判断，即战争本质上是帝国主义战争。与威尔逊一样，列宁的和平计划寻求激起欧洲舆论，尤其是争取自由主义者、工会和社会主义者的支持，从而终止战争，引领欧洲政治转型的风潮。布尔什维克借用了威尔逊对新外交的呼吁，他必须做出回应。[21]威尔逊政府接受挑战，向公众指出了自己的战争目标：这一著名演说就是"十四点计划"。[22]这一声明包含了威尔逊此前论述过的目标，在演说的最后部分，威尔逊提出了他的最终目标：建立一个保证所有国家独立和领土完整的"普遍性国家间联盟"。以这篇演说为开端，威尔逊与列宁和其他制定战后和平的竞争对手展开了理念之战。威尔逊的目标是说服欧洲人民：美国的原则，而非布尔什维克的原则，才能为战后的新秩序提供最进步的基础。

战争结束之际，威尔逊政府的和平观念受到大众的一致赞同。威尔逊建议创建民主国家联盟，围绕一个新的和平维护机构——国际联盟而组织起来，尽管此时威尔逊对该联盟的职能及其政治、安全保证与义务的范畴并无具体设想。在1918年7月4日的演说中，威尔逊所秉持的基本自由主义构想得到了清晰的勾勒。威尔逊提出了和平协定的四大目标："我们所寻求的是，基于被统治者的同意、受到人类有组织舆论持续支持的法治。"[23]正如一位历史学家总结威尔逊的立场时指出的，如果和平得以持续，"则世界必然得以重建，成为一个由能够选择政府的自由公民组成的独立国家共同体。"[24]

威尔逊建议成立一个新的国际组织，为和平解决争端、加强全球民主治理（尤其是在欧洲）提供监督和保证。但是，威尔逊关于民主变迁的假设是一切事物赖以存在的基础。威尔逊关于欧洲战争的看法——因军国主义和独裁统治而持续存在的帝国主义——是根本原因之所在。因此，战争必须推翻这些早已被历史唾弃的政权。这是民主与独裁之战。[25]

1918年，威尔逊形成了一致而清晰的看法：战争引致了全球性的民主革命，这不仅仅是发生在旧世界。坦珀利（Temperley）这样总结了威尔逊关于战后秩序的核心观点:"美国和欧洲并不因同情而合为一体,而是为自由宪章而捆绑在一起。自由宪章表明,美国原则与其他人类原则没有任何不同之处。"[26] 威尔逊认为,世界其他地方将接受美国的原则,这样会克服所有的战后重大难题,包括如何确保和平、如何克服欧洲对美国主导或抛弃的恐惧。[27]

英国与法国的战争目标

英国的初始战争目标是审慎而具有防御性的,但是它们很快就变得更加野心勃勃,从而确立了打败德国、塑造战后安排的目标。英国的目标在战争期间逐步扩展有几个原因。它部分反映了领导人求助于英国人民和为战争损失辩护的努力。它也反映了领导人试图——尤其是1916年12月和1917年——求助于威尔逊,防止威尔逊与德国达成早期和平协议的努力。此外,劳合·乔治身边有一批真正相信自由国际主义的人士。尽管这些国际主义者的目标重点和范畴与威尔逊不尽相同,但至少在英国战时内阁中有些人对创建新的国际关系模式、建立战后和平维护联盟感兴趣,而后者已经超越了欧洲均势的重建。

英国内部对战争和战争目标存在各种各样的看法。执政的自由党是"一个以秉持和平、安详为传统的政党"[28]。甚至自由—帝国主义者也越来越关注帝国的维系,而不是新的扩张冒险。在自由党内部,旧式的格莱斯顿自由主义者(Gladstonian Liberals)致力于经济发展,新激进分子全力关注社会福利的巩固。这些党派也担心战争会导致保守党重新上台执政,因为保守党与军界联系最为密切。[29]

英国内阁决定参战,是源于德国对比利时的入侵。这一侵略行动触犯了英国保护低地国家独立的传统政策,政府大多数成员同意参战。德国实力的增强也使得支持一个强大的法国变得必要。这些考虑导致1914年8月3日外交大臣爱德华·格雷爵士(Sir Edward Grey)宣布,英国反对德国攻击法国运输港口的任何企图。[30]有鉴于此,英国起初的战争理由是很有限的。

1916年下半年,德国人和美国人看起来在寻求尽早开启和平谈判。威尔逊1916年下半年的和平倡议激怒了英国人,因为它并没有区分德国与盟国对战争和战争目标的责任。这使得英国和法国政府颇为懊恼:不打败德国而停战,意味着不久的将来就会再次出现冲突的危险。1916年12月底,英国与法国进行讨论之后决定向威尔逊做出回应,其方式是求助于美国舆论:他们愿意支持创立战后联盟的目标,但也坚持领土和军事安排应使各方满意。[31]新任英国外交大臣阿瑟·贝尔福(Arthur Balfour)还向美国政府递交了补充照会,再次将避免立即展开谈判和与德国达成和平的目标区分开来。这一照会力图确立英国的一系列战争目标:坚持把重划欧洲国界线作为建立国际组织的前提条件;彻底推翻德国统治者,在德国建立民主;借助英美自由主义,保证致力于"新世界和旧世界最伟大的思想家"所支持的国际改革。[32]

1917年初,英国和法国政府在说明本国的战争目标时,均致力于对威尔逊做出充分的让步,防止美国与德国议和。然而,英国对和平条款的设想依旧是不确定的、充满矛盾的。正如劳伦斯·马丁(Lawrence Martin)指出的:"尽管英国的战争目标与威尔逊的交涉进一步得到明确,但依旧存在着大量的困惑和模糊。"[33] 帝国战时内阁的部分人士希望英国战至最后,彻底摧毁德国实力,其他人士则愿意接受通过谈判达成协议的安排。一些人士受到威尔逊呼吁建立国家间联盟来保障和平的鼓舞,其他人士则只希望重建战后均势。[34]

英国政府的矛盾心态集中反映在斯马茨将军(General Smuts)为劳合·乔治起草的一份为帝国内阁会议准备的备忘录中。该报告的某些部分支持摧毁德国殖民帝国,包括分割土耳其领土,因为这是英国亚洲殖民地的潜在威胁。另一部分则推崇威尔逊的观点,即大国之间的民主是确保战后和平的必要条件,认为公众舆论是塑造战后安排的重要力量,需要为英国的战争目标提供正当的道德理由。[35] 1917年3月,劳合·乔治向战时内阁申明了自己的看法,认为欧洲的民主化是防止未来战争的唯一途径。他指出:"自由是世界各民族之间和平与美好意愿的可信保证。自由国家不急于开战。"[36] 但是其他内阁成员倾向于认为,加强英国的战后地位是针对未来冲突的唯一保障。

正如俄国革命敦促威尔逊政府强调美国战后目标的原则性特征一样,它也促使劳合·乔治强调英国战后目标的理想主义特征。1918年1月,就在威尔逊发表"十四点计划"演讲的前几天,劳合·乔治针对英国的战争目标发表了一个连贯性的声明。劳合·乔治声称,自己代表英国和帝国发表讲话,大英帝国并不为瓜分德国或摧毁德国的帝国宪法而战,但他认为德国接受民主制度会使得通过谈判达致和平更为容易。与威尔逊一样,劳合·乔治指出:"被统治者的同意必须是本次战争任何领土安排的基础。"[37] 他认为,东欧的领土安排必须基于自决原则,德国殖民地的处置需要等待和平会议的召开,尽管这些殖民地上居民的愿望将决定最后的处置结果。他认为,必须进行战争赔偿,但他反对战争赔款或"将战争的代价从一个好战者转移给另一个好战者"。他总结指出,他将如下三个条件视为持久和平的必要前提:重新树立条约的神圣性,基于自决权的领土安排,创立某个国际组织来"限制负担和军备,减少战争的可能性"[38]。

劳合·乔治的战争目标声明,是停战之前欧洲领导人做出的最为系统和权威性的声明。他支持国际联盟的理念,但他的支持不冷不热。就此,劳合·乔治试图在威尔逊和法国之间确立一个中间立场。威尔逊视之为整体和平的顶点,而法国新总理乔治·克里孟梭(Georges Clemenceau)1917年11月宣布,他的战争目标是在创立国际联盟之前取得军事胜利,新的国际组织对战争而言无关紧要,他反对德国在战后成为该组织的成员国,因为德国的签字无足轻重。[39]

在和平条款的理念上,威尔逊和劳合·乔治确实有着许多共识。威尔逊关于新国际组织的概念至少部分上受到英国自由主义者首先表述和秉持的自由主义观念的激发。他们都对特殊利益表示质疑,都崇信对外交政策的民主控制。他们都相信对冲突的理性处理。他们都是反对帝国主义的,并认为帝国主义来自独裁和军国主义。[40]

但是,劳合·乔治和威尔逊对德国政府的看法不同,这反过来揭示了他们之间存在着更深刻的不同。英国领导人认为,他盼望看到德国接受民主宪法,这将提供鼓舞性的迹象,推动军事主导成为历史,而和平协定可以达成。"但是,这毕竟是德国人民需要做出决定的问题。"这就是劳合·乔治的结论。[41] 而威尔逊对德国变革的必要性持有更长远的看法。德国军事专制从根本上讲是不合法的，必须在战争期间彻底清除。英国对摧毁军国主义感兴趣，而威尔逊要求摧毁独裁统治，或至少将其影响力变得无足轻重。威尔逊的战后设计有赖于德国的宪法改革和欧洲进一步接受民主。英国领导人欢迎这样的进展——这将有利于和平协议的达成——但战后秩序必须是更具传统性的。

法国的战争目标不像英国、美国的立场那么复杂，但同样不清晰。[42] 相比其他盟国政府而言，克里孟梭领导的法国政府更决心恢复欧洲均势，利用一切机会争取获得不容置疑的对德军事优势。为达到这一目标，克里孟梭寻求肢解德国领土，占领战略性的边界地区，确保德国解除武装，获取巨额赔款。[43]

法国关于战后世界的看法为压倒一切的对德安全关注所主导。德国军队在50年里两次入侵法国，暴露了法国面对德国军国主义的脆弱性。[44] 创立欧洲新均势的重要性，有赖于对今后来自德国安全威胁的深刻认识。法国政府相信，即使最终打败了德国，它们仍将面对一个无情的、依旧狂热寻求主导地位的强权。有鉴于此，战争的目标显然应该是摧毁德国力量。精心设计对德国的安全防护应置于所有和解尝试之前。[45]

法国全力关注克服战后德国复兴问题，这就需要推行一系列难以贯彻的战略。这些战略是三重的。[46] 最为公开的战略是通过领土瓜分、赔偿、解除武装直接减少德国的实力。它并不认为德国可能出现的民主发展可以解决问题。对威尔逊关于德国军事独裁和德国人民的区分，克里孟梭加以拒绝。他认为，战后目标必须是彻底削弱德国经济和德国政府的"联邦化"。劳合·乔治指出，克里孟梭

1919年3月的讲话反映了法国的立场:"他更乐意看到在德意志建立更多单独的、独立的共和国。"[47]

第二个战略是对战后德国采取某些和解、政治接触措施。这位法国领导人并不特别强调这一战略,相关思考也不充分,但他确实至少对参与监督领土处理、处理赔偿等战后问题的和平维护机构有些兴趣。1918年12月5日,威尔逊与克里孟梭在巴黎数度会晤。在第三次会面时,威尔逊提出了建立国家间联盟的倡议,克里孟梭对其可行性提出了某些质疑,但也说这值得一试,[48]但他认为,这一倡议至少需要法国自己的军事防御作为补充。这充其量属于次要战略,它有可能转移法国安全之必要步骤的注意力,偏离正确方向。

第三个战略是通过联盟和盟国力量的联合来遏制德国实力。克里孟梭坚信,要保护法国的战后安全,必须恢复均势。1918年下半年,这位领导人在国民议会发表了一次著名的演讲:

> 我曾说过,稳固而明确界定的前线、军备,这种旧方式就是所谓的均势……今天这一体系似乎为高高在上的权威所谴责。但是我仍然要说,如果均势是通过战争自动生成的,它早就存在了。假如说,英国、美国、法国和意大利同意,对它们之中任何一国的攻击就是对整个世界的攻击,战事将不再发生……因此,我并不准备放弃这一旧式联盟体系,我可以公开承认这一点。我参加会议的主导想法是,战后,什么力量也不能将在战争中走到一起的四大国分开。为达成这样的协约,我愿意做出任何牺牲。[49]

尽管克里孟梭在削弱德国、创立均势对抗德国入侵上十分固执，但他依旧对达成这一目标的各种战略持开放态度。[50] 在对德战略的可能方式上，法国发出的一个重要信号是，1919年克里孟梭建议国际联盟转化为更为传统的英法美军事联盟，设立国际军队和总参谋部。[51] 这样的同盟将确保盟国对德国的主导，这对法国绝对有吸引力。威尔逊当然反对这个想法，并不仅仅因为这将剥夺美国国会的宣战权并将之转移给一个国际机构，而是它在政治上也是不可行的。正如托马斯·贝利（Thomas Bailey）指出的："威尔逊的顾问团纷纷警告——显然他没有采纳这些建议——提供国际警察力量的条约在美国参议院不会有任何获准通过的机会。"[52]

显然，盟国领导人的对德目标迥异。法国希望彻底削弱德国，创立一个对自己极其有利的新均势。英国在建立欧洲均势和更基于协调、依赖正式国际协议和国家间联盟的秩序之间摇摆不定。美国的主导目标是在德国和欧洲实现宪法民主的胜利以确保和平，对德国进行理性而明确的惩罚，创立基于自由原则和惯例的新的国家共同体。

停战、赔偿与德国问题

1919年1月12日，盟国领导人齐聚巴黎，他们事前甚少达成和平安排的协议。[53] 几乎所有重大安排问题都有待谈判解决：赔偿、德国解除武装、领土问题、国际联盟等。唯有当战争接近尾声之时，盟国出于不同原因进行同一场战争的结果才如此明显。1918年10

月，当威尔逊接受德国请求，与德国——及美国的盟国——就停火条件进行谈判之时，美国的谈判地位达到顶点。之后，威尔逊对盟国的影响力下降了，他的国内地位也有所削弱，而英国和法国在和平会议之前的选举巩固了它们的支配地位。[54] 德国没有出现可信的民主改革，只不过使得威尔逊努力获得适度和平、确保其长期安排目标的实现更为困难罢了。

德国政府要求威尔逊按照他 1918 年 1 月 8 日（"十四点计划"演说）和 9 月 27 日所宣布的和平条款停火。这引发了盟国间关于如何终止战争和德国前景的第一次严肃讨论，也暴露了盟国间进行同一场战争但却持有不同目标的危险。威尔逊的立场很简单：如果德国成为民主国家，且代表德国人民行事，则不包含无条件投降的安排是可以接受的。法国和英国领导人要求德国做出解除武装的明确保证和承诺推进盟国在战后德国边界的领土问题上达成协议。美国政治家也要求采取强硬路线来终止战争，许多政治家要求无条件投降。威尔逊在与德国政府互换照会时，寻求额外的保证，即他与"真正的德国人民代表打交道，要确保真正的宪法地位"。如果他依旧与军事独裁者打交道，则美国"并非要求和平谈判，而必须要求德国投降"[55]。

在 1918 年 10 月下旬的国内选举期间，威尔逊发现自己陷入了与劳合·乔治和克里孟梭就德国停火条款的谈判之中。这位美国领导人要求在德国军队崩溃之前就解决条款达成协议，这样盟国就有机会将和平安排掌握在自己手中。豪斯上校与英国和法国领导人在巴黎举行了一系列艰难的会谈。当盟国威胁拒绝把威尔逊的"十四点计划"作为与德国达成和平的基础之时，豪斯警告称，美国会寻求单独的和平。劳合·乔治拒绝了威尔逊的"航海自由"承诺,指出英国不会放弃对海洋的控制权。法国领导人接受法国盟军司令福煦(Foch)元帅的建议,提议战后德国军备削减的具体方案,呼吁占领莱茵兰。克里孟梭总理还坚持含义广泛的"损害赔偿",认为德国必须"对它在陆地、海上和空中进行的侵略给协约国居民及其财产造成的所有损失"给予赔偿。

令人惊奇的是,豪斯上校认可了盟国的这些要求,停火之前的协议因此达成了。英国和法国领导人同意在威尔逊"十四点计划"的基础上与德国最终达成和平安排,但其可能性的前提是,美国必须在航海自由方面对英国做出实质性让步,在军备、莱茵河边界安全和全面赔偿方面对法国做出让步。[56] 豪斯在11月4日向威尔逊发回电报,汇报了他的"巨大外交胜利"。但是,这一胜利的代价却是,盟国,尤其是法国,获得了在军事和领土方面压制战后德国的权力,这是威尔逊此前反对的。

豪斯与英法领导人的协议是塑造战后和平的分水岭。每一方都认为自己获得了优势。豪斯和威尔逊相信,尽管他们在对德问题上做出了让步,但他们获得了巨大的成功,"十四点计划"将成为和平的基础。劳合·乔治和克里孟梭认为,他们机敏地抓住机会,实现了自己最大的战争目标,而所付出的代价不过是接受了非常模糊的原则声明。历史学家依旧对停火前签署的协议条款及其影响争论不休。[57]

当威尔逊在国会起身宣布停火协议之时,和平安排的条款已经大幅度转向了惩罚。德国同意接受苛刻的条件,其军备被没收,莱茵河沿岸领土被占领,还要对战争的平民损失进行赔偿。除无条件投降外,盟国坚持了自己的所有要求,威尔逊对这些条款表示同意,德国新政府也是如此。尽管如此,威尔逊还是决定动身到巴黎去捍卫自己的协定理念。[58]

1919年1月,27个国家的代表聚首巴黎,参加和平会议。会议开幕之际,极其庄严肃穆,这一外交盛会规模空前、意义重大,维也纳和会与之相比可谓黯然失色。然而,巴黎和会不过是导致停火前盟国会议所确立程序的延续而已,克里孟梭、劳合·乔治、豪斯和意大利的奥兰多(Orlando)都在将方案提交最高战争委员会之前确定了自己的核心要点。[59]

在和会前几周,威尔逊主导了相关讨论,成功地达成了如下协议:建立国际联盟,将之作为解决领土和政治问题的前提,这些问题将交给各专家委员会审查。在和会的第二阶段,威尔逊2月14日动身返回美国,此后各委员会在领土、经济和技术问题上都取得了进展。3月14日,威尔逊再次来到巴黎,到完成《凡尔赛条约》并于5月7日递交德国代表团,三国领导人做出了最重要的决定。

从美国角度看,威尔逊寻求组织总体安排,并将自己明确表达的自由原则纳入该安排之中;其他大国寻求实现自己的领土和安全目标,并相互做出承诺,二者之间存在着基本的斗争。逐步展开的一系列妥协使得这些原则遭受严重质疑。在领土问题上,各国所关注的是如何处置德国在非洲、太平洋地区和远东的殖民地,盟国军队早已占领了它们。威尔逊寻求的是,确保这些领土的命运得到公正的处置,遵循某些自决原则,最终创立由新成立的国际联盟执行的托管体系。参加巴黎和会的各国政府提出了各种领土要求。英国希望保有它所占领的德国在非洲和太平洋的殖民地,日本寻求控制德国在中国山东省的势力范围和赤道以北的前德国岛屿。各国在领土划分的基本逻辑上争吵不休,为获得日本对《凡尔赛条约》和国际联盟的同意,威尔逊不情愿地接受了日本对山东省的要求,尽管这已经违背了自决原则。[60]

法国的战后安全是巴黎和会压倒一切的焦点。威尔逊对民主德国的承诺不足以改变克里孟梭的雄心,他按照福煦元帅的建议制订的计划包括:恢复阿尔萨斯—洛林的主权,占领莱茵河西岸地区,将德国西部肢解为数个自治共和国。威尔逊坚决反对这一计划,因为它远远超出了停火前协议的条款,在戏剧性的摊牌之下,唯一的替代选择就是做出妥协。最后,法国收回肢解德国、永久占领莱茵兰的要求。作为回报,英国和美国同意占领莱茵河地区15年,莱茵河西岸永久非军事化,德国彻底解除武装,并承诺在一定期限内英美两国将保护法国免遭德国攻击。[61] 威尔逊无意推动美国参议院对该三国协议的批准,但他在巴黎和会上表示同意,以此保证了在艰难时刻与法国达成妥协。[62]

和平会议最艰难的争论是关于补偿和赔款的问题。法国和英国领导人受到国内公众舆论的压力,力争达成超出停火前协议的条款。早先达成的谅解是德国只为平民的损失负责,但在巴黎和会上要求德国为战争给盟国民众带来的损失负全责,还要为盟国政府的某些损失负责。面对这样的要求,威尔逊做出了实质性的让步。他同意德国应承担盟国退伍军人及其家庭的伤残抚恤,作为德国对平民损失的责任。他做出让步并同意,如果德国拒绝履行赔偿责任,法国有权占领莱茵兰,并控制萨尔河谷作为德军从法国撤退造成损失的补偿。法国要求永久控制萨尔。威尔逊力争之下达成的妥协是,法国控制萨尔15年,之后"通过公民投票决定其未来政治归属"[63]。

最后，巴黎与会的各国领导人很快就《凡尔赛条约》的第231条及其全部条文达成了一致："协约国及盟国政府确认，德国承认德国及其盟国对协约国、盟国政府及其国民因德国及其盟国军事入侵造成的伤害和损失。"严格上说，这一条款并未要求德国承认"战争罪行"，只是接受战争造成损失的责任。但它确实成为达成协议并施加于德国的象征，而不仅仅是德国承担战争责任。

在以上所有事例上，威尔逊都尽其所能坚持己见，最后却因为他视之为和约最重要的国际联盟协议而做出让步。他的目标是，将国际联盟置于和平条约的核心，并将之纳入整个战后安排之中。威尔逊在和平会议之初就坚持达成条约协议反映了这一点。他不希望看到的结果是：盟国政府实现其领土和政治目标，最后却从国际联盟倡议旁边溜走。作为战后安排的一个组成部分，威尔逊希望国际联盟可以发挥纠正条约错误和苛待成分的作用。

承诺、约束与国际联盟

在威尔逊看来，国际联盟是将欧洲国家锁定在新型秩序中的工具。它是整个战后安排的核心：这一制度将确保和平安排，加强民主治理。威尔逊希望将德国纳入其中，这明显建立在对战后制度约束性功能的预期上。如果德国加入国际联盟，则会更好地接受监督和控制。[64]对其他国家尤其是法国而言，国际联盟成效甚微，反而避开了更为重要的战后安全问题。欧洲领导人确实需要一个和平安排，将美国与欧洲联结在一个更为传统的安全关系之中。英国利用其对国际联盟的支持来加强更密切的安全联系,而法国寻求更为明确的交易:支持国际联盟,换取美国和英国的安全保证。

威尔逊希望改变欧洲政治,而无须与欧洲共事或承担保护欧洲的责任。美国想利用正在进行的民主革命来建立制度,将民主国家联系在一起,以确保延续到未来的、合意的世界秩序。美国战后所拥有的实力优势加强了威尔逊的野心,他利用战争来推进新自由外交。1918年10月,在停火谈判期间,威尔逊告诉一位支持美国寻求德国无条件投降的参议员:"我考虑的不仅仅是将美国置于强大和公正的地位。我要为百年之后而筹划。"[65] 在战后稳固长期收益的关头,威尔逊起而应之。对威尔逊而言,这一逻辑比任何短期内获得特定领土或物质收益更有吸引力,国际联盟就是锁定这一长期收益的机制。[66]

在威尔逊看来,国际联盟的约束性影响力将随着时间的推移而增强。如果处于领导地位的民主国家联合行动建立该制度,就不再需要传统的安全承诺或领土保证了。欧洲领导人有不同的考虑,试图诱使美国加入现行的承诺。美国参战之后,某些英国官员呼吁威尔逊提出关于战后和平维护组织的具体方案,并说明美国将要发挥的作用。其他英国官员在后期依旧对支持国际联盟有所迟疑,因为它们不相信美国会批准该条约。法国更期待直接而具有约束性的承诺,建议在主要盟国之间成立三方同盟。[67] 尽管欧洲领导人并未被美国的军事力量及战争期间美国的作用所慑服,但他们确实担心美国在欧洲的稳定性和欧洲对美国的依赖。

威尔逊是支持战后维持和平组织的第一个政府首脑,但是他的支持是模糊的,他并没有要求美国政府设计出包含细节的计划。[68]

另一方面，英国官员急于得到威尔逊对联盟理念的支持，他们将这一理念发展为具体的制度性规划。[69]当巴黎和会召开在即，威尔逊才试图提出美国的理念。美国对国际联盟支持的模糊性表明，美国对战后欧洲安全承诺的不确定性广泛存在，英国和法国官员感受到了这一点。

最初推进战后联盟的，当数英国外交大臣格雷。他在1914年11月通过非官方渠道致电威尔逊，希望美国加入某种战后组织以确保和平。在随后的信中，格雷通过英国驻美大使塞西尔·斯普林·赖斯（Cecil Spring Rice）传递了类似的电文："当战争结束之际，大国之间就未来的相互安全、和平维系等议题签署协议，如果美国参与其中，并准备参与武力镇压违背条约者，则协议可能具有稳定性。"[70]1915年8月，格雷致电豪斯上校，再次阐述建立战后联盟的理由，并提出了某些基本原则。在格雷看来，拒绝通过会议裁定争端是发动战争的"致命步骤"。所需要的是"某个可以依赖的国家间联盟，坚持两国间的争端必须通过仲裁、调停和其他国家参加的会议来解决。国际法迄今没有制裁力。国际法给我们的教训是，大国必须捆绑在一起，共同实施制裁"[71]。

1915年秋，豪斯提出了一个美英共同参与的计划，由威尔逊居中调停，达成和平安排。格雷回应说，如果美国同意加入战后国际组织来实现裁军、航海自由及通过联合行动维系和平，英国愿意合作。[72]格雷的回应反映了英国的观点，需要将美国纳入战后和平的管理之中，尽可能提供持续而一贯的基础。在英国看来，战后联盟应服务于这一目标。

豪斯上校与格雷互换电文，表明威尔逊总统正在沿着与英国同样的思路考虑问题,但美方并没有具体的计划。同时,一群非官方的英国国际主义者,聚集在前驻美大使詹姆斯·布莱斯勋爵(Lord James Bryce)周围,开始讨论和推广战后联盟的理念。在大西洋两岸,"美国促进和平联盟""英国国家安全联盟"等协会团体开始鼓动有利于战后国家联合的公共舆论。[73]

美国参战之后,英国官员继续私下向威尔逊政府呼吁,提出关于战后和平组织的具体计划。威尔逊关于其理念的唯一公开声明就是1918年1月的"十四点计划"演讲。英国副外交大臣罗伯特·塞西尔勋爵在1917年9月与豪斯上校的通信中,敦促美国开始筹划战后和平方案。他在1918年2月的通信中向豪斯表明,英国将成立委员会研究具体的方案。威尔逊依旧没有行动。在一封私人信函中,威尔逊指出:"坦率地说,我并不认为为实施和平而讨论正式组织联盟是明智的。原则很容易遵守,但组织的时机问题会将各种猜忌引向前台,这原本不是处理其他敏感问题所需要应对的。"[74]威尔逊试图推迟对联盟问题的讨论,因此不鼓励相关准备和筹划。他最想做的,就是将该问题交给豪斯领导的一个名为"调查处"的研究小组。威尔逊最主要关心的是,探明不久就要召开的和平会议上盟国政府可能提出哪些要求。他依旧不想在联盟理念上引起国内大讨论。

英国进而详细说明了该联盟的具体特征。1918年3月,英国规划小组菲利摩尔委员会(Philimore Comitee)提出了一份中期报告,说明了联盟的关键特征。它包括仲裁原则和在处理国家间争端时的联盟调停,对违背协议国家的制裁,联盟劝告后三个月的法定冷却期等。[75]菲利摩尔报告回顾了以往的协调和大会机制,其核心看法是这样的框架只能在民主国家间推行,"尽管民主民族主义的发展似乎为将来的成功铺平了道路",但军国主义国家和专制主义国家依旧是战后联盟的绊脚石。[76]

直到1918年夏,英国政府准备发表菲利摩尔委员会的结果时,威尔逊才积极关注联盟的细节问题。这位总统要求豪斯改写英国的报告,将美国的见解加入其中,最后形成的文件成为美国在和会上提议的基础。1918年12月威尔逊乘船赶赴欧洲,成为国际联盟理念的提倡者,但这样一个机构所需要的具体计划和承诺依旧是模糊的,阐明美国介入及其战后对欧洲义务的局限和可能性的国内政治辩论尚未展开。[77]

英国政府进一步完善其建议案,并以时任英国巴黎和会代表团国际联盟事务负责人的罗伯特·塞西尔勋爵的规划方案以及帝国战时内阁成员、南非外交官简·斯马茨起草的一份影响颇大的联盟宪章草案为基础。[78] 在组建国际联盟期间,英国政府内部的怀疑依旧存在,但绝大多数官员视之为引导美国进一步积极介入欧洲事务的途径。[79] 他们认为,战后制度将确立美国具体的承诺和保证。

1918年12月15日,威尔逊和克里孟梭数次会晤。在第三次会晤时,威尔逊提出了国际联盟的建议。克里孟梭表明自己怀疑其可行性,但值得一试。随后,克里孟梭受到来自国民议会中亲威尔逊的社会主义者的压力,他澄清了自己在国际联盟和战后安排上的立场,对本国政府批评其没有自己的和平计划做出了回应。克里孟梭指出:"旧的体系似乎名誉扫地了,但是我依然……对此充满信心。"他表示,对他自己而言,盟国体系依旧对即将召开的会议具有指导意义。他的基本立场是,法国的安全需要大幅度、永久性地削减德国的军事力量。[80]

威尔逊认为,他在英国比在法国有更多的同盟者。但是劳合·乔治及其政治联盟的立场也是复杂的。英国国内对国际联盟的支持声威颇壮,他们愿意支持联盟的概念,但劳合·乔治也力主对德国人严加处理。正如诺克指出的,英国在国际联盟问题上"有着组织良好的国内舆论"。1918年10月,两个主要的联盟组织合并,组成了联合国家联盟,劳合·乔治和贝尔福被选为荣誉主席。但在1918年12月的选举中,许多原本支持国际联盟的英国政治家——包括英国工党领袖阿瑟·亨德森(Arthur Henderson)——认为自己上当受骗了,劳合·乔治转而强调大众的观点,即和平安排必须从德国获得巨额战争赔偿,依法惩处德国皇帝。[81]在巴黎和会之前,帝国战时内阁对英国的政策进行评估,倾向于在国际联盟问题上支持威尔逊,但必须满足其实质性赔偿的要求。劳合·乔治的观点代表了大多数人的意见:如果他们在国际联盟问题上支持威尔逊,"尽管可能情非得已,但在我们认为重要的事务上"也要达成协议。[82]

对欧洲的安全承诺

威尔逊的国际联盟构想是,民主国家联合起来,为解决冲突和相互安全义务提供机制。国际联盟的成员国要相互承诺保证和平解决领土争端,共同反对违背这一做法的国家。但是处于国际联盟集体安全结构核心的潜在承诺不能同时确保两个有分歧的群体:对法国而言,保证过于模糊和不确定,难以满足它对本国安全的关注;

对于美国而言，保证过于模棱两可和复杂，难以向美国政治家保证本国的独立和主权不会受到威胁。

巴黎和会讨论了关于战后安全组织的两个建议案。其一是法国提出的，盟国组成联盟，设立国际部队和联合参谋部。这是战胜国联盟，需要一个雄心勃勃的超国家组织来提供可谓绝对的安全保证。对法国人而言，不管战后德国发生什么变化，都可以保证永久性的军事优势。[83] 这一建议案将美国与欧洲捆绑在一起，对其英法盟友提供明确的安全承诺和精心规划的政府间组织。这一全面的建议案大大超出了传统的联盟，在很多方面都像日后建立的北约。[84]

另一个提案是威尔逊提出的国际联盟，邀请所有国家成为其会员国，不管它们在战争中的角色如何。这将是一个更为松散的国家间联盟，没有正式的超国家组织，但有一系列精心设计的明确义务和预期，以及各种实施机制。这将是一个大国协调的机制，其有效功能的发挥有赖于主要国家的领导。《国际联盟盟约》将其成员约束在一个不具有侵略性的联盟之中，它在各个领域和预防战争方面都创立了国际合作的机制。国际联盟的核心思想在著名的第十条得以阐明："联盟会员国尊重并保持所有联盟各会员国之领土完整及现有之政治独立，以防御外来的侵犯。如遇此种侵犯或有此种侵犯之任何威胁或危险之虞时，行政院应筹履行此项义务之方法。"[85]

国际联盟将包括代表所有成员国的大会和大国主导的行政院。此外，还将单独设立独立的司法部门——常设国际法院和秘书处；设立各种委员会，其职责是审查具体的条约，促进社会、经济领域的合作。正如威尔逊在巴黎提出这一提案时指出的，希望国际联盟成为提供"明确的和平保证"的"活生生的机构"。[86]

有必要指出的是，国际联盟并非如此。它没有要求其成员国支持具体的领土保证或对诉诸武力的自动承诺。国际联盟精心设计了通过制裁来实施领土边界的协议，并详细说明了成员国宣誓支持的原则。但是，它没有对具体的行为方式提供强大的法律保障。如果美国加入，则没有具体军事承诺的义务。[87] 威尔逊对此心知肚明。在关于国际联盟辩论中，威尔逊数度承认美国不会接受任何更强大的宪章了。[88] 在许多场合，威尔逊都指出，国际联盟的约束特征需要随着时间的推移而增强，以反映各国都共同接受的一系列战后原则的承诺逐步加深。在一开始就坚持明白无误的法律承诺，这在政治上是不可行的。

与此同时，威尔逊反对其他人——包括美国国务卿罗伯特·兰辛（Robert Lansing）和劳合·乔治——淡化承诺的努力。兰辛认为，强制仲裁和集体安全有威胁《门罗宣言》、国会的宣战权和美国不结盟传统的危险。他试图用"消极的公约"取代威尔逊的"积极保证"，即成员国仅仅承诺不侵略对方领土和政治独立。[89] 威尔逊反对这一提议。在巴黎和会上，许多人认为劳合·乔治会支持《国际联盟盟约》的既有文本，但令他们吃惊的是，劳合·乔治试图尽量降低国际联盟"纸面义务"，转而寻求大国之间的非正式组织。劳合·乔治趋向法国的立场，寻求与威尔逊达成更多的妥协，而其目标也确实达到了。但是威尔逊却陷入两难之中：他需要赋予国际联盟一些力量，使之成为战后秩序的组织者，但赋予的力量不能过大，否则他将会失去盟国和美国参议院的支持。

显然，威尔逊要求国际联盟充分保证对侵略做出反应，在第一时间威慑此类侵略的发生。其目标是尽量使义务具有强制性，但对集体使用武力抵抗侵略的承诺却没有约束力或并非绝对。[90]正如威尔逊日后在国会参议院关于条约的辩论中指出的,批准运用武力抵御侵略的决定归属国际联盟行政院,美国是该机构的常任理事国,因此足以否决任何使用武力的建议案。

能否以及如何明确界定按照国际联盟义务使用美国对其军事力量的约束性承诺,法国的战后军事联盟计划清楚地陈述了该问题。威尔逊反对法国的计划,因为它将是一个针对战争失败国的联盟,同时,威尔逊感受到这一联盟所必须履行的义务,并对此保持警惕。他意识到,不可能将这样的承诺带给美国国会和美国人民。威尔逊试图通过国际联盟尽可能地界定保证的范畴。[91]

威尔逊的基本理念是,法律和道德制度难以强加于国内或国际社会。制度约束和承诺必须逐步增长和演化。这就是当威尔逊在巴黎辩称国际联盟是"活生生的机构"时所思所想的。它必须扎根下来,逐步成为国家最终所接受的一系列义务和预期的组成部分。[92]

对国际制度和国际法的这一观点与威尔逊对民主和国内法治的看法一脉相承。在其早期关于美国政府的著作中,威尔逊认为:"当民主被视为仅仅是法则之时,它自然是得到强烈认同的。这是一个发展阶段的问题。它并非为雄心壮志或新的信仰所创立,而是通过缓慢的习惯而建构的。"[93]同样,在1917年3月与法国驻美大使的谈话中,威尔逊谈到了国际法和国际义务必须逐步发展的历程。阿瑟·林克指出,威尔逊相信国际联盟不会马上全面发挥效用:"它将缓慢发展。需要有一个普世性的协约,相互承诺将国际争端提交未直接介入的国家间会议解决。也许,它会逐步创立出打破诉诸武力习惯的先例。"[94]威尔逊深信,国内的民主需要成熟的程序，而国家间法律和权利的发展也如此。[95] 正如威尔逊在1918年3月致豪斯上校的信中指出的："国际联盟必须逐步成长，而不是一蹴而就。"[96]

民主、国际法、讨论中的国际联盟有逐步发展的程序，威尔逊的上述观点决定了他对国际承诺的立场。威尔逊明确地认为，《国际联盟盟约》第十条不要求铁定的、自动的承诺来运用美国武力支持国际保证。他认为，《凡尔赛条约》和《国际联盟盟约》的批准并不意味着将国会动武的权力移交给一个国际机构。但他确实认为，随着时间的推移，国际联盟将越来越成为国际政治机制和政治框架的一部分，美国政府将会尊重民主国家共同体的预期和义务。

威尔逊争取国内支持的失败

当威尔逊将美国带入战争之时，他获得了大多数美国人的支持。批评他的共和党人士也推动美国介入战事，大多数人要求决定性的胜利。威尔逊并没有面对孤立主义的民众。他确实面临国会的反对，质疑他的集体安全理念和陈义过高的"没有胜利的和平"之说。在美国如何介入战后秩序的建设上，他也面对着一个意见不一的国会。某些国会议员是孤立主义分子，然而尽管议员们所持观点不尽相同，但绝大多数人支持战后实行国际主义政策。威尔逊议程的最终失败——参议院未批准《凡尔赛条约》——并不是孤立主义的胜利，而是国际主义阵营内未能达成妥协的失败。这是丧失机会的失败，而非因不同利益导致的不可避免的后果。[97]

1917年，共和党与威尔逊携手将美国推入战争之中。实际上，两位前共和党总统威廉·霍华德·塔夫脱（William Howard Taft）和西奥多·罗斯福（Theodore Roosevelt）都呼吁实现决定性的胜利，罗斯福认为"十四点计划"条款的和平"太过温和了"。支持威尔逊的"促进和平联盟"由塔夫脱等温和共和党人领导，该联盟呼吁美国积极介入战后和平。实际上，在1918年大选之前，美国人民发现难以区分两党对战争看法的不同。

正是在这一关头，威尔逊将党派偏见引入到和平安排的讨论之中。战争结束在望，他为民主党重掌国会而奔走，力争在进行谈判时毫无障碍。威尔逊的和平方案导致了政党分裂，实际上，意见不一致更为严重，反对他的共和党党内亦是如此。[98] 其结果正如阿诺·迈耶（Armo Mayer）指出的："威尔逊主义的国内基础进一步缩小了。"[99]

大选的结果是，共和党在参众两院都占据明显的多数，两院将在1919年3月14日之后开会研究条约。威尔逊无意之中使得共和党团结了起来。共和党在议会选举中获胜，据推测有可能担任众议院议长的西奥多·罗斯福在选举之后向世界宣布："我们的盟友和我们的敌人以及威尔逊先生本人都应该明白，此时威尔逊先生没有了代表美国人讲话的权威。他的领导就这样被断然否定了。"[100] 威尔逊领导的美国政府并不认为有必要将共和党重量级人士纳入其代表团，这进一步加重了国内政治问题。但是，威尔逊认为，他依旧能够战胜欧洲人和美国参议院。

战争结束之前，威尔逊在1917年1月第一次详细说明了其和平建议方案，触发了国内大辩论，揭示了国内存在的各种观点。美国几乎没有知名政治家是威尔逊战后安排理念——致力于"没有胜利的和平"联盟——的支持者。他们对威尔逊的批评可分为如下三类。[101]威廉·詹宁斯·布莱恩（William Jennings Bryan）领导的一个团体是由孤立主义者组成的，这一团体的政治家赞成威尔逊对欧洲军国主义领导人的谴责，但反对美国成为国际联盟的成员国。这一团体的政治家主要来自中西部，包括爱达荷州共和党参议员威廉·E. 博拉（William E. Borah）。他们反对任何有可能导致美国在军事上继续承担介入欧洲事务责任的安排。

第二个团体由西奥多·罗斯福领导，他们支持联盟，实际上罗斯福早在1905年就提出了联盟的理念，但他们要求采取的形式是由志趣相投的大国组成的、更传统的联盟。威尔逊的顾问爱德华·豪斯在欧战之初也提出了这样的理念：由德国、英国和美国组成的联盟，也可以考虑法国或日本的加入。罗斯福和亨利·卡波特·洛奇（Henry Cabot Lodge）参议员对威尔逊国际联盟倡议的保留在于，它使美国承担在全球的军事介入，这是美国人民最终不会赞同的义务。正如戴维·弗罗姆肯（David Fromkin）指出的："洛奇和罗斯福认为这是丢脸的事。这两个人根深蒂固的想法是，美国人如果不遵守的话，就不应该签署任何条约或做出任何承诺。"[102]

第三个团体由前总统塔夫脱领导，他们支持建立联盟，但反对"没有胜利的和平"这一说法。塔夫脱和该团体的其他人公开支持威尔逊关于战后和平维护机制的呼吁。他们反对没有实现决定性的胜利，反对将国际联盟与和平安排本身联系起来。但且不管战争如何结束，这一团体还是愿意投票支持条约和盟约的。[103]

威尔逊没有能够分裂孤立主义阵营，或与持国际主义立场的温和共和党人建立支持联盟的联合体，而是成功地使之转为国际联盟支持者和传统主义者的争论。威尔逊的自由主义战后议程成为被滥用的主题，被贴上了社会主义、乌托邦、理想主义、充满危险等多种标签。同时，威尔逊轻率地与盟国在赔偿和领土问题上达成了妥协，这使得支持威尔逊国际联盟理念的人士理想破灭了。

1919年3月，当巴黎的谈判还在进行之际，参议院外交关系委员会主席、威尔逊最严厉的批评者洛奇参议员联合37个参议员签署了一份声明，宣布"巴黎和会正在讨论的国际联盟在形式上"是不可接受的。孤立主义者也对盟约发动了猛烈的语言攻击。威尔逊与塔夫脱以及其他支持国际联盟倡议的共和党人协商之后，对倡议的某些方面进行了修正。这些修正包括：成员国在事前通告之后，有权从国际联盟撤出；国际联盟对国内事务没有管辖权；成员国可以拒绝殖民地托管；正式承认《门罗宣言》等。[104]

威尔逊回到美国时坚信，条约会在参议院获得通过，他不愿意再作任何让步了。对盟约的支持是随处可见的：32个州的立法机关、33个州长和绝大多数报纸的主编都赞成盟约。[105]同时，参议院提出了一系列保留意见，威尔逊决定对此反对。对盟约的反对也继续高涨。博拉参议员领导的孤立主义者——所谓"势不两立者"——攻击该条约，认为它会将美国拖入无休止的血腥欧洲战争之中。

不过孤立主义者毕竟是少数。真正的斗争发生在国际主义者和传统主义者之间，前者支持威尔逊提议的某种集体安全组织，后者支持进一步限制美国对欧洲的承诺和潜在使用武力的可能性。参议院非孤立主义者的攻击对象是《盟约》第十条。第十条保证每个成员国的政治独立和领土完整。《盟约》的其他条款确立了对领土争端的仲裁机制，并指明对一个成员国的战争行为就是对所有成员国的战争行为。在这样的情势下，国际联盟会自动做出经济制裁的回应，行政院将决定采取哪些军事措施击退侵略。

参议院的讨论最后聚焦于这一承诺之上。该承诺的性质是什么？这一集体安全体系会发挥作用吗？美国应该成为其成员国而做出这样的承诺吗？起决定性作用的反对力量，是反对美国对这一集体安全体系做出承诺的政治家。显然，大多数参议员支持国际联盟的其他方面：仲裁，监督国际法执行的世界法院，关于裁军的协议等。关键性的问题是，美国是否进一步承诺，如果需要的话，可以动用美国武力来保证世界其他成员国的领土完整和政治独立。某些反对者担心美国的主权被剥夺，其他人担心该体系仅能维护领土和政治现状，另外一些人士则警告它会导致美国对核心利益和更为全面的国际联盟承诺难以区分开来。这一辩论的关键点在于，美国对集体安全组织之安全承诺的约束性质。在洛奇为代表的温和共和党人看来，他们愿意接受国际联盟的大多数行动和义务，但坚持保留参议院在参与联盟应对具体侵略行动的程度做出基本决定的权力。这些对国际联盟的异议最终以条约保留条款的方式出现，总共达十四条之多。最重要的是保留条款二，载明美国不会自动承担保证其他国家领土完整和政治独立的义务，除非美国国会做出具体决定接受此义务。

威尔逊在全国巡回演说中为《盟约》第十条辩护。他认为，成员国支持其他成员领土完整和政治独立的承诺"代表着世界的良心"[106]。如果一个成员国侵略另一个成员国，争议将自动转为仲裁；如果战争不得已而爆发，则其他成员国将自动实施经济禁运。威尔逊的看法是，这样的制裁将会使得战争极难发生。但是，战争依旧可能爆发。威尔逊说，如果引发类似欧洲经历的大战，则美国自然不会保持中立；但如果只是远离西半球的小打小闹，则美国无须介入。[107]

威尔逊反对保留条款，更大的原因在于，保留条款向世界传递的政治信息是美国承诺盟约条款的技术问题。实际上，威尔逊做出的让步是，确实不存在为满足国际联盟会员国条款而参加战争的约束性法律责任。《国际联盟盟约》确实意味着，美国保留做出参战最后决定的权力。在美国不是直接当事方的任何争议中，行政院将做出使用武力的决定，而美国对该决定有否决权。其结果是，如威尔逊指出的，美国绝对不可能被迫违背其意志动用军事力量。[108]

民主党参议员吉尔伯特·希契科克（Gilbert Hitchcock）试图寻求妥协，因而提出了仅仅澄清美国对《盟约》第十条理解的保留条款。参议员洛奇成功地组织同盟，推翻了这些"友好的"保留条款，引入了自己的保留条款，包括威尔逊认为将会扼杀美国条约义务的保留。

威尔逊面临抉择：接受洛奇的保留条款，获得参议院对《盟约》的批准；或拒绝保留条款。他的选择基于如下观点：洛奇对第十条的保留相当于将《盟约》变为废纸。他组织民主党人，以推翻洛奇的保留条款。参议院只能选择或者完全批准《盟约》，或者拒绝之。参议院未能将持有国际主义观点的温和共和党人与政敌区分开来，最后以53票对38票否决了该《盟约》。

但是，鉴于威尔逊关于动武义务的偶然性和限制性特征的认识，洛奇的保留条款虽然对威尔逊的议程不具建设作用，却未必是条约的杀手。在技术问题上，威尔逊与洛奇的看法有一致之处：美国确实保留了按照宪法体制在海外运用武力时自己做出抉择的权利。威尔逊战后运用道德权威来建设国际联盟，洛奇的保留条款确实降低了道德权威的地位，但并没有必要改变美国加入国际联盟的基本条款。诺克指出，在美国对国际联盟的承诺上，威尔逊的立场是谨慎的："威尔逊确实多次在信中阐明了自己的立场。其内容与无限军事承诺和卷入欧洲政治并不同，而当时的反对者从一开始就这样描述威尔逊的设想，现实主义者也常常视之为威尔逊的任务。相反，其立场表明了威尔逊意识到了宪法对美国介入国际军事行动的限制。"[109]

困境在于，威尔逊面对的是以国际联盟为核心确立战后安排，向欧洲政府提供充分的安全承诺，确保它们参与战后自由秩序，而且不会引起美国国会的太多抵制。显然威尔逊两个目的均未达到。但是，第二个目标的失败，即未能得到国会批准，却并非不可避免。洛奇的保留条款给威尔逊带来了政治难堪，但它们并非是对《盟约》的根本性修改。[110] 威尔逊未能向欧洲提供必要的承诺，源于美国政治结构和欧洲所要求的具体安全责任。然而，没有具体安全保证和三方同盟的安排，可能会将欧洲和美国带入松散的安全制度之中。法国仍需要寻求其他安全措施，但可以特地安排一个供美国参与的国际联盟，从而为随后的承诺和保证铺路搭桥。威尔逊起初并不认为这是必要的，美国参议院可能亦如此。

威尔逊民主革命论的失败

威尔逊对他的大胆和平计划所能发挥的作用充满乐观之情,这是以如下信念为先决条件的:欧洲人民将投身民主革命之中。战争本身就是实现世界民主化的战争,和平协定将会进一步推动民主运动的深入发展。威尔逊假定欧洲和世界更多地区将接受美国的民主原则,因而忽略了战后安排的棘手问题。当1918年12月威尔逊动身赴欧洲参加和平谈判之时,他对欧洲政治变迁的方向表示乐观。但是,回顾以往,这不过是一次民主高潮,而不是民主洪流的汇集。

威尔逊的目标是将欧洲的民主运动协调地结合起来,在这一进程中鼓励公众舆论(他称之为"有组织的人类舆论"),以此向盟国政府施加压力,使之支持他的战后安排目标。[111] 但是尽管公众——尤其是英国公众——确实对威尔逊的计划充满热情,却远非政治领导人所能接受的。这是因为1918年的军事胜利巩固了英法两国执政的保守党联盟,阻止了国内政治动荡的出现,而后者可能会导致威尔逊计划所需要的新联盟。但同样重要的是,由于美国依旧不愿意为国际主义的目标而运用其力量,威尔逊的计划没有佐之以经济和军事援助,而后者将使其安排计划更具吸引力、更可信。不管和平计划对深受战争之苦的欧洲人民如何具有诱惑力,政治动机和安全保证的缺乏降低了它们对欧洲政治领导人的吸引力。

1918年12月,威尔逊赶往欧洲,争取欧洲舆论对其和平安排立场的支持。他提出了一系列自由主义的原则:公开外交,全面解除武装,航海自由,废除贸易壁垒,少数民族自决,限制对德国赔偿的要求,组建实施和平的国际联盟。这位总统试图使欧洲接受这些条款，其方式更多地通过道德和思想吸引力，而不是施展美国力量或运用圆熟的外交技巧。他运用媒体和私人旅行来发起运动，以激起欧洲大众的道德感，促使他们拒绝不公正的旧外交。[112] 威尔逊试图直接与欧洲大众对话，向他们灌输世界秩序的新概念。正如一位历史学家描述的："威尔逊总统将国际性社会控制的理念引入美国对外关系，以促进集体安全，抑制国家利己主义。"[113]

在1917年和1918年，自由主义的原则得到了欧洲的支持，这部分是俄国事件的结果。俄国革命鼓舞了欧洲的左翼政党，知识骚动席卷欧洲政坛。在彼得格勒成立临时政府不久，布尔什维克公布了和平计划，这是一个巨大的进步，对盟国施加了重大压力，迫使其做出实质性回应。[114] 英国的激进分子也呼吁追求更为温和的战争目标，建立自由的世界秩序。[115]

在停火和威尔逊赴欧洲之前，这位美国总统就密切关注欧洲自由主义和社会民主政治联盟的前景。早在1918年，豪斯上校就派遣记者雷·斯坦纳德·贝克（Ray Stannard Baker）去报道欧洲出现有利政治变化的可能性。在豪斯看来，欧洲与威尔逊战后目标合作的最大希望在于，自由主义和社会民主政府上台执政。因此，鼓励并与这些自由主义力量合作是重要的。[116] 贝克在1918年夏季从欧洲发回的报道也在鼓励同样的事情。盟国政府对威尔逊和平计划口惠而实不至，唯有工党、大多数自由主义者和激进分子支持他的战后安排思想，威尔逊的和平目标与这些处于发展中的自由主义和进步团体联结在一起了。[117]

威尔逊的战后战略建立在这一乐观的看法之上：战争将使美国拥有控制性的经济、军事地位来确定和平条款，筋疲力尽、破产的欧洲将发生转变,从保守的民族主义政府转向自由主义的社会民主政府。威尔逊处于特殊的地位,可以团结这些处于上升状态的左翼民主力量,他们也会转而确保威尔逊计划的成功。[118] 但事实证明,在战争结束前后数月间,这些预期——美国处于控制性的实力地位,欧洲政治将在战后"左转",威尔逊越过欧洲领导人直接向大众发出的呼吁可能会转化为真正的政治变革——引起了诸多困惑。

无论如何,威尔逊1918年12月的欧洲之行,使他在英国和法国民众中树立起自由和平与民主斗士的形象。在法国,大批支持者欢呼威尔逊的到来,工会和左翼政党给了他英雄般的欢迎。他在英国也受到类似的礼遇。即使保守的伦敦《泰晤士报》也做出了这样的评论:"现在,我们都是国际事务的理想主义者,我们盼望威尔逊帮助我们实现这些理想,摆脱混乱,重建一个更加美好和公平的世界。"[119] 在罗马、米兰和欧洲其他城市,威尔逊被当作救世主。正如诺克指出的:"这些意想不到的情景不过带来了盛典而已。确实,它们表达了大众的政治舆论,而这是盟国的自由主义分子、工党和社会主义运动发动的。"[120]

威尔逊欧洲之行中感受到民众气势恢宏的支持,我们就不难看到为什么威尔逊对欧洲民主革命的发展如此乐观了。1919年9月,在结束最后一次欧洲之行返回美国之后,威尔逊依旧充满着期待:"我发现,我们所称的美国原则不仅渗透到欧洲伟大民族的内心和理解之中,也渗透到代表欧洲人民的伟大人物的内心和理解之中……华盛顿、汉密尔顿、杰斐逊和亚当斯父子,这些第一代伟人如此明智地建立了一个伟大的政府。我可以这样想象,当看到美国精神征服世界的时候,他们必然会带有某种欣喜和惊叹之情。"[121]

战争的进行显然对英法的政治、思想气氛产生了深远影响。1918年早期，左翼复兴，威尔逊战争目标的声望如日中天，这些不仅与各国人民对战争日渐不满有关，还与如下担心联系在一起：《布列斯特—立托夫斯克条约》签署后，战场东线全面瓦解，德国在西线拥有压倒性的军事优势。[122] 这些发展使得美国参战更加必要，欧洲政治领导人希望美国参与战事。英国和法国政府官员小心翼翼，避免在战争期间批评威尔逊的理想。但欧洲公共舆论并非因为要获得美国的援助才支持威尔逊的呼吁。在1918年美国参战之后，威尔逊获得了潮水般的民众支持。然而，英国和法国政府都没有屈从于威尔逊的目标。劳合·乔治对威尔逊的新外交设想依旧三心二意，1918年和1919年间，克里孟梭是威尔逊更为顽固的敌手。威尔逊成功地运用道德和思想基础——而非美国的实力——向欧洲民众发出呼吁。

巴黎和会之前，在威尔逊的欧洲巡游中，民众对到访外国元首的欢迎和支持史无前例。但问题依旧存在，正如托马斯·诺克指出的："依旧不明确的是，民众的敬慕能否转化为看得见摸得着的政治影响力，这不仅仅是针对国际联盟而言的。"[123] 威尔逊在欧洲的巨大威望并没有被旁观民众如何崇拜美国总统的欧洲领导人所接受。

这就是威尔逊的难题：他的和平理念感染了英法的舆论，但却没有赢得欧洲政府领导人的青睐。美国在欧洲赢得了巨大的民众支持，却未能因此改变欧洲领导人对和平安排的看法，没有导致英国和法国执政联盟的改变。1917年年底，保守力量因战争爆发而得以加强，依旧牢牢控制着两国的战时内阁。阿诺·迈耶指出，1914—1917年，"这些力量获得了战前它们在最大胆的梦中才出现的渴求已久的执政地位"[124]。这些国家深受旧外交的惯例和构想的影响，其战争政策体现出如下特征：秘密谈判，领土兼并计划，希望彻底打败德国等。

然而1918年，尤其在英国，保守力量对战时内阁的控制大大削弱了。俄国革命和1917—1918年的政治危机导致英国和法国形成了强大的中左联盟。在英国，激进力量得到越来越多民众支持，工党转向左翼。为维持对政府的控制，劳合·乔治将自由主义战争目标纳入其官方政策之中。[125] 换言之，民众对战争和英国目标的看法发生了变化，从而影响了对英国战争目标的基调和侧重点。法国并没有发生此类变化，这主要是因为其中左联盟不够强大，难以威胁克里孟梭的地位。

打败德国之后，英国的政治钟摆再次"右转"，这是战争胜利所激发的民族主义和爱国情绪所推动的。随着军事胜利的到来，对自由主义和平计划支持的减弱与右翼力量的增强相唱和。劳合·乔治因而更加关注保守党及其对塑造战后和平的偏好。[126] 中左联盟的衰弱和左翼的分化，导致政治行动主义和理想主义中心的瓦解，威尔逊正是依靠它们赢得欧洲民众对"十四点计划"的支持。威尔逊对自由主义和平的呼吁被拒绝后，继续支持其和平目标的人士却不能发挥有效的政治影响力。

随着右翼复兴导致政治进步机会的消逝，威尔逊的和平计划不能为欧洲政治领导人提供什么帮助。美国没有物质资源为这些精英转向威尔逊所期望的方向创立动机。而且，鉴于美国参议院不愿意支持威尔逊计划的所有措施，美国对欧洲的承诺不会是实质性的、可信的。威尔逊呼吁减少战争赔偿、裁减战胜国和战败国的军备、接受自由贸易思想，但没有向欧洲政府精英提供维系这些原则的有吸引力的基础。威尔逊没有通过战后援助和安全保证来实质性地运用美国权力，这不会导致欧洲领导人在国际秩序的概念上采取革命性行动。威尔逊确实给欧洲左翼留下了持久的印迹。尤其是20世纪30年代，集体安全和裁军思想对英国外交政策产生了重大影响。[127]但是，英国和法国的执政联盟没有发生政治变化，威尔逊的大众吸引力未能转化为持久的政治变革。

结论

宪法模式解释了战后美国秩序建设的动机和制度性谈判失败的逻辑。美国确实在战后推行了制度性秩序建设战略。作为新兴强国，美国对达成制度性谈判目标的动机和机会做出回应，力争将其他国家锁定在相宜的国际秩序之中。这是威尔逊自由主义议程的核心：创立由民主国家组成的、稳定而合法的战后秩序，在自由主义制度内运行，支持集体安全。威尔逊认为，战后关头是稍纵即逝的机会，应据此确立安排，使之持续数十年。这一机会以及威尔逊个人的道德观念使得他认为，通过建立民主国家之间的制度化关系，可以确保美国的长期利益。为了寻求与欧洲领导人达成协议，威尔逊在短期收益上做出了让步，也确实提供了更多普遍性的约束条款。

战后的权力失衡也使英法两国担心美国的主导或抛弃，它们积极寻求与美国的正式安全联系。英国运用其对国际联盟的支持作为塑造美国承诺的机制，而法国追求更为正式的安全同盟。法国更担心德国军事力量的复兴，而不是美国公开的主导，但是法国人和英国人都热切期望将美国与欧洲捆绑在一起，以此降低美国实力增强带来的不确定性。

然而，为什么制度谈判失败了？其原因在于宪法模式的内外因素。如果美国和欧洲之间的正式安全联盟是战后这些国家建立稳定、合作的国际秩序的唯一途径，聚焦于固执而多元的大国利益或许足以解释其后果。法国自然希望更为传统的、具有约束力的安全保证，而不是仰仗美国是否愿意或能否提供安全保证。权力分配的变化或民主国家存在与否都不足以解释该联盟协议的失败。

但另一个导致失败的原因是更为克制的制度性协议，它将美国和欧洲通过国际联盟不那么密切地联系在一起，或许为其他具体的动机或承诺所补足。这可能是一个将主要大国联系起来的制度化协定，其紧密程度超过了1815年的战后安排，但其约束性比第二次世界大战之后欧美安全联系非正式得多。它的失败更多与战后美国权力行使相关的具体情势和威尔逊的个人信念相关，而不是大国的利益冲突。

战争后期和巴黎谈判期间，美国的卓越实力并未转化为有效的影响力。1815年的英国和1945年的美国更好地利用了所处战时联盟领导地位，将战后安排锁定在协议上。美国在联盟中处于"副手"地位，也使美国充当和平安排领导者的可信性不够。即使美国在战争中发挥了更具决定性的作用，也很难由此断定威尔逊会有效运用美国实力，将联盟转化为关于战争目标和安排条款的正式协议。威尔逊只能求助于道德说服力和培育欧洲公共舆论。

美国未能将自己与欧洲盟国约束在一起，背后原因是威尔逊本人。威尔逊反对洛奇参议员的保留条款，尤其是关于盟约第十条的内容，这更多地与美国对欧洲承诺的精神相关，而不是关于义务性质的技术性争论。威尔逊认为，这些保留条款削弱了承诺的政治基础，他将后者视为国际法和制度性约束的基本来源。事实确实如此，尽管威尔逊也承认，从技术角度看，美国是国际联盟行政院的理事国，能够对武力使用进行否决，因而保留了做出此类决定的权力。

威尔逊的行动建立在出现世界性民主革命的基本假定上。当1918年1月威尔逊提出"十四点计划"时，欧洲的政治浪潮看起来在向自由主义和社会民主方向发展。俄国革命似乎证实了，民主革命正在席卷主要工业化国家。和平会议前夕，威尔逊以胜利者的姿态到访伦敦、巴黎、罗马和米兰，民众支持之热烈旷古未有，也使得威尔逊进一步感到，世界民主浪潮将赋予其谈判地位以力量。中左翼政府将会出现并支持威尔逊的构想。但是，蓬勃发展的革命浪潮在1918年早期达到顶点，随着战争的结束，政法方向决定性地转向了保守。

威尔逊将其自由主义和平规划拴在战争和他所感受到的社会变迁的巨大力量之上。尽管这些力量在1918年对威尔逊有利，但在1919年及其后，它们却成了反对他的因素。战争给美国带来了新的实力地位，但战争结束的方式以及威尔逊机会的错失使得美国不能主导和平的条款。威尔逊自己对承诺和全球历史变革的认识削弱了他所能达成的制度性协议。

第六章

1945年战后安排

在历史上的所有战后安排中，第二次世界大战之后的协定最为支离破碎，影响也最为深远。这也是人类历史上第一次没有以单一的总体和平协定而告终的大战。和平条约没有将主要轴心国日本和德国纳入其中。《联合国宪章》与《国际联盟盟约》不同，没有附加任何和平协定。[1]1944—1951年间，美国及其盟国进行了人类历史上最为彻底的国际秩序重组。

第二次世界大战实际上以两大安排告终：一个安排是美国和苏联及其各自的盟国之间，最终体现为冷战两极对峙；另一安排是包括日本在内的西方工业国家之间最终建立了一系列新的安全、经济和政治制度，美国几乎参与了所有制度。这两大安排是相互关联的。冷战加强了发达工业化民主国家的凝聚力。与苏联关系的破裂始于1947年（并在1950年之后进一步加剧），它在塑造美国对欧洲安全承诺的性质和范畴上发挥了关键性作用。美国通过实施"马歇尔计划"（Marshall Plan）和提供联盟保证，稳定了战后欧洲，并为其提供了再保险。欧洲对苏联共产主义的恐惧与日俱增，使得马歇尔计划在政治上变得可以接受。但是,尽管冷战巩固了西方秩序,两大安排毕竟有着独特的来源和逻辑。其一,这是历史上军事因素最重的安排;其二,这是制度化最高的战后安排。

在西方工业化国家之间,这一安排尤其突出的特征是,广泛运用多边制度来组织各种战后关系,包括通过联盟将美国及其欧洲伙伴约束在一起。1944—1951 年间,美国与其他先进的工业化民主国家进行了一系列的制度建设。战后秩序的制度化因之在范围上大大超过了以往,涵盖战后联盟间的经济稳定、贸易、金融、货币和政治、安全等关系。其结果是,建立起地区和全球制度、多边和双边制度构成的"夹层蛋糕"。第一次世界大战后,美国寻求建立富有权威性、涵盖国家间关系所有领域的单一普世性制度;第二次世界大战之后,美国及其伙伴创立了多元化的国际制度,虽然许多制度仅由西方工业化民主国家组成,范围也局限于大西洋地区。

与过去类似,在这次安排上,领导人吸取了过去的教训和思考。1919 年,参加巴黎和会的领导人回想起了维也纳和会。1945 年,参与结束战争谈判的外交官和政治家深切感受到了历史的重复。这次战争是上次战争的继续。许多领导人参加 1919 年安排之时风华正茂,因而对其失败记忆犹新。[2] 这次美国处于更为强大的主导地位,它也拥有了塑造战后秩序的更大机遇,但美国运用权力的方式、美国官员对秩序建设的思考也发生了变化。

与 1815 年和 1919 年不同的是,领导国和次要国家有更大的动机和能力趋向于宪法秩序建构。战争使得美国拥有了与其他国家进行制度建设谈判的令人生畏的能力,巨大的实力差距强化了欧洲通过达成协议来确立对美国权力行使的制约和承诺的动机。美国寻

第六章　1945 年战后安排

求利用战后关头建立一系列制度，服务于其长远利益；反过来，通过在一系列战后经济、政治和安全制度方面行使权力，它也提供了——在大多数情况下是非常自愿的——自我约束和承诺。美国的政策也反映了这样的动机，即领导国建立战后秩序至少应保持最低限度的合法性。为实现制度化协议的目标，美国向欧洲做出了持续的妥协。

相关国家的民主性质也促进了制度协议的达成。欧洲和美国领导人颇为明确地指出，彼此建立约束性联系有赖于他们共享的民主制度。民主既是目的，也是手段。西方领导人一再为其前所未有的制度性承诺辩护，称之为保护共同民主价值观的必要措施。但是，他们也认为，这样的承诺尤其可信和有效，因为它们是建立在民主国家之间的。而且，美国政府分权和多元化性质也使得政府对外来影响相当透明和开放，这也有助于让欧洲领导人相信美国权力的行使不像专制政权那样随意和不可预期。这也使得制度的创立更容易、更少风险。

美国起初的战后目标由罗斯福总统在1941年的《大西洋宪章》中首次提出，旨在将民主国家锁定在一个开放、多边、通过新机制联合运行的经济秩序之中。英国的帝国特惠制，德国和日本的地区集团以及苏联的封闭，都与这一秩序存在冲突。美国运用其影响力，推动英国和欧洲大陆人民走向开放的战后体制。美国官员提出了广泛的秩序建设理念，不同程度地强调自由贸易、全球制度、大西洋共同体、地缘政治的开放性和欧洲一体化。随着战争结束，环境发生变化，欧洲出现经济衰弱，德国开始重建，苏联威胁加剧，美国自由主义国际目标的具体形式也在变化。为了确保欧洲参与战后多边制度，美国接受了妥协性的协议。相比而言，欧洲的衰弱，而非公开抵制，更限制了美国的战后自由主义多边目标，不久欧洲一体化和重建成为确保更宽泛开放多边秩序的关键成分。

在战后时期，欧洲领导人更担心美国的抛弃，而不是其主导，他们始终要求美国做出正式和永久的安全承诺。直至1948年初，美国的官方意见是，欧洲最大的威胁是其内部的经济和政治混乱，确保战后稳定秩序的最佳方式是一个繁荣而统一的欧洲作为"第三股力量"。处于变化之中的美国对欧洲安全承诺最终有赖于如何解决德国问题。联邦德国的重建被美国官员视为欧洲经济复兴的关键，也在欧洲内部，尤其是对法国，形成了潜在的安全威胁。在美国对欧洲安全承诺的每个发展阶段——马歇尔计划、范登堡决议、《北大西洋公约》、军事一体化指挥和在北约驻扎地面部队——美国都寻求联邦德国重建和重新统一与欧洲安全的协调。在每个阶段，美国都寻求通过将德国西部与更广阔的欧洲约束在一起的方式来克服对德国再次侵略的担心。在每个阶段，英国和法国官员都坚持，除非美国也与欧洲捆绑在一起，这样的解决方案才可能被接受。伊斯梅勋爵（Lord Ismay）的名言：创立北约是为了"将俄罗斯人挡在门外，让德国人趴下，让美国人进来"体现了约束性安全联系用于确立承诺和约束的多种方式。

美国能够克服欧洲及其他国家抵制或制衡其权力的动机。冷战的兴起——和人们所感受到的苏联威胁——确实加强了西方民主国家之间的合作，但它并非促成合作的因素。即使早在欧洲感受到苏联的直接军事威胁之前，各国就在积极寻求战后美国的安全承诺。[3]尽管存在巨大的实力差距，但美国霸权的开放性、美国及其伙伴之间的广泛互惠、缺少霸权强制和约束性的制度化关系都提供了保证与合法性的元素。

美国的伙伴不那么担心被主导或被抛弃，其原因在于它们已经相互融入安全同盟和多边经济制度之中，因而对滥用权力构成了约束，创立了确保承诺、解决冲突的跨政府政治程序，美国非常乐意做出明确而完全的承诺，但直至20世纪50年代末尚不那么坚决。但是，欧洲人能够利用大西洋体系的出现来获得美国的承诺。美国政体的开放性提供了接触点和"发声机会"，反过来也为美国直接介入其盟友政策的制定提供了机会。与民主国家相关联的约束性制度安排为承诺和约束提供了基础。

战略背景

战后美国及其盟国面临的战略情势非常接近于本书第三章所勾勒的程式化的秩序问题。在与欧洲大国和日本的关系中，美国从战争中崛起，实力空前强大。美国的盟国和被打败的轴心国都遭受了严重打击和削弱，而美国通过动员和战争变得更加强大。[4] 美国政府权力更加集中、更有能力，美国经济和军事实力空前强大且处于上升态势。[5] 此外，战争本身摧毁了20世纪30年代的旧秩序，清除了德国和日本的地区霸权野心，削弱了英国帝国秩序的生存能力。

美国与其他大国之间巨大的实力差距是战后根本性的战略现实。美国拥有几乎世界一半的经济产出，拥有主导世界的军事力量，在先进技术领域处于领先地位，石油和食品产出过剩。[6] 处于上升期的美国经济主导地位反映在战后大国的相对经济规模上。1945

年，英国和苏联是最为接近美国经济实力的对手，其经济规模大约是美国的五分之一。随着苏联和欧洲从战争中复兴，这一经济规模的巨大失衡稍有缓解，但美国依旧独领风骚。[7] 表 6-1 中美国占世界工业产出的比重反映了这一基本的经济优势。正如大国军事开支相对份额所表明的那样（参见表 6-2），在军事实力上也存在类似的差距。战争结束之际，美国的军事实力空前强大，在苏联复苏和冷战爆发之后，这一军事优势有所下降。然而，战后几十年间，相对于西欧而言，美国的军事能力依旧有着巨大的优势。

表 6-1 世界工业产出的相对比重（1938—1973 年）（%）

	1938 年	1953 年	1963 年	1973 年
英国	10.7	8.4	6.4	4.9
美国	31.4	44.7	35.1	33.0
德国	12.7	5.9	6.4	5.9
法国	4.4	3.2	3.8	3.5
苏联	9.0	10.7	14.2	14.4
意大利	2.8	2.3	2.9	2.9
日本	5.2	2.9	5.1	8.8

来源：Paul Bairoch, "International Industrialization Levels from 1975 to 1980", *Journal of European Economic History*, Vol. 11, No. 2 (Fall 1982), p. 304.

表 6-2 大国的军事开支比重（1940—1955 年）（%）

	1940 年	1945 年	1950 年	1955 年
美国	3.6	74.5	42.9	52.4
英国	21.4	14.1	7.0	5.6
法国	12.3	1.0	4.4	3.8
德国	45.6	—	—	—
苏联	13.2	7.1	45.7	38.2
日本	4.0	3.3	—	—

来源：根据附录二的数据计算。

美国战后的卓越地位得到了同时代观察家的认可。1947年6月，英国外交大臣欧内斯特·贝文（Ernest Bevin）指出："美国今天所处的地位如同拿破仑战争之后的英国。"[8]英国学者哈罗德·拉斯基（Harold Laski）也在1947年撰文，表达了对美国支配性实力的同样看法："今天，千百万欧洲人和亚洲人都意识到，他们的生活质量和节奏都有赖于华盛顿做出的决策。这些决策的明智与否将决定下一代人的命运。"[9]

美国的外交政策官员也认识到，巨大的实力差距是战后情势的既定特征。乔治·凯南（George Kennan）在1948年提交国务院的一份关于美国外交政策的重要评估中，指出了这一新现实："我们只有世界人口的6.3%，却坐拥世界50%左右的财富……下一个阶段我们真正的任务是，设计出确保我们的实力差距地位而不会损害我国安全的一种关系模式。"[10]美国发现自身处于史上少有的地位，它既有实力，也有选择权。

而且，与第一次世界大战结束之际不同的是，盟国的胜利是全面的。无条件投降和战后对战败国的占领是结束对德、对日战争的绝对条件。[11]早在1942年4月，美国国务院所建立的研究战后安全问题的下属委员会就得出了这样的结论，仅仅因为1918年德国没有彻底被打败，欧洲才第二次燃起战火。德国人民被其领导人蒙蔽，相信他们被骗接受了惩罚性的和平条约，德国军队并没有在战场上被打败。委员会得出结论指出："假如联合国家的胜利是决定性的，则应该寻求主要敌国的无条件投降，而不是停火。"[12]罗斯福立即接受了无条件投降的目标，在1943年1月卡萨布兰卡的盟国会议上，盟国同意了这一战争解决方案。[13]在欧洲和太平洋地区，这实际上是战争结束的方式问题。

相比上次战争而言，在如何结束战争上，美国更必不可少。美国并没有因战争而遭受最为严重的人员和物资损失，但其资源和技术是赢得战争胜利的关键。[14] 相比第一次世界大战，美国的政治领导也更为关键。美国对英国和苏联的军事援助，也为美国在战争目标和安排目标上与英国及其他盟国达成协议提供了机制。美国发挥的作用不同于拿破仑战争期间卡斯尔雷领导的英国：美国的经济和军事能力使其领导人可以塑造联盟，影响战争结束的时间和方式，在依旧处于优势地位之际将其承诺锁定在战后秩序之上。美国对1941年与英国签署的《租借协定》的运用，是利用战时援助获得盟国战后欧洲政策妥协的最明显例证。

此时，美国与1915年的英国、1919年的美国所处地位类似的是，美国是世界体系中远离中心的大国。美国远在欧洲和亚洲之外，可以更宽广的视野、更长远的眼界来构想安全关系。美国拥有最安全的退守选择，因此其提案较少受到均势考虑和安全困境的限制。第一次世界大战之后，美国也拥有这样的地位优势。但1945年美国更处于控制性的地位：它更为强大，也更必不可少，战争导致了旧有秩序彻底崩溃，敌人的失败也更具有决定性。

这些条件决定了战后秩序问题：新的巨大实力差距、彻底打败的敌人、旧有国际秩序土崩瓦解和一个不确定的未来。美国处于塑造世界政治的一个前所未有的地位上。但是美国的控制性权力也加重了弱小国家对于被主导或被抛弃的担心。在这里，美国的性质——作为开放的、不情愿的霸权力量，对政治秩序有着与众不同的理念——及其所倡议的战后制度配置促进了战后安排协议的达成，而且这些协议是围绕约束性制度组织起来的。

两大战后安排

第二次世界大战促成了两大战后安排。安排之一是应对与苏联关系的恶化,并以确立"遏制秩序"而告终。这是建立在均势、核威慑和政治、意识形态竞争为基础的安排。安排之二是应对20世纪30年代经济敌对、政治动荡及其带来的新世界秩序,并以西方工业化民主国家及日本之间建立广泛的新制度、新关系而告终。这一安排建立在经济开放、政治互惠和对美国领导的自由主义政治秩序进行多边管理的基础上。[15]

这两大安排有着不同的政治构想和理论背景,美国总统在关键时刻对此都进行了阐述。1947年3月12日,杜鲁门总统向美国国会发表了著名的演说,宣布对希腊和土耳其进行援助,并将其纳入美国支持全世界自由事业的承诺中。杜鲁门主义的演说是奠定"遏制秩序"的时刻,它团结美国人民投身新的伟大斗争中,反对苏维埃共产主义主导的危险世界。杜鲁门告诉美国人民,"一个决定命运的时刻"到来了。世界各民族"必须在两种生活方式中做出选择"。杜鲁门宣布,如果美国的领导失败了,"我们将会危及世界的和平。"[16]

然而我们忘记了,就在这一历史性宣言的六天之前,杜鲁门在贝勒大学发表了同样振聋发聩的一次演说。在那里,杜鲁门谈到世界必须吸取20世纪30年代大灾难的教训:"随着30年代每一场经济战争的爆发，不可避免的悲剧后果越来越明显。从实施霍利、斯穆特提出的关税政策开始，世界齐聚渥太华，实行帝国特惠制；渥太华会议之后，纳粹德国采取了某种精致而具体的限制措施。"杜鲁门重申美国对"经济和平"的承诺，具体包括削减关税、促进贸易投资的规则和制度等。他指出，在解决经济分歧的安排上，"必须考虑所有国家的利益，从而找到公平、公正的解决方案。"冲突将会归化在一个由多边规则、标准、保护和争端解决程序组成的铁笼子里。杜鲁门认为："这就是文明共同体之道。"[17]

"遏制秩序"可谓世人皆知。它是二战结束不久发生的著名历史事件，美国官员力争了解苏联的军事力量和地缘政治意图。二战结束早期，少数"智者"对苏联共产主义的全球挑战做出了一贯而符合理性的回应。[18]遏制主义成为数十年间表述美国外交政策透明度及其意图的核心概念。[19]在随后数十年间，诸多官僚机构和军事组织建立在遏制倾向的基础上。世界走向两极对峙、核武器大规模发展和技术进步、两种扩张性的意识形态发生冲突，所有这些情势都赋予处于核心的"遏制秩序"生命力，后者也因此得以巩固。[20]

相比而言，西方秩序的理念、政策更为分散和广泛。西方内部的议程并非明显是一个专为推进美国安全利益而设计的"大战略"。其结果是，冷战期间，这一议程不可避免地被视为次要战略，是经济学家和美国商业的专注领域。支持发达工业化民主国家之间自由贸易、经济合作的政策和制度是典型的"低度政治"事务。但是，这是一种历史错觉。西方安全建立在如下复杂多样的理念基础之上：美国的安全利益、引发战争和经济萧条的因素、战后政治秩序所拥有的适宜而有利的基础，等等。尽管"遏制秩序"使之相形见绌，但西方工业化国家间秩序的理念却更扎根于美国经验和对历史、经济学和政治秩序来源的深刻理解之中。

美国思考战后西方秩序的最基本信念是，导致世界萧条和将世界分裂为相互竞争集团的、封闭而专制的地区分隔应彻底打破，并代之以开放、无歧视的世界经济体系。在一个封闭和排他性经济区组成的世界里，是不可能存在和平与安全的。自由多边主义的挑战者，几乎存在于发达工业化世界的每一个角落。德国和日本当然是最公开和敌对的挑战者。两者都寻求进入现代工业时代的危险道路，即将专制资本主义和军事专政、强制性的地区独裁结合起来。但是，英联邦和帝国特惠制也是对自由多边秩序的挑战。[21]仓促起草的《大西洋宪章》代表了美国力争英国人接受自由主义民主的战争目标的意图。[22]这一关乎原则的联合声明强调：自由贸易，国家在平等基础上获得原料，在经济领域进行经济合作以提高劳工标准、雇用安全和社会福利。罗斯福和丘吉尔意在告诉世界他们从两次世界大战期间的历史中所吸取的教训，这些教训从根本上讲都关乎如何恰当地建构西方世界经济。不仅对美国的敌人，对美国的朋友也要进行改革并平等对待。[23]

罗斯福希望用《大西洋宪章》来换取英国不将战争用于获取领土和坚持经济帝国主义的目的。他这样做的部分意图是，防止重复出现他所认为的一战后严重伤害和平的情势：在美国不知晓的情况下达成联合阴谋和秘密谅解，从而削弱了威尔逊"十四点计划"的效力。此外，罗斯福也希望在美国依旧处于强势之际，寻求尽早与英国就战争目标达成协议。这也是罗斯福及其他美国官员从威尔逊的经历中吸取的教训。[24]

罗斯福签署《大西洋宪章》是希望将欧洲民主国家锁定在一个开放、接受管理的战后秩序上。罗斯福与国务院许多官员共同持有的看法是经济封闭和歧视是导致20世纪30年代政治冲突和不稳定、最终导致战争的根本原因,开放而稳定的经济秩序对确保战后和平至关重要,这些看法日后也得到了杜鲁门的回应。[25]这是得到普遍认同的观点。著名的共和党外交政策专家约翰·福斯特·杜勒斯(John Foster Dulles)赞成《大西洋宪章》及其关于战后世界的侧重点,即允许"没有帝国主义的增长",佐之以"致力于普遍福利的国际机构",并在每个国家建立确保经济逐步开放的"常规程序"[26]。在1944年的大选中,民主党战后外交政策委员会重申对"稳定的、相互依赖的世界"的承诺,呼吁美国战后与其他国家的合作,以防止军事侵略、扩大国际贸易、确保货币稳定和经济稳定。[27]

当然,遏制秩序并非在战时刻意规划而成,它的出现也不完全在意料之内。尽管丘吉尔和其他英美官员已经开始怀疑苏联的战后意图。直至1945年3月逝世,罗斯福一直相信他能够对付斯大林,为美苏参与全球国家间关系之合作管理的战后秩序来开辟道路。[28]正如惠勒—贝内特(Wheeler-Bennett)和尼科尔斯(Nicholls)指出的:"战争伊始,在美国和苏联都不是参战国之时,他就设想建立致力于和平、塑造战后世界的苏美伙伴关系。其后当它们成为并肩战斗的盟友之时,这一想法得到了巩固而不是削弱。苏联和美国被选派担任超级警察的角色,在联合国的主持之下监管东方和西方……罗斯福总统始终相信,只有他本人能够创造这种被视为不可能的奇迹。"[29]

在1943年的德黑兰会议、1945年的雅尔塔会议和波茨坦会议等一系列峰会上，盟国领导人力图协调他们的军事行动，就安排条款——包括领土问题、德国的处理、战后国际和平维护组织的形式——进行谈判。直至雅尔塔会议，罗斯福的目标是将盟国胜利者发展为大国维持和平组织。英国和中国可以加入苏联和美国的行列，它们将基于地区责任实施和平。[30] 富兰克林·罗斯福的理念建立在大国维系合作的能力基础之上。战争结束之际，立即出现了不和谐之声。随着世界大战转为冷战，两大战后安排开始成形。然而，即使与苏联合作的前景趋于黯淡，美国促进稳定经济开放的议程——这是铭刻在《大西洋宪章》中的承诺——依旧是战后秩序建设的核心。1947年之后，它成为西方民主国家所追求的议程，范围因而变得狭窄了。美国更直接地介入其中，实施了精心规划的制度战略。

美国对战后秩序的竞争性观点

战争期间和战争结束之初，美国官员和政策专家提出了诸多战后秩序的理念，并展开了热烈讨论。随着战争的结束，某些理念融入政策，某些理念销声匿迹。国内的反对、欧洲的衰弱和抵制、与苏联关系的进一步紧张都对特定宏大设计的可行性产生了影响。其结果是，出现了某种"循环程序"，不同的政策理念占据上风或丧失支持，由政策专家、官员组成的各种联盟围绕战后政策组织起来，并时而重组。美国最终接受了致力于西方大国及日本之间经济开放和多元民主的政策方向，通过在经济和安全领域建立一系列国际制度、地区制度予以巩固。美国的政策转变表明，美国致力于培育这样一个战后秩序：将其他工业化大国锁定在一个开放秩序中，并得到各国的接受。这就意味着，同意该秩序纳入精心设计的政府间制度和政府间关系中，包括约束性的安全承诺。

在美国努力抓住战后秩序建设机遇之际，各团体提出了六种宏大设计，并为争得上风展开竞争。第一种主张提出了野心勃勃的理念和计划，我们可以称之为"全球治理"。这些建议案支持创立超国家的、普世性的控制性制度，科学家和社会活动家提出的某些建议寻求对原子能武器的国际控制和新的全球安全制度。[31] 其他人士寻求建立新型全球治理来应对工业现代化和正在深化的经济相互依赖。他们相信，民族国家不再有能力处理现代世界的技术和经济范畴。只有创立全球性的政治秩序，其中各国政府与某种新世界政府分享主权，才有可能确保和平与繁荣。[32] 阿尔伯特·爱因斯坦（Albert Einstein）、科德·迈耶（Cord Mayer）、诺曼·卡森斯（Norman Cousins）和埃默里·里夫斯（Emery Reeves）提出了著名的"一个世界"学说，他们热烈拥护建立一个世界政府的期望和构想。[33] 这些团体和理念多存在于美国政府之外，处在关于战后安排的现实政治和政策的边缘，尽管某些人将联合国的创立视为自己的部分成功。

第二种战后安排的思想与创立开放的贸易体系有关。这一立场最强大的支持者来自美国国务院及国务卿科德尔·赫尔（Cordell Hull）。罗斯福担任总统期间，赫尔及国务院官员始终相信开放的国际贸易体系对美国的经济和安全利益至关重要，将之视为维系和平的基础。赫尔相信，德国、日本乃至英国在20世纪30年代推行的双边主义和经济集团战略是该时期不稳定并导致战争爆发的根本原因。[34] 国务院承担制定商业政策的责任，提倡签署关税减让协议，最明显的是1934年的《互惠贸易协定法案》和1938年的《美英贸易协定》。国务院的贸易官员将自由贸易视为美国的核心利益，这可以追溯到19世纪90年代的"门户开放"政策。[35] 战争初期，自由经济观点主导了美国关于世界未来秩序的初步构想，随着美国介入英国的战后安排，这也成为美国最初的开放立场。在战争中，美国成长为最强大、最具竞争力的经济体，开放经济秩序因而符合美国的利益。开放体系也被视为稳定的世界政治秩序的核心要素，它会挫败作为萧条和战争根源的恶性经济竞争、保护主义。但同样重要的是，开放的远见——某种"世界经济融而为一"的观念——将带来美国有节制地"传递"管理的国际秩序。这一体系实际上是可以自我管理的。

战后秩序的第三种立场主要考虑在北大西洋地区的民主国家间创立政治秩序。这一观点支持美国、英国和更宽广的大西洋世界建立共同体或联盟。大西洋联盟的理念可以追溯到世纪之交，几个英美政治家、思想家如美国国务卿海约翰（John Hay）、英国驻美大使布莱斯勋爵、美国驻英国大使瓦尔特·海因斯·佩奇（Walter Hines Page）、海军少将阿尔弗雷德·T. 马汉（Alfred T. Mahan）和作家亨利·亚当斯（Henry Adams）都秉持这样的思想。这些作家和政治人物均抓住了英美亲近的特殊性质和特性，呼吁建立更加紧密的跨大西洋联系纽带的前景。因之随后数十年间，这些理念一再被提及。[36] 第二次世界大战期间，沃尔特·李普曼（Walter Loppmann）回应上述观点："大西洋不是欧洲和美洲的前线。它是因地理、历史和重要需求而联合起来的国家共同体的内海。"[37]

各种经验和利益促成了大西洋理念。其一是战略性的，两次世界大战期间及其后提出了这一理念。法国总理乔治·克里孟梭对伍德罗·威尔逊的国际联盟建议案充满怀疑。1919 年，克里孟梭提议建立法国、英国和美国之间的三边联盟，他称之为仅由"宪法"国家组成的联盟。[38] 国际联盟的失败使得许多美国人和欧洲人进一步确信，在北大西洋地区建立不那么普世性的安全共同体更有意义。其他人士聚焦于维护将大西洋世界团结在一起的共享民主价值。关于这一理念最著名的表述，就是克拉伦斯·斯特赖特（Clarence Streit）1939 年出版的著作《让我们现在团结起来：关于民主国家间联盟的建议案》（*Union Now: The Proposal for Inter-Democracy Federal Union*）。[39] 斯特赖特意识到，法西斯主义和军国主义正在兴起，随着国际联盟的失败，西方民主国家变得不堪一击，遂提议建立北大西洋民主国家间的联盟。[40] 随后数年间，大西洋联盟运动羽翼渐丰，变得活跃起来。战后大西洋联盟委员会得以成立，知名美国人士呼吁创立各种大西洋组织和结构框架。[41] 美欧官员愿意支持大西洋共同体和大西洋联盟的原则，最明确的表态当属 1941 年的《大西洋宪章》，但他们不那么关心超国家组织。[42]

关于战后秩序的第四种观点与美国地缘政治利益和欧亚边缘地带的考虑直接相关。20 世纪 30 年代，美国战略思想家看到世界经济的崩溃和德日地区集团的崛起，他们的相关辩论由此开始。这些思想家考虑的问题是，美国是否能够确保成为西半球强大的工业国。对一个国家的经济和军事生存而言，最低的地缘要求是什么？从实践的意义上讲，美国参战就是对这一问题的回答。美国的西半球集团不够宽广，美国必须确保欧亚市场和原材料的安全。这一讨论的顶点和新共识最强硬的声明是尼古拉斯·约翰·斯派克曼（Nicholas John Spykman）的《美国的世界政治战略》（*America's Strategy in World Politics*）。[43] 如果欧亚边缘地带被一个或数个敌对的帝国所主导，这对美国安全的影响将是灾难性的。为维系大国地位，美国不能允许自己"仅仅作为强大的德日帝国之间的缓冲国"[44]。它必须寻求欧洲和亚洲的开放、可接触性和制衡。外交关系委员会研究小组的专家们也得出了类似的结论，后者关心"宏大地域"（grand area），即美国经济赖以生存的核心世界地区的必要规模。[45]

美国必须进入欧亚市场获取资源，以及美国决不能允许可能的敌手控制欧亚大陆，这样的观点也为战后国防规划者所接受。随着战争进入尾声，国防官员认识到，美国的安全利益要求在欧洲和亚洲建立精心构造的前沿基地体系。[46] 国防官员也将获得欧洲和亚洲的原材料视为美国的安全利益，以防止被可能的敌人控制。历史学者梅尔文·莱弗勒（Melvin Leffler）指出："史汀生（Stimson）、帕特森（Patterson）、麦克洛伊（McCloy）和助理国务卿霍华德·C.彼得森（Howard C. Peterson）同意福里斯特尔（Forrestal）的看法，美国的长期繁荣需要开放的市场、无障碍地获得原材料、恢复欧亚大陆自由资本主义的荣光——如果不是完全恢复的话。"[47] 确实，建立基地体系的部分理由是对获得原材料施加影响，防止敌对者对这些资源的控制。某些国防研究进一步指出，战后对进入欧亚大陆和开放性的威胁，更多的是社会威胁、经济威胁，而非军事威胁。经济混乱和政治动乱才是美国安全的真正威胁，它会带来自由民主社会和西方式政府的颠覆。中央情报局在1947年中期的一份报告中得出这样的结论："美国最大的安全威胁是西欧出现经济崩溃，进而导致共产党执政的可能性增加。"[48] 获取资源和市场、社会经济稳定、政治多元化与美国安全利益相辅相成。

战后秩序的第五种观点关乎促进西欧的政治和经济统一的"第三股力量"。二战之后，随着与苏联战时合作开始破裂，这一观点成为美国的战略选择之一。1946年和1947年，世界越来越走向两极化。关于和平与经济秩序的"一个世界"设计变得不再那么有意义。[49] 国务院官员开始重新思考与西欧和苏联的关系，一种新的政策重点开始出现，即强调建立一个强大的经济一体化的欧洲。这一理念鼓励战后多边体系，将欧洲视为独立的力量中心，而德国亦将被纳入更广泛的、统一的欧洲中。

美国国务院的数个团体提出了这一新政策。乔治·凯南强调在欧洲建立力量中心。这一政策也主要是他所领导的政策设计司制定的。凯南在1947年10月指出："它应该是我们政策的基本点，务必使欧亚大陆的其他独立力量因素尽快发展起来，以分担我们的'两极'负担。"[50] 凯南领导的政策设计司于1947年5月23日向国务卿乔治·马歇尔（George Marshall）提交了第一份建议案。其重点不是苏联在西欧的直接威胁，而是为战争所破坏的欧洲经济、政治和社会制度使得共产主义侵袭成为可能。美国援助欧洲的努力"应不是与共产主义直接开战，而是恢复欧洲社会的经济健康和活力"[51]。在随后的一份备忘录中，政策设计司认为，该计划应采取多边清算体系的形式，以减少关税和贸易壁垒，最终采取欧洲关税同盟的形式。[52] 政策设计司还指出，这一计划的倡议和责任应来自欧洲人自己。这一团体明确构想一个团结而经济一体化的欧洲，独立于苏联的势力范围和美国之外。凯南后来写道："通过坚持联合行动，我们希望欧洲人在思考欧洲大陆的经济问题时，要像欧洲人那样，而不是像民族主义者那样。"[53]

美国官员也将统一的欧洲视为遏制德国军国主义复活的最佳机制。凯南秉持这一观点，他在1949年的一份文件中指出："我们无法在主权国家框架内得到解决德国问题的答案。这一框架中历史进程的延续将几乎不可避免地导致后凡尔赛发展程序的重复……唯一的答案是建立某种欧洲联盟，给予年轻的德国人更宽广的视野。"[54] 早在1947年，约翰·福斯特·杜勒斯就认为，欧洲的经济统一将产生"影响德国的经济力量"，这是"离心力而不是向心力"，是"让德国境内居民对其外国邻居趋于合作的自然力量"。通过欧洲经济的一体化，包括鲁尔谷的国际化，德国"不能再发动战争了，即使它有意为之"[55]。美国的德国问题高级专员约翰·麦克洛伊也认为，"统一的欧洲"将是一个"具有想象力和创造力的政策"，它"将联邦德国更紧密地与西方连接在一起，使德国人相信这就是他们的命运"[56]。如果德国与欧洲捆绑在一起，欧洲作为支撑，本身也需要充分的团结和一体化。

对直接致力于欧洲复兴的国务院官员来说，鼓励欧洲统一也富有吸引力。按照这一观点，欧洲实现自立的最佳方式是鼓励强大的、经济上实现一体化的欧洲。其目标亦可增强欧洲领导人的西方倾向，防止他们滑向左翼或右翼。仅仅确保经济复兴是不够的，还需要创立政治目标，以填补战后意识形态和道德的空白。正如1947年5月的一份文件指出的："这一规划唯一可能的意识形态内容就是欧洲统一。"[57] 其他主要关心战后开放贸易体系的官员担心欧洲经济困顿，将美国援助和欧洲统一视为将西欧重新纳入稳定和开放的体系的必要步骤。[58][59]这些观点促使杜鲁门政府宣布了美国大规模援助的"马歇尔计划"。计划本身的执行方式就是要促进欧洲统一。欧洲统一的思想意在为欧洲政治和经济建设提供意识形态保障。但英国和法国对超国家政治权威和经济一体化的广度有不同的看法，加上欧洲不愿意建立独立的安全秩序，从而导致欧洲成为"第三股力量"的早期建议未能成为现实。

最后一种战后秩序观点就是创立全面的西方联盟，与苏联两极对峙。到1947年，世界的变化看起来与诸多官员战后规划的设想差异甚大。[60]尽管许多美国官员预见到了战后联盟团结的衰微，但很少人预期（更少人期待）两极僵持和美国与欧洲建立正式、永久性的安全同盟。这一战略是不情愿推行的，是要应对苏联对东欧的接管和欧洲致力于将美国纳入欧洲防御承诺的持久努力。欧洲不愿意成为"第三股力量"，东欧威胁性的进展——如1948年2月的捷克斯洛伐克政变——更巩固了欧洲的这一想法。当欧洲人寻求与美国更紧密的安全联系之时，美国依旧是被动的、不情愿的。[61]直至1948年6月柏林危机爆发，美国官员才开始支持与西欧建立某种松散的防御联系。1948年10月，西方联盟正式要求与美国就签署北大西洋公约进行谈判。

以上各种观点清楚地表明，战后安全的缔造者试图建立不止一种秩序。我们可以得出如下结论：第一，诸多秩序建设理念早在两极兴起和遏制之前就出现了。这有助于解释最终出现的制度"夹层蛋糕"。实际上，美国很晚、很不情愿地围绕全球均势调整其外交政策，这一点非常显著。迟至1947年，国务院政策设计司的官员并没有把苏联视为对欧洲或美国的直接安全威胁，也没有"把共产主义活动视为西欧陷入困境的根源"。欧洲危机从根本上讲源自战争对欧洲经济、政治和社会结构带来的"破坏性影响"[62]。

第二，与苏联关系崩溃之前所提出和讨论的理念，主要是探讨西方内部尤其是大西洋国家间的关系重建。某些战后设计更具普遍性，如关乎自由贸易和全球治理的设想，但也是以西方民主国家间关系和制度的深化为支撑点的。其他思想——如关于进入欧亚边缘地带的地缘政治观点——将自由资本主义世界的稳定和一体化视为关键性的工具。但是这些目标和政策有同样的结果，最终支持北约和遏制的政策并不仅仅要建立反苏联盟，还因为这些倡议通过反馈最终纳入到西方自由民主秩序之中。

第三，尽管许多人士支持遏制和保持欧洲均势，他们也关心维护和加强西方自由民主制度。凯南认为，多边战后秩序的一个优点是有助于保护美国政治和制度的自由主义性质。凯南担心，一旦出现两极秩序，美国会试图将其政治制度强加于势力范围内的其他国家，最后这将危及其国内制度。[63] 鼓励国外的分权化和多权力中心将推动国内的多元化。[64]

尽管这些战后秩序设计的目标不同，但多集中于建立开放和多元的西方秩序之上。对某些人而言，这就是全部目标，对其他人而言则是实现更大目标——全球多边治理和两极制衡——的手段。每一个宏大设计都需要西方民主国家作为稳定而开放的核心。美国官员致力于锁定这样的秩序，但要以欧洲人能够接受的方式进行。这样做就需要美国走向更受管制的经济秩序和更正式、更具约束性的安全承诺，不管它如何不情愿。

从自由贸易到管制性开放

美国参战之后，国务院战后设计者坚定地以经济关系为核心，并明确制定了压倒一切的目标：重建自由贸易的多边体系。但是，从《大西洋宪章》到布雷顿森林会议和实际战后安排，随着美国与英国和其他欧洲国家达成协议，应对正在出现的经济和政治混乱，美国政策也几经变化。欧洲人不那么关心如何确保战后开放经济，而更关心如何为战后经济混乱和失业提供保证和保护。美国最终趋向于妥协性的安排。工业化国家没有建立自由贸易的单一体系，而是围绕一系列多边制度和"社会博弈"确立了管制性秩序，在开放和国内福利稳定之间寻求平衡。

美国官员的看法是，非歧视的贸易和投资体系为理想形式的经济开放，是稳定而和平的世界政治秩序的关键要素。其中一种观点就是，开放对可持续的经济增长而言是必需的，后者反过来是和平的前提。财政部官员亨利·德克斯特·怀特（Harry Dexter White）指出："富有的邻居是最好的邻居。"[65] 这反映了科布登哲学（Cobdenite philosophy）的真谛：贸易保护和壁垒与政治冲突相关联，最终导致战争。科德尔·赫尔领导的国务院官员提出了更具一般意义的看法。赫尔本人认为，战后由集团组成的世界——包括不那么独立的势力范围——与政治稳定格格不入。鉴于此，国务院官员既关注英国在欧洲战后安排上的目标，也关注苏联的外交政策。1947年7月的一份国务院文件警告道，欧洲的势力范围安排"代表了纯粹而简单的强权政治，其劣势暴露无遗……我们的主要目标应是消除各国为维护本国安全必须建立势力范围的原因，而不是帮助一个国家建立起对抗他国的力量"[66]。

但是，美国官员也相信国家的经济与安全利益也需要经济开放，它是欧亚政治多元化和权力分散的核心要素。随着战争走向尾声，军事规划者越来越倾向于接受这种观点。美国驻法大使馆1944年递交的报告指出："艾森豪威尔将军……认为，单一力量主导欧洲大陆不符合我们的利益，届时我们将面对一个超级强大的欧洲，英帝国和我们自己都为之动摇。"[67]这一观点也适用于亚洲。[68]

开放市场的理念是自由主义空想家和强硬的地缘政治战略家赞同的一种观点。作为一种创新理念，它将美国的战后规划者团结起来，使1944年关于战后经济合作的布雷顿森林会议成为现实。[69]美国财政部长摩根索在会议闭幕词中断言，协议的达成标志着经济民族主义的结束，其含义并非是各国将放弃对国家利益的追求，而是贸易集团和经济势力范围不再被视为实现国家利益的工具。

美国关于多边自由贸易秩序的思想并没有得到英国和欧洲大陆的热情支持。正如戴维·瓦特（David Watt）指出的："且不管基本的权力现实是什么，英国和法国从如下假定开始思考战后问题：它们战前的势力范围应予保持或恢复……这些野心与美国托管或主导的框架难以相容。"[70]欧洲不仅希望保持其帝国财产，还担心战后萧条以及如何保护其脆弱的经济。因此，它们厌倦美国完全开放的世界贸易体系的倡议，转而支持更具有管制性的补偿贸易。[71]

英国关于战后经济秩序的讨论集中于帝国特惠制的前途上，其政治体系分化严重。[72]保守党的核心层支持维系帝国的存在，渥太华特惠体系是这些特殊关系的组成部分。E. F. 彭罗斯（E. F. Penrose）指出："部分保守党人士强调帝国内商品特惠关税体系的价值，视之为维系英联邦团结的力量。"[73] 其他保守党人，包括丘吉尔本人，都更倾向于自由贸易，他们支持特惠制，主要出于维系保守党联盟的目的。工党政治家更倾向于将支持帝国特惠制视为保护战后英国就业和收支平衡的一种方法，尤其针对世界经济衰退的情势。对多边开放贸易的逆转意味着依靠贸易限制和货币控制，这也许会导致世界分裂为多个集团，但英国经济也许反而会得以免遭贸易竞争和通货膨胀导致的最严重灾难。其他官员意识到帝国特惠制和双边贸易难以长期持续，但力图运用渥太华协定与美国达成更有利的协议。[74]

英美的分歧突出表现在1941年夏，在英国财政部工作的著名经济学家约翰·梅纳德·凯恩斯（John Maynard Keynes）赶赴华盛顿，与美国开始战后经济规划的谈判。双方对《租借法案》（Lend-Lease Agreement）第七条的分歧触发了谈判。第七条规定了相互援助义务的战后安排条件，载明任何一国都不寻求限制贸易，双方将采取措施降低贸易壁垒、消除优惠关税。美国政治家希望，通过援助确保英国生存之后，应确保美国商业不被排除在英联邦市场之外。国务院官员在战后自由贸易上贯彻这一思想，凯恩斯对此表示反对。正如国务院的报告指出的："他说他没有看到英国必须做出这一承诺的理由，这需要召开帝国会议来讨论，这会将19世纪的固定模式强加于其前途之上。他说，回归金本位是不可能的、没有希望的任务，国际贸易已经为机械的货币工具所控制，这将证明是徒劳无功的。"[75] 这些讨论表明，在开放贸易体系的价值上，双方的观点竟如此迥异。国务院视之为绝对必要和原则性问题，凯恩斯及其同事认为，这不过是努力重建他们所认为的有害的、早已过时的自由放任贸易罢了。凯恩斯将此称之为"赫尔先生的疯狂提案"[76]。

直至凯恩斯与美国财政部官员转而谈判战后货币秩序并确定了一系列更易控制的问题之时，双方才达成了妥协。[77]凯恩斯开始接受这样的看法，或许可以就扩张性货币秩序与美国达成协议，使货币秩序在保持体系开放的同时防止出现萧条。[78]随后，英美两国提出了一系列货币规划，亨利·德克斯特·怀特是美国计划的领导者。英美计划都寻求消除换汇限制和紧缩性财政措施，为汇率选择提供规则。凯恩斯的计划更为雄心勃勃，其中包含顺差国承担调动其信贷以修正失调这一新的国际货币义务的条款。怀特计划限制债权国的义务，建议为处理支付危机而更审慎地提供资源。[79]两个计划为1943年至1944年7月布雷顿森林会议期间的谈判提供了框架。许多妥协是依照美国计划的方向达成的，更重要的是限制了债权国的责任。但是，这些计划共有的设想是管制性的开放经济秩序，其意图是在不诉诸通货膨胀和高失业率政策的情势下，赋予政府应对不平衡的工具和资源。

英美货币规划者达成的协议尤其重要，因为它超越了战后贸易体系上的僵局。一旦该领域达成协议，国务院就会发现，旧式的贸易提案在战后安排中将退居次要地位。英美货币秩序协议的"内嵌自由主义"思想为各工业国在更广泛的战后关系上达成协议开辟了道路。[80]

英美新货币协定在更广泛的英美政策界引起了政治反响。《布雷顿森林协定》使得政治领导人可以畅想一个多边和其他竞争性政治目标相结合的战后经济秩序。19世纪和两次世界大战期间的其他选择在政治上太过僵硬了。经济学家和政策专家支持狭隘的跨大西洋联盟，而政治家开始寻求中庸的选择。

在双边主义和自由放任之间寻求中庸之道，显然是英国人的想法。1942 年 10 月，英国驻美大使哈利法克斯勋爵（Lord Halifax）在与约翰·杜勒斯（当时是纽约一家律师事务所的合伙人）谈话后，向英国外交部发送了这样一份电报：

> 在我与杜勒斯先生的讨论中，相关经济领域最有意义的问题是他对科德尔·赫尔自由贸易思想的说明和美国政府在哪些领域制订计划。我对他说，我认为我们不太理解赫尔政策的重要意义。我们有些同事感到我们面临两大选择，要么必须完全回归 19 世纪的自由放任体系，要么必须与其他国家发展双边贸易关系以维护我们的收支平衡。在我看来，这些方法都难以发挥作用，第一种方法显然不可行，第二种方法将会是灾难性的。我问杜勒斯先生，是否存在中间道路，将我们的特殊困难考虑在内，同时在区别对待、优惠等问题上令科德尔·赫尔先生满意。[81]

《布雷顿森林协定》很重要，因为它们为围绕相对开放和管制性的秩序建立更宽广的联盟提供了基础。作为中间道路，它获得了保守的自由贸易者和新近热衷于贸易计划的人士的支持。仅仅降低贸易和资本流动的壁垒是不够的，这是各国达成的共识。主导工业国家必须积极监督和管理体系。制度、规则和政府的积极介入都是必要的。20 世纪 30 年代的一个教训是：一个国家采取不明智、不恰当的政策，会威胁其他国家的稳定，经济问题是会传染的。正如罗斯福在布雷顿森林会议开幕式上指出的："每一个国家的经济健康都是远近邻国应该关注的问题。"[82] 但是，这一安排也赋予了各国政府兑现福利国家的新允诺，追求扩张性的宏观经济政策和保障社会福利的能力。

从更一般意义上讲，如前所述，强调创立秩序、提供经济稳定和安全是美国规划者的核心目标，他们主要关心的是战后安全和欧洲"第三股力量"。秉持自由主义的自由贸易者接受这一观点，承认赋予政府追求经济增长和稳定能力的管制性资本主义秩序存在的必要性。负责安全事务的官员认可这一观点，承认欧洲面临的（间接对美国的）最大安全威胁来自这些社会的内部，主要体现为经济和政治混乱。[83]

为寻求达成战后经济协议，美国趋向于英国和欧洲的看法。英国人发挥积极作用，在美国政府内部寻找与其目标最为一致的部分，并与它们联合推动达成协议。其结果是，双方同意建立或多或少开放的体系，提供管理开放性的制度，也提供了足够多的空间供各国政府保护其脆弱的经济。[84] 美国获得了协议，而欧洲人获得了战后秩序中制度化的承诺、机制和义务。

从"第三股力量"到安全承诺

1947 年及随后数年间，美国看起来拥有了塑造欧洲重建的军事力量和经济力量。美国独家垄断原子弹，拥有庞大的常备军（尽管正在遣散）以及因战争而扩大的工业经济，美国似乎拥有霸权的所有要素。而且,美国有欧洲最需要的美元。《经济学家》1947年5月载文指出:"随着时间一周周过去,整个欧洲越来越笼罩在对美元短缺的担忧之下。在这一时刻,处于恢复和崩溃边缘的西欧依赖美国大规模的输入。"[85]

因此,欧洲各国政府成功削弱并改变了美国对欧洲的政策方向,就尤其令人惊讶。欧洲反对把自己作为第三股力量,但理由不一,且各国之间存在差异。每个国家都寻求运用美国力量,通过让美国更具备可预期性并确立承诺,来达到本国的目的。同样的考虑导致了各国反对欧洲全面统一的构想,各国政府进而鼓励美国对欧洲做出直接的政治承诺和安全承诺。

英国人对欧洲统一最为抵制,但积极寻求超过马歇尔计划的更大政治目标。1948年3月,英国的一次秘密内阁会议得出这样的结论:英国"应该运用美国的援助以赢得时间,但我们的最终目标是获得这样的地位:西欧国家可以独立于美苏之外"[86]。但是,在实践中,英国人反对为此采取太过明显的步骤。美国大使戴维·布鲁斯(David Bruce)在1949年10月会见美国驻欧洲大使时指出:"从战争一开始,我们就对英国太过温和了,它经常成为欧洲经济组织的绊脚石。"[87]

英国人热切期望维系与美国的特殊关系。他们担心这一特殊关系会因欧洲国家联盟的出现而削弱。而且,维系欧洲力量中心的政治和经济负担只会进一步损害英联邦体系。与其他几个欧洲国家一样,英国也担心德国乃至苏联最终会主导统一的欧洲。这些考虑意味着需要美国更多而非更少地介入战后欧洲事务,尤其是建立北约安全关系。正如戴维·卡洛(David Calloe)指出的:"北约似乎是一个理想的解决方案。美国人担任司令官,美国军队主要承担欧洲地面防务的责任,对美国援助欧洲的意愿没有了疑问。英国将拥有自身的军队和海军指挥权,以保留对其国家防卫的控制权。"[88] 确实,1952年,英国曾寻求降低欧洲经济合作组织的作用,将其职能转入北约,其意图显然是要以欧洲统一为代价确立大西洋关系。[89]

英国官员更关心的是如何防止美国退回到孤立主义的立场,而不是美国在欧洲颐指气使的霸权行径。约翰·刘易斯·加迪斯(John Lewis Gaddis)指出,英国"担心的不是美国的扩张主义,而是美国的孤立主义。它花了更多时间来考虑如何加强美国的扩张倾向"[90]。正如第一次世界大战那样,英国人和其他欧洲人对美国战后安全合作、和平维护的思想给予了鼓励性的回应。两位历史学家指出:"其理由仅仅是与美国捆绑在一起,使之参与世界事务,因为两次世界大战期间它置身事外了。"[91] 因此,并不令人惊讶的是,为鼓励美国领导欧洲的安全保护,英国人开始强调苏联对欧洲的威胁。1948年1月,英国外交大臣欧内斯特·贝文提醒华盛顿"苏联进一步蚕食的浪潮",以及"巩固保护西方文明的物质屏障"的必要性。[92]

法国人也积极争取美国的安全保证。显然,许多法国人支持欧洲更加统一的目标。一体化有助于培育法国在全欧洲的影响力,政治经济联盟也会赋予法国对德国经济复兴和将德国纳入更宽泛地区框架的影响力。[93] 但法国坚持,只有在美国参与的安全框架内才能接受联邦德国的复兴。相比统一的欧洲而言,遏制德国人和苏联人更需要美国的安全纽带。正如英国人所设想的一样,美国安全保证会释放某些资源,或与欧洲防务联系在一起,从而用于保护其殖民帝国。[94] 与欧洲联系在一起，则美国更具可预期性，更可保证获得其资源。

在战后年代，欧洲对美国保持长久安全纽带的压力是与战后德国问题联系在一起的。1946 年和 1947 年间，英美外交部长经常聚首，英美官员无法弥合与苏联在德国占领区联合管理上的分歧。[95] 同时，鉴于西欧经济依旧衰弱不堪，对欧洲经济复兴和政治稳定而言，重建联邦德国（尤其是工业化程度较高、煤藏丰富的鲁尔地区）并将之纳入欧洲变得越来越重要。[96] 然而，这样的行为遭到了抵制，最激烈者非法国莫属。法国人感受到了德国实力可能复兴带来的威胁。在 1947 年 12 月的伦敦外长会议上，战后德国联合处理方案完全破裂，美国人和欧洲人的问题开始转向如何将联邦德国纳入更广泛的西方秩序。在寻求联邦德国地区的合并上，美国人起到了领导作用。[97] 然而，在每一个步骤上，英国人和法国人都试图以默许联邦德国重建来换取美国约束性的安全承诺。法国起初力图将同意占领区合并与美国对其他地区的安全保证联系在一起。欧洲人有理由担心美国把鼓励欧洲统一和一体化作为自己不再直接占领或断绝安全纽带的借口。博弈的曙光开始出现：欧洲人同意联邦德国复兴和重新统一，以换取美国的安全条约。

1947 年下半年，欧洲开始着力将美国拉入安全关系。当年 12 月，英国外交大臣贝文向国务卿马歇尔概述了他关于军事合作的想法。英国、法国和低地国家建立一个区域性欧洲组织，从而与其他西欧国家和美国联系起来。马歇尔表明了自己对这一计划的兴趣，但随后暗示美国当前不会做出任何承诺。[98] 重要的是，在与马歇尔国务卿的会谈中，贝文并没有指出与美国的安全条约是保护欧洲免受苏联威胁的需要，而是需要一项安全保证来保护西欧免受德国的再次侵略。[99]

1948年1月，贝文在议会下院的演说中再次呼吁建立西方联盟，并支持"通过贸易、社会、文化和一切联系，将做好准备并能够合作的欧洲国家和世界联合起来"[100]。在与美国国务院的会谈中，贝文认为，没有美国的援助，欧洲的防务努力很难收到效果。"除非由美国支持西欧防务的保证，否则当危机出现时，拟议中的条约既不会完全有效也难以依赖。"[101]法国也寻求美国在西欧发挥军事作用。法国外长乔治·皮杜尔（Georges Bidault）呼吁美国"加强新世界与旧世界在政治领域的合作，尽快进行军事领域的合作，双方对保护唯一真正无价的文明有着共同责任"[102]。

杜鲁门政府的某些官员，如欧洲事务办公室主任约翰·希克森，呼吁与西欧开展军事合作。[103]而乔治·凯南等其他官员反对军事同盟，认为这是对政府所确立的欧洲统一目标的毁灭性打击。[104]在此期间，杜鲁门政府的官方立场是模糊的：它赞同欧洲的关注点，却不愿意做出承诺。在英国数次试图获得美国的支持保证之后，副国务卿罗伯特·洛韦特（Robert Lovett）通知英国大使，欧洲人必须自己首先讨论欧洲的军事合作，之后美国才会考虑这些倡议与自己的关系。[105]英国不为所动，依旧坚持要求美国参与西欧的防务计划。

最终导致的结果是，欧洲加快了安全筹备工作，这对美国介入的吸引力也增强了。1948年3月，比利时、法国、卢森堡、荷兰和英国谈判达成《布鲁塞尔条约》，但依旧期望与美国建立防务关系。实际上，它们同意美国带头制衡苏联。直至1948年3月12日捷克斯洛伐克发生政变，美国才正式同意与西欧联合讨论大西洋安全体系的问题。美国是否愿意探讨大西洋安全条约，取决于联邦德国的重要性。如果联邦德国的复兴不会威胁法国，如果欧洲一体化向前推进，则美国除了达成某种条约承诺之外没有更好的选择。

在随后的谈判中，法国人和英国人要求确立正式的、以条约为基础的承诺，美国的目标则仅仅是促使欧洲人走向经济、安全合作，使之接受联邦德国的复兴和统一。美国宣布与欧洲努力建立安全"联系"——如1948年6月的《范登堡决议案》——并同意延长占领时间，这就是美国早期向英国和法国做出的保证。但是，美国并没有做出具体的安全承诺。即使美国曾经像1948年后几个月那样，认定对欧洲继续提供安全援助很有必要，它依旧在寻求模糊空间，而不是做出具体的防务承诺。[106]《北大西洋公约》第五条的最后文本是一项妥协方案，美国力图既提供安全保证，又保留政府和参议院决定其具体含义的权利。[107]

1949年时，多数美国官员并不把《北大西洋公约》理解为一项自动或永久性的安全保证。美国的意图是，支持欧洲建立欧洲内部更强大的经济、政治和安全联系。[108]从这个角度讲，北约协议是马歇尔计划的继续：扩大对欧洲的援助，以增进欧洲实现复兴与一体化的机会。杜鲁门政府内最支持与欧洲签署安全条约的人士也认为，欧洲统一是大西洋安全条约的必要组成部分。许多人预期，一旦自信而统一的欧洲出现，大西洋联盟的重要性将会逐渐降低，乃至不复存在。[109]关于条约的谈判，美国也无意创立更大的跨大西洋北约组织或美国将领指挥的联合军事机构。

1950年之后，约束性安全联系向前推进了一大步。随着冷战局势的紧张（最引人注目的莫过于朝鲜战争和苏联制造出原子弹），西方重新武装有其现实必要性，联邦德国复兴的压力增强了。与此同时，政治利害关系也在增强。现在各国讨论的问题是，德国的重新武装及其政治主权的恢复。战后最初几年，欧洲对加强联邦德国力量的默许有赖于美国对欧洲安全的承诺。这就需要美国军队在欧洲安全组织中发挥更加正式、全面和一体化的作用。联邦德国重新武装和恢复主权是欧洲经济制度和大西洋联盟的进一步一体化。一个可以平衡东西方的、强大而独立的联邦德国不会为美国和其他西方国家政府所接受。[110]这引发了复杂而冗长的谈判，最终在北约创立了一体化的欧洲军队，就联邦德国主权的性质和限制达成了法律协议。[111]但是，唯有美国在欧洲的安全作用扩大之后，联邦德国在西方体系内地位的变化才得以完成。

  安全约束的互惠进程处于正在形成的西方秩序的核心。20世纪50年代早期，约翰·麦克洛伊提出了美国政策的"基本原则"："不管联邦德国对防务的贡献是什么，其军队都必须是更大的国际组织的内在组成部分……仅仅在德国内部，是不可能存在联邦德国问题的真正解决之道的。其解决之道存在于欧洲—大西洋—世界共同体内。"[112]联邦德国重新武装的完成有着复杂的制度化限制，从而将联邦德国军队限定在联盟结构之中。但为了确保联合军事体系发挥作用，美国必须主持事务，才能使迟疑不决的欧洲安心。法国和英国希望成立联合军事体系，并由美国人担任北约司令，让美国军队驻扎欧洲大陆，但它们担心联邦德国的重新武装。1952年5月，各方最终达成协议，签署了《欧洲防务共同体条约》，创立了欧洲军队，这一《条约》只有在纳入北约和美国确保与北约"永久联系"的条件下才成为可能。[113]此后又经过两年，才最终确定了完整而相互联系的协议和宣言［即所谓的《巴黎协定》(Paris Accords)］，它们共同提供了将联邦德国与美国、欧洲捆绑在一起的政治结构。[114]

战后早期，欧洲人更担心美国的抛弃，而不是其主导。他们对建立战后联盟的兴趣，实质上受到确保美国稳定而持续介入的愿望的推动。至少在最初，美国更感兴趣的是让欧洲发展成为"第三股力量"，由欧洲人自行负责防务。北约在部分上是为了联邦德国重新加入西方体系而设计的结构。它得到了许多官员的支持，因为北约也用于反对苏联力量。但是，美国的政策更为雄心勃勃，它不仅要管控正在出现的两极秩序，还寻求德国的重建和重新统一，使之成为自由资本主义国家，并将之锁定在工业化民主国家组成的、稳定而开放的秩序之中。这既是手段，也是目的。[115] 与苏联紧张关系的升级有助于美国承担更正式的安全承诺，但欧洲人在寻求美国权力的更可预期、更有用、进一步制度化上确实更为积极。

限制权力的回报

美国偏离了起初的战后经济和安全目标，开始了有效的战后约束，从而让可能的欧亚伙伴确信自身加入的战后美国秩序没有胁迫和主导的成分。换言之，美国接受对其行使霸权力量的限制，以获得次要国家的默许。处于美国战后秩序核心的，是正在进行的协调：美国同意在一个制度化的政治程序内进行，作为回报，其伙伴愿意积极参与秩序。

美国及其可能的伙伴有诸多方式克服约束，做出再保险和可信的承诺。美国霸权的不情愿性质基于孤立主义和扩张主义的传统，降低了帝国式主导的恐惧。美国霸权的"可渗透性"为霸权关系提供了发言机会和互惠。同样，运用"制度约束"作为霸权和次要国家相互制约的机制，也为伙伴国提供了手段，确保美国承诺的可信性，防止被主导或被抛弃。保险和承诺源自美国的结构及其政策。美国向世界提供的结构环境是相当直接的：庞大而开放的民主，外国政府和官方代表极易参与和进入。在培育被视为合法的战后安排上，美国政策及其对自我利益的认识也非常重要。这些因素结合在一起，造就了达成协议所必需的某种战略约束。战后秩序以限制权力回报的方式建立起来。

不情愿的霸权

如前所述，战后美国经济和安全立场的改变表明了美国霸权所受的制约，以及美国寻求其霸权为欧洲人所接受的方式。美国确实通过权力行使，让欧洲人、日本人融入开放的战后体系。[116] 但是，美国并不急于直接管理该体系，或强制其他国家参与其中。它愿意改变立场以获得协议的达成。它不情愿地做出更多的安全承诺，换取欧洲对战后秩序的总体默许。欧洲及后来的日本愿意参与这一秩序，部分归因于美国外交政策的不情愿立场。

从美国关于自由贸易体系的早期建议案中，我们可以看到美国霸权的不情愿。除具体的经济和政治价值外，自由贸易秩序对美国的另一个吸引力在于：不必做出具体的战后安全承诺，就会被视为国际主义者。自由的多边主义经济秩序使得美国可以将其自身思想投射到全世界，萧条和战争明确体现出欧洲势力范围和经济民族主义思想的破产。如果美国试图不再孤立于欧洲事务之外，它就需要改变其国际主义政治条件。只有在这样的基础上，美国国会和公共舆论才会允许美国承担国际主义的角色。自由贸易的开放体系一旦建立起来就会自我调节，不需要美国直接介入欧洲事务。鉴于美国公众盼望其军队回国，理想和审慎加强了美国对战后秩序的早期看法。

开放自由主义经济秩序的吸引力在于，它可以自我运行。美国可以获得两种效果：它可以确保战后秩序与美国的经济和政治利益一致，而不需要美国介入太多海外事务。从很多方面讲，这也是国际联盟的集体安全体系对威尔逊的吸引力之所在：如果大国同意民主的基本原则和联合安全，该体系大致上可以自动运行。在这两个阶段，美国都不太情愿积极管理国家间关系，这缓解了欧洲对美国主导的担心，但也使得它们更担心被抛弃。1945年之后，美国确实也发现了平息这些担忧的途径。

战后初期美国援助欧洲的努力部分是为了创造条件，使美国逐渐从欧洲撤出。这一看法明显地体现在乔治·凯南等政府官员的思维中，其背后的理念是将欧洲树立为"第三股力量"以及美国对欧洲一体化的支持。马歇尔计划预计执行四年，其后欧洲将依赖自己发展。负责马歇尔计划的第一任管理者保罗·霍夫曼（Paul Hoffman）表达了这一看法："其思想是欧洲自力更生，不再成为我们的负担。"[117] 当《北大西洋公约》于1949年签署时，许多美国官员也将其视之为鼓励并支持欧洲发展更为统一的经济、政治和安全制度的过渡性协议。

美国对欧政策模式反映了战争走向尾声之时美国更具普遍性的倾

向。它希望建立世界秩序以推进美国的利益，但并不急于组织和运行该秩序。正是在这个意义上，美国是一个不情愿的超级大国。[118]这个整体特征并没有因原本抗拒美国蚕食的欧洲人积极"邀请"美国介入而丧失。[119]在某种意义上，美国传递了这样的思想，即美国并不寻求主导欧洲。这赋予美国宪法安排更大的可信性。它提供了某种再保险，美国将在限制范围内行事，不会运用其压倒一切的实力寻求主导性控制。

除美国霸权的不情愿特征之外，政府官员还自觉地努力使战后秩序具有合法性和互惠内容。例如，当美国官员开始组织援助欧洲的马歇尔计划时，他们强烈希望欧洲人将美国的援助和计划视为自己的方案，从而增强战后总体安全的合法性。在1947年5月的一次会议上，乔治·凯南指出，重要的是"欧洲承认该计划的责任和起因，是为了防止某些强有力的因素企图让美国承担全部负担，并将全部失败推给美国，从而败坏该计划和我们的名誉"。同样，国务院官员查尔斯·波伦（Charles Bohlen）认为，美国的政策不应被视为试图"将'美国方式'强加于欧洲"[120]。美国要创立符合其自由民主原则的秩序，其前提条件是其他政府将这一体系视如己出。

美国官员专注于战后西方秩序的合法性，其中的一个重要原因是它被视为欧洲政治稳定、经济增长和温和主义政权执政的必要前提。美国很少运用其霸权力量强迫或诱使其他政府接受美国原则和制度。它花费了更多时间和资源，试图为战后欧洲政府、公众保持稳健和亲西方的立场创造条件。杜鲁门政府的官员力图支持欧洲温和的政党和执政联盟。1946年，查尔斯·波伦在国务院指出："当前遍布全世界的左翼运动显然符合美国的利益，我们应予承认其至支持它向民主、反对专制体制的方向发展。"[121] 大多数美国官员正是出于这一原因才支持马歇尔计划。他们希望在欧洲创造适宜的社会经济环境，这有利于温和的、执行中间路线的政府出现并占据主导地位。

最后的结果是，西方战后秩序围绕自由民主政策和制度建立起来。它以美国为中心，反映了美国式的政治机制和组织原则，在这个意义上，它是一个霸权秩序。但它又是合法的，以互惠性互动为标志，从这个意义上说，它也是一个自由秩序。欧洲人以与美国霸权相宜的方式重建并整合其社会经济，但也保留了对其自动的、半独立的政治体系进行试验的空间。二战后的欧洲在部分上是由美国霸权组建起来的，但也服务于欧洲自己的政治目的。[122]

民主与开放的霸权

美国阐明其保证的第二种方式是结构性的。美国政治体制的开放和分权性质为其他国家在美国霸权秩序运行中提供了"发声"机会，从而向这些国家保证，它们的利益将会得到拓展，秩序中存在解决冲突的程序。从这一角度讲，美国的战后秩序是一个开放而具有渗透性的霸权，一个模糊国内政治和国际政治界限的延伸性机制，它精心创立了以美国为核心的跨国、跨政府的政治体系。[123]

美国的开放霸权采取多种方式巩固美国承诺在制度化政治秩序内运行的可信性。其一就是体系的透明度，它减少了美国突然改变政策的可能性，缓解了伙伴国的担忧。这一透明源于如下事实：许多行为体参与到庞大、分权化的民主政策制定过程中，其政治程序是具有延展性的、相对可见的。开放和竞争性的程序不时会带来复杂而模糊的政策，但程序的透明性至少使得其他国家更准确地判断美国外交政策的可能方向。这会降低不确定性的程度，在其他要素都一样的情势下提供某种保证，提供更大的合作机会。

可渗透性霸权秩序向其伙伴国提供再保证的另一种方式是，它允许外在者的参与，并确立了有利于达成妥协和协议的大西洋政策程序。美国民主体制延伸到欧洲，约翰·刘易斯·加迪斯写道："通过民主程序获得权威，其（美国）领导人有着丰富的说服、谈判和妥协技巧，这是其对手莫斯科领导人所缺乏的……第二次世界大战期间，民主习惯对各国帮助良多：其战略家假定他们的思想必须反映盟国的利益和能力；盟国也可以提出自己的建议案并得到认真考虑。战后这种相互提供方便的模式延续了下来。"[124] 在占领区管理、希腊和土耳其危机、应对1947年欧洲经济危机等广泛的战后议题上，欧洲人——尤其是英国人——在塑造美国政策上发挥了关键性作用。尽管存在绝对的实力差距，大西洋国家间的政治影响却是双向互动的。[125]

分权且具有可渗透性的美国体系允许并邀请欧洲、日本和世界其他国家参与到跨国和跨政府的关系网络之中。美国成为跨大西洋和跨太平洋政治运作的重心。[126] 尽管美国政治程序的可接触性在海外并非完全开放，但美国政治体系的开放性和民主程序确保了其他国家拥有进入美国决策程序的常规渠道。促进谈判和妥协的跨国程序作为国内民主政治的延伸，得以建立起来。

战争期间和战后，美英关于战后经济安排的谈判都佐证了这一模式。美国国内拥有各种官僚团体，积极推销它们在贸易和货币政策上的观点。英国官员能够与美国国务院设法在财政部找到更为一致的伙伴，以调控战后贸易政策的冲突。随后数年间，各国举行了范围广泛的政府间谈判，最终达成了《布雷顿森林协定》。如前所述，英国成功地改变了美国在战后经济秩序上的立场，使之接受更具管制性的开放体系，从而赋予政府确保经济稳定的工具和应对宏观经济收支失衡的扩张性选择。[127] 相比更为单一和封闭的体系而言，多个政府进入点和美国政府决策的分权性质使得英国可以发挥更大的影响力。[128]

综上所述，欧日在美国霸权内运作的能力促进了它的可接受性。英国发现，在美国霸权内运作是可能的，正如查尔斯·梅尔（Charles Maier）指出的："在美国'霸权'内，英国保留了许多英联邦国家的地位，它尽可运用其收支平衡手段。它还可以采取所谓的'波利比奥斯战略'，即在美国霸权体系内扮演当年希腊在罗马帝国的角色，通过'特殊关系'延展英国的影响和地位"[129]。美国的其他伙伴也在战后秩序中发现了诸多进入美国的通道和方便之门，从而使得美国权力更有用、更可预期。这些伙伴国面对的是一个相对开放的、可接触的战后领导国。它们可以据此核算不被主导的成本，实际上，参与而不是抵制战后秩序，可以更好地确保其利益的实现。

约束性制度

约束与保证也通过战后制度本身建立起来，它们都锁定在开放、多边的政策倾向上，并将主要西方国家捆绑在一起。美国和欧洲都试图彼此约束在具体的战后承诺上。这部分是通过同意在制度内运行实现的，尽管有时还有些不情愿。各国政府通常寻求保护自己的选择，与其他国家合作但保留摆脱束缚的选择空间。美国和其他西方国家的所作所为却恰恰相反：它们之间确立了长期的、难以取消的经济、政治和安全承诺。冷战的出现为最正式、最复杂的约束提供了动力。

最为复杂、重大的约束性制度是安全同盟。安全同盟既是应对苏联共产主义的威胁的集合力量，也是稳定和管理成员国权力关系的制度。北约为联邦德国的重新武装和重新统一提供了机制，故被称为"双重遏制"工具。[130] 但是，它也锁定了美国对欧洲并不情愿的安全承诺，将欧洲国家约束在一起。鉴于此，北约与其他战后制度一起运行，成为"四重遏制"的多功能联盟。

英国和法国在战时和战后最持之以恒的目标是将美国与欧洲联系在一起。美国政策几经变更，从让欧洲成为"第三股力量"到让各国接受北约内的安全承诺，是美国的不情愿与欧洲的坚持不懈的互动过程。欧洲寻求与美国的安全联系，并不仅仅是应对苏联威胁的兴起。早在1943年，温斯顿·丘吉尔就提议成立"最高世界委员会"（成员国包括美国、英国、俄罗斯，可能加上中国）和欧洲、西半球、太平洋等地区委员会。丘吉尔力图实现美国与欧洲联系的制度化，建议美国成为欧洲地区委员会的代表，同时在自己所在的西半球发挥作用。一位历史学家意识到了美国对战后欧洲承诺的模糊性，他如此写道："罗斯福担心丘吉尔的委员会倡议是试图将美国拉入欧洲的工具。"[131]

英法在战时和战后都寻求将美国与欧洲捆绑在一起，以确保美国权力更具可预期性、更可接触、更可利用。作为一个国际制度，北约在使得美国权力的行使更为可靠、更少随意性上起到了尤其重要的作用。尽管各成员国幅员和军事力量差异巨大,但北约秉持地位平等、不歧视和多边主义原则。[132] 美国无疑是北约的领导者。但联盟的相互谅解和制度机制将降低这些实力差距在实际运行中的影响力。

安全同盟也有助于减少欧洲对德国军事复兴和滥用其实力的担心。将德国纳入西欧的战略是乔治·凯南首先提出的。"从长期看,西欧和中欧的未来只有三种可能性:其一是德国主导;其二是苏联主导;其三是欧洲结成联盟,吸纳德国,但其他国家的影响足以约束德国。如果没有出现真正的欧洲联盟,或德国恢复其强国和独立地位,则德国必然重新尝试主导。"[133] 两年之后,凯南再次提出:"没有欧洲联盟,就没有足以应对德国问题的适当框架。"[134]

凯南的思想就是要在欧洲和大西洋制度内重建德国经济和军事能力。当时,美国官员普遍接受约束性战略。1948年初,国务卿马歇尔指出了这一点:"除非联邦德国将来有效地与西欧国家联系在一起,首先通过经济安排,最后可能达成政治安排,否则就会存在整个德国被纳入东方势力范围的真正危险,这对我们所有国家而言都是最可怕的后果。"[135] 当国务卿迪安·艾奇逊(Dean Acheson)前往参议院回答议员们关于《北大西洋公约》的问题时,参议员克劳德·佩珀(Claude Pepper)提出疑问:"《北大西洋公约》是否赋予了西欧国家抵抗复兴的德国和苏联的某些信心?"艾奇逊回答道:"是的,它可以全面发挥作用。"[136] 冷战升级使得联邦德国重新武装愈发具有必要性,通过联盟限制德国力量的复杂性也在增强,这反映在一体化军事指挥、有关德国恢复主权的法律协定等复杂谈判之上。[137]

如果北约将联邦德国和美国都与欧洲捆绑在一起,则也会加强英法对建立开放、统一的欧洲的承诺。美国不仅想恢复德国的武装和统一,还希望欧洲自我适应。1945年之后,美国官员重复威尔逊一战之后对德国"旧政治"的批评,强调改革民族主义和帝国主义倾向的必要性。它被普遍视为鼓励一体化的最佳途径。[138]地区一体化不仅使得德国对欧洲而言是安全的,也使得欧洲对世界而言也是安全的。马歇尔计划反映了美国的这一思想,以及杜鲁门政府对《布鲁塞尔条约》、欧洲防务共同体和"舒曼计划"的切实支持。1948年,在《北大西洋公约》谈判期间,美国官员向欧洲人明确指出,安全承诺有赖于欧洲走向一体化。一位国务院官员指出,美国不会"作茧自缚"[139]。迪安·艾奇逊在论及欧洲防务共同体时指出,美国的目标是"扭转欧洲大陆刚刚出现的分裂民族主义趋势"[140]。美国国会支持马歇尔计划的部分前提条件是,不仅要将美元输送给欧洲,还要鼓励一体化的政治制度和习惯。[141]

1948年,马歇尔计划付诸实施,开始向欧洲提供援助。美国政府坚持欧洲必须组织起来联合分配资金,导致了欧洲经济合作组织(OEEC)的创立,这是欧洲共同体的制度先驱。[142]这一机构最终负责全欧经济复兴的监督,开始将欧洲纳入到共同经济管理的讨论中。

正如一位美国官员所回忆的,欧洲经济合作组织"确立了战后国际合作的重大创新之一:系统国家评估。国家负责当局要接受一群同行和高素质的国际官员的盘问。这些在评估中所提出的问题,在战前本会被视为对国内事务的粗暴国际干涉而难以接受"[143]。尽管美国不情愿地同意本国对欧洲安全承诺的制度化,但它能够推进欧洲一体化,成为应对欧洲内部冲突的屏障。

大西洋国家间安排的各种因素相辅相成。马歇尔计划和北约是更广泛的制度化一揽子方案的组成部分。正如劳埃德·加德纳（Lloyd Gardner）指出的："每项协议都是总体的一部分。它们联合起来，意在'塑造大西洋国家的军事特征'，防止欧洲防务体系的巴尔干化，创立足够大的内部市场，确保西欧资本主义的可持续发展，将德国锁定在铁幕的西方一边。"[144] 北约是一个安全同盟，但也被视为有助于组织大西洋政治经济关系的工具。玛丽·汉普顿（Mary Hampton）表示，北约为那些关注西方抗衡苏联力量的人士所提倡，也为那些寻求"建立跨大西洋国家共同体"的人士所支持。[145] 法国与德国的对立在不到一个世纪内点燃了三场战火，美国官员为此努力寻找解决途径。促进德国重新统一、西欧政治和经济一体化的动力塑造了美国的战后欧洲目标，最终推动美国接受了北约承诺。正如约翰·福斯特·杜勒斯发表声明所指出的，大西洋联盟的重点是"为支持某些事情，而不仅是反对某些事情而展开合作"[146]。

战后美国的战略约束使得欧洲更加担心被抛弃，而不是被主导。它们积极寻求美国对欧洲的制度化承诺。美国政体的透明性和可渗透性，培育了"延伸至"其他工业化民主国家的政治秩序。多层的经济、政治和安全制度将这些国家捆绑在一起，加强了彼此承诺的可信性。最终导致战后巨大的权力失衡变得更容易为人接受。

结论

第二次世界大战后创立的发达工业化国家之间的秩序独一无

二、史无前例。与此前的战后秩序相比,它的宪法特征更为明显。西方工业化国家间秩序的特征是:多层制度和联盟,开放的、可渗透的国内秩序,互惠的、更具合法性的争端解决机制,联合决策等。战后的突出特征是巨大的实力差距,在与欧洲和日本的关系中,美国的地位无与伦比。但是,尽管存在这样的实力差距,相关各国却设计了彼此接受、迄今仍在发挥作用的战后秩序。

在二战后秩序建设的记录中,存在几个具体的争论。第一,美国确实利用其战后领导国的地位将其他工业化国家锁定在围绕政治经济开放性组织起来的特定国际秩序中。这些思想第一次出现在《大西洋宪章》中。随后数年间,秩序建设的具体条件发生了意想不到的变化,但它们依旧在发挥作用。这不会是一个由封闭集团、国家资本主义和敌对的帝国秩序组成的世界。冷战爆发所导致的变化不过使按照这一逻辑组织起来的世界范围有所缩小,为确保该秩序而推行的制度战略类型也有所减少。

第二,美国宏大的战后目标早在冷战爆发之前就确定了,它涵盖了关于政治、经济和安全秩序的大量互补性观念。防务规划者将美国的安全利益与欧亚市场、资源联系起来,加强了支持开放世界经济理念的国务院官员的力量。乔治·凯南等国务院政策设计者主要关心西欧经济和政治基础设施的重建,与那些鼓励欧洲大陆政府致力于开放和一体化西方秩序的官员携手合作。杜鲁门政府不愿意追求更全面的选择,如简单的自由贸易或世界政府,反而促进了自由民主秩序的汇聚。制度化、管制性的西方秩序以开放和民主为核心,对某些国家而言是富有吸引力的目标,对其他国家而言是实现目标不可或缺的手段。相比1815年甚至1919年的目标而言,美国在1945年之后寻求锁定的目标更为雄心勃勃，将更多层面纳入其中。各种政策的支持者意见各异，但却大多赞同主要工业化民主国家间开放和多边关系的重要性，他们进一步巩固了这一议程。

第三，美国追求这些目标的方式是，同意将自己锁定在高度制度化的战后秩序之中。从某种意义上，美国在更有利的条款上向欧洲做出让步，同意大规模的援助计划，不情愿地接受约束性安全承诺，是向欧洲"购买了"协议。美国在战后贸易和货币问题上的政策变化表明，它愿意通过妥协获得欧洲的默许，通过让渡短期利益来获得制度化安排，以确保美国的长期利益。马歇尔援助计划是一个更为明确的此类权衡：美国向欧洲投入巨额金融资源，双方达成了明确谅解，欧洲各国将深化政治经济统一。随后美国1949年达成《北大西洋公约》，并进一步强化了安全纽带，这些拓展的安全承诺也并非主动，只为换取欧洲答应深化地区安全合作、接受德国的重新统一和武装。

第四，战后工业化民主国家间关系的政治组织受到互惠约束程序的推动。战后，美国一直致力于不受制约。这一目标有助于解释国务院自由贸易议程的呼吁和随后的欧洲"第三股力量"思想。同时，美国官员追求非常复杂的议程，致力于将欧洲约束在一起，将联邦德国纳入更统一、更一体化的欧洲中。起初，战后经济复兴的需求、解决德国问题的需要、单独应对与苏联关系恶化的必要性推动了这一议程，而冷战确实加深了利害关系，加速了进程。但是欧洲在该进程的每一步都坚持让美国做出约束性承诺，否则不接受将欧洲约束在一起。而在每一个阶段，美国都仅在必需的承诺上做出让步，以确保欧洲走上一体化和重建之路。为实现欧洲乃至更广阔地区的秩序建设目标，美国必须付出约束、保证和承诺的代价。

欧洲也面临类似的权衡：它们同意欧洲一体化的步骤，接受联邦德国回归欧洲，部分是因为要换取美国更受制度化的约束，拉近与美国的联系。正如宪法秩序建构模式所表明的，弱小国家和次要国家锁定在战后秩序之中，但它们获得了短期的权力回报，至少在某种程度上确保了制度化安排，使得领导国更可预期、更受限制、更好接触。将美国权力与欧洲捆绑在一起的全部措施直至很晚才得以实施。1950年之后，为应对苏联威胁的加剧，北约军队实现了一体化，美国在欧洲永久驻军。大西洋安全关系的制度化向欧洲提供了保证，使得美国力量更加确定、更可预期，并创立了提供发声机会的机制。

第五，战后推行的制度化战略对塑造工业化民主国家间秩序、克服高度失衡的权力关系所带来的不安全至为关键。苏联的崛起促进了西方的团结，但在冷战敌对爆发之前，这一团结就已经构想和付诸实施了。确实，美国战后规划者的思想转变（即从弱制度化的自由贸易构想到干预、管制性的西方经济、政治、安全体系），更多是因为意识到了1945年之后欧洲的衰弱，而非苏联力量的威胁。[147] 1949年夏，驻德国高级专员约翰·麦克洛伊与美国驻法大使见面时指出，或许将太多的重点放在"苏联力量在世界的兴起上，过少关注英帝国崩溃这一巨大的因素了"[148]。重要的是，解决共同问题、创立服务于开放和稳定体系的安全网，这些努力是西方国家战后关系的重要推动力。

第六，西方自由秩序背后的目标部分是由激发这些思想的各种教训和经验塑造的。有的学者指出，1945年之后的"成功"安排和

1919 年之后"不成功的"安排之间存在的区别在于，前者对于权力和秩序的理解更加"现实主义"。例如，罗斯福对权力的考虑甚为敏感。他的"四大警察"思想是围绕大国集体安全组织确立战后安排的自觉努力。[149] 但是，实际的战后安排反映了更为复杂的教训和考虑。20 世纪 20 年代国际联盟灾难的"现实主义"教训与 20 世纪 30 年代地区帝国主义和重商主义冲突得到的"自由主义"教训结合起来了。1945 年之后，美国确实表现出这样的意愿：运用军事胜利和占领来实现在德国和日本的战后目标。尽管如此，这些目标都体现出了自由主义性质。

最后，美欧官员显然都认为，如果参与者都是民主国家，约束性的战后制度（尤其是北约，不过其他多边制度也一样）更可能有效地提供制约和保证。1948 年 12 月，英国外交大臣贝文向美国国务卿马歇尔呼吁，大西洋国家应该行动起来，创立"西方精神联盟"。这表明民主国家的共同性最终是安全合作的基础。此后，当盟国思考联邦德国加入西方的方式时，约翰·麦克洛伊指出，德国应该成为一个"自愿的参与者"，最终与其他国家一样，成为正在成形的"民主国家联盟"的"全面合作伙伴"[150]。为了全面参与非强制的、合法西方秩序，德国需要成为民主国家。因此，1954 年德国就恢复主权展开谈判时，它愿意接受新的民主制度，承认只有自己接受民主价值，才可依赖西方盟国的保护。[151] 民主既是手段也是目的。西方官员认为，空前的制度化和一体化合作是必要的。按照约翰·福斯特·杜勒斯的说法，是为了"捍卫自由共同遗产和我们人民的文明"。更准确地说，由于这些国家是民主国家，它们的政府有能力做出约束性承诺。[152]

无论如何，由于确立了约束性制度，也因为美国政体的结构特征，高度的权力失衡为美国的伙伴所接受。美国官员努力向战后伙伴做出保证，并提高他们所创立的联盟和经济制度的合法性。但在更普遍意义上，美国"注定要提供保证"。即使它没有在战后规则和制度上积极寻求与其他国家达成彼此接受的协议，庞大的、多元的、可渗透的美国政体也会促成这样的结果。开放体系促进了合作探索，美英经济学家确立了战后经济秩序上的凯恩斯式的"中间立场"。开放的美国政体为盟国创立了积极游说、与美国官员接触、影响美国政策程序的机会。制度和联盟更为可信，因为它们是通过民主国家所批准的条约而创立的，这意味着这些承诺难以被推翻。如果美国像1945年之后那样强大，但没有民主国家愿意利用大量的国际制度将自己与其他国家捆绑在一起，我们很难想象其战后伙伴愿意接受并加入这样的一个战后秩序。

第七章

冷战之后

人们往往将冷战的终结与1815年、1919年和1945年的情况进行比较。1989年柏林墙的倒塌和两年之后的苏联解体导致长达40年的超级大国冲突戛然而止，旧有的两极国际秩序荡然无存，而新的权力分配正在形成之中。美国及其盟国宣告赢得了冷战的胜利，而苏联及其盟友或渐渐被遗忘，或陷入政治和经济混乱。为寻求历史比较和教训，学者们有理由回顾之前的战后安排。[1]

当然，冷战的结束也颇不寻常。导致社会、政治体制崩溃的，不是战争的暴力，而是苏联的坍塌。军队并没有开过边境、占领土地。冷战结束以来，不少俄罗斯人半开玩笑地表示，如果西方入侵并打败俄罗斯，苏联的改革和重建或许更为成功，美国及其盟友在提供援助时或许更为慷慨。冷战结束"伴随的并非军事胜利、撤军与庆祝，而是双方完全没有开火的情况下某一方出乎意料的投降"。[2]

1989—1991年的剧变仅仅摧毁了部分二战后秩序，即两极秩序。工业化民主国家之间的秩序依旧稳如磐石。实际上，很多美国和欧洲观察家很快认识到，苏联解体就是西方制度和政策的胜利。过去，在大战之后，旧有的国际秩序往往被摧毁，或丧失其信誉，从而为各国就战后秩序之基本规则和原则进行彻底谈判扫清了道路。1989—1991年之后，西方领导人更倾向于认为，既有的国际秩序运转相当良好。西方对苏联政策的正确性得到了证明，工业化民主国家间关系的组织结构稳固而具有合作性。20世纪80年代末，当苏联体系摇摇欲坠之际，戈尔巴乔夫决定寻求与西方的调和，审慎融入西方。可以说，这一抉择直接导致了冷战的结束。其结果是，部分战后秩序崩溃了，而其他部分则继续保持稳定。

苏联的解体和两极格局的结束促成了国际权力分配的逆转，出现了新的权力失衡。苏联（和之后的俄罗斯）面对的是更为强大的西方国家团体，而欧洲和日本要面对更为强大的美国。20世纪90年代末，实力差距再次变得极为悬殊，而美国处于引人注目的地位。各大国在应对这种权力关系变化时，大致有三种基本政策模式：

> 遭遇实力的大幅下滑，苏联在外交政策上寻求与西方的调和，默许德国统一，眼睁睁地看着前盟友民主德国被纳入西方联盟中。
>
> 面对有利的权力变化，美国寻求扩大或创立各种安全和经济制度，如北约、北美自由贸易区、亚太经合组织和世界贸易组织等，希望至少在部分程度上将其他国家锁定在民主和市场倾向上。
>
> 面对20世纪90年代的权力分配变化，美国和其他工业化民主国家努力维系并扩展其合作关系。尽管实力悬殊空前，美

国优势巨大，但其他大国并未寻求疏远或制衡美国。

这些趋势都有助于评估冷战后西方秩序的制度逻辑。[3]首先，20世纪80年代末苏联经济不景气，对民主德国的控制力也在不断减退。这种地位的弱化引发了苏联的一系列反应，包括外交政策更加激进、军事调动更加频繁、对华约盟国采取强制行动等。然而，苏联总统米哈伊尔·戈尔巴乔夫却采取了截然相反的政策，寻求调整和"新思维"。正如后文分析指出的，某些论据表明，鉴于西方实力相对良性的结构，这种政策调整对苏联领导人而言危险更小。莫斯科同意让其东欧盟友选择自己的政治经济改革路径，而不威胁进行干涉（尽管苏联整体的实力地位已经下滑），因为它并不担心西方的进犯。

德国的统一和民主德国加入北约让苏联陷入了同样的困境，这次风险甚至更高。但是，西方国家再次成功向苏联做出保证，尤其是新统一的德国加入欧洲和大西洋制度。联邦德国阐述了迅速统一的目标，答应继续留在北约和欧洲共同体内，鉴于德国在欧洲大陆前景光明，这一目标为其他国家所接受。西方制度成了克服冷战后德国权力失衡变化引致不安全感的工具。

其次，冷战后的美国外交政策至少在部分上与秩序建设的制度化逻辑相契合。20世纪90年代，相比俄罗斯和其他工业化民主国家，美国经济实力和军事实力都有所增强，美国再次面临如何行使权力的抉择。美国在诸多经济和安全领域内都寻求制度建设议程的拓展：北约东扩，创立北美自由贸易区、亚太经合组织和世界贸易组织等。这些步骤基本上与该模式的预期一致。

最后，冷战的结束检验了西方国家和日本之间 1945 年战后安排的持久性。尽管国际权力分配出现了巨大的变化，但西方秩序依旧相对稳定。这至少部分归功于最初安排的制度逻辑。20 世纪 90 年代末，美国拥有无可匹敌的经济和军事力量，但其他国家并没有积极寻求疏远或制衡美国的实力。冷战结束以来，美国及其盟国的冲突水平并未增加。相反，工业化民主国家政府间关系的范畴和密度实际上都有所拓展。20 世纪 40 年代末确立的西方秩序的逻辑和稳定性如今依旧清晰可见。

西方的秩序与苏联的解体

苏联的解体主要源于内部矛盾和苏联体制的失败。但是，戈尔巴乔夫及其他苏联领导人对国内问题的具体处理方式，至少部分受到了包括美国及其西方盟友在内的外部环境的影响。[4] 20 世纪 80 年代末，苏联展开国内自由化，调整外交政策，导致这样的后果并非不可避免。1985 年初，戈尔巴乔夫上台执政之后，开始采取开放和经济重建的政策，很快导致了更大规模的政治开放，也激化了经济难题。戈尔巴乔夫在外交政策上的"新思维"推进了国内改革，这位苏联领导人提出了一系列削减武器的倡议，并明确提出进一步推进全球合作的愿望。[5] 苏联的这些主动倡议震惊了外界。相比沙俄时代和苏联历史上在经济和政治危机时刻的举措：更严酷的国内压制和更激进的外交政策，这次苏联的反应截然不同。[6]

苏联政策的转折点之一在于 1988 年戈尔巴乔夫在联合国大会的

著名演说。他宣布苏联单方面裁军 50 万，这几乎相当于东欧和苏联西部驻军的一半。[7] 通过大规模削减苏联军队，戈尔巴乔夫提议停止冷战的重点：在欧洲的尖锐军事对立。他同时宣布，"诉诸武力"不是也不应该是"外交政策的工具"，"选择的自由"是一个既适用于资本主义制度也适用于社会主义制度的普世性原则，以此暗示苏联愿意容忍东欧内部的政治变化。这一声明等同于实质上放弃了勃列日涅夫主义（Brezhnev Doctrine）。勃列日涅夫曾宣布，苏联有权利也有责任干涉东欧以捍卫社会主义。戈尔巴乔夫宣布了冷战的结束，并向波兰、匈牙利等国家发出信号，表示苏联不会阻碍其政治变革之路。[8]

为什么戈尔巴乔夫愿意采取这样具有危险性的单边行动，通过政策调整、大规模裁军和不干涉东欧的政策来结束冷战？其中当然原因甚多，但在苏联陷入危机之际，包括美国及其欧洲盟友的西方秩序总体上的制度化特征向苏联展现了相对和善的一面。在苏联准备改变它对外部世界的姿态时，西方民主国家结成团体，使得单独或共同利用苏联的困境或主导苏联的情势变得很困难。正如俄罗斯外交部长安德烈·科济列夫（Andrei Kozyrev）事后指出的，西方国家是多元民主国家，"实际上排除了采取激进外交政策的可能"。[9]

西方秩序在面对苏联危机时，其内在的一系列制度化特征使之在根本上是防御性的权力集合体。构成大西洋联盟的各国具有多元、民主的性质；这些国家内部及相互之间应对苏联的立场是多样的，且常常相互矛盾；这些国家内部及跨国层面都有着反对采取强硬政策的运动。这一系列因素软化了苏联对西方的看法。联盟本身遵循非敌对的准则，使单一国家的激进政策难以推行。由于西方秩序存在以上特征，戈尔巴乔夫的历史性赌博的风险更少了。苏联安全的威胁更多地来自国内。

人们普遍认为，冷战结束的原因在于，面对西方持续的遏制政策以及 20 世纪 80 年代里根政府大规模的军队建设，苏联做出了有条件投降的决定。[10] 按照这一分析，里根上台伊始就采取的强硬军事姿态和意识形态进攻，使得苏联人的失败不可避免。实际上，里根政府、美国及西方世界都更为复杂，其立场常常是矛盾的。里根为强硬路线的支持者所包围，他们要求推动西方的军事优势，但其他官员和里根本人的观点则更加矛盾，他们在核武器问题上尤其摇摆不定。里根全面削减核武器的意愿在 1985 年 11 月的日内瓦峰会上有所体现，又在 1986 年 10 月的雷克雅未克峰会上进一步得到明确。里根政府的强硬派人士千方百计否认里根的观点，但里根确实向戈尔巴乔夫发出了这样的信号：比起为人所利用，彻底的倡议更可能产生互惠效果。[11]

除里根本人举棋不定之外，政府内强硬派的立场也由于其他几个因素的存在而有所削弱。其中之一在于里根执政初期那些激进的讲话导致 20 世纪 80 年代美国和西欧爆发了大规模的和平运动，给西方国家政府施加了相当的压力，迫使他们寻求全面的军备控制提案。按照西方公共舆论变化造就的政治氛围，里根政府初期的言论是一种政治责任。1984 年美国总统大选之时，里根政府接受了之前摒弃的军备控制目标。[12] 1984 年 9 月，里根在联合国大会发表演讲，将这一新政策路线推向高潮。里根此前称苏联领导人是"现代世界的邪恶中心"，而此时却做出了新的呼吁："为致力于建立一个和平的世界……让我们给予彼此十倍的信任和千倍的关爱。"[13]

西欧更加直白的军备控制运动给了里根政府很大的压力，大西洋联盟面临即将破裂的危险。整体而言，西方政治体系展现出某种制衡性的动力。美国的强硬政策激发了言辞更为激烈的军备控制和裁军运动，后者又起到了软化原有强硬立场的作用。[14]

强大的西方利益集团致力于促进东西方经济联系，这也削弱了里根政府的强硬政策。1979年苏联入侵阿富汗，美国总统吉米·卡特对苏联实行了粮食禁运。为兑现共和党对中西部农民的承诺，里根政府在执政前几个月就解除了禁运。尽管里根政府强烈反对，北约盟国仍在大力推进连接苏联和西欧的天然气管道建设。这一项目的推进造就了双方实质性的经济相互依赖，表明在美苏关系最为恶劣的20世纪80年代，里根政府寻求盟国对苏联一致采取强硬政策的努力失败了。

当布什政府上台执政后，在如何对待戈尔巴乔夫的问题上，各顾问和机构的观点依旧大相径庭。某些政府官员希望看到更具体的证据，以证明戈尔巴乔夫"新思维"真实可信。但美国国内的主流意见是应向戈尔巴乔夫发出更明确的互惠信号，鼓励他继续下去。同样，大西洋联盟内部的观点也多种多样，英国持有怀疑态度，法国摇摆不定，而德国充满热心，这种多样性也削弱了对苏联采取强硬反应的可能。1989年美国驻苏联大使杰克·马特洛克（Jack Matlock）发往华盛顿的一封电报反映了主流看法："我们有了历史性的机遇来检验苏联与其他世界建立新关系的意愿，并强化苏联经济'文明化'和社会'多元化'的倾向。"[15]布什政府力图将苏联和东欧迅速发展的政治变革纳入到和平融入、民主改革的轨道上。由于莫斯科的变革不可预期，美国又需要维系联盟团结，这些因素进一步增强了美国政策的应对性和温和性。

总体而言，20世纪80年代苏联对西方秩序的看法与1945年后欧洲对美国霸权的看法并不相同。西方出现了压倒性的权力集中，但其权力行使却受到极大约束，具有制度性的特征，这些特性充分保证了存在谨慎合作，而非彻底的权力制衡的可能性。西方秩序的结构，导致了单一、一致、明确的强硬政策不可能维系。

德国的统一与苏联的默许

象征冷战结束的重大事件之一是德国的迅速统一，这一历史性进程几乎没有受到苏联的任何阻拦。1989年11月柏林墙倒塌，事后不到一年，德意志民主共和国（民主德国）与德意志联邦共和国（联邦德国）就签署了统一条约。数月之前，大多数美国和欧洲观察家还认为德国的统一依旧遥遥无期。令人惊奇的是，尽管苏联起初倾向于其他结果，但它最终默许了这些并不确定的事态发展。苏联不仅认可其前盟国并入联邦德国，还同意新统一的德国完全作为西方联盟和欧洲共同体的一部分。东西方之间的平衡突然有利于西方，但这并没有触发新的冷战危机，德国迅速而平静地获得了统一。

德国统一的正式流程几乎没有受到关注。1990年9月12日，第二次世界大战的四大胜利盟国会聚莫斯科，签署了《关于最终解决德国问题的条约》(Treaty of the Final Settlement)，恢复德国统一后的完全主权，放弃它们对柏林和德国的"权利和义务"。[16]在确定德国条约的两周之前，美国总统布什和苏联总统戈尔巴乔夫在赫尔辛基举行首脑会晤，德国统一问题甚至没有被纳入会谈议程。[17]

1989年年末至1990年导致德国统一的一系列谈判表明，在苏联面临失去民主德国的情势下，西方领导人能够运用西方制度向苏联展示其约束、提供再保证，使苏联人确信新统一的德国不会严重威胁其安全，这一点至关重要。联邦德国总理赫尔穆特·科尔（Helmut Kohl）发挥了关键作用，他向苏联及德国的欧洲盟友发出信号，表明统一后的德国仍将留在北约内，并加入欧洲共同体。更为宽泛的西方体系也向戈尔巴乔夫做出保证：从苏联的角度看，英国和法国领导人在统一进程中表现稳健。西方对苏联的总体政策是安抚性的，而不是对抗性的。苏联人也深层次参与了德国统一的复杂谈判，拥有了发声机会，使得最后的条约更易为他们所接受。

1989年年末，随着柏林墙的倒塌和民主德国政治危机的激化，德国统一问题浮出水面。民主德国难民潮涌向匈牙利以及反对团体的出现，突然揭穿了民主德国埃里希·昂纳克（Erich Honecker）政权软弱无能的面目。民主德国也陷入了财政危机，向西方负债265亿美元，账目经常赤字严重。尽管民主德国的发展令人不安，苏联却在政策上十分消极。戈尔巴乔夫于1989年10月访问柏林，鼓励民主德国改革，但拒绝介入有关国内骚乱的处理。他认为，国内改革和西方援助将导致民主德国走向波兰或匈牙利的变革之路。东西方的进一步融合是不可避免的，也是令人期待的：它不会危及社会主义制度或民主德国的生存能力。[18]柏林墙倒塌之后，这一观点也就站不住脚了。

面对民主德国危机，赫尔穆特·科尔总理提出德国统一问题，让戈尔巴乔夫及英法领导人都大为紧张。11月28日，科尔在联邦议院发表重要演讲，提出德国统一的十点方案。这位德国领导人呼吁分阶段推进德国统一进程：扩大两个德国之间的旅游、人员往来和经济援助，此后在民主德国进行自由选举，支持致力于"联邦结构"的运动，最终建立单一的联邦德国。科尔认为，德国内部关系的变化应纳入更大的欧洲进程之中，从而使"这一有机发展将有关各方的利益纳入考虑，确保欧洲秩序的和平"。[19]该演讲并未明确提到德国对北约的承诺，但在演讲后致布什总统的信中，科尔重申了联邦德国"对北约坚定忠诚"。[20]

德国政策的要旨是，使其东西方邻国确信，统一后更为强大的德国将会被深深纳入更宽泛的地区制度中。[21]外交部长汉斯-德里希·根舍（Hans-Dietrich Genscher）在1990年1月的一次演讲中明确表达了德国的这一基本观点："我们希望将德国统一进程置于这些背景之下：欧洲共同体一体化、欧洲安全会议的进程、东西方稳定的伙伴关系、欧洲议会建设、从大西洋到乌拉尔山脉的欧洲和平秩序建构等。"[22]根舍和其他德国领导人在演讲和声明中并不经常提及北约。在探讨德国统一的前几个月里，这让美国官员深感担忧。但是，德国领导人传递的基本信息是明确的：为争取各国对德国统一的同意，德国准备与邻国进一步捆绑。

美国试图向戈尔巴乔夫做出保证，苏联的安全不会因这些事态的发展而陷入危险，并在科尔尽力缓解其他欧洲领导人的疑虑时向他提供支持。[23]1989年9月，在英国首相玛格丽特·撒切尔（Margaret Thatcher）访问莫斯科时，布什总统向戈尔巴乔夫发出照会，强调东欧变化不会构成对苏联的威胁。[24]在12月初美苏领导人会晤的马耳他峰会上，布什向戈尔巴乔夫表示，美国无意利用东欧事态的发展。布什指出，美国的"回应既非炫耀，也不傲慢……我无意给你的生活带来麻烦。因此我没有在柏林墙问题上指手画脚。"[25] 随后布什在布鲁塞尔举行的北约领导人会议上重申，不要让戈尔巴乔夫感到走投无路，这点很重要。

美国为使莫斯科确信无疑，还试图联合盟友对科尔的统一计划共同提供支持。这需要得到联邦德国的保证，并强调更为宽泛的制度结构也会发生变革。在这几个月里，美国最优先的目标就是确保统一后的德国依旧坚定地留在北约联盟内。1989年年底，美国开始设计新的政策，将德国统一与确保德国继续保持对欧洲和大西洋制度的承诺联系起来。在12月4日的北约布鲁塞尔峰会上，布什总统提出了这一观点，并随后公开表示："德国实现统一的前提是继续践行对北约的承诺，并进一步融入欧洲共同体，尊重同盟国家的法律作用和责任。"[26] 这位美国总统认为，北约应继续作为欧洲稳定的保证者，为此目的，美国将继续对欧洲安全的承诺，在欧洲部署地面部队。实际上，邻国接受德国统一的条件与第二次世界大战后接受联邦德国复兴时一样：德国应融入更为宽泛的欧洲—大西洋制度中。北约联盟和欧洲经济一体化将德国与欧洲捆绑在一起，美国通过增加自己的安全义务来确保协议的维系。[27]

这类保证很有必要。英国首相玛格丽特·撒切尔是最不愿意看到德国迅速统一的。她的看法是，东欧事态的快速进展不能超出控制之外并危及苏联的安全。她在给布什的信中指出："我们必须表明，我们无意利用这一情势损害苏联的安全利益。这要求我们继续申明我们的观点，即华约的未来与北约的未来一样，是成员国自己做出的决定，不受外来干预；德国的统一并非当前必须处理的问题。"²⁸ 1989 年 11 月 24 日，在戴维营与布什会晤时，撒切尔重申，德国统一不能给欧洲带来不稳定，不能导致戈尔巴乔夫的下台，不能终结东欧民主进程的前景。²⁹

法国总统弗朗索瓦·密特朗（Francois Mitterrand）也对德国统一持谨慎态度，但他强调需要加深欧洲的一体化以及德国与欧洲共同体的联系。³⁰密特朗在 1989 年 11 月 27 日给总统布什的信中指出："在欧洲共同体加强其自身凝聚力时，我们每国政府都非常关注欧洲共同体在确定欧洲新平衡上能够和必须发挥的作用。"³¹在不久之后与根舍会谈时，密特朗再次将德国统一与欧洲一体化建设联系起来。随后，与戈尔巴乔夫在基辅会晤时，密特朗听到了这位苏联领导人的警告：德国统一之日，"一位苏联元帅将取代我的位置。"密特朗意识到科尔的动作太快了，但他传达的主要意思是两德关系应作为全欧洲进程的一部分来处理。³² 12 月 16 日，密特朗与布什在加勒比海的圣马丁岛会晤，他重申，德国统一必须与北约和欧共体的发展相联系。军备控制、欧洲一体化、欧洲货币联盟、美欧合作必须在塑造新欧洲上共同发挥作用，德国统一是该进程的一部分。密特朗警告称："否则，我们会退回到 1913 年，并可能失去一切。"³³

在 12 月 8 日欧洲共同体领导人的斯特拉斯堡会议上，这一联系再次被提及。密特朗提议召开政府间会议，修改欧洲共同体的《罗马条约》，为政治经济联盟的新条约做准备，这一提议得到了科尔的支持。作为回报，欧洲共同体领导人通过了一项声明，支持在欧洲大发展的背景下实现德国的统一。³⁴这一联系得到了明确。1990 年 3 月，科尔再次提出加速统一的计划，同时表明德国已经做好准备执行一系列雄心勃勃的举措，推动欧洲一体化建设。法国和德国政府准备了一份正式建议，并于 4 月提交欧洲共同体。科尔历来支持欧洲一体化建设，不过这位德国领导人愿意迅速推进欧洲货币和政治联盟的宏大计划，也是因为他自己的德国统一进程与之密切相关。[35]

随着民主德国的持续衰弱，统一的时机在走向成熟。苏联的政策开始倾向于更加积极地阻碍或至少是减缓这一进程。戈尔巴乔夫提议，召开英国、美国、法国、苏联四个大国的大使会议，就民主德国与联邦德国的未来进行协商。戈尔巴乔夫意识到了英法领导人的不安，希望他们与他合作，阻止德国快速统一。美国官员担心四国会议会让苏联借机以同意德国统一来换取德国的中立，或是对德国的其他主权及其在北约地位的剥夺。直到最终协议达成，美国官员的这一担心才得以打消。他们还希望避免这是第二次世界大战的战胜国强制实施某种协定的感觉，以免令人回忆起争议巨大的《凡尔赛和约》。[36] 将德国统一权移交他国的想法也冒犯了科尔政府，后者也坚持反对四国会议的机制。

1989 年下半年，戈尔巴乔夫关于德国统一的看法已经很明确。第二次世界大战结束导致了为东西方所认可并正式成文的"历史性现实"［最新签署的文件是 1975 年的《赫尔辛基协定》（Helsinki Accords）］。而按照这一现实，存在两个德国，二者都是联合国会员国，都是主权国家。戈尔巴乔夫认为："这是历史的决定。"[37] 当时确实存在维持现状的呼声。同时，对于东柏林提议两德建立"条约共同体"邦联的计划，戈尔巴乔夫也给予了一定支持。他寻求的是某些不会立即实现统一的中间办法。随后，当统一已经成为既成事实，戈尔巴乔夫坚持统一后的德国不能留在北约内。统一是可能的，但德国必须中立，军事力量也要受到限制。关于让统一后的德国继续留在北约内，戈尔巴乔夫在1990年3月6日莫斯科记者招待会上指出："这绝对是不可能的。"

于是1990年春，美国的外交目标就是让苏联同意统一后的德国留在北约。美国的困境在于要让苏联人留在谈判程序之内，但不允许他们将谈判变成论坛，防止他们提出德国中立的选择。如果德国统一问题要通过四国会谈才能解决，苏联就能以统一作为条件，要求西方就德国在北约的地位问题上做出让步。美国官员回想起斯大林"统一而中立的德国"的提议，但是他们也担心侵犯德国主权。[38] 为处理这一问题，"2+4"程序应运而生：两个德国将直接解决统一问题，但要在民主德国举行自由选举之后，第二次世界大战的四大强国将为这一结果"送上祝福"，并寻求与两德在统一的外部因素问题上达成一致。1990年2月，在渥太华举行的北约和华约部长联席会议上，这一框架被最终接受。[39]

美国还要与其盟国一起，消除苏联对统一后的德国成为其安全威胁的担心。在1989—1990年冬的各个会议上，苏联都表达了此类担忧。1990年2月，戈尔巴乔夫与美国国务卿詹姆斯·贝克会晤，他指出，苏联并不担心统一后的德国："不管我们之间存在多大差异，对我们和你们来说，德国统一的前景没什么好担心的。"[40] 在其他会议上，戈尔巴乔夫或其外长爱德华·谢瓦尔德纳泽（Eduard Shevarnadze）就不这么乐观了。有迹象表明，1990年1月在克里姆林宫的一次重要内部政策会议上出现了巨大分歧。戈尔巴乔夫的一些顾问如安纳托里·切尔尼亚耶夫（Anatoly Chenyayev）认为，统一后的德国留在北约内不是威胁，相反却是某种保证，尤其是科尔将德国统一与"欧洲整体进程"联系在一起。瓦伦丁·法林（Valentine Falin）等顾问则认为，如此宿命地接受民主德国并入联邦德国和北约是错误的。此时，戈尔巴乔夫仍然反对统一后的德国留在西方联盟内。[41]

除了将苏联纳入"2+4"程序里，美国还试图让戈尔巴乔夫相信统一后的德国保持中立比留在北约内更加危险。1990年2月贝克在与谢瓦尔德纳泽会谈时提出了这一观点。此时，苏联认识到德国统一已是既成事实，现在的问题是统一后德国的对外关系。谢瓦尔德纳泽认为，统一后的德国最终会走向军国主义并会威胁到苏联，因此苏联人提议德国解除武装、保持中立。贝克绕开这一话题，向戈尔巴乔夫提出了另一个问题："如果统一实现，你更希望出现以下哪种情况：统一后的德国处于北约之外，完全自主，没有美国军队驻扎在其国土上；还是统一后的德国留在北约内，但保证北约的权力或军队不延伸到现有界线的东部？"[42]贝克在莫斯科提出的观点是，即使对苏联而言，将德国军事力量纳入到西方制度之中也比中立更有利。

戈尔巴乔夫在他的回忆录中指出，贝克谈话的第二部分最终构成了他在德国军事政治地位问题上做出妥协的基础。尽管在莫斯科会谈期间，苏联领导人还未准备接受这一提议，但事实确实如此。戈尔巴乔夫回忆道："我也相信我们需要'安全网'，保护我们和欧洲其他国家免遭德国的'惊喜'。然而，与美国人不同的是，我认为这些安全机制不应是北约提供的，而是在泛欧框架内创立的新结构提供的。"[43]妥协之门打开，各国开始处理与统一有关的具体保证问题，如北约和德国军队的规模与组成等。

联邦德国领导人也提出了与四国就德国统一协议相关的保证问题。根舍在1990年1月的一次演讲中，提出了限制北约军队在前德意志民主共和国驻扎的看法，这一观点让许多西方官员大感吃惊。[44] 次月，科尔赴美，与布什在戴维营会晤。他指出，北约军队不能驻扎在前民主德国。[45] 这一看法最终发展成为西方官员为说服苏联同意德国留在北约内的大量提案。大西洋联盟是苏联的威胁，更是戈尔巴乔夫所寻求的更大制度性"安全网"的一部分。

截至1990年5月，美国依旧试图说服苏联人同意德国留在北约内。贝克带着所谓的"九项保证"来到莫斯科。"九项保证"是为"2+4"会谈准备的一揽子倡议。西方愿意采取满足苏联安全要求的举措，保证德国统一将伴随着常规武器和核武器的削减协议，让德国重申不拥有和制造核武器与生化武器，同意北约军队不驻扎在前德意志民主共和国领土上，承诺北约将在其变革进程中着手修改其战略和立场。[46] 之前几个月里，以上保证大多向苏联提出过，但重新组成一揽子方案本身成了改变苏联思维的进程的因素。[47] 在此期间，德国与苏联也举行了会谈，提出了德国在军队水平、驻军领土限制和经济援助承诺方面的一系列承诺。

1990年5月，戈尔巴乔夫访问美国成为转折点。尽管起初他提议统一后的德国同时属于北约和华约，这位苏联领导人在访问期间不情愿地承认，所有国家都有权选择自己的同盟。[48] 戈尔巴乔夫接受这一原则，意味着他实际同意德国有权留在北约内。四国不能垄断德国的联盟会员国权利。同意这一原则并允许德国人自行选择，意味着关于德国北约会员国地位的争论得以解决。[49]

美国官员向苏联领导人重申，对相关各方而言，将德国约束在北约内是最有效的安全战略。布什告诉戈尔巴乔夫："在我看来，我们对德国的方案，也就是将其视为亲密朋友，是更为务实、更具建设性的……我们西方国家都认为，主要的威胁来自将德国排除在民主国家的社会之外。"[50] 他再次要求苏联将北约——以及德国在北约的地位——视为一种可以缓解而非加重苏联担忧的安全制度。美国承诺重新调整北约的使命，这意味着使北约更易被接受。

1990年7月，在苏美首脑会谈之后，北约在伦敦召开峰会，联盟成员同意一揽子改革方案，标志着其立场的转变。早在1989年11月民主德国崩溃之前，戈尔巴乔夫就支持两大联盟转变为政治组织。伦敦峰会通过的《北约改革宣言》向这一方向迈出了一步，其中还包含了向苏联提供保证的因素，例如邀请苏联和华约国家在北约建立永久性联络使团。这一点第二年在北大西洋合作委员会与和平伙伴关系计划的协商程序中正式得到确认。北约还承诺重组并削减其军事力量，进一步依赖跨国军事机构，将德国军队进一步与更宽泛的北约指挥结构联系在一起。[51] 布什在北约峰会后给戈尔巴乔夫通报信息时指出："当您阅读北约宣言时，我希望您看到，宣言起草时，您在我们当中占据重要分量。在伦敦，我向同仁们强调了这一点。"[52]

谢瓦尔德纳泽随后认为，伦敦峰会决定改变北约的使命和军队，这是让苏联接受德国安排的决定性步骤。"就我的情况而言，从'另一方'（西方）看到某些鼓励性的回馈极其重要。否则，我们的立场是站不住脚的。当伦敦的北约峰会传来消息时，我知道这就是我们想要的回应。"[53] "2+4"程序给予了苏联发表其意见的机会，这一机会向西方政府施加了加速北约转型的压力。

这一幕为更宽泛的模式提供了证据:西方国家有能力向苏联做出保证,它们不会利用苏联的困境,德国融入西方安全制度和经济制度将为德国复兴提供有效的防护。苏联人转而接受北约解决德国军事力量问题的方案。正如菲利普·泽利科(Philip Zelikow)和康多莉扎·赖斯(Condoleeza Rice)在著作中所言,戈尔巴乔夫的顾问安纳托里·切尔尼亚耶夫认为:"戈尔巴乔夫本人决定,他不再畏惧北约,他不再认为德国留在北约内会给苏联带来真正的威胁。"[54]

苏联领导人愿意接受德国统一并留在北约内,部分原因在于美国和欧洲互相捆绑的联盟方式。戈尔巴乔夫和谢瓦尔德纳泽在与美国官员的会谈中多次指出,他们希望美国继续驻军德国。他们最终认识到,北约是确保这一承诺的必要工具。在1989年12月美苏马耳他峰会上,戈尔巴乔夫主动提出,他把美国继续驻军欧洲视为稳定之源,这一观点让美国人大为吃惊,并表明苏联已经开始考虑德国统一会如何威胁苏联的安全。[55]1990年3月,谢瓦尔德纳泽与贝克在纳米比亚会晤。他告诉贝克,苏联对德国留在北约的担心,部分源于美军可能撤出德国。"你们必须考虑明天将会发生什么。如果我们撤离德国,你们继续留在德国当然很好,我们认为那没有问题。但是如果你们也撤出呢?"贝克回应道,唯有北约发挥作用,才能保证美国在欧洲驻军,唯有德国留在北约,才能确保联盟的继续。[56]苏联人开始意识到,如果美国必须与欧洲捆绑在一起,则德国必须与北约捆绑在一起。[57]

苏联要接受德国在统一后留在北约内,就需要修正其关于西方威胁的看法。北约应从根本上被视为一个防御性的联盟，有助于稳定和限制德国的军事力量。为取得戈尔巴乔夫的认可，北约及西方制度的约束性质必须体现出某些可信度。苏联人必须对北约限制德国的军事力量及将美军与欧洲紧密联系有一定信心。北约应从根本上被视为一个约束公约。为达到这一点，西方秩序本身的运转至为关键。西方领导人自己也担心统一后的德国，担心如何向苏联人提供保证，他们的推脱与反复制约了这一进程。苏联领导人面对的，并不是寻求进一步反击虚弱的苏联秩序的激进统一战线。[58]

冷战后的制度构建

冷战的结束导致了美国实力的暴增。两极格局的解体使得美国成为世界的主导力量，无论经济实力还是军事能力都是如此。美国长达十年的经济高速增长，加上俄罗斯、日本和部分欧洲处于经济停滞，进一步增强了其相对地位。[59]20世纪90年代，美国如同大战的胜利者，面临着如何运用其新增权力的选择。

20世纪90年代，拥有优势地位的美国开始了自己的制度建设议程。[60]美国力图在经济和安全领域都建立和扩展区域性和全球性制度。北约东扩和北美自由贸易区、亚太经合组织、世界贸易组织的创立均是这一议程的组成部分。这一政策模式与秩序建设的制度性模型一致。美国将制度视为把其他国家锁定在美国所期望的政策倾向上的工具，它愿意对自己的自主权进行某些限制，以换取这样的成效。其他国家也把制度视为接触美国的途径，无论是进入美国市场还是影响美国政策制定。

冷战结束不久，布什政府就提出了许多区域性的制度倡议。在对欧关系上，美国国务院官员设计了一系列制度步骤，包括对北约进行调整，并将与东方国家的关系纳入其中；创立与欧洲共同体更为正式的制度化联系；扩大欧安会的职能等。[61] 在西半球，布什政府推进北美自由贸易区，并进一步加强与南美的经济联系。在东亚，亚太经合组织是建立与该地区更具制度化联系的途径，它表明了美国对该地区的承诺，确保了亚洲地区主义趋于泛太平洋方向。[62] 寻求创新性地区战略的观念导致了冷战后国际关系中新的制度框架。

贝克日后指出，这些制度倡议是布什政府冷战后秩序建设战略的关键性因素，他将这些努力与1945年之后的美国战略相提并论："像杜鲁门和艾奇逊这样的人士就是制度建设者，尽管有时我们会忘记这一点。他们创立了北约和其他安全组织，最终赢得了冷战的胜利。他们培育了经济制度……带来了空前的繁荣……在同样的机遇和危急时刻，我相信我们会从他们那里得到启示。"[63] 其理念就是"播下制度的种子"，通过创立区域性制度框架来延展和加强美国在这些地区的影响，并鼓励民主和开放市场。[64]

制度建设议程也体现在克林顿政府的"扩展"战略中。其设想是将多边制度作为稳定新出现的市场民主国家并将之纳入西方民主世界的机制。国家安全事务助理安东尼·莱克（Anthony Lake）在早期关于扩展主义的声明中指出，这一战略旨在"增强市场民主社会"，"在任何可能的地区培育和巩固新的民主国家和市场经济"。美国将帮助"民主和市场经济落地生根"，从而反过来扩大和加强更为广泛的西方民主秩序。[65] 因这一战略的目标主要是，中东欧和亚太地区的国家，它们刚刚开始向市场民主转型的进程，应该通过新的贸易协定和安全伙伴关系来鼓励这些国家对国内改革的承诺，并尽可能锁定其改革方向。[66]

北约的扩张就体现了这一制度逻辑。[67]在1997年7月的北约峰会上，波兰、匈牙利、捷克共和国被正式邀请加入该联盟。这一邀请来源于1994年1月北约布鲁塞尔峰会做出的扩大联盟、将中东欧国家纳为新会员国的决定。在美国的领导下，北约开始了冷战后时代影响最为深远、也最具争议的制度性结构调整。[68]

克林顿政府提出了北约扩张的几个基本原理，并继续强调北约在巩固中东欧民主和市场化、扩大西方民主共同体上的重要意义。国务卿玛德琳·奥尔布赖特（Madeline Albright）提出了支持北约扩张的三个理由。第一，一个更大的联盟将扩大"欧洲不会发生战争的区域"。它向新国家提供安全保证，战争可能更不会在这一地区爆发。奥尔布赖特和其他克林顿政府官员将俄罗斯贬低为潜在的威胁，尽管他们承认俄罗斯的将来是不确定的。这些官员所确认的威胁是极其广泛、非常不具体的，如种族冲突和流氓国家的兴起等。[69]

奥尔布赖特和其他官员明确指出，俄罗斯威胁并非现实存在，这一威胁不足以证明北约扩张的正当性。她认为，"北约并非因应对俄罗斯新的威胁而存在"，那些"问'威胁在哪里'的人士错误理解了北约的真实价值"。[70]北约的新成员国并不完全认同这一观点，它们急切加入北约有各种原因，包括担心苏联复活。[71]北约扩张的第二个原因是，此举可以使北约更加强大、更具凝聚力。奥尔布赖特认为："我们未来的盟友热切期望承担北约义务。"这些新的民主国家将加入北约视为与欧洲和西方建立牢不可破联系的途径。它们决定参与该安全组织，这将给北约带来新的活力，并为联盟提供"战略纵深"。[72]

北约东扩的第三个也是最重要的原因是为这些处于改革之中的国家提供制度框架，以稳定并鼓励民主和市场改革。北约有助于锁定中东欧的国内转型。成为北约成员国的前景，本身就是这些国家为真正加入联盟而推进国内改革的"动机"之一。克林顿政府较早支持北约东扩的官员持有这一观点。[73] 在他们看来，"东方的改革者有加入北约的强烈动机，他们的人民渴望成为西方的一部分，这会给予他们可信性，也会帮助他们获得渴望的欧洲经济共同体的成员国地位。"[74]

这一观点主要体现在克林顿政府对北约扩大的维护上。奥尔布赖特指出："为与北约结盟，这些富有抱负的盟友加强了它们的民主制度，增进了对人权的尊重，确保士兵接受的命令都来自文官，实质性地解决了本地区旧有的边界和种族争端。"[75] 副国务卿斯特罗布·塔尔伯特（Strobe Talbott）在一篇著名文章中以北约扩张为例，如此说道：向新成员国敞开北约的大门，将会为候选国加强民主制度、实现经济自由化、确保文官对军队的控制、增进对人权的尊重创立动机。[76]

克林顿政府的官员指出，多个机制可能导致北约扩张锁定在民主和市场改革的路径上。其中之一是政治制约。为加入北约，候选国必须进行必要的制度改革。[77] 因为大家都认为成为北约成员国的收益甚大，承诺制度改革的政治团体和政党获得了更大的政治声望，支持国内改革的国内舆论在扩展。塔尔伯特指出："在匈牙利和波兰，北约成员国的前景有助于巩固关于民主和市场改革的国内舆论。"[78] 奥尔布赖特支持向更多北约成员国敞开大门，她表达了同样的看法：成为北约成员国的前景，为这些国家民主化和市场改革的继续进步创造了动机。"他们知道在被考虑成为会员国之前还有路要走。但是，仅仅加入北约的可能性，就促使他们加快改革，向邻国伸出橄榄枝，拒绝本地区过去的破坏性民族主义。"[79] 支持改革的政治团体得到了加强，增加了他们在国内战胜改革反对者的机会。

例如，波兰为达到北约成员国的标准，采取步骤确保文官对军事的控制。在 1997 年波兰批准新宪法之前，其总参谋部在国防部、文职行政机构之外拥有相当大的自主权。为达到北约成员国的要求，波兰领导人采取步骤确立了文官对军队的控制。1996 年，波兰通过《国防法》，规定参谋总长隶属国防部长，将预算、计划和军事情报的管理权从总参谋部转到国防部。这些举措加强了文官控制，且至少是北约成员国的条件所促成的。1997 年，波兰国防部长斯塔尼斯洛·多布兰斯基（Stanislaw Dobranski）在比利时议会发表演讲指出："鉴于波兰宣布期望加入北约，确保文官对武装部队的控制是波兰政府的优先目标。"[80] 北约成员国的前景促使波兰、匈牙利和捷克共和国的领导人推行制度改革，按照西方方式确保文官对军队的控制和议会对军队的监督。[81]

一旦加入北约，联盟一体化的进程也有助于增进制度改革。成员国地位需要在各方面进行调整以适应组织要求，如军事程序的标准化、与北约军队协同行动的步骤、联合规划和训练等。一旦进入更为宽泛的联盟制度，新成员国就很难再走回头路，而不断参与联盟行动也有助于强化政府从为加入联盟做准备起就开始的政府变革。

一份报告指出："三年多来，波兰、匈牙利和捷克共和国的军事领导人加入到北约的研讨会、规划设计和军事演习等网络中，从而推动了联盟的发展。"[82] 融入联盟需要一系列的调整，达到各种要求。正如一位北约官员指出的："我们在政治和军事上将它们纳入北约文化之中，它们开始像我们一样思考，随着时间的推移，也将像我们一样行动。"[83] 北约会鼓励采取民主和市场改革的步骤，推动该国前进，并锁定其未来道路。

以上关于北约扩张的看法，与1945年之后不久关于创立北约的争论形成了共鸣。北约的成立被认为是为了满足政治和安全目的。[84] 它确立的组织结构有助于稳定和巩固战后民主制度。奥尔布赖特指出："北约给了联邦德国民主力量希望，如果他们做出正确的选择，他们的国家就会受到我们共同体的欢迎和保护。"对如今的东欧民主国家而言，情况依旧如此。[85] 国家安全事务助理安东尼·莱克1996年提出了类似的看法："北约为西方所做的，就是如今北约为东方所做的：防止退回到地区敌对；加强民主，应对未来威胁；为脆弱的市场经济提供走向繁荣的条件。"[86] 北约将各国捆绑在一起，从而巩固了成员国的安全，加强了民主和市场制度。

同样的逻辑也体现在美国对北美自由贸易区和亚太经合组织的支持上，只是其成果尚未完全体现出来。这些区域性经济倡议起源于20世纪80年代末世界范围内的经贸自由化运动。美国政府官员意识到这些协议的诸多价值：它们不仅会提高经济、贸易增长的预期，还可视为促进锁定他国政府进行市场、政治改革的承诺的制度化工具。

1992年，墨西哥、加拿大和美国签署了《北美自由贸易协定》，这是墨西哥推行经济自由化十年的最终成果。20世纪80年代，墨西哥放弃了长期执行的保护主义和闭关自守的政策，稳步放松经济管制，降低贸易壁垒。各种经济和政治发展促成了急剧的政策转变：20世纪80年代早期的债务危机为政策转变提供了基本诱因，支持自由化和政治改革，力图避免奉行改革的政策制定者受到保护主义者压力的新工商界的崛起促进了这一进程。执政党本身也发生了转型，它进一步与奉行国际主义的利益集团结盟，通过发展社会建设项目来稳固城市贫困人口和农民的支持。[87]到1990年，墨西哥商业自由化基本完成，总统卡洛斯·萨利纳斯·德戈塔里（Carlos Salinas de Gortari）领导的墨西哥政府在华盛顿启动了与美国和加拿大的北美自由贸易区谈判，令许多官员颇为惊讶。

北美自由贸易区为两国提供了经济收益，但它本身是两国政府的政治工具，用于锁定墨西哥努力实现的外向型政策导向，或使之制度化。对卡洛斯政府而言，北美自由贸易区有助于建立更可预期、更可信的国内规则，以吸引外国投资。1990年，萨利纳斯就做出决断，认为仅有国内经济改革不足以吸引新的外国资本。一位分析家指出："增加投资的预期回报率、增进政策信任是这一战略的本质，与美国达成自由贸易协定显然可以达到该目标，因为它可以确保未来进入美国市场和墨西哥开放经济战略的持久性。"[88]贸易自由化本身无法完全消除外界对墨西哥回归更被动的适应性政策的怀疑。与美国的自由贸易协定对萨利纳斯而言颇具吸引力，且不说具体的经济收益，它会将其继任者与经济自由化政策紧密相连，使得倒退更为困难，也会提高墨西哥对外国投资者和商人的吸引力。

正如彼得·史密斯（Peter Smith）指出的，北美自由贸易区向萨利纳斯提供了"使其经济改革制度化和永久化的机会……为维护自己的创新,萨利纳斯希望它们免受总统继任的沿袭惯例干扰,这些管理允许新的行政首脑彻底改变或忽略前任的政策。但在北美自由贸易区之下,萨利纳斯的'结构调整'计划现在成了与世界唯一幸存的超级大国签署的国际条约的一部分。这种情势极大地约束了反对该模式的人士,缩小了萨利纳斯继任者可能的选择范围。在北美自由贸易区之下,萨利纳斯的改革已是板上钉钉了"。[89] 墨西哥领导人的任期为六年。萨利纳斯要确保其政策延续到未来,确立足够的开放保证来吸引贸易和投资,北美自由贸易区提供了一个有用的制度化机制。它对萨利纳斯确实有吸引力,因为它捆住了他和继任者的手脚。[90]

同样,《北美自由贸易协定》提供了应对美国保护主义的某些保证。美国是墨西哥最重要的出口市场。北美自由贸易区并不仅仅扩大了进入美国市场的通道,同样重要的是还使得进入通道具有了可预期性。1988年,美国国会通过立法,允许贸易官员对不公平贸易行为采取更激进的政策。北美自由贸易区通过条约促进市场一体化的使命,为墨西哥反对美国单边制裁提供了保证。[91] 墨西哥寻求通过与最大的贸易伙伴更紧密地联结在一起,来确保双边经济关系的可预期性。

美国官员在思考问题时也遵循类似的逻辑。作为一种机制,北美自由贸易区将确保墨西哥的市场资本主义继续进行下去。北约扩大被视为支持中东欧倾向于西方联盟的政治立场的途径,北美自由贸易区也被尊奉为奖励和加强墨西哥自由贸易联盟、促进政策变革导向制度化的途径。[92] 正如美国国务院一位官员事后指出的,北美自由贸易区是"支持墨西哥现代化的一种途径",它利用了这一"历史转折",使墨西哥与北美进一步联系在一起。[93] 美国驻墨西哥大使约翰·D. 内格罗蓬特(John D. Negroponte)1991年4月在发往华盛顿的一封秘密备忘录中,指出了北美自由贸易区的吸引力:"墨西哥正处于改变其外交政策实质和形象的进程中。它从意识形态性的、民族主义的、保护主义的政策转向对世界事务务实的、超越的和竞争性的视角……自由贸易区倡议是这一新政策的顶点。从外交政策的角度看,建立自由贸易区,可以使得北美对墨西哥外交关系的接受变得制度化。"[94] 且不论该条约的经济收益如何,美国政府对此支持的部分原因在于,它加强和锁定了有利的政策倾向。

20世纪90年代初,亚太地区也开始出现地区经济规划。澳大利亚和日本提出了松散的地区多边经济联合的倡议。随着冷战的逐渐落幕,经过十余年强劲的经济增长,亚太地区的经济政策加速一致走向外向型,欧洲和北美地区经济合作的深化,促使亚太国家在建立合作性地区经济体上拥有越来越多的利益。澳大利亚和日本还希望促进经济关系的多元化,将其经济融入充满活力的亚太地区。[95] 经过各国外长的一系列磋商,第一次亚太地区部长级会议于1989年11月在堪培拉召开。[96]

为启动政府间聚会并达成协议,地区领导人提出了各种各样的政治经济议程。在亚太地区的明确界限、是否将北美国家纳入其中等问题上,各方存在分歧,但最后达成的协议是趋向于建立泛太平洋团体,其动机部分在于将美国纳入地区制度之中,使其经济政策更易预测,更有利于地区多边监督。日本官员坚持必须把美国纳入其中。一位负责推进地区合作倡议的日本官员在与印度尼西亚一位部长交换意见时指出:"如果我们将美国纳入论坛,对付和制约美国的单边贸易行动可能会更有效。"东盟国家最不情愿扩大地区组织、将非亚洲国家纳入其中,但最终也接受了这一基本原则。[97]作为一个在贸易自由化问题上承受强大双边压力的国家,日本将亚太经合组织视为拓宽贸易争论、缓和美国单边倾向的有用机制。

就像墨西哥将北美自由贸易区视为获得进入美国市场、吸引外国投资的稳定通道一样,东南亚小国也如此看待亚太经合组织。新开放的东欧对美国、日本资金流入该地区构成了威胁。亚太经合组织将会鼓励日本和美国对东南亚的既有承诺,稳定资本和贸易的流向。对北美和欧洲地区主义的担忧加强了地区制度的吸引力,后者将稳定并调节美国在亚太地区的经济参与。[98]

在此期间,美国官员也就亚太经济合作进一步制度化的意义进行了争论。同时,北美自由贸易区正在谈判之中,布什政府的官员探讨了与亚太伙伴建立地区贸易协定的想法。[99]当澳大利亚和日本宣布召开地区部长级会议的倡议时,美国迅速同意参与。亚太经合组织致力于开放性经济关系,将巩固并锁定各国致力于外向型经济发展的最新承诺。这样的组织活动也会确保美国不被排除在亚太经济地区主义的利益增长之外。[100]马来西亚和其他国家倡议建立排他性的亚洲地区组织,这显然有损于美国利益,布什政府对此逐一驳斥。如亚太经合组织这样组织松散而开放的地区论坛,将确保该地区向泛太平洋方向演化,巩固市场的开放性,为美国的亚太地区政策创造发言机会。[101]

克林顿政府进一步推动了亚太经合组织的发展。克林顿上台执政第一年,就在西雅图召开了亚太经合组织十五国领导人峰会,在建立地区自由贸易区的目标上达成了协议，将年度部长级会议发展为成员国峰会，并使之服务于贸易自由化议程，这一思想巩固了亚太经合组织的程序。亚太经合组织有助于参与各方。日本和亚太小国可利用亚太经合组织程序防范美国的单边主义和差别对待的经济行为。亚太经合组织也为东盟国家提供了加强与日本联系的途径。这些国家可以交换保证，进一步促进贸易自由化，促使美国恪守对多边争端解决机制的承诺，确保美国在亚太的存在更具可预期性。[102]

1995年世界贸易组织的创立，或许是冷战后美国将自己与国际制度捆绑在一起的最明确也最具争议的事例。作为1993年达成的乌拉圭回合贸易谈判协议的一部分，世界贸易组织得以定型，从而加强了《关贸总协定》（General Agreement on Tariffs and Trade, GATT）的规则制定和争端解决机制。[103] 新制度为确立国际贸易法的司法基础迈出了重要一步，由此建立了一个具有法律人格、独立秘书处的正式组织，国际贸易合作的制度框架得以扩展。世界贸易组织创立了做出约束性决定的程序，构成了国际贸易法的强制司法形式。世界贸易组织得到了许多国家的支持，它们力争加强贸易政策的法律基础，以此作为对诉诸单边措施，尤其是美国实施的单边措施进行惩戒的途径。

世界贸易组织最具深远影响的变化是引入了贸易争端解决机制。早期《关贸总协定》的争端解决方式按照一致通过的惯例，允许贸易争端的失利方反对报告通过。在世界贸易组织的框架下，交叉报复和研讨组报告的自动通过改善了争端解决的方式。[104] 争端解决对国家政策自主权的限制是非常具体的。如果一个国家已经签署了关于普遍贸易政策规则的协定,则它只能服从该解决方案。从原则上讲,世界贸易组织不能为不同意其原则的国家创立义务。但是,成员国有义务遵循它们经过谈判同意的规则。在决定争端的起诉权上,各国也会丧失某些主权:它们同意这些原则由它们不能控制的法律和技术机构来执行。其结果正如一位分析家指出的:"在世界贸易组织中,美国和其他国家不那么容易规避它们早先同意的贸易规则的实施,在国家商业决策上会丧失某些灵活性。"[105]

美国支持建立世界贸易组织的原因在于,它推进了加强贸易争端体系的长远目标。美国政府官员认为,这有助于保护美国商业利益,巩固多边贸易规则。[106]欧洲人认为,世界贸易组织争端解决倡议是防范美国采取过多单边措施的途径,也有助于在它们长期反对的关贸总协定专家委员会决定自动适用上达成一致。其他中小贸易国支持世界贸易组织的争端解决机制,视之为发展基于规则的体系、保护自己免遭强国滥用贸易歧视的步骤。[107]最后,美国做出决断认为,乌拉圭回合贸易谈判、加强贸易规则体系的收益超过对其政策自主权的限制。

北约扩张、北美自由贸易区、亚太经合组织和世界贸易组织可视为美国一般性政策模式的组成部分。美国寻求加强、锁定其他国家和地区的政治市场改革趋向,促进其政治经济转型。美国确保对这些地区的介入,用制度化承诺来换取这些国家的持续改革。回首昔日岁月,国务卿贝克总结道:"国务院的很多时间花费在创立新制度(亚太经合组织)、调整旧制度(北约)或创立临时的准制度安排(如关于德国统一的"2+4"程序)上。"[108]可以说,克林顿政府运用扩展和参与的理念做了同样的事情。1996年12月,奥尔布赖特指出:"我们生活在一个没有权力集团的时代,旧有的假设需要重新检视,制度需要现代化,关系需要转型。"[109] 北约扩大和地区贸易联盟都处于美国扩展冷战后秩序之制度基础的核心。[110]

这一制度建设模式可被视为西方战后安排逻辑的延续。各国寻求制度化协议,以巩固国内政府改革和经济变革,从而锁定所期望的政策倾向。美国国务院的一位重要官员在论述制度战略时指出:"我们的意图是创立制度、习惯和倾向,使这些国家的政策向我们倾斜。"[111] 美国能够保证这些国家和地区进入本国的政治经济通道,对它们的政治和市场开放的承诺表示信任。作为交换,这些国家获得某些保证,即美国政策将是稳定而可预期的。美国将继续通过制度奉行接触政策,使得这些国家获得进入其市场和政治的通道。

冷战后秩序的稳定性

发达工业化国家继续保持稳定而合作的关系,是冷战后世界秩序最鲜明的特征之一。尽管两极格局崩溃了,全球权力分配出现了巨大的转变,但美国与欧洲、日本的关系一如往昔:合作、稳定、相互依赖、高度制度化。这实在是一个奇迹。许多观察家预测,冷战结束后,世界政治将出现戏剧性变革,诸如美国霸权消失、重新回到大国制衡、竞争性的地区集团兴起、多边主义衰退等。但是,尽管苏联的威胁和冷战的两极对峙不复存在,美国和日本、西欧重申其联盟伙伴关系,抑制了政治冲突,扩大了彼此之间的贸易和投资，避免退回到战略敌对和大国制衡状态。

对新现实主义的秩序理论而言，战后西方秩序的稳固尤其是一个难解之谜。新现实主义的均势理论预测，随着苏联威胁的消失，西方联盟的凝聚力及合作将陷入衰退之中。均势理论预测，没有了一致的威胁，西方国家之间的战略敌对将会重现，尤其是北约和美日同盟的战后大国联盟将逐步退出历史舞台。[112] 新现实主义的霸权理论预测，随着美国霸权的衰落，美国主导建立的秩序也将逐步瓦解。[113] 其他理论认为，最近不会出现导致秩序不稳定的美国实力衰落，而是出现美国实力的集聚。按照这一观点，美国实力的复兴造就了并不稳定的单边权力分配优势。美国的强大优势不可避免地将触发制衡性回应。[114]

均势理论和霸权理论都预测了同样的结果。没有共同的安全威胁，安全联盟必然走向松散，冷战期间伙伴之间的合作将会减少，传统大国之间的战略敌对将会增加。最近美国凝聚的巨大优势，将会给盟国带来偏离于美国的新动机。弱小国家将对单极世界权力保持警惕，没有制衡性的约束，它有能力实现主导，其行为将变得不可预期。其推论就是，预计日本和德国将放弃"文职"大国的地位，重获大国必备的能力和野心。[115]

冷战期间盟国间稳定秩序的持续性，以及这些国家之间合作关系、制度化联系的发展，并不必然证实某一特定理论，但确实为秩序的制度理论提供了某些支持。[116] 基本权力分配的变化，尤其是20世纪90年代极度的权力失衡，并不会带来重大后果或威胁，这是约束性制度对该权力的制约和调节导致的。即使权力失衡是空前的，弱小国家和次要国家也没有偏离或制衡主导大国的动机。

冷战结束迄今不过十年，最近的事件仅被视为工业化国家间秩序演化的初步证据。但是，颇为引人注目的是，尽管冷战已经结束，且出现了巨大的权力失衡，这些国家间关系却如此稳定而具有合作性。我们很难认为过去十年间，西方国家间或美日之间冲突的范围和强度有了大幅升级。相反，这些国家之间的贸易和投资依旧在增长，安全同盟得以重申和扩大，政府间纽带使既有政治关系进一步深化。关于对抗性地区集团甚至国家间关系极度紧张的担忧从未成为现实。

与新现实主义的预期相反，北约并没有体现出衰败的迹象，反而出现了政治复兴和扩张。冷战之后，北约继续发挥稳定性制度的作用，将其伙伴联结在一起并向它们提供保证。[117]1999年4月北约成立50周年，其成员国普遍视之为西方秩序的主要提供者。法国在冷战期间与北约脱离联系，却在1995年宣布有意重新加入北约的军事一体化机构。[118]美国和法国在法国重新加入军事机构的条件上确实存在分歧，其中包括究竟由美国人还是欧洲人担任北约南方司令部的主管；法国仅仅加入北约军事委员会和其他几个组织，而不接受一体化指挥。它表明美国和法国在南方司令部的指挥权上存在分歧，而法国最紧密的军事盟友德国却站在美国一边。[119]

1999年春，北约轰炸科索沃是检验联盟凝聚力的另一幕。令许多观察家吃惊的是，北约伙伴在军事行动的基本目标上相当团结，尽管它们在选择使用地面部队还是具体的外交行动上存在分歧。这是北约进行的第一场军事行动，也是二战结束以来欧洲最大规模地使用武力，它对联盟的影响在将来才会显现出来。例如，它会导致欧洲各国政府有动机发展更为独立的军事能力，联盟由此走向趋于松散的阶段。[120]无论如何，20世纪90年代，大西洋联盟如同冷战期间一样确实保持着团结和一体化。

同样引人注目的发展是北约的扩张。美国及其北约伙伴支持扩张，大部分是因为可以加强和锁定新成员国的民主、市场改革。北约的所作所为一如往昔，它只是将其制度化逻辑扩展到了东部其他国家。[121] 北约的新老伙伴都重申联盟的这一核心目的：提供制度化结构，促进成员国及周边地区的一体化与稳定。

美日联盟也在近年来焕然一新。联盟的纽带并未趋于松散，两国反而重申其安全伙伴关系，军事合作、应急规划、责任分担等更为复杂的形式有所发展。冷战结束十年，美日双边联盟看起来稳定如昔。[122] 1996 年 5 月《美日安全保障条约》的修订表明，两个国家都看到了维系紧密安全伙伴关系的价值，虽然冷战已经结束，但该地区具体的安全威胁此起彼伏。[123] 尽管地区威胁变得不那么伸手可及或分外紧迫，该联盟还是呈现出半永久性的特征。其部分原因在于，许多日本和美国官员认为，这一联盟依旧是相互捆绑在一起、确保双边关系更加稳定的途径。[124]

对德国和日本而言，西方秩序的宪法性质尤其重要。这两个国家都以"半主权国家"的形式重新加入发达工业化世界。换言之，它们接受了对其军事能力和独立的宪法限制，这是前所未有的。[125] 如此造就的特殊情况是它们依赖一系列西方区域性和多边经济、安全制度。德国和日本所融入的西方政治秩序与它们的稳定和职责密不可分。基督教民主党领导人沃尔瑟·莱瑟勒·基普（Walther Leisler Kiep）在 1972 年指出："德美联盟……并不仅仅是现代德国史的一部分，它在我们的政治中拥有突出地位，是一个决定性的因素。实际上，它为我国提供了第二宪法。"[126] 德国政治领导人卡斯滕·沃伊特（Karsten Voigt）1997年重申了德国对北约和欧盟的参与："我们愿意将德国约束在一个结构内，从而确保德国有义务将邻国的利益纳入其考虑之中。我们想向邻国提供保证，我们不会做我们无意去做的事情。"[127] 西方经济和安全制度向德国和日本提供了稳定的堡垒，带来的作用远远超越了它们更为迫切、务实的目标。

德国和日本在西方安全体系中的特殊地位似乎相当稳定。两国防务开支的下降幅度远远大于美国，这一事实有力地证明了，这些国家并没有追求大国雄心和大国能力。正如一份研究指出的："在欧洲的所有国家中，德国几乎完全通过多边行动来提高其经济和军事安全……它从未考虑过放弃制度性承诺，许多改革倡议，尤其是与欧洲共同体相关的倡议，都致力于加强国际制度，并以牺牲包括德国在内的成员国的国家主权为代价。"[128] 尽管德国和日本寻求在国际制度，尤其是在联合国安理会内发挥更大的政治作用，但两国都拒绝在更宽泛的西方秩序内大幅度重新界定其安全角色。

美国与欧洲和日本伙伴之间不时爆发贸易冲突，但其严重程度从未超过冷战期间的经济冲突。乌拉圭多边贸易谈判成功结束，关贸总协定发展为世界贸易组织，都标志着国际贸易机制的重大拓宽和深化。迅速出现排他性的、相互敌对的贸易集团的预测迄今未成为事实。美国和日本的长期经济争端也未变得更加严重。美国继续坚持认为日本没有做出必要的让步，应采取实质性步骤开放市场、放松管制。尽管有的预测认为冷战后日本国内会强化重商主义政策，并削弱两国在安全方面的安排，但1999年日本首相重申了对放松管制、进一步开放、将美日安全条约置于第一位的承诺。[129]

美国的主导地位引起了欧亚诸国的抱怨和抵制，但并没有触发所预期的反霸权制衡或竞争性冲突。某些人士认为，近年来对美国滥用其主导性实力地位的抱怨增加了。[130] 美国不愿意支付联合国会费、《赫尔姆斯－伯顿法》（禁止与古巴展开贸易）、拒绝承诺减少排放温室气体，诸如此类的政策失败都是欧洲、亚洲国家抱怨美国主导地位的焦点。但是，抱怨美国实力的傲慢一直是战后以来持续不断的一大主题。其他小插曲还包括20世纪50年代美国公司"入侵"欧洲；1953年苏伊士争端；1971年美国突然关闭黄金窗口的"尼克松冲击"；20世纪70年代的能源危机中美国解除对石油价格控制的失败；20世纪80年代初期欧洲导弹矛盾等。从战后角度看，我们很难说冲突有所升级。如今和以往一样，分歧是在跨政府渠道中通过谈判解决的，而欧洲人、美国人、日本人还是同意在国际法的实施、环保和防止核扩散等新领域加强合作。

欧洲和日本抱怨美国滥用其霸权地位，但没有出现严重的政治运动，例如呼吁与围绕美国权力和制度组织起来的现有西方秩序决裂。确实有迹象表明各国都需要美国的领导。令人惊讶的是，欧洲对美国最强烈的抱怨并不是认为它采取了胁迫或强硬手段，而是它不愿意扮演领导角色。[131] 尽管存在着政策斗争和抱怨，但秩序稳定的特征确实比斗争、抱怨的特征都更为显著。

1945年之后秩序建设早期达成的交易和创立的制度不仅存续了50年，它们实际上深深扎根于各参与国更为宽泛的政治和社会结构中。换言之，更多的民众及其活动与美国战后秩序的制度及其运行相关。在更多国家、更多领域内，更多的个人和团体与该秩序的存续息息相关，或有着特定的利益。数十年来，打破或改变该体系的代价稳步上升。以上因素结合起来，意味着"竞争性秩序"或"其可替代的秩序"处于劣势。这一体系越来越难以被取代。

当制度出现收益递增特性时，潜在的、可能取而代之的制度极难与之竞争并获得胜利。[132] 美国在1945年之后的秩序就呈现出这一特性。1945年之后不久，当美国战后议程中帝国主义的、双边的、区域性的选择最为明显之际，美国能够运用其不寻常的暂时优势，使该体系倾向于它所期望的方向。今日自由霸权体系的大路，起初不过是羊肠小道，只有英国和美国——实际上不过是两国几位高级官员——决定性地塑造了世界政治经济的基本趋向。但是，一旦如布雷顿森林体系、关贸总协定这类的制度建立起来，其他竞争性的战后秩序构想就越来越难以生存。二战后美国推行的大规模制度建设符合国际存续与变革的基本模式：危机或战争打开了变化和机遇的大门，各种选择纷纷做出，随后，国家间关系固定下来。

制度收益递增的观点意味着一旦把握住制度选择的机会，大规模制度变迁的成本将急剧增加，即使潜在的制度相比而言更有效，更符合人们的愿望。[133] 从美国霸权的角度看，这意味着，如果没有出现大战或全球经济崩溃，则极难想象出现那种历史性地震，产生更换既有秩序的需要。即使可能的新霸权或国家联盟有意更换全球制度并设计了议程，也难以遂其所愿，何况它们并没有。[134]

美国和其他发达民主国家的开放、可渗透的性质鼓励着相互连接的团体与制度的扩展。发达工业化世界编制出密集的跨国和跨政府通道。由跨政府制度构成某种夹层蛋糕从美国延伸至大西洋和太平洋。[135] 国际货币基金组织、世界贸易组织等全球多边经济制度与七国集团、十国集团等更具限制性的国际制度相关联，它们将工业化领导国的财政部长和其他官员聚拢在一起，定期进行磋商。民间团体如三边委员会和数以百计的商贸团体，也与各国政府及其联合管理制度有着各种各样的联系。在发达的工业化世界，贸易和投资稳定增长，导致这些国家更加相互依赖，这反过来增强了这些国家对开放多边体系持久性的共识。

越来越多的政府和团体与西方秩序的核心制度有所联系，而且越来越多的政府和团体都寻求参与其中。几乎世界上所有国家，包括中国，都表明了加入世界贸易组织的愿望，等待加入北约的国家一路延伸至莫斯科。在最近的亚洲金融危机中，即使非常讨厌国际货币基金组织及其运作方式的国家都别无选择，只能与之就贷款和经济稳定的条款进行谈判。俄罗斯参加了七国集团的年度峰会，将之发展为八国峰会，中国最终也很有可能被纳入其中。同时，在20世纪90年代，七国集团的程序在有组织犯罪、能源、恐怖主义、环境、援助乌克兰、全球金融等广泛的职能领域发展出一系列部长级机构和政府间机构。[136] 综上所述，冷战结束以来，发达工业化国家之间的关系越来越体现出政府间制度密切关联、构成网络的特征。这种常规组织关系将更多政府和政府职能部门纳入到仍在扩展的战后西方政治秩序中。

结论

冷战的结束是一个不同于往昔重大历史案例的某种"历史机遇"，它确实有助于锤炼本书的理论，阐明西方政治秩序的某些方面。20世纪80年代末苏联领导人决定允许东欧和苏联本身发生和平变革，致使冷战结束，这证实了美国和其他西方民主国家有能力在大国关系和超级大国关系中建立制度化的约束。其原因恰恰在于，在美国努力采取强硬激进的对苏外交政策时，依然受到了西方联盟严格的制度约束，这使得戈尔巴乔夫采取的改革和适应政策危险性更小。德国也利用欧洲和大西洋制度的优势，向其邻国保证一个统一而更为强大的德国不会威胁到它们。

冷战后的美国外交政策基本上与秩序建设的制度模式相契合。作为冷战后实力超群的强国，美国有动机利用制度锁定其他国家有利于自己的外交倾向。北约扩张，北美自由贸易区、亚太经合组织的建立，均包含这样的考虑。美国官员认为，将新近处于改革之中的国家纳入这些组织，有助于巩固这些国家致力于构建政治和市场自由化的国内制度及其政治联盟。作为回报，美国接受了对这些国家的额外义务，并采取了提供安全承诺（北约扩张）或进入美国市场的制度化通道（北美自由贸易区、亚太经合组织和世界贸易组织）等形式。

许多观察家认为，冷战的结束会导致工业化民主国家间凝聚力和稳定性的关键来源消失。这就要求我们评估西方秩序外在威胁的重要性。尽管冷战已经结束，但工业化民主国家的合作依旧持续，这一局势加强了本书主张的说服力，即西方战后秩序有着内在的制度逻辑，它为冷战所巩固但并非冷战所导致。20世纪90年代，美国实力陡升，但与发达工业化国家的关系依旧保持着稳定，贸易、投资和政府间关系都有所扩展。欧洲和亚洲的民主国家没有采取特别的举措来远离或制衡美国，这与秩序理论的制度模式相一致：实力差距并不具有决定性意义，它减少了各国走向传统霸权秩序和均势秩序的动机。

第八章

结语

"我们知道战争从哪里开始,却没有人知道战争在哪里结束。"冯·比洛亲王(Prince von Bulow)在回顾人类历史上最血腥的战争、欧洲各大帝国的崩溃和凡尔赛会议上吵吵闹闹的景象时如此评论道。这一切似乎都源于那个寂寞的枪手在萨拉热窝射出的子弹。[1] 各国结束战争的理由极少与开战时一致。战争造成的破坏也远远超出战场的范围。国家、社会和政治制度会在战争中不可避免地遭到改变,有时甚至毁于一旦。战争也是历史上国际权力分配洗牌的重要因素。随着时光流转,各国兴衰起伏,但战争可以加快这一进程,推动某些国家飞速崛起或突然衰落。战争不仅造就了战场上的胜者与败者,还打破了国际秩序,改变了各国的权力能力。

本书提出了关于战后秩序构建的三个问题:在这样的重要历史关头,新兴强国面临的选择逻辑是什么?如何解释1815年、1919年和1945年的秩序建设中领导国越来越多地采用制度战略?为什么工业化民主国家1945年建立的秩序在冷战后依然保持了超凡的稳定?

本章将根据历史事件重新评估制度理论。这些历史事件确实表明，处于战后历史关头的新兴强国均对模型中的动机做出了反应。领导国和次要国家之间的制度博弈是各大战后安排的组成部分，尽管制度的具体特征、实现的程度和对最终战后秩序的影响各异。模型中确认的变量，还可以至少部分解释领导国利用国际制度锁定其他国家及自我约束和承诺的程度为何存在差异。1945年的战后关头为制度协定提供了最大的动机和机遇，西方工业化国家之间建立的秩序在最大程度上体现了制度逻辑。鉴于冷战也推动了工业化民主国家之间的凝聚，冷战后这些国家的关系模式也在决定西方秩序的制度来源上起到了关键作用。

本章依托制度模型，继续对国内和国际政治秩序稳定性的普遍来源进行探讨。在稳定的秩序里，权力的回报相对较低，制度的回报相对较高。在高度发达的宪法政体中，这种情况尤其明显。它至少提供了部分依据，帮助我们推导出一个结论：当代国际关系正日益呈现权力的低回报和制度的高回报。

在本章的最后，我们将对美国的外交政策进行理论和历史分析，并探究其含义。美国以无与伦比的世界强国之姿迈入21世纪。如果本书的论述无误，美国外交政策的制定者需要留意战后秩序的哪些特征帮助了美国权力在冷战期间和战后为其他国家和民族所接受。美国的空前实力不仅体现在其国力优势上，也体现在其凭借制度实现目标的方式上。这有助于解释美国的强势为何持续了如此之久。如果美国的政策制定者希望国家的超然地位长久存续，就需要继续探寻国际制度内的运作途径，并以此约束权力行使，使之为其他国家接受。

制度博弈

秩序建构的制度模型建立于战后不平等国家之间的潜在博弈之上。受到确保权力的基本动机所驱动，领导国希望建构一个合法秩序，以减少对于胁迫手段的需求。战后的实力越不均衡，这种情况越有可能在战后领导国的优先考虑之中。类似的，战后的实力越不均衡，弱小和次要国家就越担心被主导或被抛弃。制度博弈因此成为可能，尤其是如果其他情况的存在也让各国相信制度实际上会限制权力，并将锁定政策承诺。

在制度博弈中，领导国希望降低让其他国家顺从的成本，而弱小国家希望降低安全保护的成本，或是它们为保护自身利益而对抗具有统治地位的领导国所带来的成本。这就使得制度博弈吸引力十足：领导国同意约束自身可能的统治或抛弃行为，换取从属国家的更大顺从。相比随时都存在滥用权力威胁的秩序，双方的处境在宪法秩序中均可获得改善。

其他的顾虑也增加了这种潜在博弈的可能性。锁定收益符合领导国的长远利益。它已经获取了大量权力，接下来希望长期高效地运用这种权力。弱小国家获得了短期的权力回报，即使它们放弃了未来充分利用自身实力崛起的能力。当权力高度集聚于一国之手，或当民主国家运用制度建立可信的约束和承诺时，这种制度博弈的需求最为强烈，也最有可能实现。

我们可以把领导国约束自身权力并做出承诺的能力，也视为一种权力，这种自相矛盾的思路或许很有帮助。[2] 领导国希望将其他国家锁定在具体的战后制度承诺中，它可以运用权力胁迫它们这么做，但如此一来则会丧失建立合法秩序的一切机会。如果领导国可以约束自己，将权力的行使制度化，则会获得博弈筹码，借以争取其他国家的制度性合作。不过只有当实力差距足以确保其他国家接受限制和约束，领导国实际上也有能力建立这样的限制和约束时，这一筹码才有意义。在1815年、1919年和1945年，领导国利用该筹码的能力不同，因而进行制度博弈和塑造战后秩序的能力也存在差异。

制度、承诺与约束

在诸多战后案例中，领导国无一例外地寻求了制度博弈。然而，它们提出的战后博弈的广度和深度，在随后达成的协议中都出现了相当程度的增加。这反过来体现了战后权力失衡特征（影响领导国的目标和能力，以及弱小国家对于被主导和被抛弃的担忧程度）和各国民主特征（影响各国实际运用制度建立承诺和约束的能力）的变化。

领导国普遍希望依托战后安排建立战后秩序，以确保领导国尽可能少地参与直接管理，也不必积极平衡秩序内的各种关系。卡斯尔雷迫切希望实现欧洲的稳定，从而避免让英国在欧洲大陆直接扮演制衡角色，以便其将战略重心保持在帝国和海洋霸权上。威尔逊希望改变欧洲政治，创立一个结构和性质上都很温和的自由民主秩序。这正是威尔逊议程的自相矛盾之处：他希望避免介入欧洲政治，所以在他追求的愿景中，欧洲政治需要出现巨大变革。1945年罗斯福的普遍性战后和平制度的提案野心不大，但他却对积极介入欧洲政治提出了同样的保留意见。当时的国务卿科德尔·赫尔希望战后建立自由贸易体系，部分原因在于他相信此举能够激发全球经济的活力，从而让和平与秩序实现自我强化。

这些模式表明，英国和美国并不倾向于直接霸权控制战后体系。约束元素被部分植入了这些国家希望建立的"自动化"秩序之中。不过承诺和约束都是必要的。美国在1919年和1945年应对欧洲时，主要的挑战就在于要使英国和法国确信在持续的制度化承诺中，美国的权力是可预测的，并与欧洲紧密关联。

尽管存在种种相似点，但这些重大协定所涉及的战略、造成的战后结果却在不断演变。1815年的英国主要是个海洋强国，在领土方面没有特定的战后目标。由于英国相对远离欧洲大陆，加上经济和海军实力超然，导致它的选择比其他战后国家更多。普鲁士和奥地利被迫采取机动策略，寻求联盟和制衡安排，以保护自身不那么稳固的地位。俄国是一股主导力量，尤其是沙皇的军队在打败拿破仑的战争中发挥了决定性作用，但是俄国也有被排挤到欧洲边缘的危险。这些局势使得大国之间至少乐意促成某种程度的制度化承诺。

建立战后安全制度、将各国捆绑在一起的倡议来自英国。它的目标是将其他欧洲强国锁定在可预期的安全关系中，并为解决领土争端提供机制。这对英国最有吸引力，因为这样的协定可以让英国尽可能地不去直接积极制衡其他欧洲强国，从而保存英国的实力。英国的卡斯尔雷在战争期间努力维系联盟，为建立战后制度协议来管控安全关系做好准备，也体现了这一思路。战时联盟本身就是战后协调的温床。英国对战争目标和联盟的操控，是将联盟作为权力管理和约束机制的经典案例。维也纳条约实际上是这一战时联盟实践的延伸。

1815年提出的战后制度，其约束性质有限，与1919年和1945年相比尤其如此。不过这些制度的逻辑很明确：利用制度将强国联系起来，有助于安全磋商，从而让对手和潜在的威胁国紧密捆绑在一起。这次未能通过建立更广泛安全保证的提议，也表明对强国权力的限制仍然有限。英国政府不愿提供更正式的安全保证，不仅表明英国不乐于对欧洲大陆的安全冲突提供全面承诺，也表明其他非民主国家缺乏可信度。卡斯尔雷和其他英国官员明确表示了对沙皇亚历山大政府稳定和可靠程度的怀疑。如此一来，为了维持战后秩序而建立的制度和正式保证也就发挥不了多大作用。

美国和欧洲合作伙伴于1919年建立战后权力约束和承诺时有着更高的目标。与1815年的英国类似，美国也期望主导协定，因为它希望建立一个不需要自己直接介入或积极制衡的秩序。美国希望锁定协议，建立一个围绕民主政府和全球集体安全组织的长久秩序。从这个意义上说，威尔逊的战后制度战略比卡斯尔雷的战略更为雄心勃勃。强国的期望和目标更为远大，用于共同处理领土纠纷、经济混乱和维持和平的制度机制也详尽得多。

美国也把国际联盟视为允许监督和限制德国战后重建及其权力的机制。这反映在美国对德国加入国际联盟的立场上。在巴黎和会的讨论中，威尔逊认为，应在一段预备期之后接受德国加入国际联盟："这个问题关乎他们被视为流放者，还是被国际联盟接受。"威尔逊与劳合·乔治达成了有利于德国加入国际联盟的一致看法："德国作为联盟成员，比它身处联盟之外更好控制。"[3] 这是对维也纳会议上出现的约束逻辑的回应。他们的策略是把德国纳入制度框架，允许盟国监督和限制德国军队的重新崛起。法国不愿意让德国加入联盟，在《凡尔赛和约》中勉强就莱茵兰问题达成妥协，这些都表明，它认为利用国际联盟作为约束制度并不具备太大意义。

由于德国强势崛起，美国又地处偏远，因此美国在战后对英国和法国的承诺，甚至比 1815 年英国对欧洲的承诺更加关键。早在美国参战之前，英国就开始考虑美国加入战后欧洲的问题了。1915 年格雷与豪斯之间的通信，以及劳合·乔治政府对战后维持和平组织的兴趣都表明，英国一直有兴趣建立美国与欧洲的安全联系。法国甚至提出了更为具体的安全联盟组建方案，要将军队置于统一指挥之下。在巴黎和会的谈判中，威尔逊不情愿地签署了英、法、美安全协议（尽管从未生效）。这是美国为安抚法国、换取法国同意建立国际联盟的最后让步。

美国未能克服欧洲对被抛弃的恐惧，也源于该模型并未涉及的一个因素：威尔逊本人对国际关系中承诺与约束的看法。威尔逊对具体制度保证的信任很有限，原因有二。第一，在他看来，权力约束最重要的来源是世界性民主。真正体现人民意愿的政府不可能参与军事侵略。推翻旧世界军国主义政治体制的民主革命，其作用大于任何对于战后国家权力的限制。第二，国际联盟通过提供裁决冲突的机制，出台和平解决争端的规范，有利于强化民主和平。威尔逊认为，这些机制的可行性和解决冲突规范的力量将会渐渐涌现。他的信念，或者说实际上可能只是他的希望，是国际联盟不会在战后立即接受考验。他曾对一位下属透露，如果《凡尔赛和约》签订之后世界有 20 年的和平期，盟约就有机会真正生根发芽。由此可见，威尔逊关于民主、法律和约束规范的观念降低了对欧洲做出具体制度性承诺的实际意义。

1945年之后，建立承诺和约束的问题较之以前更为尖锐，但如此行事的时机也更加成熟。与1919年相比，美国处于更加全面的霸权地位，英国和法国在经济上更加衰弱，而德国的军事失败更加彻底。在1919年，欧洲的盟友既要操心约束美国的战后权力，又要设法确保可靠的承诺。本书第六章指出，美国"注定"要对英国和法国提供保证。美国不愿意积极介入欧洲大陆本身就已经表明了美国并不迫切希望运用地位积极主导欧洲。这意味着，欧洲需要培植美国的势力，而不是抵抗它。英国的努力，尤其是外交大臣欧内斯特·贝文的外交手腕，阻止了有利于跨大西洋安全制度建立的欧洲"第三股力量"的异军突起。这也是彰显本次战后关系的最为生动形象的案例。

在关于战后经济和安全制度的问题上，美国政府内部观点各异。这为欧洲国家影响美国政府、鼓励出台一致政策提供了机会。美国庞大而相对开放的政府有助于软化美国霸权的强硬一面，从如此多的官方计划和议程中，这一特征可见一斑。然而，它也为欧洲官员在各种立场之间自如转换并积极塑造最终的政策和承诺提供了机会。按照第六章的分析，战后经济和安全政策的演变展现了这一特征及其对战后协议的影响。

更普遍地说，相比1919年，1945年的美国在建立对欧洲的承诺上具有更多途径。战后秩序构建的进程变得更漫长、更多维。战后经济计划在一个领域徐徐铺开，欧洲重建则处于另一领域，涉及安全的讨论处于一个层面，关于联合国的谈判则又在另一条轨道上。

这些议题相互关联,但战后过渡期的制度建设范畴如此宽泛,为美国提供了更多机会来向盟友提供参与承诺和确保约束的机制。在战后经济组织的建立上,美国与其他国家达成了协议,从而将欧洲锁定在一个开放、管理有序的体系中。另一方面,欧洲在自由贸易计划上得到了美国的妥协,美国承诺在秩序稳定上发挥积极作用。

承诺和约束的建立是个滚动过程,并不像1919年战后安排那般与单一条约的通过或失败相关联。《布雷顿森林协定》为战后承诺的制度化提供了机会,但也确实有助于欧洲的重建和正在进行的安全谈判。美国人和欧洲人起初都低估了战后欧洲经济崩溃的程度,这一认识不足在1946年的一幕中得到了戏剧性的体现:英国在美国的压力下做出了不幸的选择,开放了本国货币的自由兑换。1947年,欧洲经济萧条,再加上与斯大林的关系恶化,促使美国向欧洲提供大规模援助。1947年6月,国务卿乔治·马歇尔在其著名的演说中宣布了这一计划。弗兰克斯勋爵(Lord Franks)记录了欧内斯特·贝文的反应:"他脑海中最先想到的,并不是美国经济援助会给欧洲带来繁荣。他意识到了这一点,并用双手紧紧抓住了机会,但他的第一个想法是自己的主要恐惧已经永久消散了。美国人不会像第一次世界大战那样退回自己的半球。他们的眼界开阔了,对接管大西洋和生活在大西洋彼岸的数亿欧洲人的意图有了更深的理解。贝文外交政策的主旨得以实现了。"[4]

马歇尔计划符合美国和欧洲的利益,向欧洲提供了空前庞大的130亿美元援助。美国放弃了某些当下的经济利益,以便为长远利益投资。它加速了欧洲复兴的进程,抑制了欧洲内部对在野的共产主义者的支持,也为欧洲人内部合作执行项目提供了工具。美国官员将此视为建立全欧洲经济合作制度的重要一步。[5]

北约为欧洲和美国的紧密联系提供了更加重要的机会。二战之后的数年里，欧洲一直在努力将美国权力与自身捆绑起来。而美国也在设法利用战后的经济和安全制度把欧洲捆绑在一起。乔治·凯南1948年在一份关于美国外交政策的战略概述中表述的正是这一思想，他尤其提到了德国在未来欧洲的作用。凯南认为："长远来看，西欧和中欧未来只有三种可能性，一种是由德国主导；另一种是由苏联主导；第三种是欧洲联合起来，德国身处其中，受到其他国家影响力的压制。"要解决德国问题，只能靠某种形式的欧洲联盟。他指出："很显然，必须规划好德国与其他西欧国家的关系，提供机制性的自动化安全措施，以防止德国肆无忌惮地开发其人口优势和军工潜力。"[6] 无论与苏联的关系前景如何，将德国纳入欧洲建设都是必要的。

美国下定决心复兴和整合德国的盟国占领区，将之纳入西方世界，尤其是在与苏联关系恶化之后。美国官员试图诉诸制度途径来解决这一问题。欧洲人起初表示抗拒，并最终把德国和西欧的捆绑与美国和西欧的捆绑联系在了一起。建立美国对欧洲的承诺、避免欧洲遭到德国的反扑，这两大难题在冷战之前已存在。与苏联关系的进一步紧张，对于美国和欧洲争取足够的政治支持，完成最终的制度博弈至关重要。如果不是共产主义对西欧的渗透引发了更多担忧，"马歇尔计划"的巨额拨款能否获得国会的同意尚存疑问。不过即使没有苏联的威胁，关于承诺和约束的问题也已进入两难困境。

这一安排的基本逻辑体现在制度博弈中：欧洲人同意加入由美

国主导的战后秩序，该秩序的稳定性和持久性以一系列安全和经济制度来确保。作为交换，欧洲可以得到美国在欧洲经济重建和安全保护方面的制度性参与。美国权力既与欧洲密切相连，又受到约束。美国构建了高度制度化的战后秩序，与工业化民主国家达成了持续且可预期的长远关系。受到战争打击的欧洲各国加入了这一战后秩序，回报就是直接的经济利益和不会被主导或被抛弃的制度保证。

最后，从1945年的战后安排以及1989年之后的安排来看，接触或扩大约束性制度的提议明显与各参与国的民主特点紧密相关。欧洲和美国官员认为，成立北约不仅意味着构建一个安全联盟，这也是将民主国家以集中权力的方式捆绑在一起，克服内在安全困境、扩大战后合作领域的举措。随后，联邦德国领导人意识到民主是成为北约成员国、完全融入欧洲的必要条件。在战后岁月里，欧洲人对北约和其他西方制度内的美国领导地位有了更高的接受度，因为他们国内的民主制度带来了开放性和可接触性。战后制度也为进入美国的政策制定体系开辟了通道。这些将大西洋国家串联起来，为民主国家建立直接联系，确保西方联盟纽带稳定持续的制度所具备的约束性特征，令美国和欧洲领导人在1989年之后得以欢庆。虽然冷战结束了，但这些国家之间的权力失衡让它们更有动机加强而非减弱对于彼此的承诺。而这些国家的民主性质则增强了它们如此行事的能力。

政治稳定性的来源

前文的论述最终抛出了一个问题：是什么导致某些政治秩序得

以维持稳定，另一些则不稳定？这是一个古老的政治学问题，难以找到简明的答案。不同类型的政治秩序——均势秩序、霸权秩序、宪法秩序——在不同的历史背景下，均出现过稳定和不稳定的情况。

从前文的分析来看，稳定的政治秩序更可能是那些权力回报较低，制度回报较高的秩序。如果政治秩序在组织上限制了某行为体或团体进行主导或任性独断使用权力的能力，其他行为体或团体则更有可能遵循规则，接受政治秩序带来的后果。类似的，当政治制度牢固树立起来而难以推翻或替代之时，也会降低权力回报，增强既有秩序的持续性。宪法秩序的以上两大特征往往同时存在：权力回报会因为强大制度的存在而降低，因为后者限制了运用聚集财富或权力的程度和时机。因此，在制度具有持久性，也就是制度回报高的情况下，制度最有可能对权力产生塑造和约束的影响。

那些权力回报低的秩序，对于行为体利用暂时的财富和权力优势的行为，均有系统的制度约束。不平等的权力或财富回报，或是在具体的分配斗争中获得了多于他人的利益，都无法转化为永久的优势。因为胜利总是有限的、暂时的，一个团体的所得无法转化为对其他团体的永久主导权。当权力的回报较低之时，政治斗争也就不再利益攸关。胜负的意义不再那么重要：胜利并非获得永久的优势地位，失败也并不意味着陷入全面危机。相比回报高的体系而言，权力回报低的政治秩序更稳定，因为主导和胁迫的风险降低了。因此，失败者也更可能愿意承受损失，并为下一轮竞争做好准备。[7]

降低权力回报正是在国内政治秩序中宪法的作用。在一个权力回报比较低的政治秩序中，即使底层的社会和经济环境严重不均衡，该秩序的社会、经济优势的运用上有存在明确限制。确实，从历史上看，由于经济变迁和社会沿革导致更多的阶级纷争和更大的经济与社会不平等，宪法应运而生。宪法安排和政治制度的作用日益增加。[8]更普遍地说，现代社会崛起的标志就是不平等的宪法化，也就是纳入与排除、权利与奖赏的范畴的确立，使特定领域的不平等长久存在，并加以区分和限制。[9]宪法秩序无法消除社会不平等或经济差距，但可以引导并区分资源和机会的寻求方式，从而实现政治收益。

当然，经济和社会的底层运行也会限制和约束政治权力的垄断。在国际关系中，如果世界经济的底层演变模式是在大相径庭的各国之间持续循环和分配财富、技术和经济增长，则一个国家所享有的暂时收益和优势更易为其他国家所接受，包括失败的国家，因为它们知道自己将来还有机会。[10]

将此前的论断再推进一步，我们可以想象世界经济向各国展示的两种不同的分配场景：在第一种情况下，经济收益主要被单个富裕国家所获得，该国可以借此巩固能力，保证未来继续获得不成比例的高收益，其他国家当前和将来的收益注定不容乐观。第二种情况下，收益在各国之间迅速轮转，世界经济变动造成的结果多处于各国政府掌控之外。此外，后一种情况下，经济输赢不仅迅速轮转，还分化严重。某些国家可能在某些领域是赢家，却在另一些领域失利。显然，相比第一种情况，第二种更体现出权力回报降低的特征。也就是说，在第二种场景中，国家要建立权力回报较低的制度，面对的压力也更小，而在第一种场景中，要使得政治秩序稳定并被各方接受，秩序必须限制和约束领导国，避免其获取不相称的永久利益。

在第一种情况下，一个失利的国家有着从根本上推翻该秩序的强烈动机，因为它没有机会继续竞争并获胜。它常常处于弱势地位，被领导国统治的危险很高，且这种危险始终存在。在第二种场景中，即使不存在限制权力回报的制度，各国也很难认为秩序的基本结构会导致它们永远处于劣势。输赢轮转，而且在各个狭窄的市场和领域内差别很大，政治秩序越庞大，就可能越稳定。我们有理由认为，相比第一种情况，第二种情况能更好地代表当今在发达工业化国家之间运行的世界经济。基础的世界经济情况巩固了战后政治秩序的稳定性。

制度回报高的政治秩序都是那些具有难以被推翻或取代的黏性制度的秩序。"高制度回报"意味着固有的结构限制和成本与制度的整体变迁相关联。如此，政治秩序中的政治制度越持久，则秩序本身越稳固。制度的存在和运转是为了降低权力回报。如果制度不具备黏性，则更容易被秩序内的强大团体所操纵；秩序的运转更有可能直接导致各团体和行为体之间围绕权力和财富分配进行斗争。如果制度更容易被颠覆或取代，那些处于劣势的弱小行为体则很难相信这种政治秩序不会让它们持续吃亏，基于基础权力分配的主导风险将会增强。

制度的回报取决于制度本身的性质和制度运转的政治环境。民主国家之间创立的政府间制度更有可能与其他相近的国际制度联系起来，导致相互依赖的范围扩大，制度变迁也就更加困难。如此一来，就建立了积极的反馈循环：由于民众和组织相信最初的制度可以延续到未来，它们在安排生活和活动时就会适应这一制度。即使这种相互依赖网络不是制度建立时的正式组成部分，也会逐渐拓展并嵌入制度当中，颠覆或取代制度的成本随即增加。

此外，制度结构越复杂，适应能力越强，越能自行运转，则越具有持久性，越能发挥降低权力回报的效用。一个制度越复杂，则其结构层次和单元越具有多维性，其任务和功能性关系越大，其运转所涉及的个人和团体越具有分散化和多元化的特征。一个制度的适应性越强，越能应对其运作环境的条件变化。它所体现的原则和机制使之能够对广泛的问题和场景做出反应。制度自主性这一标准，可以衡量某个制度能在多大程度上摆脱具有利害关系的阶级和利益集团的支配。[11] 制度在创始团体内或在利害关系最大的团体内独立运转的能力越大，则越具有持久性。

为什么某些国际制度相对而言更具有持久性和自主性，这是一个值得持续探讨的问题。[12] 不过很明显，在重要的历史关头，由于经济危机、政治冲突或战争，旧的国际制度被颠覆，这是构建新制度的少有机会，而且稍纵即逝。之后，当制度正常运行时，取代这些制度的成本和限制将会大幅增加。当这些制度在成熟的民主国家（它们本身就是复杂、适应性强且能自主运作的制度集合体）之间建立起来时，政府间制度的黏性有所增强，其政治稳定性的意义也有所提高。

这一政治稳定理论有助于解释西方战后秩序展现出的惊人持久力。这一秩序的持久性建立在两个核心逻辑之上。其一，制度的配置和秩序的运转有助于降低权力回报，或更准确地说，它们对权力进行了调节，使权力的回报延展至将来，从而减少了强国和弱国参与的风险。美国的权力因此变得不那么具有威胁,受到了更多约束,可接触性也有所增强。这反过来也让制衡变得不那么必要。其二,它使得可能的秩序和霸权越来越难以与已有的秩序和领导者竞争并取而代之。尽管这一秩序在冷战后变得更加强大,但它并不诞生自冷战,最终也不依赖冷战来确保运转及稳定。

这种关于政治稳定性来源的观点,可以推导出一个乐观的结论:西方秩序未来仍将保持稳定。确保体系完好无缺的因素,不是美国的实力优势,而是美国进行战略约束的独特能力,它向合作伙伴提供了保证并促进了合作。依托特别而开放的国内政治体系,以及建立约束和承诺的一系列制度,美国得以继续处于这个不断拓展的巨大国际政治秩序的中心。它在体系内赢得特定斗争胜利的能力或许会有起伏,但整个秩序却不为所动,几乎没有显出任何颓势。

美国实力与秩序问题

20世纪90年代的美国,实力达到了空前的巅峰。任何现代国家都未曾拥有过如此强大的全球主导地位。敌对意识形态的衰落和其他大国的经济衰退使得美国权力的影响范围和普遍性进一步提高。1999年初,时任法国外交部长于贝尔·韦德里纳(Hubert Vedrine)在巴黎的一次演讲中表示:"如今的美国在经济、货币、技术和更广泛的文化领域都处于支配地位。""从实力和影响力来看,它在现代历史上是个孤例。"[13]导致美国实力空前的正是它权力的多维性。

不过,按照历史经验,美国的优势地位必然招致抵抗和反制。

如今令人费解的一点在于,为何抵抗和反制目前并不严重。作者对此的观点是:失衡的权力关系与稳定的政治秩序虽不相容,但当秩序由民主国家构成时,实力差距却能成为制度化合作的催化剂。在当今这个仅有一个超级大国的世界,这一假设可以得到严肃验证。

关于秩序的制度理论可以解释,为什么冷战之后权力失衡更加严重的情况下,国际秩序却依然能够保持稳定。但它也提醒政策制定者应该谨慎运用权力。政策制定者如何看待权力和制度,将给美国的实力和冷战后秩序的未来走向带来巨大影响。

美国的实力变得更为其他国家所接受,原因就在于其制度化。北约和其他安全条约对美国军事实力的自主性做出了某些限制,尽管这些限制只是部分性的。其他区域性和全球性多边制度也发挥着限制和调节美国在各个经济领域和政策领域权力的作用。这些制度化限制对政策和机制自主性的约束是明显的,从而赋予了其他国家在政策制定中的发言权。正如一位美国国务院前官员在描述这一战后秩序时指出:"该体系中强大的参与者,尤其是美国,并未发誓放弃所有优势,但它们在运用实力时也并非没有实质性约束。由于美国认为三边体系符合其利益,它在国家自主性上做出了一定牺牲来推动这类体系的发展。"[14]

这一观点意味着,权力如果越在制度背后悄悄运作,就越容易激起回应和抵制。在将国家置于约束和承诺之下方面,美国领导人确实很矛盾,这点在贸易领域表现得最为明显。美国国会授权行政机关,当美国政府认为某些国家推行不平等贸易时,可以针对该国采取单边行动,如应用"超级301条款"等法案。在与日本和其他国家的贸易争端中,美国援引该法案,威胁这些国家开放市场,否则就要单方面加征关税。[15] 让争端得以解决的，是美国市场的力量，相比日本的还击，它给日本的经济造成了更大的伤害。[16] 1996年，克林顿政府签署了所谓的《赫尔姆斯—伯顿法》，授权美国政府惩罚那些在古巴经营工厂或与古巴政府没收的工厂往来的外国公司。[17] 欧洲、加拿大和墨西哥的官员谴责这一法案违反国际贸易法。针对世界其他国家政府对遭受单边贸易歧视条约审查的看法，一位美国官员指出："你会听到许多较小的国家将此称为经济帝国主义，有时你不得不怀疑我们采取咄咄逼人的做法激起这么多敌意是否值得。"[18] 美国政府在接受多边贸易规则上无疑自相矛盾。它拥护世界贸易规则的既定程序和基于规则的贸易方案，但采取的单边贸易政策至少有悖于世界贸易组织的精神。

在其他领域，美国常常不受制度框束。它不认可关于地雷、环保等议题的多边协议和公约，也不承认其倡议成立的国际刑事法院。[19] 在与联合国的关系方面，美国也没有完全支付其应缴纳的会费，在许多观察家看来，美国采取了冷酷手段阻止联合国秘书长布特罗斯·布特罗斯－加利（Boutros Boutros-Ghali）的连任。近年来，美国经常采取的军事干预行动（例如在索马里、海地、伊拉克和科索沃），也是在强调美国在开展军事行动时，拥有几乎不受任何国际制度约束的独一无二的能力。这种美国政策模式导致许多人公开表示对世界强权日益不受约束的担忧。法国前驻美大使在1999年春就曾表示，世界政治中的重大威胁就是美国的"超级霸权"。冷战期间，美国和苏联相互制约，而现在"美国可以为所欲为"[20]。即使身为美国盟友，德国总理施罗德（Gerhard Schroder）也表示出担忧："单边主义的危险不可否认，引发者不是其他人，而是美国。"[21]

1999年北约对塞尔维亚的轰炸也影响了全球对美国权力的认知。冷战最后几年，西方联盟的一个成功之处在于让苏联领导人最终将它视为防御性的安全伙伴同盟，其功能是约束美国和西方的军事实力。戈尔巴乔夫和他的同僚在德国统一谈判的最后阶段做出了这样的判断。西方联盟将崛起的德国实力限制在了跨越大西洋的紧密制度联系中，确保美国权力继续与欧洲密切相连。北约对成员国的吸引力部分在于它减少了欧洲对美国主导或抛弃的恐惧，同时也约束了西方军队政策，避免其忽然变得激进，这在一定程度上向北约之外的国家做出了保证。但是北约轰炸塞尔维亚开创了在联盟区域之外采取军事干预手段的先例。中国、俄罗斯以及其他国家公开谴责北约未经联合国授权就采取行动。[22] 如果说北约过去曾是一个捆绑和约束权力，从而向成员国和邻国做出安全保证的联盟，那么它如今的形象已经与之相去甚远。北约行动对西方和非西方如何看待美国权力造成了怎样的影响，或许要在多年之后才能充分评估。

20世纪美国秩序建立的经验是，国际制度在美国权力的行使中发挥了普遍的、最终具有建设意义的作用。传统的现实主义理论忽视了制度联系权力的方式。过去的常见观点是两者倾向于相互对立，一方强势，必将导致另一方的弱势，因为权力是国际关系最终结果的决定性因素，而制度无关紧要。然而，权力和制度之间有着更为复杂的关系。制度可以凸显或限制国家权力。如果美国未能在20世纪40年代建立一系列区域性和全球性制度，我们很难想象美国的权力会有如此的广度、深度和持久力。国际制度使得权力的行使更受约束和惯例化，但也会让权力更具持久性、系统性和合法性。

当美国权力的持有者对国际制度施加的制约和承诺愤愤不平之时，应该提醒他们，正是国际制度的这些特征，才使得当今美国的权力如此持久、为人接受。如果美国的战后秩序想在21世纪长久延续，就必须不遗余力地确保权力和制度的协调运转，从而在工业民主国之间建立稳定合法的关系。

附录一 战后安排

战争	大国死亡人数	主要战后安排
三十年战争（1618—1648 年）	2,071,000	《威斯特伐利亚和约》
法西战争（1648—1659 年）	180,000	《比利牛斯条约》
奥斯曼战争（1657—1664 年）	109,000	《沃什堡和约》
法荷战争（1672—1678 年）	342,000	《奈梅根和约》
奥斯曼战争（1682—1699 年）	384,000	《卡洛维茨和约》
奥格斯堡同盟战争（1688—1697 年）	680,000	《里斯维克和约》
西班牙王位继承战争（1701—1713 年）	1,251,000	《乌德勒支和约》
奥地利王位继承战争（1739—1748 年）	359,000	《亚琛和约》
七年战争（1755—1763 年）	992,000	《巴黎和约》《胡贝尔图斯堡和约》
奥斯曼战争（1787—1792 年）	192,000	《雅西条约》
法国大革命（1792—1802 年）	663,000	《亚眠和约》
拿破仑战争（1803—1815 年）	1,869,000	维也纳和会
克里米亚战争（1853—1856 年）	217,000	巴黎和会
普法战争（1870—1871 年）	180,000	《法兰克福和约》
俄土战争（1877—1878 年）	120,000	《圣斯特法诺和约》 柏林会议
第一次世界大战（1914—1918 年）	7,734,300	《布列斯特—利托夫斯克和约》《凡尔赛和约》《圣日耳曼条约》《纳依条约》《特里亚农条约》
中日战争（1937—1941 年）	250,000	并入第二次世界大战
第二次世界大战（1939—1945 年）	12,948,300	无整体协定
朝鲜战争（1950—1953 年）	954,960	停火，无协定

来源：Jack S. Levy, *War and the Modern Great Power Sytem, 1495-1975*, Lexington: University Press of Kentucky, 1983.

附录二 大国实力排行

国家	军事开支（千美元）	与领导国的比值（%）	战争相关性系数	国内生产总值（百万美元）	与领导国的比值（%）
1816 年					
美国	3,823	23	7.5		
英国	16,942	100	28.6		
法国	10,554	62	15.3		
德国	13,516	82	8.6		
匈牙利	–	–	12.6		
俄国	10,582	62	24.7		
1820 年					
美国	1,556	13	6.9	12,432	36
英国	11,748	100	26.5	34,829	100
法国	9,414	80	18.2	38,071	106
德国	3,714	32	8.6	16,393	47
匈牙利	6,175	53	15.2	–	–
俄国	9,317	79	24.6	37,873	109
1825 年					
美国	1,336	13	6.8		
英国	10,568	100	27.1		
法国	10,609	100	18.9		
德国	3,085	29	8.0		
匈牙利	5,087	48	14.5		
俄国	7,476	71	24.8		
1830 年					
美国	1,687	20	7.4		
英国	8,491	100	26		
法国	12,618	149	20.1		
德国	3,096	36	8.1		
匈牙利	4,567	54	13.8		

(续表)

国家	军事开支 (千美元)	与领导国的 比值(%)	战争相关性 系数	国内生产总值 (百万美元)	与领导国的 比值(%)
俄国	7,780	92	24.7		
1910 年					
美国	55,880	91	27.2	461,011	233
英国	61,417	100	14.7	197,736	100
法国	49,539	81	9.9	121,084	61
德国	60,416	98	17.6	128,676	65
匈牙利	23,208	38	6.5	–	–
俄国	62,099	101	18.6	–	–
日本	18,516	30	5.4	62,108	31
1915 年					
美国	257,648	6	22.4	491,573	210
英国	4,651,398	100	15.2	233,981	100
法国	3,525,000	76	8.9	130,244	56
德国	5,014,000	108	15.6	117,360	50
匈牙利	2,013,000	43	11.6	–	–
俄国	4,524,000	97	14.4	–	–
日本	107,515	2	3.2	73,069	31
1920 年					
美国	1,657,118	100	37.1	594,135	100
英国	1,475,661	89	17.5	203,312	34
法国	361,910	22	9.7	124,662	21
德国	79,025	5	10.2	114,024	19
匈牙利	–	–	–	13,585	2
俄国	1,183,426	71	18.6	–	–
日本	449,471	27	6.9	91,060	15
1925 年					
美国	589,706	100	35.1	731,402	100
英国	580,411	98	14.9	221,327	30
法国	324,761	55	10.8	167,599	23

（续表）

国家	军事开支 （千美元）	与领导国的 比值（%）	战争相关性 系数	国内生产总值 （百万美元）	与领导国的 比值（%）
德国	147,858	25	11.8	149,420	20
匈牙利	–	–	–	18,914	3
苏联	1,447,885	246	19.3	–	–
日本	181,598	31	8	107,948	15
1935 年					
美国	806,400	100	27.1	699,805	100
英国	646,350	80	11	259,502	37
法国	867,102	108	8.7	169,746	24
德国	1,607,587	199	15.3	174,662	25
苏联	5,517,537	684	29.1	334,818	48
日本	295,113	37	8.8	141,243	20
1940 年					
美国	1,657,000	100	26.6	930,828	100
英国	9,948,329	600	12.2	233,981	34
法国	5,707,762	344	11	164,164	18
德国	21,200,000	1.279	22.6	242,844	26
苏联	6,145,214	371	20.4	420,091	45
日本	1,863,181	112	7.3	201,766	22
1945 年					
美国	90,000,000	100	42.9	1,646,690	100
英国	17,002,048	19	17.5	331,347	20
法国	1,230,509	1	4.7	101,189	6
德国	–	–	–	194,682	12
苏联	8,589,076	10	25.5	333,656	20
日本	4,002,481	4	11.3	98,711	6
1950 年					
美国	14,559,000	100	38.7	1,457,624	100
英国	2,376,154	16	14.1	344,859	22
法国	1,489,278	10	7.7	218,409	15

（续表）

国家	军事开支（千美元）	与领导国的比值（%）	战争相关性系数	国内生产总值（百万美元）	与领导国的比值（%）
德国	-	-	-	213,976	15
苏联	15,510,433	107	37.6	510,243	35
日本	-	-	-	156,546	11
1955 年					
美国	40,518,000	100	41.2	1,816,591	100
英国	4,363,684	11	12.2	397,402	22
法国	2,948,000	7	7.2	271,508	15
德国	-	-	-	336,848	19
苏联	29,542,096	73	39.4	648,027	36
日本	-	-	-	242,022	13
1975 年					
美国	90,948,000	100	20.2	3,468,461	100
英国	11,475,228	13	6.2	657,762	19
法国	13,034,714	14	5	690,434	20
苏联	128,000,000	141	28	1,561,399	45
中国	28,500,000	31	28.2	1,145,317	33
日本	4,535,240	5	12.3	1,223,760	33
1980 年					
美国	143,981,000	100	19.8	4,161,014	100
英国	26,757,385	19	5.3	719,528	17
法国	26,424,988	18	5.1	807,081	19
苏联	201,000,000	140	29	1,709,174	41
中国	28,500,000	20	28.8	1,434,204	34
日本	9,297,521	6	12	1,531,612	37
1985 年					
美国	252,700,000	100	18.9	4,797,624	100
英国	24,200,000	10	4.5	795,233	17
法国	20,800,000	8	4.2	870,199	19
苏联	275,000,000	109	31.4	1,940,363	41

(续表)

国家	军事开支（千美元）	与领导国的比值（%）	战争相关性系数	国内生产总值（百万美元）	与领导国的比值（%）
中国	24,870,000	10	29.9	2,189,825	34
日本	12,480,315	5	13.9	1,839,879	37
1996 年					
美国	265,700,000	100	28	7,636,000	100
英国	34,500,000	13	4	1,158,921	15
法国	46,400,000	17	5	1,538,794	20
俄罗斯	71,000,000	27	12	429,620	6
中国	8,600,000	3	33	834,000	11
德国	39,000,000	15	6	2,352,472	31
日本	44,000,000	17	10	4,595,200	60

说明：

1. 1996 年的数据均以 1996 年美元为计量单位。其他年份的军事开支按照 1984 年美元计算，国内生产总值按照 1990 年国际美元计算。

2. 领导国的比重设定为 100，其他国家的数据为其数据与领导国的比值。

3. 战争相关性系数是衡量国家发动战争潜力的指数，基于如下六个与发动战争相关的能力：军事人员、军事开支、能源产量、钢铁产量、城市人口和人口总数计算。更多信息请参见 J. D. Singer and Paul Diehl, eds., *Measuring the Correlates of War*, Ann Arbor: University of Michigan Press, 1990.

附录三　大国高科技指标

国家	高科技制造业 （1995年）（%）	研发总开支 （1995年）（%）	国防研发开支 （1995—1996年） （%）	每千人拥有个人 电脑数量 （1996年）
美国	41	53	80	362
英国	6	6	7	149
日本	30	22	2	75
法国	5	58	8	150
俄罗斯	–	–	–	23.7
中国	8	–	–	3
德国	10	11	3	232

来源：

1. National Science Foundation, *Science and Technology Indicators 1998*, www.nfs.gov/sbe/seind98/start.htm.

2. World Bank, *World Development Indicator 1998*, Washington, D.C.: International Bank for Reconstruction and Redevelopment, 1998.

注释

新版序言

1 Other studies that take "the problem of order" as the defining issue of international relations include Bull, Gilpin, Hurrell, and Lake.
2 Beginning in the 1980s, during my graduate school and early professional years, Waltz and Gilpin offered the two great gateway realist theories—one based on anarchy and balance and the other on hegemony and power transitions. See William Wohlforth, "Gilpinian Realism and International Relations," *International Relations*, Vol. 25, No. 4 (December 2010), pp. 499–511.
3 Important works illuminating the liberal tradition in international relations include Michael Doyle, *Ways of War and Peace: Realism, Liberalism, and Socialism* (New York: Norton, 1997); and John M. Owen, *Liberal Peace, Liberal War: American Politics and International Security* (Ithaca: Cornell University Press, 1997).
4 P. 271.
5 These questions are raised by Randy Schweller in his thoughtful critique of the book. See Schweller, "The Problem of International Order Revisited," *International Security*, Vol. 26, No. 1 (Summer 2001), pp. 161–186.
6 This is where After Victory joins the larger literature and debate on "historical institutionalism." See Orfeo Fioretos, "Historical Institutionalism in International Relations," *International Organization*, Vol. 65, No. 3 (April 2011), pp. 367–399; and Fioretos, ed., *International Politics and Institutions in Time* (Oxford: Oxford University Press, 2017).
7 Ikenberry, "Institutions, Strategic Restraint, and the Persistence of American Postwar Order," *International Security*, Vol. 23, No. 3 (Winter 1989/90), pp. 43–78.
8 In untangling cause and effect, we can think back to the year 1950, which saw the

signing of the Atlantic Charter, the founding of the Federal Republic of Germany, the arrival of Mao Tse-tung's victorious troops on the border of Indochina, the Schuman Plan, and the outbreak of the Korean War.
9 For a flavor of this debate, see Robert Kagan, *Of Paradise and Power: America and Europe in the New World Order* (New York: Vintage, 2004); Ivo H. Dalder and James M. Lindsay, *America Unbound: The Bush Revolution in Foreign Policy* (Washington, D.C.: The Brookings Institution, 2003); and Stanley Hoffmann, with Frederic Bozo, *Gulliver Unbound: America's Imperial Temptation and the War in Iraq* (Oxford: Rowman & Littlefield, 2004).
10 For my expectations about the coming American "war on terror," which proved incorrect, see Ikenberry, "American Grand Strategy in the Age of Terror," *Survival* (Winter 2001–2002), pp. 19–34.
11 For my thoughts, see Ikenberry, "The End of the Neo-Conservative Moment," *Survival* (Spring 2004), 7–22.
12 In this view, the United States has always been given some discretion within the postwar system of rules, restraints, and institutional bargains to act alone at extraordinary moments. In effect, the United States is like the police or fire company during an emergency, who can temporarily break the traffic laws and suspend rules in their response to accidents and fires.
13 Another version of this observation is that the architects of the Iraq War—Cheney, Rumsfeld, and Wolfowitz—were pursuing a "hegemonic realist" agenda of safeguarding American interests in the Middle East. The liberal internationalist aspect of American hegemony was simply missing in their worldview and decision calculation. See Daniel Deudney and G. John Ikenberry, "Realism, Liberalism, and the Iraq War," *Survival*, Vol. 59, Issue 4 (August–September 2017), pp. 7–26.
14 A Trump supporter might say that today's instability and erosion of order is a necessary cost that must be paid as the system moves to a new—postliberal hegemonic—equilibrium. But how convincing is this argument, and is it worth the risks?
15 For further reflections on this phenomenon, see Daniel Deudney and G.John Ikenberry, "Liberal World: Why the Liberal International Order Will Endure," *Foreign Affairs*, Vol. 97, No. 4 (July–August 2018); and Ikenberry, "Why the Liberal World Order Will Survive," *Ethics and International Affairs*, Vol. 32, No. 1 (Spring 2018), pp. 17–29
16 For a sweeping theoretical treatment of the concept of binding and co-binding, see Daniel Deudney, *Bounding Power: Republican Security Theory from the Polis to the Global Village* (Princeton: Princeton University Press, 2007). Deudney and I have developed the binding logic in a general statement of what we call "structural

liberal theory." See Deudney and Ikenberry, "The Nature and Sources of Liberal International Order," *Review of International Studies,* Vol. 25 (1999), pp. 179–196.
17 Joseph Grieco, "State Interests and International Rule Trajectories: A Neorealist Interpretation of the Maastricht Treaty and European Economic and Monetary Union," *Security Studies*, Vol. 5, No. 3 (1997), pp. 176–222.
18 Paul W. Schroeder, "Alliances, 1815–1945: Weapons of Power and Tools of Management," in Klaus Knorr, ed., *Historical Dimensions of National Security Problems* (Lawrence: University of Kansas Press, 1975), pp. 227–263.
19 See works by Pressman, Weitsman, and Cha.
20 The various positions in this debate are presented in Ikenberry, ed., *America Unrivaled: The Future of the Balance of Power* (Ithaca: Cornell University Press, 2002).
21 William Wohlforth, "The Stability of a Unipolar World," *International Security*, Vol. 24, No. 1 (Summer 1999), pp. 5–41.
22 For an effort to do this, see Michael Mastanduno, "Partner Politics: U.S. Power and the Challenge of Globalizing Hegemony after the Cold War," unpublished paper, 2018.
23 The classic statement on "voice" is Albert Hirschman, *Exit, Voice, and Loyalty: Responses to Decline in Firms, Organizations, and States* (Cambridge, MA: Harvard University Press, 1970).
24 In a rich empirical study, Thomas Risse illuminates the ways in which the institutional space created by NATO generates voice opportunities and dynamics of pulling and hauling that reduce the impact of American power asymmetries on alliance policy outcomes. See Thomas Risse-Kappen, *Cooperation among Democracies: The European Influence on U.S. Foreign Policy* (Princeton: Princeton University Press, 1997).
25 Stanley Hoffmann, "International Law and the Control of Force," in Karl Deutsch and Hoffmann, eds., *The Relevance of International Law* (Cambridge, MA: Anchor Books, 1971).
26 This type of mechanism is illuminated in the work of Beth Simmons. See Simmons, *Mobilizing for Human Rights: International Law in Domestic Politics* (New York: Cambridge University Press, 2009).
27 For an early argument about socialization and hegemony, see Ikenberry and Charles A. Kupchan, "Socialization and Hegemony Power," *International Organization*, Vol. 44, No. 3 (Summer 1990), pp. 283–315. For groundbreaking work, see Alastair Iain Johnston, *Social States: China and International Institutions, 1980–2000* (Princeton: Princeton University Press, 2008).
28 John G. Ruggie, ed., Multilateralism Matters: *The Theory and Praxis of an Institutional Form* (New York: Columbia University Press, 1993), p. 11.

29 Ian Hurd, *How to Do Things with International Law* (Princeton: Princeton University Press, 2017).
30 See John Mearsheimer, *Liberal Dreams and International Realities* (New Haven: Yale University Press, 2018); and Barry Posen, *Restraint: A New Foundation for American Grand Strategy* (Ithaca: Cornell University Press, 2015).
31 For a survey, see Lloyd Gardner and Marilyn B. Young, eds., *The New American Empire* (New York: New Press, 2005).
32 Jack Snyder, "Imperial Temptations," *National Interest*, Vol. 71 (Spring 2003), pp. 29–40; and Charles S. Maier, Among Empires: American Ascendency and Its Predecessors (Cambridge, MA: Harvard University Press, 2006).
33 See, for example, Sam Moyn, "Beyond Liberal Internationalism," Dissent (Winter 2017).
34 Michael Mann, *The Incoherent Empire* (London: Verso, 2005).
35 See Susan Strange, "The Persistent Myth of Lost Hegemony," *International Organization*, Vol. 41, No. 4 (Autumn 1987), pp. 551–574; and *Strange, States and Markets: An Introduction to International Political Economy* (London: Pinter Publishers, 1988).

第一章　秩序问题

1 关于欧洲和全球战后安排一览表，请参见附录一。
2 Kenneth Waltz, *Theory of International Politics* (Reading, Mass.: Addison-Wesley, 1979).
3 For other arguments along these lines, see Helen Milner, "The Assumption of Anarchy in International Theory: A Critique," *Review of International Studies*, Vol. 17 (January 1991),pp. 67–85; David A. Lake, "Anarchy, Hierarchy and the Variety of International Relations," *International Organization*, Vol. 50 (1997), pp. 1–33; Barry Buzan and Richard Little, "ReconceptualizingAnarchy," *European Journal of International Relations*, Vol. 2, No. 4 (1996), pp.403–439; and Helen V. Millner, "Rationalizing Politics: The Emerging Synthesis of International, American, and Comparative Politics," in Peter J. Katzenstein, Robert O. Keohane, and Stephen D. Krasner, eds., *Explorations and Contestation in the Study of World Politics* (Cambridge: MIT Press, 1999), pp. 119–146. For a discussion see G. John Ikenberry, "Constitutional Politics in International Relations, " *European Journal of International Relations*, Vol. 4, No.2 (June 1998), pp. 147–177.
4 Robert Gilpin, *War and Change in World Politics* (New York: Cambridge University Press, 1981), pp. 41-44. 这种变化与"系统变革"不同，后者指的是全球体系内行

为体基本特征的改变。它与"互动变革"也不一样,后者指的是行为体之间政治、经济和其他进程的改变。

5 Peter J. Katzenstein, "International Relations Theory and the Analysis of Change," in Ernst-Otto Czempiel and James N. Rosenau, eds., *Global Changes and Theoretical Chal-lenges* (Lexington, Mass.: Lexington Books, 1989), p. 296. For a recent survey of alternative conceptions of change within international relations theory, see Michael Doyle and G. John Ikenberry, eds., *New Thinking in International Relations Theory* (Boulder, Colo.: Westview Press, 1997).

6 See Redvers Opie et al. *The Search for Peace Settlements* (Washington, D.C.: Brookings Institution, 1951), pp. 2–5. For surveys of the major postwar settlements, see Robert Randle, *The Origins of Peace: A Study of Peacemaking and the Structure of Peace Settlements* (New York: Free Press, 1973); Charles F. Doran, *The Politics of Assimilation* (Baltimore: Johns Hopkins University Press, 1971); Kalevi J. Holsti, *Peace andWar: Armed Conflicts and International Order, 1648–1989* (New York: Cambridge University Press, 1991); and CharlesW. Kegley, Jr., and Gregory A. Raymond, *How Nations Make Peace* (New York: St. Martin's Press, 1999).

7 Robert Jervis, "A Political Science Perspective on the Balance of Power and the Concert," *American Historical Review*, Vol. 97, No. 3 (June 1992), p. 723.

8 罗伯特·杰维斯在他对1815年会议制度的研究中指出,学者们"对这种做法为何出现还不太清楚",参见上一份参考文献第724页。

9 For comparisons of American and British hegemony, see Robert Gilpin, U.S. *Power and the Multinational Corporation: The Political Economy of Foreign Direct Investment* (New York: Basic Books, 1975); David Lake, "British and American Hegemony Compared: Lessons for the Current Era of Decline," in Michael Fry, ed., *History, the White House, and the Kremlin: Statesmen as Historians* (New York: Columbia University Press, 1991), pp. 106–122; and Joseph S. Nye, Jr., *Bound to Lead: The Changing Nature of American Powe*r (New York: Basic Books, 1992).

10 在国际秩序问题上,参见 Ian Clark, *The Hierarchy of States: Reform and Resistance in the International Order* (Cambridge: Cambridge University Press, 1989),有助于讨论"乐观派"(康德派)和"悲观派"(罗素派)的学术传统。想要了解关于国际秩序理论的调查,请参见 John A. Hall, *International Order* (Cambridge: Polity Press, 1996), chapter one。

11 塔尔科特·帕森斯(Talcott Parsons)指出,"秩序问题"最早的提出者是霍布斯(Hobbes)。后者认为处于自然状态下的个人无法建立人与人之间的秩序,也就是说,无法建立稳定的周期性合作社会关系。要解决这一情况,最终需要层级制下的最高统治者强加秩序。请参见 Parsons, *The Structure of Social Action* (New York: McGraw-Hill, 1937), pp. 89-94. 阿尔伯特·赫希曼(Albert Hirschman)指出,以亚当·斯密(Adam Smith)的《国富论》(*Wealth of Nations*)为代表的现代学术观点质疑了霍布斯的秩序问题。亚当·斯密认为，某些人类动机会将其他人置于控制之下，最重要的是，对于政治和经济私利的追求并非无法约束的"激情"，而是文明的温和举动。请参见 Hirschman, *The Passions and the Interests* (Princeton: Princeton University Press, 1977)。

12 See Waltz, *Theory of International Politics*. For extensions and debates, see Robert O. Keohane, ed., *Neorealism and Its Critics* (New York: Columbia University Press, 1986).

13 参见 Gilpin, *War and Change in World Politics*。

14 沃尔兹对新现实主义的经典论述并不看重国际制度的影响。想要了解现实主义传统对于国际制度的最新论述，请参见 Randall L. Schweller and David Priess, "A Tale of Two Realisms: Expanding the Institutions Debate," *Mershon International Studies Review*, Vol. 41, Supplement (May 1997), pp. 1–32; and Robert Jervis, "Realism, Neoliberalism, and Cooperation: Understanding the Debate," *International Security*, Vol. 24, No. 1 (Summer 1999), pp. 42–63.

15 霸权秩序单纯建立在物质能力之上，几乎没有哪个学者满意于这种论点。例如，罗伯特·基欧汉（Robert Keohane）指出"霸权理论不应该单纯探寻霸权国参与规则制定和实施的决定，还要研究为什么次要国家会听从霸权国的领导"，并强调这些理论"需要解释霸权政权的合法性与合作的共存性"。参见 Keohane, *After Hegemony: Cooperation and Discord in the World Political Economy* (Princeton: Princeton University Press, 1984), p. 39。类似的，罗伯特·吉尔平认为国际体系的"治理"在部分程度上依托于霸权国的威望和道德领导。尽管霸权国的权威最终要由军事和经济优势来建立，但"霸权国的地位可能由它与一系列国家共有的思想、宗教或其他价值观所支持。"参见 Gilpin, *War and Change in World Politics*, p.34。

16 为什么战后的领导国寻求富有原则性的协议，又如何确保实力不均衡的各国遵守这类协议？这是新现实主义霸权理论无法回答的问题。参见 G. John Ikenberry and Charles A. Kupchan, "Socialization and Hegemonic Power," *International Organization*, Vol. 44, No. 3 (Summer 1990), pp. 283-315。

17 John J. Mearsheimer, "Back to the Future: Instability of Europe after the Cold War," *International Security*, Vol. 15 (Summer 1990), pp. 5–57; Mearsheimer, "Why We Will Soon Miss the Cold War," Atlantic, No. 266 (August 1990), pp. 35–50; Conor Cruise O'Brien, "The Future of theWest," *National Interest*, No. 30 (Winter 1992/93), pp. 3–10; and Stephen M. Walt, "The Ties That Fray: Why Europe and America Are Drifting Apart," *National Interest*, No. 54 (Winter 1998/99), pp. 3–11.

18 See, for example, Christopher Layne, "The Unipolar Illusion: Why New Great Powers Will Arise," *International Security*, Vol. 17, No. 4 (Spring 1993), pp. 5–51; Layne, "From Preponderance to Offshore Balancing: America's Future Grand Strategy," *International Security*, Vol. 22, No. 1 (Summer 1997), pp. 86–124; and Josef Joffe,

" 'Bismarck' or 'Britain'? Toward an American Grand Strategy after Bipolarity," *International Security*, Vol. 19, No. 4 (Spring 1995), pp. 94–117.
19 See Michael Mastanduno, "Preserving the Unipolar Moment: Realist Theories and U.S. Grand Strategy after the Cold War," *International Security*, Vol. 21, No. 4 (Spring 1997), pp. 49–88; and Robert F. Lieber, response to Walt, "The Ties That Fray," in *National Interest*, No. 55 (Spring 1999), p. 114.
20 William C. Wohlforth, "The Stability of a Unipolar World," *International Security*, Vol. 24, No. 1 (Summer 1999), pp. 5–41.
21 See Daniel Deudney and G. John Ikenberry, "The Nature and Sources of Liberal International Order," *Review of International Studies*, Vol. 25, No. 2 (Spring 1999), pp. 179–196.
22 民主和平、多变安全共同体、复合相互依赖和国际政权理论都指出了国际关系的重要特征，它们都有助于解释战后西方工业化国家之间的关系。关于自由主义理论的概述，请参见 Mark W. Zacher and Richard A. Mathew, "Liberal International Relations Theory: Common Threads, Divergent Strands," in CharlesW. Kegley, ed., *Controversies in International Relations Theory: Realism and the Neoliberal Challenge* (New York: St. Martin's, 1995). For an important synthetic statement of liberal theory, see Andrew Moravcsik, "Taking Preferences Seriously: A Liberal Theory of International Politics," *International Organization*, Vol. 51, No. 4 (Autumn 1997), pp. 513–553.
23 没有哪个理论家可以完全充当自由主义倾向的代表，但有不少理论家提供了某些层面的解释。请参见 Michael Doyle, "Kant, Liberal Legacies, and Foreign Affairs," *Philosophy and Public Affairs*, Vol. 12 (1983), pp. 205–235, 323–353. On security communities, see Emanuel Adler and Michael Barnett, eds., *Security Communities* (New York: Cambridge University Press, 1998); and Karl Deutsch, *Political Community and the North Atlantic Area* (Princeton: Princeton University Press, 1957). On the interrelationship of domestic and international politics, see James Rosenau, ed., *Linkage Politics: Essays on the Convergence of National and International Systems* (New York: Free Press, 1969). On functional integration theory, see Ernst Haas, *Beyond the Nation-State: Functionalism and International Organization* (Stanford: Stanford University Press, 1964). On the fragmented and complex nature of power and interdependence, see Robert Keohane and Joseph Nye, *Power and Interdependence* (Boston: Little, Brown, 1977). On the modernization theory underpinnings of the liberal tradition, see Edward Morse, *Modernization and the Transformation of International Relations* (New York: Free Press, 1976); and James Rosenau, *Turbulence in World Politics: A Theory of Change and Continuity* (Princeton: Princeton University Press, 1991).
24 The liberal literature on international institutions and regimes is large. For overviews,

see Stephen Krasner, ed., *International Regimes* (Ithaca: Cornell University Press, 1981); Steph Haggard and Beth Simmons, "Theories of International Regimes," *International Organization,* Vol. 41 No. 3 (Summer 1987), pp. 491–517; Volker Rittberger, ed., *Regime Theory and International Relations* (Oxford: Oxford University Press, 1995); and Andreas Hasenclever, Peter Mayer, and Volker Rittberger, *Theories of International Regimes* (Cambridge: Cambridge University Press, 1997). For an excellent survey of institutional and regime theory, see Lisa L. Martin and Beth Simmons, "Theories and Empirical Studies of International Institutions," in Peter J. Katzenstein, Robert O. Keohane, and Stephen D. Krasner, eds. *Exploration and Contestation in the Study of World Politics,* pp. 89–117. The seminal statement of neoliberal institutional theory is Keohane, After Hegemony.

25 Oran Young, "Political Leadership and Regime Formation: On the Development of Institutions in International Society," *International Organization* Vol. 45, No. 3 (Summer 1991), p. 282. See also Young, *International Cooperation: Building Regimes for Natural Resources and the Environment* (Ithaca: Cornell University Press, 1989). The concept of constitutional contract is discussed in James M. Buchanan, *The Limits of Liberty* (Chicago: University of Chicago Press, 1975), esp. chapter 5.

26 See Keohane, *After Hegemony*. The general theoretical position is sketched in Keohane, "International Institutions: Two Approaches," *International Studies Quarterly*, Vol. 32 (December 1988), pp. 379–396, and Keohane and Lisa Martin, "The Promise of Institutionalist Theory," *International Security*, Vol. 20, No. 1 (Summer 1995), pp. 39–51. See also Lisa Martin, *Coercive Cooperation: Explaining Multilateral Economic Sanctions* (Princeton: Princeton University Press, 1992).

27 See Lisa Martin, "An Institutionalist View: International Institutions and State Strategies," in T. V. Paul and John A. Hall, eds., *International Order and the Future of World Politics* (New York: Cambridge University Press, 1999).

28 新自由主义理论认为，理性行为体寻求改变环境来获取更大利益，而制度在本质上属于他们的一种功能性或功利性"解决方案"。肯尼斯·A.谢普瑟（Kenneth A. Shepsle）将制度描绘成减少交易成本、投机主义和其他形式"损耗"的"有关合作结构的协议"。参见 Sheplse, "Institutional Equilibrium and Equilibrium Institutions," in Herbert F.Weisberg, ed., *Political Science: The Science of Politics* (New York: Agathon, 1986), p. 74.

29 正如亚历克斯·温特（Alex Wendt）所说："建构主义者对身份认同与利益的建构感兴趣，因此他们更多从社会角度而非经济角度来形成理论。"参见 Wendt, "Collective Identity Formation and the International State," *American Political Science Review,* Vol. 88, No. 2 (June 1994), pp. 384–385. Adopting a similar view, Peter J. Katzenstein argues that "institutionalized power can be seen to mold

the identity of the states themselves and thus the interests they hold." Katzenstein, "United Germany in an Integrating Europe," in Katzenstein, ed., *Tamed Power: Germany in Europe* (Ithaca: Cornell University Press, 1997), p. 5.

30 约翰·鲁杰（John Ruggie）在领土国家、主权与国际制度的关系上提出了类似的观点。他认为，多边主义成了一种让正在形成的国家间体系得以应对国家主权后果的基本组织原则。多边主义——以及不可分割原则、普遍行为准则和扩散性互惠——提供了一种制度形式，定义和稳固了国家的国际产权，促进了协调与合作问题的解决。参见 John G. Ruggie, "The Anatomy of an Institution," in Ruggie, ed., *Multilateralism Matters: The Theory and Praxis of an Institution* (New York: Columbia University Press, 1993), pp. 3–47. See also Christian Reus-Smit, "The Constitutional Structure of International Society and the Nature of Fundamental Institutions," *International Organization*, Vol. 51, No. 4 (Autumn 1997), pp. 555–589.

31 这一理论观点往往被称作"历史制度主义"。它有以下几个主张。第一，国家政策和倾向由政策结构，如政府的制度布局所左右。政体的结构塑造并约束了身处其中的团体或个人的目标、机会和行为。第二，要理解这些制度约束和机会的运作机制，就必须将它们置于历史进程之中，如历史时机、历史顺序、无意导致的后果和政策反馈问题等。第三，制度有着路径依赖的特征，即制度建立起来之后就倾向于一直持续，直到之后的震荡与剧变带来制度变革的新时机。最后，制度结构具有影响力，因为它们会促进或限制群体或个人的行为——这意味着制度并不能完全解释各种后果。因此，要评估制度的影响，往往要观察它们与社会利益、文化、思想、新的政策理念等其他因素的互动。关于这一观点的理论主张，请参见 Peter A. Hall and Rosemary C. R. Taylor, "Political Science and the Three New Institutionalisms," *Political Studies*, Vol. 44, No. 5 (Decemeber 1996); pp. 936–937; Kathleen Thelen, "Historical Institutionalism in Comparative Politics," *Annual Review of Political Science* (Palo Alto: Annual Reviews, Inc., 1999), pp. 369–404; and Sven Steinmo, et al. *Structuring Politics: Historical Institutionalism in Comparative Analsysis* (New York: Cambridge University Press, 1992).

32 基欧汉在开创性的作品中阐述了新自由主义理论的一个综合性观点：国家是自我利益的理性追求者，它们往往有动机和机遇来建立秩序，以降低交易成本，克服影响合作的其他障碍。本书提出的观点建立于这个有富有创造性的想法之上，并试图在两个方面将其进一步延伸——制度在哪里发挥作用，制度约束又如何发挥作用。

33 参见 Keohane, *After Hegemony*。想要了解新自由制度主义理论在解释不平等国家的分配性斗争和竞争性安全关系上起到了怎样的作用，请参见 Keohane, "Institutionalist Theory and the Realist Challenge After the ColdWar," in David A. Baldwin, ed., *Neorealism and Neoliberalism: The Contemporary Debate* (New York: Columbia University Press, 1993), pp. 269–300, and Keohane and Martin, "The

Promise of Institutional Theory," *in International Security*.
34 这并不是说 1815 年之前的战后协议就不涉及规范、规则和制度的建立。实际上这些都有所涉及。例如，赫德利·布尔（Hedley Bull）就描绘了欧洲国家之间的主权兴起和权力制衡，以及之后国家社会建设制度并构成更大国际秩序的进程。参见 Bull, *The Anarchical Society: A Study of Order in World Politics* (London: Macmillan Press, 1977)。不过本书中对制度战略的定义更为严格，主要指的是安全同盟等捆绑性的政府间制度。它们被视为在强国之间建立承诺和约束的机制。这类机制在 1815 年之前体现得并不明显。
35 我试图解释占据主导地位的国家在秩序构建的制度战略上有何变化，导致的战后秩序或宪法特征又有何差异。至于在所有战后协议中出现的均势秩序、霸权秩序和宪法秩序的一般性变化，我并不打算着过多笔墨。如果我的目的仅仅是解释制度战略或宪法特征的存在与否，那么本书的重点就必须要放在 1815 年协议前后的对比之上。但本书的重点是阐述制度战略的差异，展示宪法秩序的发展历程。有效因变量是领导国建构秩序的战略——从这些国家战时与战后的政策与行动，以及随之诞生的秩序的特征上，我们可以略见端倪。因此，本书的历史焦点在于 1815 年、1919 年和 1945 年协议中的变量，而非整体的战后协议。
36 这些国家的战略在权力约束机制上各不相同。制度捆绑和世界主义战略是各国将宪法特征纳入战后秩序的具体途径。

第二章　秩序的类别：均势秩序、霸权秩序与宪法秩序

1 John Mearsheimer, "The False Promise of International Institutions," *International Security*, Vol. 19, No. 3 (Winter 1994/95), p. 9.
2 Kenneth Waltz, *Theory of International Politics* (Reading, Mass.: Addison-Wesley, 1979).
3 See Raymond Aron, *Peace and War* (Garden City, N.Y.: Doubleday, 1966), and Stanley Hoffmann, *World Disorders: Troubled Peace in the Post-Cold War Era* (New York: Rowman and Littlefield, 1998), chapter eight.
4 秩序显然只是世界政治的一个特征。批评者认为，将秩序放在首位来分析，会让国际政治的研究走向静态的、国家主义的、带有西方偏见的歪路。参见 Steve Smith, "Is the Truth out There? Eight Questions about International Order," in T. V. Paul and John A. Hall, eds., *International Order and the Future of World Politics* (New York: Cambridge University Press, 1999). For a discussion of the contested meaning of order, see Robert W. Cox with Timothy J. Sinclair, *Approaches to World Order* (Cambridge: Cambridge University Press, 1996).
5 Hedley Bull, *The Anarachical Society: A Study of Order in World Politics* (London: Macmillan, 1977), p. 7.

6 Robert Gilpin, *War and Change in World Politics* (New York: Cambridge University Press, 1981), p. 42.
7 Kenneth Waltz, *Theory of International Politics*, p. 95.
8 新现实主义者认为均势秩序是秩序问题的唯一真正解决方案。他们有三大假设。其一，所有国家都寻求安全，但由于其他国家总是能构成威胁，绝对的安全从不存在。其二，其他国家的意图从本质上来说无法确定。一个国家无法完全确定目前的盟友会在未来继续保持同盟还是转为敌对。因为所有国家都有构成威胁的能力，而它们的意图却不得而知。其三，要确保国家安全，相对能力比绝对能力更重要，因为安全来源于一个国家与其竞争国家的相对实力。
9 Kenneth Waltz, *Theory of International Politics*, p. 127.
10 想要了解均势政治的相关讨论，请参见 Martin Wight, "The Balance of Power," in Butterfield and Wight, eds., *Diplomatic Investigations* (Cambridge: Harvard University Press, 1966), pp. 149–176; Edward V. Gulick, *Europe's Classical Balance of Power* (New York: W. W. Norton, 1967); Inis L. Claude, Jr., *Power and International Relations* (New York: Random House, 1962), pp. 3–93; Claude, "The Balance of Power Revisited," *Review of International Studies*, Vol. 15 (April 1989), pp. 77–86; Ernst Haas, "The Balance of Power: Prescription, Concept or Propaganda," *World Politics*, Vol. 15, No. 3 (1953), pp. 370–398; Stephen M. Walt, *The Origins of Alliances* (Ithaca: Cornell University Press, 1987); Glenn H. Snyder, *Alliance Politics* (Ithaca: Cornell University Press, 1997); and Michael W. Doyle, *Ways of War and Peace* (New York: W. W. Norton, 1997), chapter five.
11 关于国际关系中倾向于制衡而不是追随的问题，请参见 Walt, *The Origin of Alliances*, pp. 17–33, 263–266.
12 Kenneth Waltz, *Theory of International Politics*, p. 126.
13 Ibid., p. 126.
14 从修昔底德所在时代至今，有必要通过制衡来阻止霸权力量的胜利，一直是现实主义理论的核心观点。这一思想在第一次世界大战之前英国外交部的一份报告中有着令人玩味的陈述："历史表明，威胁到某一国家独立的危险，至少在部分程度上源于军事强大、经济富足、有野心开疆拓土或增强影响的邻国在货币上实现主导……抑制这种政治主导的唯一可能是存在同样强大的敌国，或由几个国家结成防御同盟。这种由武装力量集合实现的均衡在学术上被称为权力均势，它几乎已经成为历史上众所周知的一个英国的长期政策：它会支持一方或另一方以维持均势，在任何时候都会站在最强大的单一国家实施政治独裁的对立面。"引用自 G. P. Gooch and H. Temperly, eds., *British Documents on the Origin of the War*, 1898–1914 (London: H. M. Stationary Office, 1928), Vol. 3, Appendix A, p. 405.
15 Kenneth Waltz, *Theory of International Politics*, p. 15.
16 参见 Michael Doyle, *Empires*, Ithaca: Cornell University Press, 1986.

17 关于霸权和霸权稳定性理论的讨论，请参见 Charles Kindleberger, *The World in Depression, 1929–1939* (Berkeley and Los Angeles: University of California Press, 1973); Stephen Krasner, "State Power and the Structure of International Trade," *World Politics*, Vol. 28, No. 3 (April 1976), pp. 317–347; Robert Gilpin, *US Power and the Multinational Corporation: The Political Economy of Direct Foreign Investment* (New York: Basic Books, 1973); Robert Keohane, "The Theory of Hegemonic Stability and Change in International Economic Regimes, 1967–1977," in O. R. Holsti, R. M. Siverson, and Alexander George, eds., *Change in the International System* (Boulder, Colo.: Westview Press, 1980), pp. 131–362; Susan Strange, "The Persistent Myth of Lost Hegemony," *International Organization*, Vol. 41, No. 4 (Autumn 1987), pp. 551–574; and David P. Rapkin, ed., *World Leadership and Hegemony* (Boulder, Colo.: Lynne Rienner, 1990). For a review of the literature, see David A. Lake, "Leadership, Hegemony, and the International Economy: Naked Emperor or Tattered Monarch with Potential?" *International Studies Quarterly*, Vol. 37, No. 4 (December 1993), pp. 459–489.

18 Robert Gilpin, *War and Change in the World Politics*, pp. 42–43.

19 Robert Gilpin, *War and Change in the World Politics*.

20 对此，乔治·莫德尔斯基（George Modelski）有着另一套理论。他认为，全球的政治体系根据强国的统治而呈现出明显的历史周期。按照他的说法，公元1500年以来有四个国家扮演了领导国或霸权国的角色：16世纪的葡萄牙，17世纪的荷兰，18世纪初期到拿破仑战争时期以及1815年至1945年的英国，1945年之后的美国。莫德尔斯基与吉尔平一样，认为每段霸权统治的终结都源于战争，而战争也会开启一个新的霸权时代。参见 George Modelski, "The Long Cycle of Global Politics and the Nation-State," *Comparative Studies in Society and History*, Vol. 20, No. 2 (April 1978), pp. 214–235; and George Modelski and William R. Thompson, *Leading Sectors and World Powers: The Coevolution of Global Economic and Politics* (Columbia: University of South Carolina Press, 1996). For a survey of the power cycle literature, see Torbjorn L. Knutsen, *The Rise and Fall of World Orders* (Manchester: Manchester University Press, 1999).

21 关于仁慈霸权和胁迫霸权的差别，请参见 "The Limits of Hegemonic Stability Theory," *International Organization*, Vol. 35, No. 4 (Autumn 1985), (1985), pp. 579–614; Bruce Russett, "The Mysterious Case of Vanishing Hegemony: Or Is Mark Twain Really Dead?" *International Organization*, Vol. 39, No. 2 (Spring 1985), pp. 207–231; and Joseph Lepgold, The Declining Hegemon: *The United States and European Defense, 1960–1990* (New York: Praeger, 1990).

22 世界上的大部分国家都有宪法，但宪法本身并不会塑造宪法政治秩序。最近，一份关于东欧宪法经验的研究指出，尽管当时东欧的这些共产主义国家确实拥有宪法章程或文本，"却并不是为了限制权力精英或让他们承担义务。它们几乎与宪法主义的理念毫无瓜葛"。参见 Jon Elster, Claus Offe, and Ulrich K. Preuss, *Institutional Design in Post-Communist Societies: Rebuilding the Ship at Sea* (New York: Cambridge University Press, 1998), p. 63.
23 Stephen D. Krasner, "Compromising Westphalia," *International Security*, Vol. 20, No. 3 (Winter 1995–1996), p. 117.
24 下一章将详细阐述这些环境。
25 Sartori, *Comparative Constitutional Engineering: An Inquiry into Structures, Incentives and Outcomes* (London: Macmillan, 1994), p. 198. Constitutions entail both denials and grants of power. See Samuel H. Beer, *To Make a Nation* (Cambridge: Harvard University Press, 1993), p. 97.
26 See Carl J. Friedrich, *Constitutional Government and Democracy: Theory and Practice in Europe and America* (Boston: Ginn, 1950).
27 关于政权和宪法协议的类型，参见 Alec Stone, "What Is a Supranational Constitution? An Essay in International Relations Theory," *Review of Politics*, Vol. 56, No. 3 (Summer 1994), pp. 441–474.
28 想要了解关于宪法约束的负面特性及其作为制度设计模式的动态的正面意图，请参见 Stephen Holmes, "Precommitment and the Paradox of Democracy," in Holmes, *Passions and Constraint: On the Theory of Liberal Democracy* (Chicago: University of Chicago Press, 1995), pp. 152–177.
29 Samuel Huntington, *Political Order in Changing Societies* (New Haven: Yale University Press, 1968), p. 9.
30 Ibid., p. 11.
31 Bruce Ackerman, We the People: Foundations (Cambridge: Belkap Press of Harvard University Press, 1991), p. 6.
32 Adam Przeworski, *Democracy and the Market* (New York: Cambridge University Press, 1991), p. 36. See also Jon Elster and Rune Slagstad, eds., *Constitutionalism and Democracy* (New York: Cambridge University Press, 1988).
33 越来越多的正式理论文献开始探索宪法在限制国家权力行使上发挥的角色作用。竞争市场和稳定的民主有赖于政体克服"可靠承诺"难题的能力，也就是通过约束性保证让国家统治者或多数派联盟无法利用权力地位攫取财富或压迫少数派，从而建立并维持经济和政治权利体系的能力。在这样的架构下，宪法作为"自我执行的协议"，解决了协调问题，让公民得以管理国家。参见 Barry R. Weingast, "Constitutions as Governance Structures: The Political Foundations of Secure Markets," *Journal of Institutional and Theoretical Economics*, Vol. 149, No. 1 (1993), pp. 287–311; and Douglass C. North and Weingast, "Constitutions and Commitment: The Evolution of the Institutions Governing Public Choice in Seventeenth- Century England," *Journal of Economic History*, Vol. 49, No. 4 (December 1989), pp. 803–832.

34 Arend Lijphart, *The Politics of Accommodation: Pluralism and Democracy in the Netherlands* (Berkeley and Los Angeles: University of California Press, 1968), p. 2. See also Lijphart, *Democracy in Plural Societies: A Comparative Exploration* (New Haven: Yale University Press, 1975).
35 Lijphart, *The Politics of Accommodation*, p. 136.
36 James D. Fearon, "Commitment Problems and the Spread of Ethnic Conflict," in David A. Lake and Donald Rothchild, eds., *The International Spread of Ethnic Conflict: Fear, Diffusion, and Escalation* (Princeton: Princeton University Press, 1998). See also Fearon and David D. Laitin, "Explaining Inter-Ethnic Cooperation," *American Political Science Review*, Vol. 90, No. 4 (December 1996), pp. 715–735.
37 Fearon, "Commitment Problems and the Spread of Ethnic Conflict," p. 118.
38 JosephWeiler, "The Transformation of Europe," *Yale Law Journal*, Vol. 100, No. 8 (June 1991), p. 2407.
39 Taking this view, Robert Dahl argues in regard to constitutional rules in the United States: "to assume that this country remained democratic because of the Constitution seems to me an obvious reversal of the relation; it is much more plausible to suppose that the Constitution has remained because our society is essentially democratic." Dahl, *A Preface to Democratic Theory* (New Haven: Yale University Press, 1956), p. 143. See also Dahl, *On Democracy* (New Haven: Yale University Press, 1998), chapter ten.
40 Huntington, *Political Order in Changing Societies*, p. 21.
41 实际情况下，具有强宪法特征的国际秩序相对而言可能更像是具有弱宪法特征的国内政治秩序。但关键在于，无论是国内政治秩序还是国际政治秩序，其中的宪法主义都各有不同，这些差异可以得到确认和解释。
42 实际上，秩序可能同时呈现出这三种基本类别的特征。
43 参见 Leo Gross, "The Peace of Westphalia, 1648–1948," *American Journal of International Law*, Vol. 42, No. 1 (January 1948), pp. 20–41.
44 参见 Kalevi J. Holsti, *Peace and War: Armed Conflicts and International Order, 1648–1989* (New York: Cambridge University Press, 1991), chapter two.
45 参见 Ibid., p. 25.
46 参见 John Gerard Ruggie, "Territoriality and Beyond: Problematizing Modernity in International Relations," *International Organization*, Vol. 46, No. 1 (Autumn 1993), pp. 139–174.
47 Stephen D. Krasner, "Westphalia and All That," in Judith Goldstein and Robert O. Keohane, eds., *Ideas and Foreign Policy: Beliefs, Institutions, and Political Change* (Ithaca: Cornell University Press, 1993), pp. 235–264.
48 参见 Robert H. Jackson, *Quasi-States: Sovereignty, International Relations, and the Third World* (New York: Cambridge University Press, 1990).

49 要了解与此相关的一项最近研究，请参见 Michael Sheehan, *The Balance of Power: History and Theory* (London:Routledge, 1996).
50 例如，奥根斯基指出了各国可能试图维护权力均势的六种途径，包括武装、夺取领土、建立缓冲区、结成联盟、干涉他国内政、分裂与征服。参见 A.F.K. Organski, *World Politics*, 2nd ed. (New York: Alfred A. Knopf, 1968), p. 267.
51 参见 Mathew S. Anderson, "Eighteenth-Century Theories of Balance of Power," in Ragnhild Hatton and Mathew S. Anderson, eds., *Studies in Diplomatic History: Essays in Memory of David Bayne Horn* (London: Archon Books, 1970), pp. 183–198.
52 Andreas Osiander, T*he States System of Europe, 1640–1990: Peacemaking and the Conditions of International Stability* (London: Oxford University Press, 1994), p. 121.
53 Ibid., p. 175.
54 这些术语来自 Albert Hirschman, *Exit, Voice, and Loyalty* (Cambridge: Harvard University Press, 1970).
55 参见 PaulW. Schroeder, "Alliances, 1815–1945:Weapons of Power and Tools of Management," in Klaus Knorr, ed., *Historical Dimensions of National Security Problems* (Lawrence: University Press of Kansas, 1975), pp. 227–262; and Snyder, Alliance Politics, chapter nine.
56 Schroeder, "Alliances, 1815–1945," p. 230.
57 制度可以对国家施加独立的指示性影响这一假定，将在第三章进行详细讨论。
58 法国对欧洲煤钢联营的支持还受到了更加现实和直接的商业目标的驱动。例如，他们需要进口便宜的德国煤炭来炼钢。欧洲煤钢联营实际取得的政治和经济成效同样广受质疑。请参见 John Gillingham, *Coal, Steel, and the Rebirth of Europe, 1945–1955: The Germans and French from the Ruhr Conflict to Economic Community* (Cambridge: Cambridge University Press, 1991); Alan S. Milward, *The Reconstruction of Western Europe, 1945–1951* (Berkeley and Los Angeles: University of California Press, 1984); Milward, *The European Rescue of the Nation-State* (London: Routledge, 1993); and Andrew Moravcsik, *The Choice for Europe: Social Purpose and State Power from Messina to Maastricht* (Ithaca: Cornell University Press, 1998), chapter two.
59 Frederico G. Manicini, "The Making of a Constitution for Europe," in Robert Keohane and Stanley Hoffmann, eds., *The New European Community* (Boulder, Colo.: Westview Press, 1991), pp. 177–194; Eric Stein, "Lawyers, Judges, and the Making of a Transnational Constitution," *American Journal of International Law*, Vol. 75, No. 1 (January 1981), pp. 1–27; and Joseph Weiler, *The Constitution of Europe* (London: Cambridge University Press, 1999).
60 Mancini, "The Making of a Constitution for Europe," p. 178.
61 Mancini, "The Making of a Constitution for Europe."
62 Carl J. Friedrich, *Constitutional Government and Democrac*y, p. 86.

63 See Joseph M. Grieco, "State Interests and Institutional Rule Trajectories: A Neorealist Interpretation of the Maastricht Treaty and European Economic and Monetary Union," *Security Studies*, Vol. 5, No. 3 (Spring 1996), pp. 261–306.
64 参见 Robert Jervis, *Systems Effects: Complexity in Political and Social Life* (Princeton: Princeton University Press, 1997), pp. 94–98.
65 John Herz, "The Impact of the Technological-Scientific Process on the International System," in Abdul Said, ed., *Theory of International Relations* (Englewood Cliffs, N.J.: Prentice-Hall, 1968), p. 115.
66 Jervis, *System Efects*, p. 95.
67 Ibid., p. 97.
68 Waltz, *Theory of International Politics*, chapter ten.
69 Henry Kissinger, *A World Restored: The Politics of Conservatism in a Revolutionary Age* (New York: Grosset and Dunlop, 1964), pp. 317–318. 汉斯·摩根索（Hans Morgenthau）用更加通俗的语言表达了同样的观点："在均势秩序通过机制的相互影响，让各国接受制衡体系作为努力的共同框架，从而对各国的权力渴望施加约束之前……也就是说，如果这种共识并不存在，或者不再稳固、变得脆弱，例如在始于瓜分波兰、终于拿破仑战争的那段时期，均势秩序就无法实现维护国际稳定和国家独立的功能。" Morgenthau, *Politics among Nations: The Struggle for Power and Peace* (New York: Alfred A. Knopf, 1948), pp. 163–165.
70 在针对这一争论的经典表述中，肯尼斯·华尔兹认为双边系统比多边系统更加稳定，而卡尔·W. 多伊奇（Karl W. Deutsch）和 J. 大卫·辛格（J. David Singer）认为多边系统才更稳定。双方都同意多边秩序拥有更复杂的变量和权力关系，给制衡策略对广大系统施加的影响带来了更多不确定性。而双方的分歧在于，这种不确定性究竟是会更多地导致昏暗，削弱对外政策的稳定性，还是会让各国行动时更加小心谨慎。参见 Waltz, "The Stability of a Bipolar World," Daedalus, Vol. 43, No. 3 (1964), pp. 881–901; Deutsch and Singer, "Multipolar Power Systems and International Stability," *World Politics*, Vol. 16, No. 3 (April 1964), pp. 390–406; Richard Rosecrance, "Bipolarity, Multipolority and the Future," *Journal of Confict Resolution*, Vol. 10, No. 3 (1966), pp.314–327. 要了解这一争论，参见 Jack Levy, "The Polarity of the System and International Stability: An Empirical Analysis," in Alan Ned Sabrosky, ed., *Polarity and War: The Changing Structure of International Conflict* (Boulder, Colo.: Westview, 1985).
71 Gilpin, "The Theory of HegemonicWar," in Robert Rotberg and Theodore Rabb, eds., *The Origins and Prevention of Major Wars* (New York: Cambridge University Press, 1988), p. 16.
72 Gilpin, *War and Change in World Politics*, p. 50
73 大量文献都探究了这个权力转移的过程。参见 Gilpin, *War and Change; Organski, World Politics; Organski and Jack Kugler, The War Ledger* (Chicago: University of Chicago Press, 1980); and Richard Ned Lebow and Barry S. Strauss, eds., *Hegemonic*

Rivalry from Thucydides to the Nuclear Age (Boulder, Colo.: Westview, 1991).
74 See Huntington, *Political Order in Changing Societies*, chapter one.
75 欧盟可能是个例外。

第三章 秩序形成的制度理论

1 主导的形式很多。主导策略的极端运用，可见苏联在第二次世界大战后对东欧的强迫统治。作为这一策略的一部分，苏联人拆卸了被占领的德国的工厂、机械、工业产品，将它们运回本土。斯大林（Stalin）对铁托（Tito）和吉拉斯（Djilas）表示："这场战争与以往不同；占领领土的国家可以强迫它接受自己的社会制度。军队所及之处，即可强加社会制度，没有例外。"参见 Milovan Djilas, *Conversations with Stalin* (New York: Harcourt, Brace & World, 1962), p.81.
2 这里并不是说这三种选择是强国的常规做法。通常来说，所有新兴的战后强国都有意愿利用权力构建一个弱小的次要国家认为合法并参与其中的秩序。即使苏联在 1945 年后与东欧的关系也是如此。苏联最早采取了强迫统治的手段，攫取了短期分配利益，但最终该国还是做出了大量努力来赢得弱小伙伴的效忠，如建立经济互助委员会（COMECON）、签署《华沙条约》（Warsaw Pact）等。类似的，美国 1919 年没有同意《凡尔赛和约》（Versailles Treaty），放弃了构建战后秩序的努力，更多是因为和平进程中无意导致的后果，而非美国的战略决策。这一论点的逻辑在于某些情况下，一些国家比另一些国家更容易构建达成共识的秩序，领导国利用制度克服障碍、达成共识的动机和能力也因为国家和历史时期不同而有所差异。
3 本章采用的模型，是大战后果对各国面临的情势和选择的抽象化简单概括。此举旨在解释战后秩序出现最重要的根本动力为何。战后秩序形成的实际历史情景必然更为复杂，即使对本模型所评述最为完整的具体历史个案而言，也有仍有某些重要方面未能涉及。然而，本模型使得这些个案可以互相比较，也可以对各种变化予以解释和评估。
4 区分合法性秩序和胁迫性秩序，是分析政治体系性质最基本的方式之一。领导国可以通过两种基本方式来确保自己的利益和其他国家的遵从。其一是通过胁迫，即领导国直接运用物质能力，要求其他国家以其所期望的方式在秩序内行事；其二是通过制定规则、建立制度的程序，让弱小的次要国家同意遵守秩序规则。二者的区分可见 G. John Ikenberry, Charles A. Kupchan, "Socialization and Hegemonic Power", *International Organization*, Vol. 44, No.3, Summer 1990, pp. 283-315。迈克尔·曼对此进行了类似区分："务实性接受，即个人因意识到没有其他现实的选择面顺从；规范性接受，即个人将统治阶级的道德期望内化为自己的看法，将自己处于较低地位视为合法。"参见 Michael Mann, "The Social Cohesion of Liberal Democracy", *American Sociological Review*, Vol.35, June 1970,

pp. 423-439。
5 I am using the terms constitutional order (or settlement) and binding institutional order (or settlement) interchangeably.
6 总体而言，该模型关于领导国权力目标的假定基于现实主义。领导国寻求尽可能有效运用权力。它要保护其权力地位，使之延续至将来；在可能的情况下，它也愿意放弃某些短期利益，以换取更大更长远的权力回报。
7 See Ikenberry and Kupchan, "Socialization and Hegemonic Power."
8 This is true even if the leading state has to use more power resources at the outset to obtain agreement on basic rules and institutions, and even if it has to compromise (to some extent) for the sake of agreement on the character of those rules and institutions.
9 Lisa Martin, "The Rational State Choice of Multilateralism," in John Gerard Ruggie, ed., *Multilateralism Matters: The Theory and Praxis of an Institutional Form* (New York: Columbia University Press, 1993), p. 110. This line of analysis builds on institutionalist theory pioneered by Robert Keohane in *After Hegemony: Cooperation and Discord in the World Political Economy* (Princeton: Princeton University Press, 1984).
10 Margaret Levi, *Of Rule and Revenue* (Berkeley and Los Angeles: University of California Press, 1988), p. 32.
11 Terry Moe argues that this same logic is frequently at work when a winning party takes over the reigns of government. "They can fashion structures to insulate their favorable agencies and programs from the future exercise of public authority. In doing so, of course, they will not only be reducing their enemies' opportunities for future control; they will be reducing their own opportunities as well. But this is often a reasonable price to pay, given the alternative. And because they get to go first, they are really not giving up control—they are choosing to exercise a greater measure of it ex ante, through insulated structures that, once locked in, predispose the agency to do the right things. What they are moving away from—because it is dangerous—is the kind of ongoing hierarchical control that is exercised through the discretionary decisions of public authority over time." Moe, "Political Institutions: The Neglected Side of the Story," *Journal of Law, Economics, and Organization*, Vol. 6 (Special Issue 1990), pp. 227–228.
12 这些关于国家实力制度化保护的假设实际上是变量，它们存在与否，影响着宪法安排的可能性和吸引力。如果一个国家不认为其实力下降或陷入危险，它就不会在意是否需要将其地位稳固在宪法秩序之中。相反，如果领导国预见到自身实力下降，冲突恐将加剧，它就有更强的动机来提供宪法安排。处于衰落之中的霸权国所考虑的变化，可以参见 Duncan Snidal, "The Limits of Hegemonic Stability Theory"，*International Organization*, Vol. 39, No. 4, Autumn 1985, pp. 579-614。

13 The classic statement of these state choices is Arnold Wolfers's distinction between "possession" and "milieu" foreign policy goals. See Wolfers, "The Goals of Foreign Policy," *Discord and Collaboration: Essays on International Politics* (Baltimore: Johns Hopkins University Press, 1962), pp. 73–74.
14 The claim is that institutions can have an independent ordering impact on their environment even after the disappearance or decline of the actors that created them. See James G. March and Johan P. Olsen, *Discovering Institutions: The Organizational Basis of Politics* (New York: Free Press, 1989). Regarding international regimes, see Stephen Krasner, *International Regimes* (Ithaca: Cornell University Press, 1982); and Oran Young, *International Cooperation: Building Regimes for Natural Resources and the Environment* (Ithaca: Cornell University Press, 1989), chapter three.
15 领导国越有信心通过建立的制度将自身利益延续到未来,就越愿意放弃某些短期利益,以符合其长远战略的需要。
16 The processes of feedback and increasing returns to institutions are themes developed later in the chapter.
17 阿尔伯特·赫希曼分析20世纪30年代德国对东欧的贸易政策时,得出了类似的结论。赫希曼认为,作为区域性领导国的德国向东欧小国提供了慷慨的贸易政策,以加深它们对德国的依赖性。这些新的经济关系逐渐培育了各国对德国更为友好和顺从的态度。乔纳森·柯什纳(Jonathan Kirshner)也注意到:"在这样的安排之下,小国显然在经济上获益,由于试图扩大影响力的大国公开做出慷慨的让步,它们往往收益颇丰。非对称的经济关系反而增加了相互合作的可能性。"
18 See Stephen D. Krasner, "Global Communications and National Power: Life on the Pareto Frontier," *World Politics*, Vol. 43 (April 1991), pp. 336–366.
19 See Young, "Political Leadership and Regime Formation: On the Development of Institutions in International Society," *International Organization*, Vol. 45, No. 3 (Summer 1991), p. 282.
20 For a useful discussion of the distinction between substantive and institutional agreements, see Adam Przeworski, "Democracy as a Contingent Outcome of Conflicts," in Jon Elster and Rune Stagstad, eds., *Constitutionalism and Democracy* (New York: Cambridge University Press, 1988), pp. 64–70.21
21 亚当·普沃斯基提出了这一观点:"即使相关政治力量存在利益冲突和观念冲突,在制度建设上依旧可能达成协议,因为制度创造了实现具体利益的机会。"
22 Kenneth A. Shepsle and Barry R.Weingast, "Structure-Induced Equilibrium and Legislative Choice," *Public Choice*, Vol. 37, No. 3 (1981), pp. 503–519.
23 Riker, "Implications from the Disequilbrium of Majority Rule for the Study of Institutions," *American Political Science Review*, Vol. 74, No. 2 (June 1980), pp.

444–445

24 The observation has been made, for example, that the United States is better organized than Japan to operate within far-flung multilateral institutions, whereas Japan finds itself better able to operate within formal bilateral relations. Chalmers Johnson, lecture at University of Pennsylvania, 2 April 1996. The implication is that, as a result, their incentives to create and operate within multilateral institutions will differ because of these different internal organizational characteristics and orientations.

25 See Przeworski, "Democracy as a Contingent Outcome of Conflict."

26 其后，我们将从这一观点推测，相较非民主国家，民主国家更适于在制度化秩序中运作，1945年后美国促成的战后秩序尤其与西方民主政体相适宜。不仅民主国家更能够建立降低权力回报的制度，而且民主政体中的个人也更有经验和能力在该制度内有效运作。

27 Peter F. Cowhey, "Elect Locally—Order Globally: Domestic Politics and Multilateral Cooperation," in John Gerard Ruggie, ed., *Multilateralism Matters: The Theory and Praxis of an Institutional Form* (New York: Columbia University Press, 1993), p. 158.

28 Elster, "Introduction," in Jon Elster and Rune Slagstad, eds., *Constitutionalism and Democracy* (New York: Cambridge University Press, 1988), p. 15.

29 In terms of the business firm analogy, this would be equivalent to inviting shareholders to sit on the board of directors of the firm.

30 For a discussion of how formal institutions provide ways for powerful states to convey credible restraint to weaker states, see Kenneth W. Abbott and Duncan Snidal, "Why States Act through Formal International Organizations," *Journal of Conflict Resolution*, Vol. 42, No. 1 (February 1998), pp. 3–32.

31 Joseph M. Grieco, "State Interests and Institutional Rule Trajectories: A Neorealist Interpretation of the Maastricht Treaty and European Economic and Monetary Union," *Security Studies*, Vol. 5, No. 3 (Spring 1996), p. 288. See also Grieco, "Understanding the Problem of International Cooperation: The Limits of Neoliberalism and the Future of Realist Theory," in David A. Baldwin, ed., *Neorealism and Neoliberalism: The Contemporary Debate* (New York: Columbia University Press, 1993), pp. 331–334; and Grieco, "The Maastricht Treaty, Economic and Monetary Union and the Neo-Realist Research Programme," *Review of International Studies*, Vol. 21 (1995), pp. 21–40. The classic formulation of this logic is Albert Hirschman, Exit, Voice and Loyalty—Responses to Decline in Firms, *Organizations, and States* (Cambridge: Harvard University Press, 1970).

32 Daniel Deudney, "The Philadelphian System: Sovereignty, Arms Control, and Balance of Power in the American States-Union," *International Organization*, Vol. 49 (Spring 1995),pp. 191–228; and "Binding Sovereigns: Authorities, Structures, and Geopolitics in Philadelphian Systems," in Thomas Biersteker and Cynthia Weber,

eds., *State Sovereignty as Social Construct* (Cambridge: Cambridge University Press, 1996), esp. pp. 213–216.
33 See Paul W. Schroeder, "Alliances, 1815–1945:Weapons of Power and Tools of Management," in Klaus Knorr, ed., *Historical Dimensions of National Security Problems* (Lawrence: University Press of Kansas, 1975), pp. 227–262. As Schroeder notes, the internal constraint function of alliances was earlier observed by George Liska, *Nations in Alliance: The Limits of Interdependence* (Baltimore: Johns Hopkins University Press, 1967), pp. 9–11 and 20–21; and Liska, *Alliances and the Third World* (Baltimore: Johns Hopkins University Press, 1968), pp. 24–35. For an overview of alliance theory, see Stephen M. Walt, "Why Alliances Endure or Collapse," *Survival*, Vol. 39, No. 1 (Spring 1997), pp. 156–179.
34 Schroeder, "Alliances, 1815–1945," p. 230.
35 For a discussion of this dynamic, see Patricia A. Weitsman, "Intimate Enemies: The Politics of Peacetime Alliances," *Security Studies*, Vol. 7, No. 1 (Autumn 1997), pp. 156–192. For a formal analysis of intra-alliance dynamics under conditions of inequality, see James Morrow, "Alliances and Asymmetry: An Alternative to the Capability Aggregation Model of Alliances," *American Journal of Political Science*, Vol. 35, No. 4 (November 1991), pp. 904–933. Japanese-American security binding is explored in Peter J. Katzenstein and Yutaka Tsujinka, " 'Bullying,' 'Buying,' and 'Binding': US-Japanese Transnational Relations and Domestic Structures," in Thomas Risse-Kappen, ed., *Bringing Transnational Relations Back In: Non-State Actors, Domestic Structures and International Institutions* (New York: Cambridge University Press, 1995), pp. 79–111.
36 The argument is not that these binding and locking constraints on states are ever absolute, only that if they operate at least to some extent, the model of the constitutional bargain presented earlier has some viability.
37 On the "logic of appropriateness" and the "logic of consequences," see March and Olsen, *Discovering Institutions*; and March and Olsen, "The Institutional Dynamics of International Political Orders," in Peter J. Katzenstein, Robert O. Keohane, and Stephen D. Krasner, eds., *Exploration and Contestation in the Study of World Politics* (Cambridge: MIT Press, 1999), pp. 303–329
38 Gerhard von Glahn, *Law among Nations*, 4th edition (New York: Macmillan, 1981), p. 3.
39 Fredrick Sherwood Dunn, "International Legisalation," *Political Science Quarterly*, Vol. 17, No. 4 (December 1927), p. 585. For a general discussion of the sources of international legal authority, see Anthony Clark Arend, "Do Legal Rules Matter? International Law and International Politics," *Virginia Journal of International Law*, Vol. 38, No. 2 (Winter 1998), pp. 107–153.
40 Treaties and international agreements often require supplemental implementing

legislation that further extends and integrates the institutional agreement into the domestic political system.

41 这就是罗伯特·基欧汉和约瑟夫·奈(Joseph Nye)在其"国际组织"模式中试图探寻的动力。"国际组织可以指宽泛意义的网络、规范和制度,包括与特定国际机制相关联的规范,它是一个比国际机制更为宽泛的概念范畴,因为它同时包含着各种类型的精英网络和相关的正式制度。"他们进而指出:"国际组织模式假定,网络、规范和制度一旦建立起来,就难以根除,或是做出重大调整。如果与既有网络或制度中的既定行为模式发生冲突,即使总体上或在某问题领域内具有超强能力的国家政府也难以实现其意愿。"

42 See Grieco, "State Interests and Institutional Rule Trajectories."

43 See Peter Haas, ed., *Knowledge, Power, and International Policy Coordination*, special issue of *International Organization*, Vol. 46, No. 1 (Winter 1992).

44 The legal rational sources of bureaucratic power identified by Max Weber are also sources of autonomy and authority within intergovernmental organizations. See H. H. Gerth and C.Wright Mills, eds., *From MaxWeber: Essays in Sociology* (New York: Oxford University Press, 1978).

45 See Kathryn Sikkink, "Human Rights, Principled Issue-Networks and Sovereignty in Latin Ameica," *International Organization*, Vol. 47 (Summer 1993), pp. 411–441; Audie Klotz, *Norms in International Relations: The Struggle against Apartheid* (Ithaca: Cornell University Press, 1995); Andrew Moravcsik, "Explaining International Human Rights Regimes: Liberal Theory andWestern Europe," *European Journal of International Relations*, Vol. 1 (June 1995), pp. 157–189; and Thomas Risse, Stephen C. Ropp, and Kathryn Sikkink, eds., *The Power of Human Rights: International Norms and Domestic Change* (New York: Cambridge University Press, 1999).

46 Hans Muller, "The Internationalization of Principles, Norms, and Rules by Governments: The Case of Security Regimes," in Volker Rittberger with the assistance of Peter Mayer, ed., *Regime Theory and International Relations* (Oxford: Clarendon Press, 1993), pp. 361–388; and John Duffield, "International Regimes and Alliance Behavior: Explaining NATO Conventional Force Levels," *International Organization*, Vol. 46 (Autumn 1992), pp. 819–855.

47 There is a large domestic structures literature that explores how state structures and political institutions have these sorts of impacts. See Peter Evans, et al., eds., *Bringing the State Back In* (New York: Cambridge University Press, 1985); Peter J. Katzenstein, ed., *Between Power and Plenty* (Madison: University of Wisconsin Press, 1978); Peter Hall, *Governing the Economy: The Politics of State Intervention in Britain and France* (New York: Oxford University Press, 1986); Peter Gourevitch, *Politics in Hard Times* (Ithaca: Cornell University Press, 1986); Peter Evans,

Embedded Autonomy: States and Industrial Transformation (Princeton: Princeton University Press, 1995). For an overview, see Kathleen Thelen and Sven Steinmo, "Historical Institutionalism in Comparative Politics," in Steinmo, Thelen, and Frank Longstreth, eds., *Structuring Politics: Historical Institutionalism in Comparative Perspective* (New York: Cambridge University Press, 1992), pp. 1–32.

48 例如,作者在第七章中指出,美国寻求与墨西哥建立北美自由贸易区,部分原因是试图稳固并锁定墨西哥的自由经济改革路径。这一预期的制度性协议未经签署就发挥了影响:墨西哥要成为北美自由贸易区伙伴国,就需要事先进行特殊的政策和机构改革。协议签署之后,北美自由贸易区也加强了改革联盟,造就了促进与美国经济一体化的新经济利益集团,从而巩固了自由经济政策。制度性协议以此使得某些特定政策倾向和承诺更有可能持续下去。

49 罗伯特·鲍威尔(Robert Powell)认为,没有战争威胁,各国更有可能按照绝对收益来核算自己的利益。宪法承诺实际上是联合承诺,在处理相互关系时避免威胁或诉诸战争。参见 Robert Powell, "Absolute and Relative Gains in International Relations Theory," *American Political Science Review*, Vol. 85, No.4, December 1991, pp. 1303–1320。

50 因此,制度性约束就如同婚姻。两个独立的个人意识到他们的关系最终会产生冲突与不和,所以他们将彼此约束在法律框架内,到不可避免的时刻到来之时,这一法律框架会使得解除婚姻关系困难许多。正如乔恩·艾尔斯特指出的:"婚姻提高了分手的成本,施加了法律性的迟延,使得夫妇更少可能一时冲动解除关系。"婚姻的法律协议提高了对该关系延续下去的预期,从而增加了投资于将来,如生养后代、购置房产等的意愿。反过来,这些步骤也加强了夫妇的关系,从面巩固了婚姻。

51 理性选择理论和制度社会学理论对制度的路径依赖提供了理论解释,二者均强调收益递增现象。

52 On sunk costs, see Arthur L. Stinchcombe, *Constructing Social Theories* (New York: Harcourt, Brace and World, 1968), pp. 108–118. The phenomenon of sunk costs means that the maintenance of an international institution will be easier than building a new institution, even when the hypothetical new institution may more closely accord with state interests. As one study indicates, "the high costs of regime building help existing regimes to persist." Sean Lynn-Jones, "The Incidents at Sea Agreement," in Alexander L. George, Philip J. Dallin, and Alexander Dallin, eds., *U.S.-Soviet Security Cooperation: Achievement, Failures, Lessons* (Oxford: Oxford University Press, 1988), pp. 498–499.

53 North, *Institutions, Institutional Change and Economic Performance* (New York: Cambridge University Press, 1990), p. 95. For discussions of path dependency arguments and their implications, see Stephen Krasner, "Approaches to the State: Conceptions and Historical Dynamics," *Comparative Politics*, Vol. 16 (January

1984); and Paul Pierson, "When Effect Becomes Cause: Policy Feedback and Political Change," *World Politics*, Vol. 45, No. 4 (July 1993), pp. 595–628. For a survey of the literature of path dependency, see Stephen K. Sanderson, *Social Evolutionism: A Critical History* (London: Basil Blackwell, 1990).

54 See W. Brian Arthur, "Positive Feedbacks in the Economy," *Scientific American* Vol. 262, No. 2 (February 1990), pp. 92–99. Reprinted in Arthur, *Increasing Returns and Path Dependence in the Economy* (Ann Arbor: University of Michigan Press, 1995), pp. 1–12.

55 Arthur, "Competing Technologies, Increasing Returns, and Lock-In by Historical Small Events."

56 This notion of breakpoint or critical juncture is not developed in the increasing returns literature, but it is implicit in the argument, and it is very important for understanding the path dependency of particular types of international order. For a survey of path-dependent and increasing-returns logic as it relates to political systems, see Paul Pierson, "Path Dependency, Increasing Returns, and the Study of Politics," unpublished paper, Harvard University, 1996.

57 特定的战后制度事实上具有适应性，能够适应内在变化和改革，这也增强了既有制度在面对潜在对手时的成本优势。例如，1945年后建立的布雷顿森林体系在战后发生了相当大的变革，以应对其职能的变化，适应各国对自身利益追求的压力。既有制度的适应能力使得其他制度更难以完全取代它们，这反过来又加强了战后国际秩序的稳定性和连续性。

58 实力差距的变化也很关键。领导国越认为自身的优势难以持久，就越倾向于通过单方面主导的方式寻求利益。

59 See Appendix Two for a fuller presentation of relevant military and economic data.

60 See Paul Kennedy, *The Rise and Fall of the Great Powers: Economic Change and Military Conflict from 1500 to 2000* (New York: Random House, 1987), chapter four.

61 制度性约束战略的问题在于，它们使各国潜在地暴露于其他国家的机会主义行为之下。领导国要限制自己权力的行使，就必须确信次要国家不会对此妄加利用；次要国家则必须相信自身不会被领导国所主导或抛弃。对关注自身利益的各国而言，同意在约束制度内追求国家利益，就必须传递遵守承诺的意图。它们必须确信约束性制度确实能够发挥约束作用。当然，新现实主义者认为这样的保证不足以确保长远性的制度化合作。他们坚信，在无政府状态之下，如果国家易于遭受欺骗，或给其他国家提供获得相对收益的机会，就不会愿意寻求达成最终相互获益的协议。在一个无政府状态的自助体系里，国家寻求制度化合作会面临巨大障碍，因为无政府状态会导致明显的相互依赖和差异性，也会使各国陷入脆弱境地。

62 For a survey of arguments in this area, see Kurt Taylor Gaubatz, "Democratic States and Commitment in International Relations," *International Organization*, Vol. 50,

No. 1 (Winter 1996), pp. 109–139. See also Charles Lipson, "Reliable Partners: The 'Promising Advantage' of Democracies as an Explanation of Peace," Unpublished paper, University of Chicago, 1998.

63 For a formal exploration of the relationship between external commitments and internal political costs, see James Fearon's work on domestic audience costs. The argument is that the signals that leaders send to other actors are more credible when those signals bear domestic political costs. See Fearon, "Domestic Political Audiences and the Escalation of International Disputes," *American Political Science Review*, Vol. 88 (September 1994), pp. 577–592.

64 Other nations will be more willing to enter into an agreement that they know will be maintained. Referring to the openness of American democracy, Michael Mastanduno argues, "the transparency of the United States political system helps to increase the prospects for enduring international cooperation." Mastanduno, "The United States Political System and International Leadership: A 'Decidedly Inferior' Form of Government," in G. John Ikenberry, *American Foreign Policy: Theoretical Essays*, 2nd ed. (New York: HarperCollins, 1996), p. 343. See also Peter Cowhey, "Domestic Institutions and the Credibility of International Commitments: Japan and the United States," *International Organization*, Vol. 47, No. 2 (Spring 1993), pp. 299–326.

65 In this sense, information about intentions and commitments flows in both directions. Democracies expose themselves more fully to other states than do nondemocracies, and their accessible institutions also allow them to absorb more information on the policies and motivations of other states.

66 See Daniel Deudney and G. John Ikenberry, "The Nature and Sources of Liberal International Order," *Review of International Studies*, Vol. 25 (April 1999), pp. 179–196.

67 相比非民主国家，在一群民主国家进行互动时，开放、分权、可渗透的性质促进了更广泛的相互渗透。尼尔·斯梅尔塞（Neil Smelser）将这一情景描述为"结构性传导"，即社会结构允许乃至鼓励各种组织建立相互关联。参见 Neil Smelser, *Theory of Collective Behavior*, New York: Free Press, 1962。

68 This term is introduced in Daniel Deudney and G. John Ikenberry, "Liberal Competence: The Performance of Democracies in Great Power Balancing," unpublished paper, 1994.

69 See Cowhey, "Elect Locally—Order Globally."

70 The historical cases are used to assess the explanatory capacity of the institutional model's hypotheses in three ways: through process tracing, each case is examined to see the impact of the major variables on the institutional strategy of the leading state and the character of the order that followed; through comparisons between the three major cases for variations in the major variables and outcomes; and through

an examination of American policy and institutional relations among the major Western states after the Cold War. The sharp shifts in the international distribution of power after 1991—ending the Soviet threat and enhancing American preponderance—provides an opportunity to assess the claims about the institutional bases of the 1945 settlement.

第四章 1815 年战后安排

1 学者们在这一秩序延续多久的问题上争论不休,有的学者认为该秩序在 19 世纪 20 年代早期或中期就衰落或不复存在了。See Inis Claude, Jr., *Swords into Plowshares* (New York: Random House, 1956); F. H. Hinsley, *Power and the Pursuit of Peace* (Cambridge: Cambridge University Press, 1963); and Harold Nicolson, *The Congress of Vienna: A Study in Allied Unity: 1812–1822* (New York: Viking, 1961 edition). Others argue that it lasted until the Crimean war (1854–1856) or untilWorldWar I. See PaulW. Schroeder, *Austria, Great Britain, and the CrimeanWar: The Destruction of the European Concert* (Ithaca: Cornell University Press, 1972); Gordon A. Craig and Alexander L. George, *Force and Statecraft* (New York: Oxford University Press, 1983); and Kal J. Holsti, "Governance without Government: Polyarchy in Nineteenth-Century European International Politics," in James N. Rosenau and Ernst-Otto Czempiel, ed., *Governance without Government: Order and Change inWorld Politics* (New York: Cambridge University Press, 1992), pp. 30–57.

2 Scholars have long debated the Vienna settlement's logic and significance, particularly the issue of whether the concert system constituted simply a modification and refinement of the balance of power or a much more fundamental departure from the balance. See the debate in the *American History Review* forum, centered around Paul W. Schroeder, "Did the Vienna Settlement Rest on a Balance of Power?" *American History Review*, Vol. 97, No. 3 (June 1992), pp. 683–706. The leading view of the Vienna settlement has been that it was fundamentally a reestablishment of the balance of power. As Edward Gulick argues: "When the time came to discuss preliminary plans for peace, the statesmen flew as straight as bees toward the hive of balance of power. The state system was to be restored; Prussia was to be increased in order to stabilize north-central Europe; and France was to be reduced to a size compatible with the secure independence of other states." Gulick, *Europe's Classical Balance of Power* (Ithaca: Cornell University Press, 1955), p. 121. The balance-of-power system after 1815 might not have been as unvarnished as in the eighteenth century, but its fundamentals were the same. Others have argued that the balance of power was refined and socialized in Vienna; the operation of balance was more self-conscious and rooted in a mutual recognition of the necessities and virtues of "equilibrium" among the

European powers. See Henry Kissinger, *A World Restored:Metternich, Castlereagh and the Problems of Peace, 1812–1822* (Boston: Houghton Mifflin, 1973). Others have gone still further and argued that the Vienna settlement constituted a more fundamental break with older forms of European balance-of-power politics. In this view, Vienna represented the rejection of the classical balance in favor of a quasi-institutionalized concert system of great-power cooperation. See Charles A. Kupchan and Clifford A. Kupchan, "Concerts, Collective Security, and the Future of Europe," *International Security*, Vol. 16, No. 1 (Summer 1991), pp. 114–161; Robert Jervis, "Security Regimes," *International Organization*, Vol. 36, No. 2 (Spring 1982), pp. 173–194; Jervis, "From Balance to Concert: A Study of International Security Cooperation," *World Politics,* Vol. 38, No. 1 (October 1985), pp. 58–79; Richard Elrod, "The Concert of Europe: A Fresh Look at an International System," *World Politics*, Vol. 28, No. 2 (January 1976), pp. 159–174; and Paul Gordon Lauren, "Crisis Prevention in Nineteenth-Century Diplomacy," in Alexander George, ed., *Managing U.S.-Soviet Rivalry: Problems of Crisis Prevention* (Boulder, Colo.:Westview, 1983), pp. 31–64. Building on this view, the historian Paul Schroeder has led a reconsideration of the sources of order in post-Napoleonic Europe that emphasizes the transformations in the institutions and practices of European security. In this view, the settlement did not rest only (or even fundamentally) on the balance of power but was built on a mix of power and institutional constraint arrangements. See Paul W. Schroeder, *The Transformation of European Politics, 1763–1848* (Oxford: Oxford University Press, 1994).

3 正如一位学者指出的："维也纳和会最重要的意义在于，它第一次有意识地策划了国际体系的创立，而不仅仅关注领土处置的明确性质。" Richard Langhorne, "Reflections on the Significance of the Congress of Vienna," *Review of International Studies*, Vol. 12, No. 4 (October 1986), p. 314.

4 Britain does not appear to have given up much in the way of short-term gains in exchange for the institutional cooperation of the other European states. The institutional bargain was more specifically an agreement by Britain and the other major states to restrain the arbitrary use of power in territorial disputes, made credible by alliance and consultation mechanisms.

5 Charles Webster, *The Congress of Vienna, 1814–1815* (reprint, New York: Barnes and Noble, 1963), p. 45. First published by the British Foreign Office, 1919.

6 Quoted in Andreas Osiander, *The States System of Europe, 1640–1990* (Oxford: Clarendon Press, 1994), pp. 176–177.3

7 Langhorne, "Reflections on the Significance of the Congress of Vienna," p. 315.

8 Schroeder argues that the zenith of Napoleon's empire was 1809, because all the subsequent annexations and campaigns served to undermine it. Schroeder, *The Transformation of European Politics*, p. 371.

9 Ibid., p. 501.
10 See F. R. Bridge and Roger Bullen, *The Great Powers and the European State System, 1815–1914* (London: Longman, 1980), p. 7.
11 Charles Webster, *Foreign Policy of Castlereagh, 1812–1815* (London: G. Bell and Sons, 1950), p. 3
12 Paul Kennedy, *The Rise and Fall of the Great Powers: Economic Change and Military Conflict from 1500 to 2000* (New York: Random House, 1987), pp. 151–158.
13 See Appendix Two.
14 P. Bairoch, "International Industrialization Levels from 1750 to 1980," *Journal of European Economic History*, Vol. 11, No. 2 (Fall 1982), p. 291.
15 Quoted in Nicolson, *The Congress of Vienna*, p. 128.
16 Osiander, *The States System of Europe*, pp. 178–179.
17 Schroeder, *The Political Transformation of Europe*, p. 309.
18 These comparisons are stressed by Paul Schroeder, "Did the Vienna Settlement Rest on a Balance of Power?" pp. 686–690. Schroeder makes the strongest case in the historical literature that the post-Napoleonic period was dominated by British and Russian "pursuit of hegemony," although often under the guise of balance-of-power rhetoric.
19 Ibid., p. 687.
20 "Official Communication made to the Russian Ambassador at London," 19 January 1805. Text in Charles Webster, ed., *British Diplomacy, 1813–1815: Select Documents Dealing with the Reconstruction of Europe* (London: G. Bell and Sons, 1921), Appendix 1, p. 390.
21 Ibid.
22 Schroeder, *The Transformation of European Politics*, p. 309.
23 Quoted in Nicolson, *The Congress of Europe*, p. 155.
24 Castlereagh to Wellington, 25 October 1814. Reprinted in Charles Webster, ed., *British Diplomacy*, 1813–1815, p. 217.
25 Quoted in Osiander, *The States System of Europe*, p. 175.
26 Letter No. 1, Secret and Confidential, from Castlereagh (Paris) to Clancarty (Frankfurt), 5 November 1815. Quoted in Lauren, "Crisis Prevention in Nineteenth-Century Diplomacy," p. 32.
27 Schroeder, *The Transformation of European Politics*, p. 475.
28 Memorandum of Cabinet, 26 December 1813. Reprinted in Webster, ed., *British Diplomacy, 1813–1815*, pp. 123–128.
29 Webster, *The Congress of Vienna*, p. 33.
30 Quoted ibid., p. 36.
31 Ibid.

32 Webster, *The Foreign Policy of Castlereagh*, 1812–1815, p. 160.
33 Ibid.
34 Webster, *The Congress of Vienna*, pp. 21–22.
35 As Webster argues: "It had neither military nor diplomatic unity. It had neither decided to overthrow Napoleon nor devised any method either of obtaining peace or of prosecuting war. The task of reconciling the differences of the Allies, of binding them closer together, of creating machinery by which they could act in unison against Napoleon, and of providing some plan by which Europe could be reorganized so as to obtain a period of stability after a generation of warfare, was largely the work of Great Britain, and more especially of her Minister of Foreign Affairs, Lord Castlereagh." Ibid., p. 29.
36 保罗·施罗德指出，英国向其他国家提供的贡献和补贴超过了此前所有战争之和，英国自身的军事开支也超过此前所有战争之和。相较而言，英国在拿破仑战争期间的开支和人员伤亡超过了第一次世界大战带来的损失。
37 Webster, *The Foreign Policy of Castlereagh, 1812–1815*, pp. 162–163.
38 See Nicolson, The Congress of Vienna, pp. 58–59. The best discussion of British subsidy policy during the war is John M. Sherwig, *Guineas and Gunpowder: British Foreign Aid in the Wars with France, 1793–1815* (Cambridge: Harvard University Press, 1969).
39 See Webster, *The Foreign Policy of Castlereagh*, 1812–1815, p. 162.
40 下文我们会看到，美国在第二次世界大战期间处于同样的地位。
41 See Webster, *The Congress of Vienna*, p. 43.
42 Quoted ibid., p. 49.
43 Signed on 9 March 1814.
44 Webster, *British Diplomacy*, 1813–1815, pp. 138–161.
45 Castlereagh to Liverpool, 10 March 1814. Quoted in Webster, *The Congress of Vienna*, p. 51.
46 Schroeder, *The Transformation of European Politics*, p. 501.
47 Sherwig, *Guineas and Gunpowder*, chapter fourteen.
48 Webster, *The Congress of Vienna*, pp. 50–51.
49 12 October 1814. Quoted in Osiander, *The States System of Europe*, pp. 176–177.
50 欧洲大陆各国愿意放弃荷兰的殖民地，以彰显自己的克制，也是战略约束的体现应。卡斯尔雷在维也纳和会上指出，他依旧对获得荷兰的殖民地心存疑虑："我确信，我们在大陆上的名声是我国力量、权力和信任的体现，这比获得任何殖民地都更具有真实价值。"
51 Schroeder, *The Transformation of European Politics*, p. 489.
52 Ibid., p. 490.
53 Alexander proposed in 1804 that at the end of the war, "after having attached the

nations to their governments by making these incapable of acting except in the greatest interest of their subjects," and European governments must "fix the relations of the states among each other on more precise rules, such as it will be in the interest of the nations to respect." The tsar's memorandum of 11 September 1804 is quoted in F. H. Hinsley, *Power and the Pursuit of Peace*, p. 193.

54 "Official Communication made to the Russian Ambassador at London," 19 January 1805, in Webster, ed. *British Diplomacy, 1813–1815*, p. 390.

55 Ibid., p. 393. For a discussion of this 1805 memo and the eventual Concert of Europe, see Nicolson, *The Congress of Vienna*, pp. 54–57; and Rene Albrecht-Carrie, *The Concert of Europe, 1815–1914* (New York: Harper & Row, 1968), p. 28.

56 There is some controversy among historians as to who precisely authored the famous 1805 dispatch that shaped Viscount Castlereagh's subsequent proposals for the congress system. Edward Ingram ascribes the intellectual and strategic origins of the plan to Lord Mulgrave, the newly appointed foreign secretary, who responded to Pitt's invitation on 14 December 1804 to his colleagues for suggestions about the goals for which a new coalition should fight. Musgrave's ideas on the territorial settlement and the reconstruction of the states of Europe found their way into the 1805 memorandum. See Ingram, *In Defence of British India: Great Britain in the Middle East, 1775–1842* (London: Frank Cass, 1984), pp. 103–114. On the question of how to devise a system of security against future aggression, Lord Grenville, another member of the cabinet, appears to have been influential, arguing as early as 1798 for a "union of the Great Powers" as a mechanism to insure the establishment of a general peace. See John M. Sherwig, "Lord Grenville's Plan for a Concert of Europe, 1797–1799," *Journal of Modern History*, Vol. 34, No. 3 (September 1962), pp. 284–293. Pitt himself, not possessed with grand strategic or political ideas, was a practical politician who in this period was reacting to powerful domestic pressures and attempting to deal with a difficult potential ally in Russia. Personal correspondence with Paul Schroeder, 30 April 1999.

57 See Webster, *British Diplomacy, 1813–1815*, pp. 19–29.

58 Robert E. Osgood, *Alliances and American Foreign Policy* (Baltimore: Johns Hopkins Press, 1968), p. 22.

59 Schroeder, "Alliances, 1815–1945: Weapons of Power and Tools of Management," in Klaus Knorr, ed., *Historical Dimensions of National Security Problems* (Lawerence: Regents Press of Kansas, 1976), p. 230.

60 Ibid., p. 231.

61 Osiander, *The States System of Europe*, p. 234. Emphasis in original.

62 See Gulick, *Europe's Classical Balance of Power*, and Webster, *The Foreign Policy of Castlereagh, 1815–1822*.

63 Schroeder, "Alliances, 1815–1945: Weapons of Power and Tools of Management," p. 232.
64 Webster, *The Foreign Policy of Castlereagh*, 1812–1815, p. 207.
65 Ibid., p. 206.
66 秩序最好通过大国对权利和责任的确信来维系,这并非拿破仑战争期间提出的新理念,但却在此期间明确总结出来,进而成为战后安排协议的组成部分。
67 See Osiander, *The States System of Europe*, pp. 232–239.
68 Langhorne, "Reflections on the Significance of the Congress of Vienna," p. 318.
69 Stadion reported to Metternich from Chatillon that "Lord Castlereagh " appeared decided ...to treat of the objects which cause his return only in conferences of the four ministers. Webster, *The Foreign Policy of Castlereagh, 1812–1815*, pp. 212–213.
70 Richard Langhorne, "The Development of International Conferences, 1648–1830," *Studies in History and Politics*, Vol. 2, No. 2 (1981–1982), p. 77.
71 Webster, *The Foreign Policy of Castlereagh, 1812–1815*, p. 199.35
72 Quoted ibid., p. 209.
73 Article V of Treaty of Chaumont, 1 March 1814. See Edward Hertslet, *The Map of Europe by Treaty* (London, 1875), Vol. 3, pp. 2,043–2,048.
74 See Article 32 of the first Treaty of Paris, 30 March 1814. Ibid., Vol. 1, pp. 1–17.
75 This was the Treaty of Defensive Alliance that was signed by the Four Powers on the same day that they signed the Second Peace of Paris. Text ibid., pp. 372–375.
76 Article VI read: "To facilitate and to secure the execution of the present Treaty, and to consolidate the connections which at the moment so closely unite the Four Sovereigns for the happiness of the world, the High Contracting Parties have agreed to renew their meetings at fixed periods, either under the immediate auspices of the sovereigns themselves, or by their respective Ministers, for the purpose of consulting upon their common interests, and for the consideration of the measures which at each of these periods shall be considered the most salutary for the repose and prosperity of Nations, and for the maintenance of the Peace of Europe." Ibid., p. 375.
77 Langhorne, "The Development of International Conferences, 1648–1830," p. 85.
78 Fredrick Sherwood Dunn, "International Legislation," *Political Science* Quarterly, Vol. 42, No. 4 (December 1927), p. 578.
79 Viscount Castlereagh, *Correspondence, Dispatches and Other Papers*, 12 vols., edited by his brother, the Marquess of Londonderry (London: John Murray, 1848–1853), Vol. 12, p. 54.
80 The novel character of these restraining institutions was noted by Friedrich von Gentz in 1818. The system established in Vienna was "unheard of in the history of the world. The principle of equilibrium or, rather, counterweights formed by particular alliances—the principle which has governed, and too often troubled and engulfed,

Europe for 3 centuries—has been succeeded by a principle of general union, uniting all the states by a federative bond under the direct of the 5 principal Powers." Europe, he argued, was reunited "under an areopagus of its own creation," with the great powers acting collectively to uphold the rights of states and protecting the peace. Quoted in F. H. Hinsley, *Power and the Pursuit of Peace*, p. 197.
81 Elrod, "The Concert of Europe: A Fresh Look at an International System," p. 168.
82 卡斯尔雷在拒绝俄国的波兰计划时指出，俄国的新边界 "将在普鲁士和奥地利的臣民面前侮辱他们的君主，无论普鲁士和奥地利在任何地方获得什么补偿，他们都会受到俄国军事力量的支配。俄国意图对欧洲施加堪比拿破仑的影响"。
83 Webster, *The Congress of Vienna*, pp. 132–133.
84 Ibid., p. 134.
85 "Official Communication made to the Russian Ambassador at London," 19 January 1805, in Webster, ed., *British Diplomacy*, 1813–1815, pp. 389–394.
86 Russia was first to propose a special security guarantee with Britain, and it was recognized in the treaty between Russia and Great Britain of 11 April 1805, although only in rather vague and general terms.
87 Webster, *British Diplomacy, 1813–1815*, pp. 306–307.
88 See discussion in Schroeder, *The Transformation of European Politics*, pp. 573–574.
89 Langhorne, "Reflections on the Significance of the Congress of Vienna," p. 317.
90 See Douglas Dakin, "The Congress of Vienna, 1814–15, and Its Antecedents," in Alan Sked, ed., *Europe's Balance of Power, 1815–1848* (New York: Barnes and Noble, 1979), pp. 30–31.
91 The Holy Alliance was drawn up by Tsar Alexander and signed on 26 September 1815 by the Emperor Francis I and by FredrickWilliam III, and ultimately by all European rulers except for the king of England, the pope, and the sultan of Turkey.
92 Langhorne, "The Development of International Conferences, 1648–1830," p. 85.
93 See Langhorne, "Reflections on the Significance of the Congress of Vienna," p. 317.
94 Quoted in Nicolson, *The Congress of Vienna*, p. 53.39
95 This argument is developed in Chapter Three.
96 Castlereagh to Thornton, 10, 20 October 1812. Quoted in Webster, *The Foreign Policy of Castlereagh*, 1812–1815, p. 101.
97 Schroeder, *The Transformation of European Politics*, p. 503.
98 Ibid., p. 533.
99 Friedrich von Gentz, "Considerations on the Political System in Europe" (1818), in Mack Walker, ed., *Metternich's Europe* (New York: Walker, 1968), p. 80.
100 Webster, *The Foreign Policy of Castlereagh, 1812–1815*, pp. 480–481 and 497–499.
101 Ironically, the failure of a general guarantee had the effect of removing the thorny question of Russian influence in the Near East from the Vienna settlement.

102 Schroeder, *The Transformation of European Politics*, p. 575.
103 Langhorne, "The Development of International Conferences, 1648–1830," p. 84. See also Schroeder, *The Transformation of European Politics*, p. 573.
104 Webster, *The Congress of Vienna*, p. 101.
105 Ibid., p. 73.
106 This British view about the attractions of a postwar order that would largely run itself is very similar to American thinking about post-World War II order.
107 1813—1814年的英国与1942—1945年的美国存在惊人的相似。二者都拥有赢得战争胜利所必需的资源，领导着同盟。两者都运用资助为筹码，在战争结束之前就战后规则和制度提出协议。在第一次世界大战期间，美国最终对欧洲盟国提供了资助，但没有尽早发挥决定性作用，因而在战争结束之前不具有锁定协议的地位。

第五章　1919年战后安排

1 See Appendix Two.
2 Paul Kennedy, *The Rise and Fall of the Great Powers: Economic Change and Military Conflict from 1500 to 2000* (New York: Random House, 1987), p. 243.
3 ArthurWalworth, *America's Moment, 1918: American Diplomacy at the End of World War I* (New York: Norton, 1977), p. 4.
4 英国战争死亡90万人，法国则多达140万人，二者合计伤亡为美国的27倍。
5 Quoted in David Kennedy, *Over Here: The First World War and American Society* (New York: Oxford University Press, 1980), p. 173.
6 Walworth, *America's Moment*, 1918, p. 17.
7 Quoted in Arthur S. Link,*WoodrowWilson: Revolution,War, and Peace* (Arlington Heights, Ill.: Harlan Davidson, 1979), p. 80. For a discussion of America's financial leverage over postwar Europe, see William R. Keylor, "Versailles and International Diplomacy," in Manfred F. Boemeke, Gerald D. Feldman, and Elisabeth Glaser, eds., *The Treaty of Versailles: A Reassessment after 75 Years* (Cambridge: Cambridge University Press, 1998), pp. 477–478.
8 H. G. Nicholas in Arthur S. Link et al., *Wilson's Diplomacy: An International Symposium* (Cambridge, Mass.: Schenkman, 1973), pp. 80–81.
9 Lloyd E. Ambrosius, *Woodrow Wilson and the American Diplomatic Tradition: The Treaty Fight in Perspective* (Cambridge: Cambridge University Press, 1987), p. 34
10 Arthur Walworth, *America's Moment*, 1918, p. 15.
11 Quoted in Kennedy, *Over Here*, p. 194 n 5.

12 正如阿瑟·S. 林克（Arthur S. Link）所说："1916年春，德国人占领了比利时、法国北部、东欧和巴尔干半岛的大部分地区。因此可以理解，盟国不愿意停火，要求威尔逊做出斩钉截铁的承诺：如果德国不从占领的领土上撤出，美国就参战。但是威尔逊从来没有，从宪法上也不可能做出这样的承诺。"参见 Arthur S. Link, *Woodrow Wilson: Revolution, War, and Peace*, p. 50。

13 Woodrow Wilson, address to the Senate, 22 January 1917, in Arthur S. Link, ed., *The Papers of Woodrow Wilson* (Princeton: Princeton University Press, 1966), Vol. 40, p. 539.

14 See David Fromkin, *In the Time of the Americans: The Generation that Changed America's Role in the World* (New York: Knopf, 1995), p. 106.

15 Wilson, address to the Senate, 22 January 1917, in Link, ed., *The Papers of Woodrow Wilson*, Vol. 40, pp. 533–539.

16 Wilson, address to a Joint Session of Congress, 2 April 1917, in Link, ed., *Papers of Woodrow Wilson*, Vol. 41, p. 525.

17 威尔逊强调，民主改革是为新秩序提供基础的主要动力。他对德国的看法与豪斯上校类似，即应该拯救德国，从而使其在未来的协调中扮演大国角色。正是这一观点导致豪斯上校向威尔逊提议，需要将德国统治者与德国人民区分开来。豪斯在满载美国人的"卢西塔尼亚号"（*RMS Lusitania*）被德军击沉之后致信威尔逊表示："就与德国的战事而言，我建议向国会发表演讲，指责德国皇帝及其军队导致了这一致命冲突，我建议宣布德国大众无罪，声明我们为解救他们和解放欧洲而战。"

18 实际上，威尔逊认为，德国只有清理"军事首脑"，声明放弃征服，从所占领土撤军，才能得到慷慨的和平条款。德国能否获得慷慨的和平取决于自身，尤其是改革其政治机构的程度。

19 Wilson, reply to the peace appeal of the pope, 27 August 1917, in Link, ed., *Papers of Woodrow Wilson*, Vol. 44, p. 57. On Walter Lippmann's influence on this speech and on Wilson's argument that only democracies are fit partners for peace, see Fromkin, *In the Time of the Americans*, pp. 133–134.

20 H.W.V. Temperley, *A History of the Peace Conference of Paris* (London: Oxford University Press, 1920), Vol. 1, p. 187.

21 Thomas J. Knock, *To End All Wars: Woodrow Wilson and the Quest for a New World Order* (New York: Oxford University Press, 1992), p. 142.

22 This speech proved to be Wilson's most important statement of war aims. See Woodrow Wilson, address to a Joint Session of Congress, 8 January 1918, in Link, ed., *Papers of Woodrow Wilson*, Vol. 45, p. 538.

23 Wilson, address at Mount Vernon, 4 July 1918, in Link, ed., *Papers of Woodrow Wilson*, Vol. 48, p. 517.

24 Temperley, *A History of the Peace Conference of Paris*, Vol. 1, p. 196.

25 例如，威尔逊在 1918 年 6 月告诉美国教师，美国是"人类新信条的实践者"，德国是"旧信条的一贯实践者"。他指出，战争是"决定新民主国家还是旧独裁政权管理世界的战斗"。
26 Temperley, *A History of the Peace Conference of Paris*, Vol 1, p. 197.
27 It was this expected democratic revolution in Europe that allowed Wilson to reconcile American isolationism from the Old World and his vision of a postwar collective security system. In a speech in Manchester during his tour of Europe, Wilson explained: "You know that the United States has always felt from the beginning of her history that she must keep herself separate from any kind of connection with European politics, and I want to say frankly to you that she is not now interested in European politics. But she is interested in the partnership of right between America and Europe. If the future had nothing for us but a new attempt to keep the world at a right poise by a balance of power, the United States would take no interest, because she will join no combination of power which is not the combination of all of us... Therefore it seems to me that in the settlement that is just ahead of us something more delicate and difficult than was ever attempted before is to be accomplished, a genuine concert of mind and of purpose." Quoted in Ambrosius, *Woodrow Wilson and the American Diplomatic Tradition*, p. 54.
28 LawrenceW. Martin, *Peace without Victory: Woodrow Wilson and the British Liberals* (New Haven: Yale University Press, 1958), p. 22. See also Thomas Jones, *Lloyd George* (Cambridge: Harvard University Press, 1951).
29 For a survey of British war aims and domestic positions on the peace settlement, see Erik Goldstein, *Winning the Peace: British Diplomatic Strategy, Peace Planning, and the Paris Peace Conference, 1916–1920* (Oxford: Oxford University Press, 1991).
30 Martin, *Peace without Victory*, p. 23.
31 See George Curry, "WoodrowWilson, Jan Smuts, and the Versailles Settlement," *American Historical Review*, Vol. 66 (July 1961), p. 972.
32 Martin, *Peace without Victory*, p. 41. The note was sent 13 January 1917.
33 Martin, *Peace without Victory*, p. 42.
34 As Temperley notes, "Of none of the Entente Powers were the war-aims less clearly defined than in the case of Great Britain. Even on subjects of capital importance their statesmen did not always seem agreed." Temperely, *A History of the Peace Conference of Paris*, Vol. 1, p. 189.
35 Martin, *Peace without Victory*, pp. 44–45.
36 Lloyd George, quoted ibid., p. 43.
37 Lloyd George speech, 5 January 1918, reprinted in David Lloyd George, *War Memoirs of David Lloyd George* (Boston: Little, Brown, 1936), Vol. 5, Appendix B, pp. 63–73.

38 Ibid.
39 See Temperley, *A History of the Peace Conference of Paris*, Vol. 1, p. 192.
40 Martin, *Peace without Victory*, p. 21. See also Curry, "Woodrow Wilson, Jan Smuts, and the Versailles Settlement."
41 Lloyd George speech, 5 January 1918.
42 For a useful overview of differences between French and American policies, see David Stevenson, "French War Aims and the American Challenge," *Historical Journal*, Vol. 22, No. 4 (1979), pp. 877–894.
43 克里孟梭及其他法国官员决定组织一个强国联盟,正如阿诺德·沃尔弗斯(Arnold Wolfers)所言:"欧洲动乱与不满犹如煮开的水壶,法国致力于压住壶盖,与英国和美国的战略迥然不同。英国出于务实理由,威尔逊出于哲学理由,都呼吁去除热水翻滚的原因,以根除爆炸的可能。"
44 Paul Birdsall, *Versailles Twenty Years After* (London: George Allen & Unwin, 1941), p. 196.
45 W. M. Jordan, *Great Britain, France and the German Problem: 1918–1939* (London: Oxford University Press, 1943), pp. 6–7.
46 For a good discussion of the complexity of French strategies, see Marc Trachtenberg, "Versailles after Sixty years," *Journal of Contemporary History*, Vol. 17, No. 3 (July 1982), pp. 498–499.
47 Lloyd George, quoted in Birdsall, *Versailles Twenty Years After*, p. 29.
48 See Knock, *To End All Wars*, p. 198.
49 Clemenceau, speech in the Chamber of Deputies, 29 December 1918, quoted in Jordan, *Great Britain, France and the German Problem*, p. 37.
50 On the flexibility of French postwar goals and Clemenceau's willingness to compromise on many of France's demands in exchange for an Anglo-American security guarantee, see David Stevenson, "FrenchWar Aims and Peace Planning," in Boemeke, Feldman, and Glaser, eds., *The Treaty of Versailles*, pp. 87–109.
51 See Knock, *To End All Wars*, pp. 221–222; and Ambrosius,*WoodrowWilson and the American Diplomatic Tradition*, pp. 72–77.
52 Thomas A. Bailey, *Woodrow Wilson and the Lost Peace* (New York: Macmillan, 1944), pp. 179–184.
53 这与1815年和1945年完全不同,当时英国和美国分别拥有战时主导地位,在共同的战争目的和安排目标下,提早达成了一致协议。
54 Bailey, *Woodrow Wilson and the Lost Peace,* pp. 67–70.
55 Quoted in Knock, *To End All Wars*, p. 175.
56 Ibid., pp. 181–183.
57 Some argue thatWilson won acceptance of the Fourteen Points, but only by conceding basic terms that would ultimately hauntWilson and prevent the realization of

his agenda. See Klaus Schwabe,*Woodrow Wilson, Revolutionary Germany, and Peacemaking, 1918–1919* (Chapel Hil: University of North Carolina Press, 1985); and Inga Floto, *Colonel House in Paris: A Study in American Policy at Paris, 1919* (Copenhagen: Universitetsforlaget I Aurhus, 1973; reprinted by Princeton: Princeton University Press, 1980). See also essays in Boemeke, Feldman, and Glaser, eds., *The Treaty of Versailles*.

58 Wilson, an annual message on the State of the Union, 2 December 1918, in Link, ed., *Papers of Woodrow Wilson*, Vol. 53, p. 285.
59 Bailey, *Woodrow Wilson and the Lost Peace*, pp. 137–138.
60 Ibid., pp. 163–178, 276–285; and Ambrosius, *Woodrow Wilson and the American Diplomatic Tradition*, p. 121.
61 Bailey, *Woodrow Wilson and the Lost Peace*, pp. 229–31. On the British view of this proposed tripartite agreement, see Michael L. Dockrill and J. Douglas Gould, *Peace without Promise: Britain and the Peace Conferences, 1919–1923* (London: Batsford, 1981), p. 38.
62 There was an important escape clause in the two separate bilateral treaties with France. If one country failed to ratify its treaty, the other treaty would also not go into force. In the United States, the treaty was not even reported out of the Senate Foreign Relations Committee. For accounts of the American and British guarantees to France, see Ambrosius, *Woodrow Wilson and the American Diplomatic Tradition*, esp. pp. 108–113; Melvyn P. Leffler, *The Elusive Quest: America's Pursuit of European Stability and French Security, 1919–1933* (Chapel Hill: University of North Carolina Press, 1979), pp. 3–18; Anthony Lentin, "Several Types of Ambiguity: Lloyd George and the Paris Peace Conference," *Diplomacy and Statecraft*, Vol. 6 (March 1995), pp. 223–251; and Anthony Lentin, "The Treaty That Never Was: Lloyd George and the Abortive Anglo-French Alliance of 1919," in Judith Loades, ed., *The Life and Times of David Lloyd George* (Bangor, Gwynedd: Headstart History, 1991);William R. Keylor, "The Rise and Demise of the Franco-American Guarantee Pact, 1919–1921," *Proceedings of the Annual Meeting of the Western Society of French History*, Vol. 15 (1988), pp. 367–377.
63 Link, *Woodrow Wilson: Revolution, War, and Peace*, pp. 89–91.
64 See Ambrosius, *Woodrow Wilson and the American Diplomatic Tradition*, p. 133.
65 Quoted in Knock, *To End All Wars*, p. 172. Earlier, before the United States got into the European war,Wilson made a similar point. In a conversation with Ida Tarbell in 1916,Wilson said that "I have tried to look at this war ten years ahead, to be a historian at the same time I was an actor. A hundred years from now it will not be the bloody details that the world will think of in this war: it will be the causes behind it, the readjustments which it will force." Quoted in Link, *Woodrow Wilson: Revolution, War, and Peace*, p. 2.

66 支持或反对国际联盟的美国人士的主要分歧在于，美国是否有能力主导这一国际组织？艾奥瓦州参议员阿尔伯特·B. 卡明斯（Albert B. Cummins）指出："总统认为应该签署这一契约，因为他真诚相信美国能够也将控制国际联盟，为全球各国政府所用，为全球人民谋福利。"引自 Ambrosius, *Woodrow Wilson and the American Diplomatic Tradition*, p. 93。

67 克里孟梭抓住了巴黎和会的这一情绪，在接受美联社采访时呼吁美国人民"放弃置身事外的传统做法"。

68 Lord Robert Cecil, who was Britain's leading architect of British policy toward the League of Nations at the Paris conference, wrote in his conference diary about the authorship of the League proposal: "It is almost entirely Smuts and Phillimore combined, with practically no ideas in it so that his [Wilson's] scheme [for the League was] largely the production of others." 22 January 1919. Quoted in AndrewWilliams, *Failed Imagination? NewWorld Orders of the Twentieth* Century (Manchester: Manchester University Press, 1998), p. 54.

69 For a discussion of the origins of Wilson's League of Nations ideas, see Ambrosius, *Woodrow Wilson and the American Diplomatic Tradition*, pp. 15–50. See also Edward H. Buehrig, *Woodrow Wilson and the Balance of Power* (Bloomington: Indiana University Press, 1955), chapter six; and Herbert G. Nicholas, "Woodrow Wilson and Collective Security," in Link, ed., *Woodrow Wilson and a Revolutionary World*, 1913–1921, pp. 174–189.

70 Quoted in Leon E. Boothe, "Anglo-American Pro-League Groups and Wilson 1915–18," *Mid-America*, Vol. 51 (April 1969), p. 93.

71 Grey to House, 10 August 1915, quoted in Peter Raffo, "The Anglo-American Preliminary Negotiations for a League of Nations," *Journal of Contemporary History*, Vol. 9 (October 1974), p. 155.

72 See Link, *Woodrow Wilson: Revolution, War, and Peace*, p. 36.

73 Ambrosius, *Woodrow Wilson and the American Diplomatic Tradition*, pp. 40–41. See also Williams, *Failed Imagination?* , pp. 20–26.

74 Quoted in Boothe, "Anglo-American Pro-League Groups and Wilson," p. 101.

75 This report is reprinted in Ray Stannard Baker, *Woodrow Wilson and World Settlement* (Garden City, N.Y.: Doubleday, Page, 1922), Vol. 3, pp. 67–73.

76 Quoted in Williams, *Failed Imagination?*, p. 30.

77 Ambrosius, *Woodrow Wilson and the American Diplomatic Tradition*, pp. 43–44.

78 斯马茨的小册子《关于创立国际联盟的务实建议》(*The League of Nations: A Practical Suggestion*) 写于 1918 年 11 月末，在国际联盟条约的最后起草过程中对威尔逊产生了相当大的影响。

79 Louis Botha, South African member of British War Cabinet, reflected this view: "Our object must be to bind Britain and America together. That will make for the peace

of the world." Comments to Lord Riddell. See *Lord Riddell's Intimate Diary of the Peace Conference and After* (London: Victor Gollancz, 1933), entry for 22 December 1918, p. 5.
80 Knock, *To End All Wars*, p. 198.
81 Ibid., p. 199.
82 The Imperial War Cabinet met on 30 and 31 December 1918. Lloyd George is quoted in ibid., p. 201.
83 See ibid., pp. 221–222; and Link, *Woodrow Wilson: Revolution, War, and Peace*, pp. 98–99.
84 Ambrosius, W*oodrow Wilson and the American Diplomatic Tradition*, pp. 75–77.
85 Article 10, Covenant of the League of Nations.
86 Quoted in Link, *Woodrow Wilson: Revolution, War and Peace*, p. 99.
87 This was explained clearly by Wilson's delegate to the League of Nations preparatory meetings, Raymond B. Fosdick, in a statement to the New York Times on 8 February 1920: "Under the Covenant, the United States will always be a member of the Council. Under the Covenant, too, the decisions of the Council have to be unanimous in all matters that relate to peace or war or the method by which the judgment of the world is put into effect. The United States has an absolute veto power on any move or motion it does not like. At any time it can stop anything that it does not agree with." in Fosdick, *Letters on the League of Nations* (Princeton: Princeton University Press, 1966), p. 117.
88 Ambrosius, *Woodrow Wilson and the American Diplomatic Tradition*, p. 45.
89 See Knock, To End All Wars, p. 205; and Ambrosius, *Woodrow Wilson and the American Diplomatic Tradition*, pp. 59–63.
90 Ambrosius, *Woodrow Wilson and the American Diplomatic Tradition*, pp. 45–47.
91 Wilson understood that the United States would need to accept some institutionalized restraints and commitments on its power in order to get European participation. His view was captured by a commentary on the league written by the American delegate Raymond Fosdick in November 1919: "If we ask reservations which we may not intend to use, we have no right to expect the world to bind itself in the same lighthearted way...To one who has been closely associated with the situation in England and France, it is extremely doubtful if the foreign governments will agree to be bound by them. They will not knowingly sit down to a game in which the cards are stacked against them, or in which the United States is allowed to hold several aces up its sleeve. They will not willingly consent to enter a compact where one of the parties asks them to agree that it will not assume any responsibilities except such as from time to time it may choose." Memorandum prepared by Fosdick, Arthur Sweetser, and Manley Hudson, 1 November 1919, in Fosdick, *Letters on the League of Nations*,

pp. 48–51.
92 This view was shared by advisers around the American president who were involved in postwar planning. See Lawrence E. Gelfand, *The Inquiry: American Preparations for Peace, 1917–1919* (New Haven: Yale University Press, 1963), p. 308. It was also consistent with prevailing legalist views of international relations. See Francis Anthony Boyle, *Foundations of World Order: The Legalist Approach to International Relations, 1898–1922* (Durham: Duke University Press, 1999).
93 Quoted in Link, *Woodrow Wilson: Revolution, War, and Peace*, p. 5.
94 Conversation with French Ambassador Jean Jules Jusserand, 7 March 1917. Reported in Link, *Woodrow Wilson: Revolution, War and Peace*, pp. 75–76.
95 For a discussion of Wilson's developmental view of international law, see Thomas J. Knock, "Kennan versus Wilson," in John Milton Cooper, Jr., and Charles E. Neu, eds., *The Wilson Era: Essays in Honor of Arthur S. Link* (Arlington Heights, Ill.: Harlan Davidson, 1991), pp. 313–314.
96 Wilson to Edward M. House, March 22, 1918, in Link, ed., *The Papers of Woodrow Wilson*, Vol. 47, p. 105.
97 For an overview of the treaty debate, see Ambrosius, *Woodrow Wilson and the American Diplomatic Tradition*.
98 As Bailey argues, after Wilson's partisan move, "The Republicans could now say that they had loyally supported the war, which they had; that they had sent their boys to France, which they had; that it had been an American war, which it had. But now it was going to be a Democratic peace." Bailey, *Woodrow Wilson and the Lost Peace*, pp. 60–61. See also Kennedy, *Over Here*, pp. 231–245; and Seward W. Livermore, *Woodrow Wilson and the War Congress, 1916–18* (Seattle: University of Washington Press, 1966), pp. 105–247.
99 Arno J. Mayer, *Politics and Diplomacy of Peacemaking: Containment and Counterrevolution at Versailles, 1918–1919* (New York: Alfred A. Knopf, 1967), pp. 55–62.
100 Quoted in Samuel Flagg Bemis, *A Diplomatic History of the United States*, revised edition (New York: Henry Holt, 1942), p. 631.
101 For a good survey of these groups, see Fromkin, *In the Time of the Americans*, pp. 107–108.
102 Ibid., p. 108.
103 In March 1919, after the Senate opposition to the covenant was building, Wilson gave a passionate speech at the Metropolitan Opera House in New York in defense of the league idea. On the same evening, Taft also spoke and continued to support inclusion of the League of Nations in the peace treaty, but also called for modest reservations. See Knock, *To End All Wars*, pp. 241–244.

104 Bailey, *Woodrow Wilson and the Lost Peace*, pp. 205–6, 214–218.
105 On national support for the league in 1919, see ibid., pp. 203–205.
106 Wilson, address in Reno, 22 September 1919, in Link, ed., *Papers of Woodrow Wilson*, Vol. 63, p. 428.
107 威尔逊反对参议院对《盟约》第十条的保留，认为它将摧毁集体安全的基础。威尔逊在夏延（Cheyenne）发表演讲指出，共和党的保留条款建议"我们不做出任何普遍性的承诺，每当事情发生，让那些与我们联系在一起的国家猜测我们将如何考虑怎么做。就像你们所说的：'我们肯定不会加入国际联盟，但我们会不时参与其中。我们不会承诺什么，但我们有时会合作。我们不承担任何义务……'这一保留建议我们不要承担任何道义责任，我们应该置身事外并说：'我们不时注意观察，你们陷入麻烦时可以与我们商量，此后我们会展开辩论，两三个月后我们会告诉你们我们将如何做。'这种事情没有意义，而且荒谬绝伦，我要明确指出的是，它会改变条约的整个含义，免除美国人任何维护和平的责任。再明白不过的是，它意味着拒绝这一条约，我的同胞们。"引自 Link, *Woodrow Wilson: Revolution, War, and Peace*, pp. 119-120。
108 1920年初，前总统塔夫脱在致雷蒙德·福斯迪克的信中确认了这一观点。塔夫脱指出："我认为保留条款不会带来多大的不同。"在信的末尾，他亲笔写道："但我们没有理由不将这些保留条款表述得尽量温和。"
109 Knock, "Kennan versus Wilson," p. 314.
110 福斯迪克意识到，他们丧失了在参议院处理和平条约的机会，他在一封致国际联盟欧洲官员的信中指出："就整个事件来看，我们笼罩在双重悲剧之中：第一，参议员洛奇及其集团的态度是，将国际联盟视为打垮总统的唯一天赐良机；第二，威尔逊的疾病导致我们在最需要领袖的时候却群龙无首。在美国，原本国际联盟可以熬过其中的一个悲剧而存活下来，但我怀疑它难以在两大悲剧的夹击下存在。"
111 See Link, *Woodrow Wilson: Revolution, War, and Peace*, p. 13.
112 Mayer, *Politics and Diplomacy of Peacemaking*, p. 368.
113 Lloyd Ambrosius, *Woodrow Wilson and the American Diplomatic Tradition*, p. 2.
114 1917年4月的声明中写道："自由俄国的目标不是控制各民族，不是剥夺各国的财产，不是野蛮占领他国领土，而是在各民族自决的基础上建立永久的和平。俄国人民并不致力于以其他民族为代价增强其海外实力，也没有奴役和压迫任何人的目标。"
115 Martin, *Peace without Victory*, chapter three.
116 Quoted in Inga Floto, "Woodrow Wilson: War Aims, Peace Strategy, and the European Left," in Link, ed., *Woodrow Wilson and a Revolutionary World,* p. 132.
117 In a letter dated 28 May 1918, Baker wrote to State Department official Frank L. Polk: "We should be careful not to rely, save upon the military side, upon either Lloyd-George or Clemenceau governments, nor upon the forces back of them, for

they are more or less bound by secret understandings and special interests with which we have nothing to do, and which would embarrass, if not defeat, the whole great constructive plan we have in mind for a democratic settlement at the close of the war... Either government is likely at any time to go to smash before a gust of popular feeling. Indeed, I have met a number of true liberals here who, while they have no faith in Lloyd-George, are backing up the Lloyd-George government quite consciously as a war instrument and are prepared, the moment a chance of peace comes, to demand a more democratic government." Papers of Ray Stannard Baker, Library of Congress.

118 This view was expressed by Baker in a letter to Polk dated 10 August 1918: "The great source of Mr. Wilson's strength is that while each governing group over here can command a part of its own people, Mr. Wilson in so far as his policy is disinterested and democratic, can command large and powerful groups in all the nations. They can never get real unity, because each has a separate policy, while he can. Therefore, we must never let these democratic forces in England and France get away from us." Papers of Ray Stannard Baker, Library of Congress.

119 London Times, quoted in Mayer, *Politics and Diplomacy of Peacemaking*, p. 188.

120 Knock, *To End All Wars*, p. 195.

121 Wilson speech, 6 September 1919, quoted in Temperley, *A History of the Peace Conference of Paris*, Vol. 1, p. 197.

122 Mayer, *Political Origins of the New Diplomacy*, p. 311.

123 Knock, *To End All Wars*, p. 197.

124 Mayer, *Political Origins of the New Diplomacy*, p. 14.

125 Martin, *Peace without Victory*, pp. 132–134 and 148–154.

126 Ibid., p. 192.

127 Michael Howard, *The Continental Commitment* (London: Temple Smith, 1972), pp. 110 ff.

第六章 1945年战后安排

1 John W. Wheeler-Bennett and Anthony Nicholls, *The Semblance of Peace: The Political Settlement after the Second World War* (London: St. Martin's, 1972).

2 This is the theme of David Fromkin, *In the Time of the Americans: The Generation That Changed America's Role in the World* (New York: Alfred A. Knopf, 1995).

3 冷战的兴起和对共产主义在西欧传播的恐惧，提高了美国在欧陆的政治重要性，使美国有必要也更容易地做出约束性的安全承诺。但是，将欧洲及更广大的世界锁定在开放、自由秩序之中的美国议程，以及建立对美国权力的约束与承诺的欧洲议程，均在冷战之前就存在了。实际上，冷战爆发之后，欧洲人发现了解决被美国抛弃的难题的方式，但他们也越来越感觉到美国的主导带来了一个潜在难题。越来越多欧洲人开始担心美国把欧洲作为解决与苏联分歧的战场。但是，在冷战前后，大国权力高度失衡，它们彼此的约束和承诺问题促进了欧美关系的发展。实际上，在持续不断的战后制度性谈判进程中，很难完全理清哪些动机是主导性的。超越对时机和程序的关注，验证冷战之后的关系，有助于评估冷战对制度性合作的相对重要性。这就是本书第七章的主题。

4 例如，大英帝国丧失了大约四分之一的国家财富，成为世界上最大的债务国；而战争将美国拉出了经济萧条的泥潭，其国民生产总值几乎翻了一番。

5 第二次世界大战巩固了美国政府，调动了美国社会和经济的活力。

6 For an overview of these hegemonic capabilities, see Stephen Krasner, "American Policy and Global Economic Stability," in William P. Avery and David P. Rapkin, eds., *America in a Changing World Political Economy* (New York: Longman, 1982).

7 See Appendix Two.

8 "The Chargeé in the United Kingdom [Gallman] to the Secretary of State," 16 June 1947, *Foreign Relations of the United States*, 1947, Vol. 3, pp. 254–255. All the volumes of *Foreign Relations of the United States* are published by the U.S. Government Printing Office, Washington, D.C.

9 Harold J. Laski, "America—1947," *Nation*, Vol. 165 (December 13, 1947), p. 641.

10 "Memorandum by the Director of the Policy Planning Staff [Kennan] to the Secretary of State and Under Secretary of State [Lovett]," 24 February 1948, *Foreign Relations of the United States*, 1948, Vol. 1, p. 524.

11 On the way lessons of the past war influenced American thinking in fighting and ending World War II, see Fromkin, *In the Time of the Americans*.

12 Quoted in Wheeler-Bennett and Nicholls, The *Semblance of Peace*, p. 56.

13 See Herbert Feis, *Churchill, Roosevelt, Stalin* (Princeton: Princeton University Press, 1957), pp. 108–113.

14 在战场丧生的美国士兵约为40万，而苏联的死亡人数多达2000万。

15 The argument that there were two distinct postwar settlements is made in G. John Ikenberry, "The Myth of Post-Cold War Chaos," *Foreign Affairs*, Vol. 75, No. 3 (May/June 1996), pp. 79–91.

16 Truman, "Address to Joint Session of Congress on Aid to Greece and Turkey," 12 March 1947. Public Papers of the Presidents of the United States: Harry S. Truman, *January 1 to December 31, 1947* (Washington, D.C.: United States Government Printing Office, 1963), pp. 176–180. For historical accounts of this foreign policy turning point, see Dean G. Acheson, *Present at the Creation: My Years at the State Department* (New York: W. W. Norton, 1969); Howard Jones, *"A New Kind of War": America's Global Strategy and the Truman Doctrine in Greece* (New York: Oxford

University Press, 1989). On whether the Truman Doctrine was a Cold War watershed, see John Lewis Gaddis, "Was the Truman Doctrine a Real Turning Point?" *Foreign Affairs*, Vol. 52 (January 1974), pp. 386–392.

17 Truman, "Address on Foreign Economic Policy," Baylor University, Waco, Texas, 6 March 1947. *Public Papers of the Presidents: Truman, 1947*, pp. 167–172.

18 For a popular account of the "founding fathers" of the containment order, see Walter Isaacson and Evan Thomas, *The Wise Men: Six Friends and the World They Made* (New York: Simon and Schuster, 1986).

19 The seminal role of George Kennan as architect of containment policy is stressed in John Lewis Gaddis, *Strategies of Containment: A Critical Appraisal of Postwar American National Security Policy* (New York: Oxford University Press, 1984). More recently, Melvyn P. Leffler has argued that many American officials and experts from across the foreign and defense establishment independently began to embrace containment thinking. See Leffler, *A Preponderance of Power: National Security, the Truman Administration, and the Cold War* (Stanford: Stanford University Press, 1992). On Kennan's changing views of containment, see Kennan, *American Diplomacy*, 1925–1950 (Chicago: University of Chicago Press, 1951); Kennan, *Memoirs*, 1925–1950 (Boston: Little, Brown, 1967); and the interview with Kennan in "X-Plus 25," *Foreign Policy*, Vol. 7 (Summer 1972), pp. 3–53. On the bureaucratic politics of containment policy within the State Department, see Robert L. Messer, "Paths Not Taken: The United States Department of State and Alternatives to Containment, 1945–1946," *Diplomatic History*, Vol. 1, No. 4 (Fall 1977), pp. 297–319.

20 For excellent historical accounts of this emerging containment order, see Marc Trachtenberg, *A Constructed Peace: The Making of the European Settlement, 1945–1963* (Princeton: Princeton University Press, 1999); and Leffler, *A Preponderance of Power*.

21 For arguments that the great mid-century struggle was between a open capitalist order and various regional, autarkic challengers, see Bruce Cumings, "The Seventy Years' Crisis: Trilateralism and the New World Order," *World Policy Journal*, Vol. 3, No. 2 (Spring 1991); and Charles Maier, "The Two Postwar Eras and the Conditions for Stability in Twentieth- Century Western Europe," in Maier, *In Search of Stability: Explorations in Historical Political Economy* (New York: Cambridge University Press, 1987), pp. 153–184. A similar sweeping historical argument—described as a struggle between "liberal" and "collectivist" alternatives—is made in Robert Skidelsky, *The World after Communism* (London: Macmillan, 1995).

22 Churchill insisted that the charter did not mandate the dismantlement of the British Empire and its system of trade preferences, and only the last-minute sidestepping of this controversial issue insured agreement. See Lloyd C. Gardner, "The Atlantic

Charter: Idea and Reality, 1942–1945," in Douglas Brinkley and David R. Facey-Crowther, eds., *The Atlantic Charter* (London: Macmillan, 1994), pp. 45–81.

23 For accounts of the Atlantic Charter meeting, see Winston Churchill, *The Grand Alliance* (Boston: Houghton Mifflin, 1950), pp. 385–400; Sumner Welles, *Where Are We Heading?* (London: Harper and Brothers, 1947); Robert Sherwood, *Roosevelt and Hopkins: An Intimate History* (New York: Harper, 1948); and Theodore A. Wilson, *The First Summit: Roosevelt and Churchill at Placentia Bay, 1941* (Boston: Houghton Mifflin, 1969).

24 Wheeler-Bennett and Nicholls, *The Semblance of Peace*, p. 37.

25 Roosevelt's view was summarized in a memo to Morris L. Ernst in March 1943: "We were wrong in 1920.We believe in international co-operation and the principles of the Atlantic Charter and the Four Freedoms. We propose to back those who show the most diligence and interest in carrying them out." Roosevelt to Morris L. Ernst, 8 March 1943, in *F.D.R.: His Personal Letters, 1928–1945* (New York: Duell, Sloan and Pearce, 1950), p. 1,407.

26 John Foster Dulles, "Peace without Platitudes," *Fortune*, Vol. 25, No. 1 (January 1942) pp. 42–43.

27 See Andrew Williams, *Failed Imagination? New World Orders of the Twentieth Century* (Manchester: Manchester University Press, 1998), pp. 98–100.

28 For the view that FDR was already anticipating a postwar break with Russia, see Robert Dalleck, *Franklin D. Roosevelt and American Foreign Policy, 1932–1945* (New York: Oxford University Press), p. 476.

29 Wheeler-Bennett and Nicholls, *The Semblance of Peace*, p. 296.

30 See John Lamberton Harper, *American Visions of Europe: Franklin D. Roosevelt, George F. Kennan and Dean G. Acheson* (New York: Cambridge University Press, 1994), chapter three.

31 See Alice K. Smith, *A Peril and a Hope: The Scientists' Movement in America, 1945–1947* (Chicago: University of Chicago Press, 1965).

32 A variety of popular books were published in the mid-1940s that sketched indictments of the nation-state and visions of new global governance. See, for example,Wendell L.Willkie, *One World* (New York: Simon and Schuster, 1947); Emery Reeves, *The Anatomy of Peace* (New York: Harper and Row, 1945); Cord Meyer, Jr., *Peace or Anarchy* (Boston: Little, Brown, 1947); and Harris Wofford, Jr., *It's Up to Us: Federal World Government in Our Time* (New York: Harcourt, Brace, 1946).

33 For an overview of these ideas and personalities, see Welsey T. Wooley, *Alternatives to Anarchy: American Supranationism since World War II* (Bloomington: University of Indiana Press, 1988).

34 As Secretary Hull argued, "unhampered trade dovetailed with peace; high tariffs,

trade barriers, and unfair economic competition, with war." Hull, *The Memoirs of Cordell Hull* (New York: Macmillan, 1948), Vol. 1, p. 81.

35 Herbert Feis, the State Department's economic advisor, noted the continuity of the department's position when he argued during the war that "the extension of the Open Door remains a sound American aim." See Feis, "Economics and Peace," *Foreign Policy Reports*, Vol. 30, No. 2 (April 1944), pp. 14–19. On the State Department's commitment to a postwar open trading system, see Lloyd Gardner, *Economic Aspects of New Deal Diplomacy* (Madison: University of Wisconsin Press, 1964); Richard Gardner, *Sterling-Dollar Diplomacy: The Origins and the Prospects of Our International Economic Order* (New York: McGraw Hill, 1969); and Alfred E. Eckes, Jr., *Opening America's Market: U.S. Foreign Policy since 1776* (Chapel Hill: University of North Carolina Press, 1995), chapter five.

36 See James Robert Huntley, *Uniting the Democracies: Institutions of the Emerging Atlantic-Pacific System* (New York: New York University Press, 1980), p. 4. For discussion of the historical and intellectual foundations of the Atlantic system, see Forrest Davis, *The Atlantic System: The Story of Anglo-American Control of the Seas* (New York: Reynal and Hitchcock, 1941); Robert Strausz-Hupe, James E. Dougherty, and William R. Kintner, *Building the Atlantic World* (New York: Harper and Row, 1963); and Harold van B. Cleveland, *The Atlantic Idea and Its European Rivals* (New York: McGraw-Hill, 1966).

37 Walter Lippmann, *U.S. Foreign Policy: Shield of the Republic* (Boston: Little, Brown, 1943), p. 83. It is thought that this was the first appearance in print of the term "Atlantic Community." For a discussion see Ronald Steel, *Walter Lippmann and the American Century* (Boston: Little, Brown, 1980), pp. 404–408.

38 As noted in Chapter Five, the French proposal was to transform the League of Nations into a North Atlantic treaty organization—a union complete with an international army and a general staff. See Thomas J. Knock, *To End All Wars: Woodrow Wilson and the Quest for a New World Order* (New York: Oxford University Press, 1992), pp. 221–222.

39 Streit, *Union Now: The Proposal for Inter-Democracy Federal Union* (New York: Harper and Brothers, 1939).

40 It would be a "union of these few peoples in a great federal republic built on and for the thing they share most, their common democratic principle of government for the sake of individual freedom." Ibid., p. 4.

41 The most ambitious plans of Atlantic Union, which attracted some of the same supporters as the world federalists, were widely debated during and after the war, but faded soon thereafter. The Atlantic Union committee survived and culminated in an eminent citizens' meeting in Paris in 1962. This gathering issued a "Declaration

of Paris," which called for the drafting of blueprints for a true Atlantic Community. But American and European governments failed to respond. See Huntley, *Uniting the Democracies*, pp. 9–10; andWooley, *Alternatives to Anarchy*, chapters five and six.

42 Although the supranational ideas of the Atlantic Union movement were largely ignored, they did inspire thinking about European Union. In 1940, Emmanuel Monick, a financial attaché in the French embassy in London, was struck by Streit's Atlantic Union ideas and proposed the idea of a French-British indissolvable union to Jean Monnet—an idea that was later presented to the French cabinet. See Huntley, *Uniting the Democracies*, p. 11. See also Jean Monnet, *Memoirs*, English translation (Garden City, N.Y.: Doubleday, 1978), pp. 17–35.

43 Spykman, *America's Strategy in World Politics: The United States and the Balance of Power* (New York: Harcourt, Brace, 1942). See also a shorter book published after Spykman's death, *The Geography of the Peace* (New York: Harcourt, Brace, 1944). Others making similar arguments include William T. R. Fox, *The Super-Powers: The United States, Britain, and the Soviet Union—Their Responsibility for Peace* (New York: Harcourt, Brace, 1944), and Robert Strausz-Hupe, *The Balance of Tomorrow: Power and Foreign Policy in the United States* (Philadelphia: University of Pennsylvania Press, 1945).

44 Spykman, *America's Strategy in World Politics*, p. 195.

45 See Council on Foreign Relations, "Methods of Economic Collaboration: The Role of the Grand Area in American Foreign Economic Policy," in Studies of *American Interests in the War and Peace,* 24 July 1941, E–B34 (New York: Council on Foreign Relations). For a history of the CFR postwar planning studies, see Carlo Maria Santoro, *Diffidence and Ambition: The Intellectual Sources of U.S. Foreign Policy* (Boulder, Colo.:Westview, 1992); and Williams, *Failed Imagination?*, pp. 92–95.

46 See Melvyn P. Leffler, "The American Conception of National Security and the Beginning of the Cold War, 1945–48," *American Historical Review*, Vol. 89, No. 2 (April 1984), pp. 349–356. See also his *A Preponderance of Power*, chapter two.

47 Leffler, "The American Conception of National Security," p. 358.

48 CIA, "Review of theWorld Situation as It Relates to the Security of the United States," September 26, 1947. Quoted in Leffler, "The American Conception of National Security," p. 364.

49 Burton Berry, a career Foreign Service officer, noted in 1947 that it was time to "drop the pretense of one world." Quoted in John Lewis Gaddis, "Spheres of Influence: The United States and Europe, 1945–1949," in Gaddis, *The Long Peace: Inquiries into the History of the Cold War* (New York: Oxford University Press, 1987), p. 57.

50 在凯南看来，支持多极秩序而非两极秩序的理由很多。多个权力中心比两极体系的权力中心更有可能长期存在。因为遏制是一个长期行为，而美国人民对美国领导两极平衡的持续支持并不明确，这一点非常重要。而且，多极秩序更有可能保护西方国家的价值观和制度，它有助于加强这些国家的力量。See John Lewis Gaddis, *Strategies of Containment*, esp. p. 42. See also Steve Weber, "Shaping the Postwar Balance of Power: Multilateralism in NATO," in John G. Ruggie, ed., *Multilateralism Matters: The Theory and Praxis of an Institutional Form* (New York: Columbia University Press, 1993), pp. 240–242.

51 "The Director of the Policy Planning Staff [Kennan] to the Under Secretary of State [Acheson]," 23 May 1947, *Foreign Relations of the United States*, 1947, Vol. 3, p. 225. Kennan quotes the memorandum in his memoirs. George Kennan, *Memoirs: 1925–1950* (Boston: Little, Brown, 1967), p. 336.

52 Ernst H. Van Der Beugel, *From Marshall Plan to Atlantic Partnership* (Amsterdam: Elsevier, 1966), p. 43.

53 凯南指出了欧洲承担责任、担当主角的必要性，即防止某些因素将全部负担加于美国，谴责美国应该为所有的失败负责，从而败坏欧洲和美国的名誉。

54 "Question of European Union," Policy Planning staff paper quoted in Klaus Schwabe, "The United States and European Integration: 1947–1957," in Clemens Wurm, ed., *Western Europe and Germany, 1945–1960* (New York: Oxford University Press, 1995), p. 133.

55 Ronald W. Pruessen, *John Foster Dulles: The Road to Power* (New York: Free Press, 1982), chapter 12.

56 Thomas A. Schwartz, *America's Germany: John J. McCloy and the Federal Republic of Germany* (Cambridge: Harvard University Press, 1991), p. 95. See "A Summary Record of a Meeting of Ambassadors at Rome," 22–24 March 1950, *Foreign Relations of the United States*, 1950, Vol. 3, p. 817.

57 Quoted in Beugel, *From Marshall Plan to Atlantic Partnership*, p. 45.

58 See "The European Situation," Memorandum by the Under Secretary of State for Economic Affairs, *Foreign Relations of the United States*, 1947, Vol. 3, pp. 230–232. For a discussion, see Richard Holt, *The Reluctant Superpower: A History of America's Global Economic Reach* (New York: Kodansha International, 1995), pp. 126–131.

59 For the argument that European cooperation and unity—perhaps even an "economic federation"—was an integral part of the European Recovery Program, see "Summary of Discussion on Problems on Relief, Rehabilitation and Reconstruction of Europe," 29 May 1947, *Foreign Relations of the United States*, 1947, Vol. 3, p. 235. See also Michael Hogan, "European Integration and the Marshall Plan," in Stanley Hoffman and Charles Maier, eds., *The Marshall Plan: A Retrospective* (Boulder, Col.: Westview, 1984); Hogan, *The Marshall Plan: America, Britain, and the Reconstruction of Western Europe, 1947–1952* (New York: Cambridge University

Press, 1987); and Armin Rappaport, "The United States and European Integration: The First Phase," *Diplomatic History*, Vol. 5 (Spring 1981), pp. 121–149.

60 美国国务院官员查尔斯·波伦（Charles Bohlen）在 1947 年 8 月写道："战后并没有出现大国的政治和经济团结，而是以苏联及其卫星国为一方、世界其他地区为另一方出现了全面对峙。简言之，两个世界取代了一个世界。面对这一令人不快的事实，无论如何对其谴责，其他非苏联世界必须重新检视其重大政策目标。"

61 Some officials in the Truman administration, such as Director of the Office of European Affairs, John D. Hickerson, were urging military cooperation with Western Europe. See "Memorandum by the Director of the Office of European Affairs [Hickerson] to the Secretary of State,19 January 1948, *Foreign Relations of the United States*, 1948, Vol. 3, p. 6–7. Others, such as George Kennan, resisted the idea of military union, arguing that it would be destructive of the administration's goal of European unity. See "Memorandum by the Director of the Policy Planning Staff [Kennan] to the Secretary of State," 20 January 1948, *Foreign Relations of the United States*, 1948, Vol. 3, pp. 7–8. See also Kennan, *Memoirs: 1925–1950*, pp. 397–406.

62 "The Director of the Policy Planning Staff [Kennan] to the Under Secretary of State [Acheson]," 23 May 1947, *Foreign Relations of the United States*, 1947, Vol. 3, p. 224–245.

63 See discussion of a Kennan speech at the NavalWar College in October 1948 in Gaddis, *Strategies of Containment*, pp. 43–44. See also Weber, "Shaping the Postwar Balance of Power," p. 241.

64 Kennan also worried that a permanent military alliance with Europe would turn the United States into a dominating imperial power that would provoke resistance by the Europeans and the American public. See David Calleo, *Beyond American Hegemony: The Future of the American Alliance* (New York: Basic Books, 1987), pp 28–39; and John Lewis Gaddis, *We Now Know: Rethinking Cold War History* (New York: Oxford University Press, 1997), p. 200.

65 Eckes, *A Search for Solvency*, p. 52.

66 Potsdam Briefing Paper, "British Plans for aWestern European Bloc," 4 July 1945, *Foreign Relations of the United States: The Conference of Berlin (The Potsdam Conference)*, 1945, Vol. 1, pp. 262–263. For a discussion of American opposition to a spheres of influence settlement, see John Lewis Gaddis, "Spheres of Influence: The United States and Europe, 1945–1949"；and Trachtenberg, *A Constructed Peace,* chapter one.

67 "The American Representative to the French Committee of National Liberation at Paris (Caffery) to the Secretary of State," 20 October 1944, *Foreign Relations of the United States*, 1944, Vol. 3, p. 743. See John Lewis Gaddis, "The Insecurities of Victory: The United States and the Perception of the Soviet Threat after World War II," in Michael J.

Lacey, ed., *The Truman Presidency* (New York: Cambridge University Press, 1989), pp. 240–241.
68 See Bruce Cumings, "Japan's Position in the World System," in Andrew Gordon, ed., *Postwar Japan as History* (Berkeley and Los Angeles: University of California Press, 1993), pp. 34–63.
69 This argument is made in Robert A. Pollard, *Economic Security and the Origins of the Cold War, 1945–1950* (New York: Columbia University Press, 1985).
70 DavidWatt, "Perceptions of the United States in Europe, 1945–83," in Lawrence Freedman, ed., *The Troubled Alliance: Atlantic Relations in the 1980s* (New York: St. Martin's, 1983), pp. 29–30.
71 On Anglo-American disagreements over the nature of the postwar order, see Randall BennettWoods, *A Changing of the Guard: Anglo-American Relations, 1941–1946* (Chapel Hill: University of North Carolina Press, 1990). The strongest claims about American and European differences over postwar political economy are made by Fred Block, *The Origins of International Economic Disorder* (Berkeley and Los Angeles: University of California Press, 1977), pp. 70–122.
72 On the general schools of thought among British foreign policy elites, see D. Cameron Watt, *Succeeding John Bull: America in Britain's Pace, 1900–1975* (Cambridge: Cambridge University Press, 1984), pp. 16–17.
73 E. F. Penrose, *Economic Planning for the Peace* (Princeton: Princeton University Press, 1953), p. 19.
74 This was the position of most officials at the British Foreign Office and the Treasury. See the Foreign Office report "Note on Post-War Anglo-American Economic Relations," 15 October 1941 (Kew, Great Britain: Public Records Office, Foreign Office Files, Political Correspondence), FO371/28907.
75 "Memorandum of Understanding, by the Assistant Secretary of State [Acheson]," July 28, 1941, *Foreign Relations of the United States*, 1941, Vol. 3, pp. 11–12.
76 R. F. Harrod, *The Life of John Maynard Keynes* (London: Macmillan, 1951), p. 512.
77 This argument is made in G. John Ikenberry, "Creating Yesterday's NewWorld Order: Keynesian 'New Thinking' and the Anglo-American Postwar Settlement," in Judith Goldstein and Robert O. Keohane, eds., *Ideas and Foreign Policy: Beliefs, Institutions, and Political Change* (Ithaca: Cornell University Press, 1993), pp. 57–86.
78 Eckes, *Search for Solvency*, p. 65.
79 The White plan is published in "Memorandum by the Secretary of the Treasury [Morgenthau] to President Roosevelt," 15 May 1942, *Foreign Relations of the United States*, 1942, Vol. 1, pp. 171–190.
80 For a discussion of "embedded liberalism," see John G. Ruggie, "International Regimes, Transactions, and Change: Embedded Liberalism in the Postwar Economic

Order," in Stephen D. Krasner, ed., *International Regimes* (Ithaca: Cornell University Press, 1983); and John G. Ruggie, "Embedded Liberalism Revisited: Institutions and Progress in International Economic Relations," in Emanuel Adler and Beverly Crawford, eds., *Progress in Postwar International Relations* (New York: Columbia University Press, 1991).

81 Dispatch from Ambassador Halifax to the Foreign Office, 21(?) October 1942, FO371/31513.

82 Roosevelt, "Opening Message to the BrettonWoods Conference," 1 July 1944. Quoted in the *New York Times*, 2 July 1944, p. 14.

83 For a discussion of the domestic pressures for a stable postwar economy, see Robert Griffith, "Forging America's Postwar Order: Domestic Politics and Political Economy in the Age of Truman," in Michael J. Lacey, ed., *The Truman Presidency*, pp. 57–88. On the wide appeal of growth-oriented policies and institutions, and their role in facilitated agreement within the West, see Charles Maier, "The Politics of Productivity," in Peter J. Katzenstein, ed., *Between Power and Plenty: The Foreign Economic Policies of Advanced Industrial States* (Madison: University of Wisconsin Press, 1978). On the concern of defense officials in fostering economic security and stability in postwar Europe, see Melvyn P. Leffler, "The American Conception of National Security and the Beginnings of the Cold War, 1945–1948."

84 The eventual agreement on trade relations also had these features. As a British official noted in discussions over trade arrangements, "there must be in the international settlement which we are now devising sufficient escape clauses, let-outs, special arrangements, call them what you will, which will enable those countries which are adopting internal measures for full employment to protect themselves." Quoted in Richard Gardner, *Sterling-Dollar Diplomacy*, p. 277.

85 "Dollars for Europe?" *Economist*, 31 May 1947, p. 833.

86 Quoted in Gaddis, "Spheres of Influence," p. 66.

87 "Summary Record of a Meeting of United States Ambassadors at Paris," 21–22 October 1949, *Foreign Relations of the United States*, 1949, Vol. 4, p. 492. See Leffler, *Preponderance of Power*, p. 320.

88 Calleo, *Beyond American Hegemony*, p. 35.

89 Beloff, *The United States and the Unity of Europe*, p. 69.

90 Gaddis, "The Emerging Post-Revisionist Synthesis on the Origins of the Cold War," *Diplomatic History*, Vol. 7, No. 3 (Summer 1983), pp. 171–190.

91 Wheeler-Bennett and Nicholls, *The Semblance of Peace*, p. 89.

92 "Summary of a Memorandum Representing Mr. Bevin's Views on the Formation of a Western Union," enclosed in Inverchapel to Marshall, 13 January 1948, *Foreign Relations of the United States*, 1948, Vol. 3, pp. 4–6.

93 See Charles Maier, "Supranational Concepts and National Continuity in the Framework of the Marshall Plan," in Stanley Hoffman and Charles Maier, eds., *The Marshall Plan: A Retrospective* (Boulder, Colo.: Westview, 1984), pp. 29–37.
94 Calleo, Beyond American Hegemony, p. 35. See also Michael M. Harrison, *The Reluctant Ally: France and Atlantic Security* (Baltimore: Johns Hopkins University Press, 1981).
95 On the breakdown of four-power talks over Germany and the fateful shift in American policy in favor of integration of the western German zones into Western Europe, see Tractenberg, *A Constructed Peace,* chapter two.
96 On the centrality of European economic recovery to political stability, and the importance of German economic revival to European economic recovery, see "Memorandum by the Under Secretary of State for Economic Affairs [Clayton]," 27 May 1947, and "Summary of Discussion on Problems of Relief, Rehabilitation and Reconstruction of Europe," 29 May 1947, *Foreign Relations of the United States,* 1947, Vol. 3, pp. 230–232, 234–236.
97 凯南认为，应该帮助法国人和其他欧洲人"明智地理解德国局势的必要性，承认将联邦德国纳入西欧的责任，并与我们就如何实现该目标达成详尽的协议。为此，我们应做出妥协，并接受其他国家的妥协"。
98 "Memorandum of Conversation by the British Foreign Office," undated, *Foreign Relations of the United States*, 1947, Vol. 3, pp. 818–819. See also Geir Lundestad, *American, Scandinavia, and the Cold War, 1945–1949* (New York: Columbia University Press, 1980), pp. 171–172.
99 "British Memorandum of Conversation," *Foreign Relations of the United States,* 1947, Vol. 2, pp. 815–822.
100 Quoted in John Baylis, "Britain and the Formation of NATO," in Joseph Smith, ed., *The Origins of NATO* (Exeter: University of Exeter Press, 1990), p. 11.
101 "The British Ambassador [Inverchapel] to the Under Secretary of State [Lovett]," *Foreign Relations of the United States*, 1948, Vol. 3, p. 14. In his memoir, British Prime Minister C. R. Attlee referred to the making of the Brussels treaty and the Atlantic Pact as "the work of Bevin." Attlee, *As It Happened* (London: Heinemann, 1954), p. 171. See also Escott Reid, *Time of Fear and Hope: The Making of the North Atlantic Treaty, 1947–1949* (Toronto: McClelland and Stewart, 1977).
102 Quoted in Lundestad, "Empire by Invitation? The United States and Western Europe, 1945–1952," *Journal of Peace Research*, Vol. 23 (September 1986), p. 270.
103 "Memorandum by the Director of the Office of European Affairs [Hickerson] to the Secretary of State," 19 January 1948, *Foreign Relations of the United States,* 1948, Vol. 3, pp.6–7.
104 "Memorandum by the Director of the Policy Planning Staff [Kennan] to the

Secretary of State," 20 January 1948, *Foreign Relations of the United States*, 1948, Vol. 3, pp. 7–8. See also Kennan, *Memoirs, 1925–1950*, pp. 397–406.
105 "The Under Secretary of State [Lovett] to the British Ambassador [Inverchapel]," 2 February 1948, *Foreign Relations of the United States*, 1948, Vol. 3, pp. 17–18.
106 See Ireland, *Creating the Entangling Alliance*, pp. 100–112.
107 1949 年 4 月签署的《北大西洋公约》保证了成员国通过紧密政治和经济合作"发展其单独及集体抵抗武装攻击之能力"。协议最重要的是第五条:"对于……一个或数个缔约国之武装攻击,应视为对缔约国全体之攻击。"对此,缔约国"应单独并会同其他缔约国采取必要行动,包括使用武力"。美国参议院以 82 票赞成、13 票反对批准了该条约。
108 See "Statement on the North Atlantic Pact, Department of State," 20 March 1949, *Foreign Relations of the United States,* 1949, Vol. 4, pp. 240–241.
109 This point is made in Peter Foot, "America and the Origins of the Atlantic Alliance: A Reappraisal," in Smith, ed., *The Origins of NATO*, pp. 82–94.
110 Tractenberg, *A Constructed Peace*, chapter four.
111 A treaty governing the relationship between the new German state and Britain, France, and the United States was signed in 1952, and specified ongoing "rights and responsibilities" of the three powers. "Convention on Relations between the Three Powers and the Federal Republic of Germany, May 26, 1952, as modified by the Paris Accords of October 1954," reprinted in Department of State, *Documents on Germany, 1944–1985* (Washington, D.C.: Department of State, 1986), pp. 425–430. See also Paul B. Stares, *Allied Rights and Legal Constraints on German Military Power* (Washington, D.C.: Brookings Institution, 1990).
112 Quoted in Schwartz, *America's Germany*, p. 228. For a similar view by Secretary of State Acheson, see "The Secretary of State [Acheson] to the Embassy in France," 29 November 1950, *Foreign Relations of the United States*, 1950, Vol. 3, p. 497.
113 该条约反映了欧洲防务共同体谈判的复杂性,它最后签署于 1952 年 5 月,包含 132 项条款和各种议定书,而《北大西洋公约》仅有 14 项条款。See Ronald W. Pruessen, "Cold War Threats and America's Commitment to the European Defense Community: One Corner of a Triangle," *Journal of European Integration History*, Vol. 2, No. 1 (1996), pp. 60–61; Saki Dockrill, "Cooperation and Suspicion: The United States' Alliance Diplomacy for the Security of Western Europe, 1953–1954," *Diplomacy and Statecraft*, Vol. 5, No. 1 (March 1994), pp. 138–182; and Ernest R. May, "The American Commitment to Germany, 1949–1955," *Diplomatic History*, Vol. 13 (Fall 1989), pp. 431–460.
114 See Trachtenberg, *A Constructed Peace, chapter four.*
115 Mary N. Hampton, "NATO at the Creation: U.S. Foreign Policy, West Germany and the Wilsonian Impulse," *Security Studies*, Vol. 4, No. 3 (Spring 1995), pp. 610–656;

and Hampton, *The Wilsonian Impulse: U.S. Foreign Policy, the Alliance, and German Unification* (Westport, Conn.: Praeger, 1996).

116 美国力图运用其物质资源，迫使或诱使英国和其他工业化民主国家放弃双边地区性优惠政策，接受以非歧视贸易和支付体系为核心的战后经济原则。它越来越认识到英国和欧洲大陆经济和安全的羸弱，从面进行了诸多重要政策的调整，如推迟货币自由兑换、增加美国的直接援助等。

117 Quoted in Peter Foot, "America and the Origins of the Atlantic Alliance," p. 83.

118 See Holt, *The Reluctant Superpower.*

119 This argument has been developed most systematically by the historian Geir Lundestad. See his, *"Empire by Invitation?,"* pp. 263–277; Lundestad, *The American "Empire" and Other Studies of US Foreign Policy in Contemporary Perspective* (New York: Oxford University Press, 1990); and Lundestad, " 'Empire by Invitation' in the American Century," *Diplomatic History*, Vol. 23, No. 2 (Spring 1999), pp. 189–217. See also David Reynolds, "America's Europe, Europe's America: Image, Influence, and Interaction, 1933–1958," *Diplomatic History*, Vol. 20 (Fall 1996); and Gaddis, *We Now Know*, chapter two, pp. 651–666.

120 "Summary of Discussion on Problems of Relief, Rehabilitation and Reconstruction o Europe," 29 May 1947, *Foreign Relations of the United States*, 1947, Vol. 3, p. 235.

121 Quoted in Gaddis, "Dividing Adversaries," in Gaddis, *The Long Peace*, p. 150.

122 This argument is made by Charles Maier, "Alliance and Autonomy: European Identity and U.S. Foreign Policy Objectives in the Truman Years," in Lacey, ed., *The Truman Presidency*, pp. 273–298.

123 This argument is made in Daniel Deudney and G. John Ikenberry, "The Nature and Sources of Liberal International Order," *Review of International Studies*, Vol. 25 (Spring 1999), pp. 179–196.

124 Gaddis, *We Now Know*, p. 43.

125 See David Reynolds, "Great Britain," in Reynolds, ed., *The Origins of the Cold War in Europe: International Perspectives* (New Haven: Yale University Press, 1994), pp. 80–83.

126 For the transnational political process channeled through the Atlantic security institutions, see Thomas Risse-Kappen, *Cooperation among Democracies: The European Influence on U.S. Foreign Policy* (Princeton: Princeton University Press, 1995). On the consensual and reciprocal style of U.S.-European relations within NATO, see Lawrence S. Kaplan, *The United States and NATO: The Formative Years* (Lexington: University Press of Kentucky, 1984). On the U.S.-Japanese side, see Peter J. Katzenstein and Yutaka Tsujinaka, " 'Bullying,' 'Buying,' and 'Binding': U.S.-Japanese Transnational Relations and Domestic Structures," in Risse-Kappen, ed., *Bringing Transnational Relations Back In: Non-State Actors,*

Domestic Structures, and International Institutions (Cambridge: Cambridge University Press, 1997) pp. 79–111.

127 The role of transgovernmental experts and coalitions in the formation of the Bretton Woods agreements is detailed in G. John Ikenberry, "A World Economy Restored: Expert Consensus and the Anglo-American Post-War Settlement," *International Organization*, Vol. 46 (Winter 1991–1992), pp. 289–321.

128 开放、分权的美国政治制度至少为盟国及其他国家影响其形态和倾向提供了机会。盖尔·伦德斯塔德（Geir Lundestad）认为："外国人这样做常常能够成功，尽管基本的决定反映了美国自身的关注，但他们至少影响了决策的范围和时机。"参见 Lundestad, *The American "Empire" and Other Studies of U. S. Foreign Policy in Contemporary Perspective*, p. 56。

129 Maier, "Supranational Concepts and National Continuity in the Framework of the Marshall Plan," p. 34. See also Gaddis, *We Now Know,* chapter two.

130 For a discussion of "dual containment," see Schwartz, *America's Germany*. Wolfram P. Hanrieder has also referred to American policy in this period as "double containment: the containment of the Soviet Union at arm's length, and of West Germany with an embrace." *Germany, America, Europe: Forty Years of German Foreign Policy* (New Haven: Yale University Press, 1989), p. 6.

131 Harper, *American Visions of Europe*, p. 96.

132 See Weber, "Shaping the Postwar Balance of Power: Multilateralism in NATO."

133 "Report of the Policy Planning Staff," 24 February 1948, *Foreign Relations of the United States,* 1948, Vol. 1, Part 2, p. 515. For a discussion of Kennan's thinking, see Harper, *American Visions of Europe,* chapter five.

134 "Minutes of the Seventh Meeting of the Policy Planning Staff," 24 January 1950, *Foreign Relations of the United States,* 1950, Vol. 3, p. 620.

135 "Minutes of the Sixth Meeting of the United States-United Kingdom-Canada Security Conversations, Held at Washington," 1 April 1948, *Foreign Relations of the United States,* 1948, Vol. 3, p. 71.

136 Quoted in Lloyd C. Gardner, *A Covenant with Power: American and World Order from Wilson to Reagan* (New York: Oxford University Press, 1984), p. 100.

137 通过一体化的北约军事组织将盟国约束在一起的目标为国务卿约翰·福斯特·杜勒斯所认可与称颂。他在 1953 年关于北大西洋委员会的一项声明中指出："在这里，14 个国家形成了一起共事的习惯。我们的年度评估是联盟史上独特的制度。此前，在和平时期，无论联盟关系如何紧密，从未有主权国家将国防部长的高度机密文件开放给其他国家审查；此前，任何国家从未在服役期限、军力平衡和其他同样敏感的问题上接受国际机构的劝告；更具革命性意义的是，在面对意见相左的国内政治质询时，它们常常采纳建议……我们再次打破惯例，建立了服务于公共事业的团体，他们并不忠于 14 个国家的任何一国，而是忠于我们的集体。"
138 See Harper, *American Visions of Europe*; and Hogan, *The Marshall Plan*.
139 "Minutes of the Fourth Meeting of the Washington Exploratory Talks on Security," 8 July 1948, *Foreign Relations of the United States*, 1948, Vol. 3, pp. 163–169.
140 "The Secretary of State to the Embassy in France," 19 October 1949, *Foreign Relations of the United States*, 1949, Vol. 4, p. 471.
141 See Beugel, *From Marshall Plan to Atlantic Partnership*; and Geir Lundestad, *"Empire" by Integration: The United States and European Integration, 1945–1997* (New York: Oxford University Press, 1998).
142 The OEEC was launched on 5 June 1948. See Michael Hogan, *The Marshall Plan: America, Britain, and the Reconstruction of Western Europe, 1947–1952* (New York: Cambridge University Press, 1987).
143 Remarks by Amb. Lincoln Gordon in, David Ellwood, ed., *The Marshall Plan Forty Years After: Lessons for the International System Today* (Bologna: Bologna Center of the John Hopkins University, School of Advances International Studies, 1988), pp. 48–49.
144 Gardner, *A Covenant with Power*, p. 81.
145 Hampton, "NATO at the Creation," p. 611. See also Hampton, *The Wilsonian Impulse*.
146 Quoted in Hampton, "NATO at the Creation," p. 625.
147 This is a theme in Leffler, "The American Conception of National Security and the Beginning of the Cold War, 1945–48," and Leffler, *A Preponderance of Power*.
148 "Summary Record of a Meeting of United States Ambassadors at Paris," 21–22 October 1949, *Foreign Relations of the United States*, 1949, Vol. 4, p. 485.
149 安理会中大国享有常任理事国席位的设计，反映了联合国缔造者对权力现实的考虑。For a discussion of FDR's "realist" departures from Wilsonian internationalism, see Dallek, *Franklin D. Roosevelt and American Foreign Policy, 1932–1945*; and Robert A. Divine, *Second Chance: The Triumph of Internationalism in America during World War II* (New York: Atheneum, 1967).
150 Quoted in Trachtenberg, *A Constructed Peace*, p. 106.
151 Ibid., p. 144.
152 "Statement of the Secretary of State to the North Atlantic Council," *Foreign Relations of the United States*, 1952–1954, Vol. 5, p. 461.

第七章　冷战之后

1 For discussions of the end of the Cold War as a postwar juncture, see K. J. Holsti,

"The Post-Cold War 'Settlement' in Comparative Perspective," in Douglas T. Stuart and Stephen F. Szabo, eds., *Discord and Collaboration in a New Europe: Essays in Honor of Arnold Wolfers* (Washington, D.C.: Foreign Policy Institute, Johns Hopkins University, 1994), pp. 37–69; John Gerard Ruggie, "Third Try at World Order? America and Multilateralism after the ColdWar," *Political Science Quarterly*, Vol. 109, No. 4 (1994), pp. 553–570; Ronald Steel, "Prologue: 1919–1945–1989," in Manfred F. Boemeke, Gerald D. Feldman, and Elisabeth Glaser, eds., *The Treaty of Versailles: A Reassessment after 75 Years* (New York: Cambridge University Press, 1998), pp. 21–34; and John Lewis Gaddis, "History, Grand Strategy and NATO Enlargement," *Survival,* Vol. 40, No. 1 (Spring 1998), pp. 145–151.

2 Robert Hutchings, *American Diplomacy and the End of the Cold War: An Insider's Account of U.S. Policy in Europe, 1989–1992* (Baltimore: Johns Hopkins University Press, 1997), p. 343.

3 冷战后的秩序模式对评估本书的核心假设十分重要。本书在第六章指出，美欧之间的制度化谈判，至少部分独立于冷战紧张关系的加深，尽管冷战是促使美国对欧洲做出安全承诺的主要原因。由于制度化模式与均势理论都预测1947年后西方工业化民主国家会达成合作，外在威胁不复存在后的权力模式特别有助于确定基本逻辑。如果冷战结束后制度化谈判继续下去，即联盟得以重新确认和扩张，且这些国家之间的矛盾没有上升，则是证实制度化模式的重要依据。如果冷战之后重新崛起为主导国的美国继续寻求类似1945年以来的制度化战略，也可视之为制度化模式的证据。

4 This section draws on Daniel Deudney and G. John Ikenberry, "The International Sources of Soviet Change," *International Security*, Vol. 16, No. 3 (Winter 1991–1992), pp. 74–118; Deudney and Ikenberry, "Soviet Reform and the End of the Cold War: Explaining Large-Scale Historical Change," *Review of International Studies*, Vol. 17 (Summer 1991), pp. 225–250; and Deudney and Ikenberry, "Who Won the Cold War?" *Foreign Policy,* No. 87 (Summer 1992), pp. 123–138.

5 See Mikhail Gorbachev, *Perestroika: New Thinking for Our Country and the World* (New York: Harper & Row, 1987).

6 See Helmut Sonnenfeldt and William G. Hyland, "Soviet Perspectives on Security," *Adelphi Papers,* No. 150 (Spring 1979), pp. 1–24.

7 在本次演说的前一年，戈尔巴乔夫提出了一系列调整倡议。1987年12月，戈尔巴乔夫第一次赴美访问，与里根总统举行首脑会晤，并签署了彻底销毁中程导弹的条约。1988年2月，戈尔巴乔夫宣布苏联从阿富汗撤军。1988年6月，苏联修改条例，以方便苏联公民出国。1988年7月，谢瓦尔德纳泽在苏联外交官会议上致开幕词，宣传苏联基于人类共同价值观的政策。

8 Don Oberdorfer, *The Turn: From the Cold War to the New Era* (New York: Simon and Schuster, 1991).

9 See Andrei Kozyrev, "Partnership or Cold Peace?" *Foreign Policy*, No. 99 (Summer 1995), pp. 3–14.
10 For popular versions of this view, see Peter Schweizer, *Victory: The Reagan Administration's Secret Strategy That Hastened the Collapse of the Soviet Union* (New York: Atlantic Monthly Press, 1994); and Jay Winik, *On the Brink: The Dramatic, Behind-the-Scenes Saga of the Reagan Era and the Men and Women Who Won the Cold War* (New York: Simon and Schuster, 1996).
11 里根时期的军控外交是成功的，因为国务卿乔治·舒尔茨（George Shultz）和其他官员避开了政府内的强硬派。雷蒙·加索夫（Raymond Garthoff）认为，1985年苏美首脑日内瓦峰会的召开表明，国务卿舒尔茨能够说服里根接受对苏联采取重新接触的外交战略。参见 Raymond Garthoff, *The Great Transition: American-Soviet Relations and the End of the Cold War*, Washington, D. C.: Brookings Institution, 1994, p. 247。
12 Garthoff, *The Great Transition*, chapter four.
13 "United Nations: Address before the 39th Session of the General Assembly," 24 September 1984, *Weekly Compilation of Presidential Documents*, (Washington, D.C.: Office of the Federal Register), Vol. 20, No. 38 (1 October 1984), p. 1,359.
14 马修·埃万杰利斯塔（Matthew Evangelista）认为，对寻求外交政策和军事政策改革的苏联官员而言，西方跨国的科学团体和学术团体是政策理念、政治支持的重要来源。
15 Quoted in Hutchings, *American Diplomacy and the End of the Cold War*, p. 33.
16 "Treaty on the Final Settlement with Respect to Germany, Signed in Moscow on September 12, 1990," reprinted in Paul B. Stares, *Allied Rights and Legal Constraints on German Military Power* (Washington, D.C.: Brookings Institution, 1990), pp. 155–160.
17 Philip Zelikow and Condoleezza Rice, *Germany Unified and Europe Transformed: A Study in Statecraft* (Cambridge: Harvard University Press, 1995), pp. 1–2. For other accounts of the negotiations over German unification, see Alexander Moens, "American Diplomacy and German Unification," *Survival*, Vol. 33, No. 6 (November/December 1991), pp. 531–545; Robert D. Blackwill, "German Unification and American Diplomacy," *Aussenpolitik*, Vol. 45, No. 3 (1994), pp. 211–225; Stephen F. Szabo, *The Diplomacy of German Unification* (New York: St. Martin's, 1992); Elizabeth Pond, *Beyond the Wall: Germany's Road to Unification* (Washington, D.C.; Brookings Institution, 1993); Michael R. Beschloss and Strobe Talbott, *At the Highest Levels: The Inside Story of the End of the Cold War* (Boston: Little, Brown, 1993); George Bush and Brent Scowcraft, *A World Transformed* (New York: Knopf, 1998); James A. Baker, *The Politics of Diplomacy: Revolution, War and Peace, 1989–1992* (New York: G. P. Putnam's Sons, 1995); and Hans-Dietrich

Genscher, *Rebuilding a House Divided: A Memoir by the Architect of Germany's Reunification* (New York: Broadway Books, 1998).
18 Mikhail Gorbachev, *Memoirs* (New York: Doubleday, 1995), pp. 523–527. Zelikow and Rice, *Germany United and Europe Transformed*, p. 92.
19 Quoted in Zelikow and Rice, *Germany Unified and Europe Transformed*, p. 120.
20 Quoted ibid., p. 122.
21 On Chancellor Kohl's ambition of tying Germany to Europe and the Atlantic alliance so as to reassure neighboring countries, see Elizabeth Pond, *The Rebirth of Europe* (Washington, D.C.: Brookings Institution, 1999), pp. 39–40.
22 "German Unity within the European Framework," speech by Foreign Minister Hans-Dietrich Genscher at a conference at the Tutzing Protestant Academy, 31 January 1990. Quoted in Hutchins, *American Diplomacy and the End of the Cold War*, p. 120. See also Genscher, *Rebuilding a House Divided*, pp. 335–338.
23 Hutchins, *American Diplomacy and the End of the Cold War*, p. 100.
24 Zelikow and Rice, *Germany Unified and Europe Transformed*, p. 73.
25 Quoted ibid., p. 127.
26 Bush, President's News Conference in Brussels, 4 December 1989, in *Public Papers of President George Bush, 1989* (Washington, D.C.: Government Printing Office, 1990), Vol. 2, p. 1,648.
27 国务卿詹姆斯·贝克（James Beck）1989年12月在柏林发表演讲，强调应发展更为宽泛的制度来支持统一后的德国。北约必须在欧洲大陆发挥更大的政治作用，并发展与东方的联系；欧洲共同体必须进一步推进政治经济一体化；欧洲安全与合作会议作为跨越东西方的制度应在发展共同人权标准、协商程序上发挥更大的作用。
28 Quoted in Zelikow and Rice, *Germany Unified and Europe Transformed*, p. 115.
29 See Margaret Thatcher, *The Downing Street Years* (New York: Harper Collins 1993), p.794; and Bush and Scowcroft, *A World Transformed*, pp. 192–193.
30 On Mitterrand's initial inclination to seek delay in German unification, see Pond, *Beyond the Wall*.
31 Quoted in Zelikow and Rice, *Germany Unified and Europe Transformed*, p. 116.
32 Ibid., p. 137.
33 Bush and Scowcroft, *A World Transformed*, p. 201.
34 Zelikow and Rice, *Germany Unified and Europe Transformed*, p. 138.
35 Hutchins, *American Diplomacy and the End of the Cold War*, p. 118. See also Pond, *The Rebirth of Europe*, pp. 42–47; and Peter J. Katzenstein, "United Germany in an Integrated Europe," in Katzenstein, ed, *Tamed Power: Germany in Europe* (Ithaca: Cornell University Press, 1997), pp. 1–2.
36 See Baker, *The Politics of Diplomacy*, p. 196–197.

37 Gorbachev, Remarks of the President and Soviet Chairman Mikhail Gorbachev and a Question-and-Answer Session with Reporters in Malta, 3 December 1989, in *Public Papers of President George Bush*, 1989, Vol. 2, p. 1,633. For a discussion of Gorbachev's evolving thinking, see Oberdorfer, *The Turn*, pp. 383–386.
38 Hutchins, *American Diplomacy and the End of the Cold War*, pp. 107–108.
39 Baker, *The Politics of Diplomacy*, p. 208–216.
40 Quoted ibid., p. 205. See also Gorbachev, *Memoirs*, pp. 528–529.
41 Zelikow and Rice, *Germany Unified and Europe Transformed*, pp. 161–164. See Gorbachev, *Memoirs*, p. 528.
42 Quoted in Gorbachev, *Memoirs*, p. 529.
43 Ibid. On Baker's report of the meeting, see Baker, *The Politics of Diplomacy*, pp. 234–235.
44 Hutchins, *American Diplomacy and the End of the Cold War*, pp. 111–112. See also Zelikow and Rice, *Germany United and Europe Transformed*, pp. 253, 180–181.
45 Baker, *The Politics of Diplomacy*, p. 233.
46 Ibid., pp. 250–251.The nine-point "incentive" package, which was prepared by State Department Counselor Robert Zoellick, is reprinted in Zelikow and Rice, *Germany United and Europe Transformed*, pp. 263–264.
47 Interview, Robert B. Zoellick, 28 May 1999.
48 Baker had a similar exchange with Gorbachev in Moscow two weeks before this exchange. See Baker, *The Politics of Diplomacy*, pp. 251–252.
49 American officials involved in the process identify this admission by Gorbachev as the turning point. See ibid., pp. 253–254; and Zelikow and Rice, *Germany United and Europe Transformed*, pp. 277–280; Hutchins, *American Diplomacy and the End of the Cold War*, pp. 131–135.
50 Quoted in Gorbachev, *Memoirs*, p. 533.
51 Baker, *The Politics of Diplomacy*, pp. 258–259; and Bush and Scowcroft, *A World Transformed*, pp. 292–295.
52 Quoted in Bush and Scowcroft, *A World Transformed*, p. 295.
53 Shevardnadze, *The Future Belongs to Freedom*, p. 141.
54 Zelikow and Rice, *Germany United and Europe Transformed*, p. 332.
55 See Hutchins, *American Diplomacy and the End of the Cold War*, pp. 103–104; and Oberdorfer, *The Turn*, p. 381.
56 布什和戈尔巴亦夫在 1990 年 5 月的华盛顿峰会上进行了类似的交流。戈尔巴乔夫表示，美国从欧洲"撤出"并不符合苏联的利益。而布什认为，如果德国不留在北约内，则该联盟将会因此而受损；德国留在北约内，则美国可以确保在欧洲的存在。相关交流可参见 Gorbachev, *Memoirs*, p. 533。
57 在苏联外交政策体制内，某些官员认为，将德国与美国领导的更大联盟体系捆绑在一起的西方秩序，更有利于苏联安全。冷战期间，苏联更担心德国军国主义的复活而不是美国的霸权。See Jerry Hough, *Russia and the West: Gorbachev and the Politics of Reform* (New York: Simon and Schuster, 1990), pp. 219–220; and Michael J. Sodaro, *Moscow, Germany, and the West from Khrushchev to Gorbachev* (Ithaca: Cornell University Press, 1990), pp. 341–342. For a discussion of recent historical works that emphasize the Soviet worry over the revival of German militarism more than American power during the ColdWar, see Melvyn P. Leffler, "The Cold War: What Do 'We Now Know'?" *American Historical Review*, Vol. 104, No. 2 (April 1999), pp. 515–516.

58 多边谈判进程也让苏联领导人有大量的机会来重申自己的观点。仅在1990年5月和6月，贝克与谢瓦尔德纳泽会晤10次，贝克和根舍会晤7次，根舍和谢瓦尔德纳泽会晤8次。西方盟国多样的观点和议程也为苏联人运用策略获得西方妥协和保证提供了渠道。这些发言机会影响了西方对德国统一的政策，尤其是随之而来的更大的一揽子保证方案，也给了戈尔巴乔夫机会来改变他对德国是否留在北约的想法。关于这一系列频繁会晤的重要性，参见Shevardnadze, *The Future Belongs to Freedom*, p. 83。

59 20世纪90年代，美国与其他大国实力差距的拉大反映在各种经济和军事指标上。1990—1998年，美国的经济增长（27%）几乎是欧盟的两倍（15%）、日本的三倍（11%）。冷战之后，美国军事开支的下降幅度也低于其他大国，导致20世纪90年代末各国的相对军事能力差距更大。关于美国实力的其他指标，亦可参见本书附录二。

60 美国的外交政策在20世纪90年代极不连贯，处于模糊状态，因而我们难以确切描述冷战后的基本格局或其战略。美国支持各种地区性和全球性制度倡议，但也停止了对关于全球气候变暖的《京都议定书》（*Kyoto Protocol*）、国际刑事法庭等国际制度的支持，还对许多国家采取了单边制裁措施。美国对北美自由贸易区、亚太经合组织等地区性经济制度的支持，可被视为对多边主义的承诺在减退的证据。

61 See Baker, *The Politics of Diplomacy*, pp. 172–173.

62 Interview, Robert B. Zoellick, 28 May 1999.

63 Baker, *The Politics of Diplomacy*, pp. 605–606. Emphasis in original.

64 致力于区域性倡议的美国政府官员认为，经济和安全之间存在密切的联系。冷战后，美国在这些地区的存在及其承诺将越来越以经济利益为转移。由于区域性框架加强了经济的相互依赖，美国在这些地区的利益增强了，美国在安全上发挥的作用更加重要了。

65 Anthony Lake, "From Containment to Enlargement," *Vital Speeches of the Day*, Vol. 60, No. 1 (15 October 1993), pp. 13–19. See also Douglas Brinkley, "Democratic Enlargement: The Clinton Doctrine," *Foreign Policy*, No. 106 (Spring 1997), p. 116.

66 In 1994, the Clinton White House provided a formal statement of its strategy of

engagement and enlargement, calling for a multilateral approach to major foreign policy challenges: "Whether the problem is nuclear proliferation, regional instability, the reversal of reform in the former Soviet empire, or unfair trade practices, the threats and challenges we face demand cooperative, multinational solutions. Therefore, the only responsible U.S. strategy is one that seeks to ensure U.S. influence over and participation in collective decision-making in a wide and growing range of circumstances." White House, *A National Security Strategy of Engagement and Enlargement* (Washington, D.C.: White House, July 1994), p. 6.

67 NATO expansion was intensely debated by the American foreign policy establishment. Some opponents argued that, regardless of its usefulness in locking in democratic and market reforms in Eastern Europe, it would provoke serious and long-term problems with Russia. Likewise, some proponents of NATO expansion were less interested in the institutional lock-in opportunities of an eastward spread of the alliance, and more interested in it as a precautionary balancing move against Russia. The discussion here does not seek to assess the merits of these various positions but only to describe the thinking of Clinton administration officials who championed it.

68 For a study of the American decision to expand NATO, see James M. Goldgeier, *Not Whether but When: The U.S. Decision to Enlarge NATO* (Washington, D.C.: Brookings Institution, 1999).

69 Secretary of State Madeline K. Albright, Statement on NATO Enlargement before the Senate Foreign Relations Committee, 24 February 1998, as released by the Office of the Spokesman, *U.S. Department of State*, pp. 2–3.

70 Madeline K. Albright, "Why Bigger Is Better," *Economist*, Vol. 342 (15 February 1997), pp. 21–23.

71 Strobe Talbott, "Why NATO Should Grow," *New York Review of Books*, Vol. 42, No. 13 (August 10, 1995), pp. 27–30.

72 Albright, *Statement on NATO Enlargement*, 24 February 1998, p. 3.

73 According to Anthony Lake, this objective was "absolutely critical" to the thinking of the proponents of NATO enlargement within the Clinton administration. Interview, 20 September 1999.

74 Goldgeier, *Not Whether but When*, p. 23.

75 Albright, *Statement on NATO Enlargement*, 24 February 1998, p. 3.

76 Talbott, "*Why NATO Should Grow*," p. 27.

77 某些因素被指定为加入北约的前提：民主制度、走向市场经济、军队由文官掌握、确定的领土边界、与北约军队协同指挥。

78 Talbott, "*Why NATO Should Grow*," pp. 27–28.

79 Albright, *Statement on NATO Enlargement*, 24 February 1998, p. 6.

80 Stanislaw Dobranski, "Toward a Pan-European Security System," address to the

committees of National Defense and Foreign Affairs of the Belgian parliament, 29 April 1997.
81 中东欧国家的领导人较少认为加入北约是防范俄罗斯复兴的必要条件,而是将其视为更大的欧洲一揽子方案的组成部分,也包括最终获得欧盟的成员国地位,因为后者对民主和市场改革取得成功至关重要。这些国家面临的安全威胁并非来自俄罗斯,而是被排除在欧洲之外。See Christopher Jones, "NATO Enlargement: Brussels as the Heir of Moscow," *Problems of Post-Communism*, No. 6 Vol. 45, No. 4 (July/August 1998), p. 52; and Jan Arveds Trapans, "National Security Concepts in Central and Eastern Europe," *NATO Review* No. 6 (November/December 1997), pp. 23–26.
82 Pat Towell, "Aspiring NATO Newcomers Face Long Road to Integration," *Congressional Quarterly*, Vol. 56, No. 6 (7 February 1998), p. 275.
83 Quoted ibid.
84 See Ronald D. Asmus, Richard K. Kugler, and F. Stephen Larrabee, "NATO Expansion: The Next Steps," *Survival*, Vol. 37, No. 1 (Spring 1995).
85 Albright, Statement before the Senate Foreign Relations Committee, U.S. Senate, Hearings on NATO Enlargement, 7 October 1997.
86 Anthony Lake, "Laying the Foundation for a New American Century," remarks to the Fletcher School of Law and Diplomacy, 25 April 1996.
87 See Manuel Pastor and Carol Wise, "The Origins and Sustainability of Mexico's Free Trade Policy," *International Organization*, Vol. 48, No. 3 (Summer 1994), pp. 459–489; Michael Lusztig, *Rising Free Trade: The Politics of Trade in Britain, Canada, Mexico, and the United States* (Pittsburgh: University of Pittsburgh Press, 1996), chapter five; M. Delal Baer, "Mexico's Second Revolution: Pathways to Liberalization," in Riordan Roett, ed., *Political and Economic Liberalization in Mexico: At a Critical Juncture?* (Boulder, Colo.: Lynne Rienner, 1993), pp. 51–68.
88 Nora Lustig, "NAFTA: A Mexican Perspective," *SAIS Review*, Vol. 12, No. 1 (Winter-Spring 1992), p. 59. See also Jorge G. Castaneda, "Can NAFTA Change Mexico?" *Foreign Affairs*, Vol. 72, No. 4 (September/October 1993), pp. 73–74.
89 Peter H. Smith, *Talons of the Eagle: Dynamics of U.S.-Latin American Relations* (New York: Oxford University Press, 1996), p. 248.
90 For a discussion of NAFTA as a "commitment device" by the Mexican government, see Aaron Tornell and Gerardo Esquivel, "The Political Economy of Mexico's Entry into NAFTA," in Takatoshi Ito and Anne O. Krueger, eds., *Regionalism versus Multilateral Trade Arrangements* (Chicago: University of Chicago Press, 1997), p. 27, 54.
91 Guy Poitras and Raymond Robinson, "The Politics of NAFTA in Mexico," *Journal of Interamerican Studies and World Affairs* Vol. 36, No. 1 (Spring 1994), p. 7.

92 See Morton Kondracke, "Mexico and the Politics of Free Trade," *National Interest*, No. 25 (Fall 1991), pp. 36–43.
93 Interview, Robert B. Zoellick, 28 May 1999.
94 Quoted in Smith, *Talons of the Eagle*, p. 247.
95 On the origins of APEC, see Yoichi Funabashi, *Asia Pacific Fusion: Japan's Role in APEC* (Washington, D.C.: Institute for International Economics, 1995), chapter three; and Peter Drysdale and Andrew Elek, "APEC: Community-Building in East Asia and the Pacific," in Donald C. Hellmann and Kenneth B. Pyle, eds., *From APEC to Xanadu: Creating a Viable Community in the Post-Cold War Pacific* (Armonk, N.Y.: M.E. Sharpe, 1997), pp. 37–69.
96 The initial participants were the six ASEAN countries along with Japan, Korea, Australia, New Zealand, Canada, and the United States. Other countries, including Taiwan, Hong Kong, and China, joined later.
97 Quoted in Funabashi, *Asian Pacific Fusion*, p. 58.
98 See ibid., pp. 67–68.
99 As early as the summer of 1988, the Bush foreign policy team floated the idea of creating an East Asian finance ministers group that would meet on an ongoing basis to foster policy cooperation on regional economic issues. See Walter S. Mossberg and Alan Murray, "Departure of Treasury Secretary BakerWould Bring Halt to Initiative in Asia," *Wall Street Journal*, 3 August 1988, Section One, p. 22.
100 在此期间，欧洲、亚洲和南北美洲的经济区域主义蓬勃发展，布什政府希望它像其他区域主义一样可行。经济和政治总是如影随形。而且，美国是唯一参与多边区域组织的大国，因而拥有独特的影响力来确保区域经济发展适应更广泛的多边经济开放。
101 Baker, *The Politics of Diplomacy*, pp. 44–45. See also Andrew Mack and John Ravenhill, eds., *Pacific Cooperation: Building Economic and Security Regimes in the Asia-Pacific Region* (Boulder, Colo.: Westview, 1995).
102 As National Security Advisor Anthony Lake argues, APEC was seen in part as a "device to get the states in East Asia committed to the type of economic relationships that are in everybody's long-term interest." Interview, Anthony Lake, 20 September 1999.
103 For descriptions of the WTO agreement, see Raymond Vernon, "The World Trade Organization: A New Stage in International Trade and Development," *Harvard International Law Journal*, Vol. 36, No. 2 (Spring 1995), pp. 329–340; Ernest H. Pregg, *Traders in a Brave New World: The Uruguay Round and the Future of the International Trading System* (Chicago: University of Chicago Press, 1995); John H. Jackson, "Managing the Trading System: The World Trade Organization and the Post-Uruguay Round GATT Agenda," in Peter B. Kenen, ed., *Managing the World*

Economy (Washington, D.C.: Institute for International Economics, 1994), pp. 131–151; Jackson, "TheWorld Trade Organization, Dispute Settlement, and Codes of Conduct," in Susan M. Collins and Barry P. Bosworth, eds., *The New GATT: Implications for the United States* (Washington, D.C.: Brookings Institution, 1994), pp. 63–75; and Gilbert R.Winham, "TheWorld Trade Organization: Institution-Building in the Multilateral Trade System," *World Economy*, Vol. 21, No. 3 (May 1998), pp. 349–368.

104 See Preeg, *Traders in a Brave New World*, pp. 207–210.
105 Winham, *"The World Trade Organization,"* p. 363.
106 See testimony of U.S. Trade Representative Michael Kantor, Hearings, "Overview of the Results of the Uruguay Round," before the Committee on Commerce, Science, and Transportation, *United States Senate*, 16 June 1994 (Washington, DC: U.S. Government Printing Office, 1995), pp. 9–19.
107 Winham, *"The World Trade Organization,"* pp. 352–353.
108 Baker, *The Politics of Diplomacy*, p. 45.
109 Quoted in Brinkley, *"Democratic Enlargement,"* p. 121.
110 Although both the Bush and Clinton administrations pursued enlargement-oriented institution-building strategies, their styles differed. Bush officials focused primarily on regional economic institution building and did not articulate a general post-ColdWar strategy. The Clinton administration picked up many of these regional institution-building policies (NATO expansion and APEC) and articulated a more sweeping and less regionally differentiated grand strategy. See Michael Cox, *U.S. Foreign Policy after the ColdWar: Superpower without a Mission?* (London: Royal Institute of International Affairs, 1995).
111 Interview, Robert B. Zoellick, 28 May 1999.
112 See, for example, John Mearsheimer, "Back to the Future: Instability of Europe after the ColdWar," *International Security*, Vol. 15 (Summer 1990), pp. 5–57; KennethWaltz, "The Emerging Structure of International Politics," *International Security*, Vol. 18 (Fall 1993), pp. 44–79; Pierre Hassner, "Europe beyond Partition and Unity: Disintegration or Reconstruction?" *International Affairs*, Vol. 66 (July 1990), pp. 461–475; Hugh DeSantis, "The Graying of NATO," *Washington Quarterly*, Vol. 14 (Autumn 1991), pp. 51–65; Ronald Steel, "NATO's Last Mission," *Foreign Policy*, No. 74 (Fall 1989), pp. 83–95; Christopher Layne, "Superpower Disengagement," *Foreign Policy*, No. 78 (Spring 1990), pp. 3–25; and Stephen Walt, "The Ties That Fray: Why Europe and America Are Drifting Apart," *National Interest*, No. 54 (Winter 1998/99), pp. 3–11.
113 Robert Gilpin, "American Policy in the Post-Reagan Era," *Daedelus*, Vol. 116, No. 3 (Summer 1987), pp. 33–67. Also Paul Kennedy, *The Rise and Fall of the Great*

Powers: Economic Change and Military Conflict from 1500–2000 (New York: Random House, 1987).

114 For an overview of this view, see Michael Mastanduno, "Preserving the Unipolar Moment: Realist Theories and U.S. Grand Strategy after the Cold War," *International Security*, Vol. 21, No. 4 (Spring 1997), pp. 49–88.

115 See Christopher Layne, "The Unipolar Illusion," *International Security,* Vol. 17, No. 4 (Spring 1993), pp. 5–51.

116 For realist efforts to explain this persistence, see William Wohlforth, "The Stability of a Unipolar World."

117 John Duffield, "NATO's Functions after the ColdWar," *Political Science Quarterly*, Vol. 119 No. 5 (1994/95), pp. 763–787.

118 Roger Cohen, "France to Rejoin Military Command of NATO Alliance," *New York Times*, 6 December 1995, p. A1. A variety of considerations informed French rethinking of its NATO involvement: a view that a European defense identity could more effectively be promoted from within the alliance rather than from outside, the French experience in the Gulf War and in Bosnia, and opportunities to reduce defense spending.

119 See Geir Lundestad, " 'Empire by Invitation' in the American Century," *Diplomatic History*, Vol 23, No. 2 (Spring 1999), p. 204.

120 See Roger Cohen, "Uncomfortable with Dependence on U.S., Europe Aims for New Parity," *New York Times*, 15 June 1999, pp. A1, A14..

121 北约扩大的逻辑证实了本书前一章的观点：北约能得到成员国的支持，部分原因在于制度化结构将盟国约束在了一起，降低了它们之间的战略敌对。

122 随着中国在亚太地区强势崛起，对新现实主义秩序理论而言，美日同盟的持续很好理解。冷战的结束也许导致了美日对安全的担忧，因为随着苏联的崩溃，美国与中国的安全伙伴关系不再那么需要了。

123 1996年4月17日，美国总统比尔·克林顿和日本首相桥本龙太郎（Ryutaro Hashimoto）签署《日美安保联合宣言》（*Joint Declaration on Security*）。宣言表示，1960年的《日美新安保条约》（*Treaty of Mutual Cooperation and Security Between the United States and Japan*）"依旧是彼此政策的基石"，在日本的联合军队将在应对地区危机上进行政策协调，在互惠基础上提供设备和支持。日本承诺与美国发展更紧密的安全关系。1999年5月，日本议会通过议案，赞成进一步扩展与美国的军事伙伴关系。

124 彼得·卡赞斯坦和辻中丰（Yutaka Tsujinaka）认为："美国和日本的安全关系最好描述为'捆绑'，美国提供大多数建议，日本大多同意接受。大约自20世纪70年代中期开始，双方的防务合作进一步顺畅，双方的军事部门显然对此很满意。鉴于合作主要涉及政府及执行政策的政府下属部门，'捆绑'主要来自跨政府关系。" Katzenstein and Tsujinaka, "'Bullying,' 'Buying,' and 'Binding':

U.S.-Japanese Transnational Relations and Domestic Structures," in Thomas Risse-Kappen, ed., *Bringing Transnational Relations Back In: Non-State Actors, Domestic Structures, and International Institutions* (Cambridge: Cambridge University Press, 1995), p. 80.

125 On the notion of semisovereignty, see Peter J. Katzenstein, *Policy and Politics in West Germany: The Growth of a Semi-Sovereign State* (Philadelphia: Temple University Press, 1987). On the importance of European institutions for German political identity and stability, see Peter J. Katzenstein, ed., *Tamed Power: Germany in Europe* (Ithaca: Cornell University Press, 1997). For a discussion of Japanese semisovereignty and the postwar peace constitution, see Masaru Tamamoto, "Reflections on Japan's Postwar State," *Daedalus*, Vol. 124, No. 2 (Spring 1995), pp. 1–22.

126 Quoted in Thomas A. Schwartz, "The United States and Germany after 1945: Alliances, Transnational Relations, and the Legacy of the Cold War," *Diplomatic History*, Vol. 19 (Fall 1995), p. 555.

127 Quoted in Jan Perlez, "Larger NATO Seen as Lid on Germany," *International Herald Tribune*, 8 December 1997.

128 Jeffrey J. Anderson and John B. Goodman, "Mars or Minerva? A United Germany in a Post-ColdWar Europe," in Robert O. Keohane, Joseph S. Nye, and Stanley Hoffmann, eds., *After the Cold War: International Institutions and State Strategies in Europe, 1989–1991* (Cambridge: Harvard University Press, 1993), p. 34.

129 See remarks by President Clinton and Prime Minister Obuchi at their May 1999 joint press conference. The White House, Office of the Press Secretary, "Press Conference of the President and Prime Minister Obuchi," 3 May 1999.

130 《华盛顿邮报》的一位记者如此总结道："与美国压倒性实力相对应的失望情绪越来越浓厚，美国发现世界其他国家越来越多地指控其恃强凌弱。实际上，美国发现自己的行为正受到友好国家最为密切的监视，这是它在冷战期间从未感受到的，那时它们并未对华盛顿表达异议。"

131 迈克尔·马斯坦多诺总结这一模式时指出："日本和德国并没有远离美国，也没有怎么制衡它，而是决定维系构成冷战特征的接触模式……中国和俄罗斯尽管与美国存在某些分歧，也并没有试图组织制衡美国的联盟。欧亚许多国家的主要安全关注确实不是如何疏远如此强大的美国，而是如何防止美国脱身离开。"

132 The phenomenon of "increasing returns" to institutions is discussed in Chapter Three. States from drifting away." Mastanduno, "Preserving the Unipolar Moment," p. 58.

132 The phenomenon of "increasing returns" to institutions is discussed in Chapter Three.

133 This notion of breakpoint or critical juncture is not developed in the increasing returns literature, but it is implicit in the argument, and it is very important for understanding the path dependency of the 1945 Western settlement.

134 S 大战在世界政治变迁中起到了尤其强大的推动作用，因为它可能会摧毁旧有的制度或使之丧失信誉，造就新的领导国或霸权。罗伯特·吉尔平探讨了如下可能性：随着核武器的兴起，这类的政治变迁模式可能不复存在，使得既有霸权秩序也会延续下去。参见 Robert Gilpin, *War and Change in World Politics*, Epilogue, pp. 231-244。

135 See Cheryl Shanks, Harold K. Jacobson, and Jeffrey H. Kaplan, "Inertia and Change in the Constellation of International Governmental Organizations, 1981–1992," *International Organization*, Vol. 50, No. 4 (Autumn 1996), pp. 593–628.

136 See Peter I. Hajnal, *The G7/G8 System: Evolution, Role and Documentation* (Brookfield, Vt.: Ashgate, 1999).

第八章 结语

1 On 28 June 1914, Gavrilo Princip, a Serbian freedom fighter, shot and killed Archduke Franz Ferdinand, whose automobile had stopped on a street in Sarajevo.

2 See the discussion by Thomas Schelling on "the power to bind oneself." Schelling, *The Strategy of Conflict* (Cambridge: Harvard University Press, 1960), pp. 22–28.

3 Quoted in Lloyd E. Ambrosius, *Woodrow Wilson and the American Diplomatic Tradition: The Treaty Fight in Perspective* (New York: Cambridge University Press, 1987), p. 133.

4 Sir Oliver Franks, in Listener, 14 June 1956. Quoted in John W. Wheeler-Bennett and Anthony Nicholls, *The Semblance of Peace: The Political Settlement after the Second World War* (London: Macmillan, 1972), p. 573.

5 为实施马歇尔计划，欧洲经济合作组织于 1948 年 4 月 16 日在巴黎成立。

6 George Kennan, "Review of Current Trends—U.S. Foreign Policy," Report by the Policy Planning Staff, 24 February 1948. *Foreign Relations of the United States* (Washington, D.C.: U.S. Government Printing Office, 1948), Vol. 1, Part 2, pp. 515, 517.

7 ee Adam Przeworski, "Democracy as a Contingent Outcome of Conflict," in Jon Elster and Rune Slagstad, eds., *Constitutionalism and Democracy* (New York: Cambridge University Press, 1988).

8 The importance of political institutions—of which constitutional structures are the most fundamental—to the mediation and muting of dynamic social forces in evolving societies is stressed by Samuel Huntington, *Political Order in Changing Societies* (New Haven: Yale University Press, 1968).

9 For discussions of this process, see Charles Tilly, *Durable Inequality* (Berkeley and Los Angeles: University of California Press, 1998); and Jack Knight, *Institutions and*

Social Conflict (New York: Cambridge University Press, 1992).
10 在三边委员会的一次会议上，一位美国与会者对法国与会者表示，欧洲人在与中国的一项飞机采购案上已经打败了美国，他为此深感不安。这位法国人回答道："不用担心，下一次就轮到你们了。"这个轻松的茶余谈资体现了这一逻辑。
11 See Huntington, *Political Order in Changing Societies*, pp. 12–24.
12 See Stephen D. Krasner, *Sovereignty: Organized Hypocrisy* (Princeton: Princeton University Press, 1999), chapter two.
13 Quoted in Craig R. Whitney, "NATO at 50:With Nations at Odds, Is It a Misalliance?" *New York Times*, 15 February 1999, p. A7.
14 三边体系指的是美日欧战后体系。
15 1995年，在与日本的汽车贸易争端中，美国启用了"超级301条款"，尽管在美国加征关税之前双方就已经达成了一项协议。
16 On the wider pattern of American unilateral trade policy, see Benjamin J. Cohen, " 'Return to Normalcy'? Global Economic Policy at the End of the Century," in Robert J. Lieber, ed., *Eagle Adrift: American Foreign Policy at the End of the Century* (New York: Longman, 1997), pp. 73–99; and Robert Gilpin, *The Challenge of Global Capitalism: The World Economy in the 21st Century* (Princeton: Princeton University Press, 2000), chapter 3.
17 Michael Wines, "Senate Approves Compromise Bill Tightening Curbs on Cuba," *New York Times*, 6 March 1996, p. 7.
18 David E. Sanger, "Play the Trade Card," *New York Times*, 17 February 1997, p. 1
19 See Laura Silber, "Divisions Are Deep over New War Crimes Court," *Financial Times*, 6 April 1998, p. 6.
20 Flora Lewis, "Uncomfortable with U.S. Power, Real or Illusory," *International Herald Tribune*, 14 May 1999, p. 5.
21 Whitney, "NATO at 50."
22 Anthony Faiola, "Bombing of Yugoslavia Awakens Anti-U.S. Feeling around the World," *Washington Post*, 18 May 1999, p. A1; and Carla Anne Robbins, "Fears of U.S. Dominance Overshadow Kosovo Victory," *Asian Wall Street Journal*, 7 July 1999, p. A1; Robert F. Ellsworth and Michael M. May, "An Overreaching U.S. Spurs FearsWorldwide," *Korea Herald*, 20 July 1999, p. A2. See also Franc,ois Heisbourg, "US Hegemony? Perceptions of the US Abroad," paper presented at International Institute for Strategic Studies Conference, San Diego, Cal., 8–11 September 1999.

图书在版编目（CIP）数据

胜利之后：战后制度、战略约束与秩序重建：修订版 /（美）G. 约翰·伊肯伯里著；严匡正译 . — 上海：上海社会科学院出版社，2021
　书名原文：After Victory : Institutions, Strategic Restraint, and the Rebuilding of Order After Major Wars (Revised Edition)
　ISBN 978-7-5520-3396-0

Ⅰ . ①胜… Ⅱ . ① G… ②严… Ⅲ . ①国际关系史—研究—世界—近代②国际关系史—研究—世界—现代 Ⅳ . ① D819

中国版本图书馆 CIP 数据核字 (2020) 第 256609 号

上海市版权局著作权合同登记号：09-2020-703

审图号：GS（2021）1824 号

After Victory : Institutions, Strategic Restraint, and the Rebuilding of Order After Major Wars (Revised Edition)
by G. John Ikenberry
Copyright © 2001 by Princeton University Press
Preface to the new edition copyright © 2019 by Princeton University Press
No Part of this book may be reproduced or transmitted in any form or by any means, electronic or mechanical, including photocopying, recording or by any information storage and retrieval system, without permission in writing from the Publisher.
This edition arranged with Princeton University Press through Bardon Chinese Media Agency
Simplified Chinese Edition Copyright ©2021 Beijing Paper Jump Cultural Development Co., Ltd.
All rights reserved.

胜利之后：战后制度、战略约束与秩序重建（修订版）
After Victory : Institutions, Strategic Restraint, and the Rebuilding of Order After Major Wars (Revised Edition)

著　　者：［美］G. 约翰·伊肯伯里（G. John Ikenberry）
译　　者：严匡正
出 品 人：佘　凌
总 策 划：纸间悦动　刘　科
策 划 人：唐云松　熊文霞
责任编辑：温　欣　张钦瑜
封面设计：人马艺术设计·储平
出版发行：上海社会科学院出版社
　　　　　上海顺昌路 622 号　　邮编 200025
　　　　　电话总机 021-63315947　销售热线 021-53063735
　　　　　http://www.sassp.cn　E-mail: sassp@sassp.cn
印　　刷：上海盛通时代印刷有限公司
开　　本：890 毫米 × 1240 毫米　1/32
印　　张：12
字　　数：277 千字
版　　次：2021 年 5 月第 1 版　2021 年 5 月第 1 次印刷

ISBN 978-7-5520-3396-0/D · 607　　　　定价：75.00 元

版权所有　侵权必究